一汽解放

解放 卡车 挣钱机器

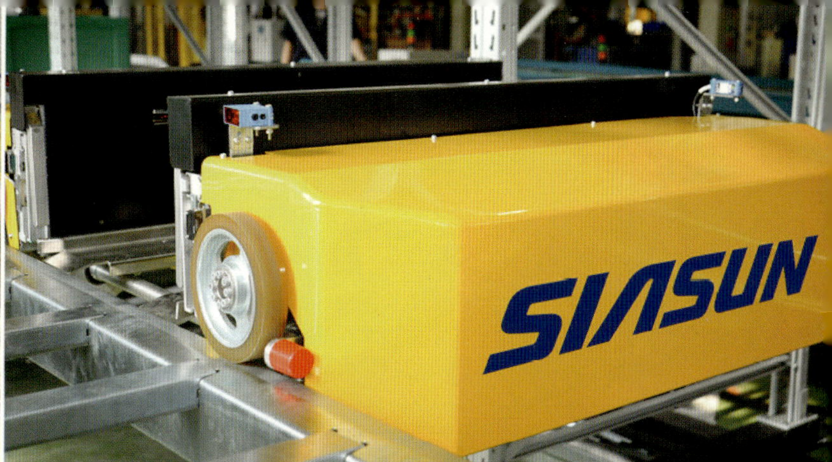

新松多层穿梭车

智慧新松
创领无限价值

专业的自动化物流系统集成商　先进的自动化物流设备提供商

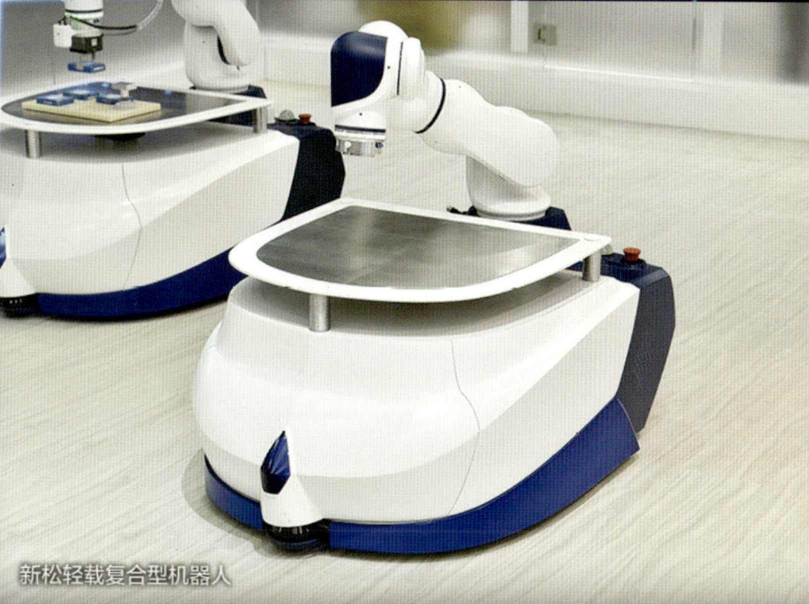

新松轻载复合型机器人

新松机器人自动化股份有限公司
IASUN ROBOT & AUTOMATION CO., LTD
地址：中国沈阳浑南新区金辉街16号（110168）
电话：024-31699000 31699001
传真：024-31699200
网址：http://www.agvs.cn　http://www.siasun.com
E-mail:market@siasun.com

SIASUN

新松微博　http://e.weibo.com/siasunrobot

扫描添加新松微信

实时了解新松动态

中国物流技术发展报告（2017）

主　编　何黎明
副主编　张晓东　马增荣

中国财富出版社

图书在版编目（CIP）数据

中国物流技术发展报告.2017／何黎明主编. —北京：中国财富出版社，2017.11

ISBN 978－7－5047－3691－8

Ⅰ.①中…　Ⅱ.①何…　Ⅲ.①物流技术—研究报告—中国—2017　Ⅳ.①F259.239

中国版本图书馆 CIP 数据核字（2017）第 272926 号

策划编辑　郑欣怡　　**责任编辑**　邢有涛　杨　枭

责任印制　梁　凡　　**责任校对**　孙丽丽　胡世勋　杨小静　　**责任发行**　敬　东

出版发行　中国财富出版社

社　　址　北京市丰台区南四环西路 188 号 5 区 20 楼　　**邮政编码**　100070

电　　话　010－52227588 转 2048/2028（发行部）　　010－52227588 转 307（总编室）

　　　　　010－68589540（读者服务部）　　010－52227588 转 305（质检部）

网　　址　http://www.cfpress.com.cn

经　　销　新华书店

印　　刷　北京京都六环印刷厂

书　　号　ISBN 978－7－5047－3691－8/F·2833

开　　本　787mm×1092mm　1/16　　**版　　次**　2017 年 11 月第 1 版

印　　张　21.5　彩　页　8　　**印　　次**　2017 年 11 月第 1 次印刷

字　　数　456 千字　　**定　　价**　180.00 元

前　言

近年来，我国经济发展动能持续增强，经济发展缓中趋稳，产业结构不断升级，供需两旺的市场环境带动我国物流业快速发展，2016 年我国社会物流总额达 230 万亿元，社会物流总费用 11.1 万亿元，我国已经成为全球最大的物流市场。

与此同时，物流业的发展环境也发生了深刻的变化。互联网时代下，互联网技术在生产、生活、流通领域中的应用改变着生产生活方式，资源的碎片化在技术创新的支撑下不断整合，物流平台化已成为发展趋势。物流企业与生产流通企业在整个供应链层面上深度融合，通过物流技术应用实现链上的无缝衔接、资源共享已经成为了供应链构建的基础内容之一。在物流专业化、平台化以及电子商务的交互影响中，物流业的转型升级同样面临着诸多挑战。另外，资源环境的约束加强，劳动力等生产要素成本上升，使得物流业经营利润空间捉襟见肘，市场竞争日益激烈。要突破发展障碍，获得更广阔的市场空间，物流技术的开发与应用已经成为了形成物流企业未来竞争优势的关键。

2017 年以来，国务院、国家发改委、商务部、工业信息化部、交通运输部、财政部等多部委密集出台政策，推动先进物流技术在各物流相关行业的应用，为物流技术的发展营造了良好的政策环境。各大物流企业也纷纷将技术创新作为推动企业发展的动力，对物流技术的研发投入了极大的精力和热情，物流技术的创新应用层出不穷，物联网、大数据、云计算等新兴技术在物流行业得到了广泛的推广应用，我国物流业正向着智能化、标准化、绿色化方向发展。技术的创新带来的不仅是成本的降低，更重要的是创造新的价值，为物流业发展提供不竭动力，可以说我国物流业的发展已经进入到了技术驱动创新的时代。

本报告的编写，在基本延续《中国物流技术发展报告（2016）》总体结构框架的基础上，增设了第三章“年度热点技术”，选取今年以来行业内热议的、对行业产生重要影响的技术作为本年度的热点技术。在编写中，探索、尝试描述物流技术的应用现状，展现物流技术的创新应用。在实用性和可读性方面，采用了理论与实践、技术原理与应用相结合的形式，书中不仅有对技术基本原理的简要介绍，同时也选用了大量物流技术应用的实例，让读者对物流技术的应用有更系统、清晰、直观的认识。

本报告由何黎明任主编，张晓东、马增荣任副主编。何黎明负责本报告总体框架，张晓东和马增荣负责制定章节结构、把握报告逻辑。其中，第一章由马增荣、郎茂祥、李铮编写；第二章第一节由马增荣、左新宇、李世昌编写，第二节由左新宇、李铮、李玥熠编写；第三章第一节由马增荣、何庆宝、杨俊杰编写，第二节由李艳东、王伟哲、刘洋编写，第三节由左新宇、林雅菲、杨凯丽编写，第四节由马增荣、张晋姝、沈润翔编写；第四章第一节由张晓东、左新宇、张明月编写，第二节由张晓东、李艳东、张勋编写，第三节由张晓东、王伟哲、张勋编写，第四节由江凯娜、任宇轩、沈润翔编写；第五章第一节由姜超峰、左新宇、何庆宝、沈润翔编写，第二节由马增荣、张勋、李世昌、杨俊杰编写，第三节由李艳东、江凯娜、李鑫、庄乾文编写；第六章由马增荣、江凯娜、杨凯丽、沈润翔编写；第七章由张晓东、李艳东、王志婷、李铮、王伟哲编写；第八章第一节由马增荣、左新宇、李世昌、吴峻编写，第二节由姜超峰、李世昌、张炜、葛玉明编写，第三节由张晓东、秦玉鸣、王伟哲、李铮编写，第四节由张晓东、李铮、刘宇航、杨凯丽编写，第五节由张晓东、张勋、万莹、曾茹冰编写。

本报告在编写过程中，得到了许多国内外物流装备技术企业的大力支持，提供了宝贵资料，中国财富出版社在时间紧、任务重的条件下，加班加点，保证了本报告的如期出版，在此，一并表示衷心的感谢。

物流技术体系庞大，且发展日新月异，加之编者时间和能力有限，报告中出现一些不足和疏漏之处在所难免，请读者不吝赐教。

编　者

2017 年 10 月

目　录

第一章　物流技术发展环境

2017 年以来，面对错综复杂的国际形势，我国经济运行依旧保持了稳中向好的态势，为物流技术的发展提供了良好的宏观经济环境。政策环境持续向好，在“降低实体经济成本”，《中国制造 2025》，“互联网 +”行动计划，以及“大众创业、万众创新”的带动下，物流业对物流技术的需求越发强劲。经济发展从以往的规模扩张乃至产能过剩逐步转向创新驱动发展，物流业的发展也从单纯地追求规模效益到寻求技术创新，运用人工智能、大数据、云计算、物联网等先进的技术，使智慧物流连接智慧制造、智慧城市、智慧交通及相关产业，实现物流业从规模扩张层面转变为技术引领、创新驱动的层面。

第一节　物流技术发展的经济环境

一、经济总体运行情况缓中趋稳

2016 年以来，我国经济运行缓中趋稳、稳中向好，2016 年我国国内生产总值达 74. 4 万亿元，同比增长 6. 7% 。

2017 年上半年国内生产总值达 38. 149 万亿元，按可比价格计算，同比增长 6. 9% ，延续了稳中向好的趋势。为物流技术的发展提供了良好的经济环境。全国服务业生产指数同比增长 8. 3% ，生产性服务业和物流业非制造业商务活动指数①均升至 59. 0% 以上，航空运输业、邮政业、互联网及软件信息技术服务等行业商务活动指数均位于 60. 0% 以上的高位景气区间，反映出物流业发展的良好态势。

从投融资来看，高技术产业投资快速增长。2017 年上半年，高技术制造业和高技术服务业投资分别同比增长 21. 5% 和 22. 3% ，分别高于全部投资增长率 12. 9 个和

---

① 非制造业商务活动指数是由商务活动、新订单、新出口订单、积压订单、存货、中间投入价格、收费价格、从业人员、供应商配送时间、业务活动预期 10 项扩散指数构成。国际上通常用非制造业商务活动指数来反映非制造业经济发展的总体情况，一般来说该指数高于 50% ，反映非制造业经济总体上升或增长；低于 50% ，反映非制造业经济下降或回落。

13.7 个百分点，进而为高新物流技术企业的发展提供了充足的资金支持。

从社会消费来看，2017 年上半年，社会消费品零售总额同比增长 10.4%，网上零售总额同比增长 33.4%，进出口总额同比增长 19.6%，网上零售与进出口总额均呈现了快速增长的趋势，物流需求规模增长稳定。

二、供给侧结构性改革稳步推进

在供给侧结构性改革方面，2017 年"三去一降一补"五大任务继续深入推进，特别是在降成本方面，2017 年政府工作报告和 2016 年中央经济工作会议都对其提出了明确要求。物流成本作为企业成本的重要组成部分，引起了广泛的关注，关于物流业降本增效的一系列举措相继出台。物流技术作为物流业降本增效的抓手之一，有着重要的提升空间。

2017 年，我国继续围绕振兴实体经济展开行动，继续实施创新驱动发展战略，提倡在推动新兴产业发展的同时，注重用新技术、新业态全面改造提升传统产业。2017 年 7 月召开的全国金融工作会议提出了"服务实体经济、防控金融风险、深化金融改革"三项任务，国务院设立国务院金融稳定发展委员会，为实体经济发展保驾护航。

三、"一带一路"蓬勃开展

2017 年 5 月，"一带一路"国际合作高峰论坛顺利召开，"一带一路"的发展逐渐进入了黄金期，各项政策措施密集推进，也为物流业的发展带来了诸多的机遇。从 2013 年"一带一路"倡议提出到 2017 年短短几年时间，中国同 40 多个国家和国际组织签署了合作协议，同 30 多个国家开展机制化产能合作；港口、铁路等一大批互联互通项目，以及陆海空通道和信息高速路为骨架的复合型的基础设施网络正在形成；与相关国家贸易和投资不断便利化，营商环境不断改善；新型的金融体制正在建立，如亚洲基础设施投资银行、"丝路基金"等，与世界银行等传统的多边金融机构形成层次清晰、初具规模的"一带一路"金融合作网络。立体的基础设施网络，便捷的国际贸易模式，充足的国家资金支持，为物流企业参与"一带一路"建设以及中国物流技术"走出去"提供了有利的条件。

四、经济发展从规模扩张向技术引领的创新发展转变

随着新一轮科技革命和产业变革的开展，我国经济结构也正在发生着深刻的变化。在以规模扩张为主的经济发展方式下，资源、环境、劳动力等生产要素的约束明显加强，加之投资和出口的增速明显放缓，我国经济迫切需要调整结构、转型升级、提质增效。

制造业是国民经济的支柱产业，而2008年金融危机后，全球消费市场萎靡，产能过剩，各国为保持产业竞争力，纷纷出台了引领制造业升级的国家战略。美国进行“再工业化”战略，德国提出“工业4.0”战略，我国于2015年提出了《中国制造2025》。而从德国“工业4.0”的实施情况来看，“工业4.0真正行之有效的革命并不是表现在制造环节的提升上，而在于全制造过程中各个物流环节的创新”[1]。伴随着我国制造业在智能化、信息化、网络化方面的推进，制造环节中的物流创新、革新也是一项重要内容，在“工业4.0”的工业体系中，物流可连接制造过程中的产品设计、开发、质量控制等环节，通过智能化的保障系统或单元，如待加工件、自动导引运输车（Auto Guided Vehicle，AGV）、分拣系统、机器人等，与其他相关单元进行连接协同，使物流网络更加高效、准时和低成本，进而优化整个供应链系统，实现智能制造。物流技术在提升制造水平中发挥着重要的作用，在制造业由规模扩张向技术引领的创新发展的转变中，对相应物流技术的发展需求也更加强烈和迫切。

传统的物流领域也面临着行业转型升级挑战，以快递行业为例，受电商高速发展的影响，我国快递的业务量自2011年以来一直保持着每年约50%的增速，2016年的业务量达到312.88亿件，占到全球市场总量的一半，业务收入也保持着30%以上的增长。但2016年快递价格却下降到了2011年价格的50%左右，“微利化、无利化、亏损化”情况越发严重[2]，而运作效率低、物流技术装备落后更是阻碍着快递行业的发展。面对越发激烈的市场竞争，各大快递公司通过物流技术装备的提升来提高各自的市场竞争力，无人机、智能仓库、智能自提柜、大数据、云计算、人工智能等现代化的物流技术的应用大大提高了物流运行效率，节约了成本。快递物流的发展也从传统的规模扩张向技术引领的创新发展转变，对物流技术的创新发展同样有着强烈的需求。

第二节　物流技术发展的政策环境

2017年以来，物流政策密集出台，物流技术作为物流产业发展的重要支撑，国家出台的政策文件中，物流技术作为抓手措施之一被提到了重要的位置。国家支持发展先进技术，倡导提高物流业的信息化、标准化和智能化水平。

一、《关于进一步鼓励开展多式联运工作的通知》

2017年1月，交通运输部等18部门发布了《关于进一步鼓励开展多式联运工作的通知》（以下简称《通知》），通知为进一步加强我国的多式联运发展，解决多式联运中协同衔接不顺畅、市场环境不完善、法规标准不适应、先进技术应用滞后等问题提出了18条政策措施，其中明确提出要推动信息共享，加快装备技术进步，实现行业信息共享，推广标准化运载单元并加强专业化联运设备研发，为物流技术提供了广阔的应用空间和市场机遇。

二、《快递业发展“十三五”规划》

2017 年 2 月，国家邮政局发布《快递业发展“十三五”规划》（以下简称《规划》），提出到 2020 年基本建成普惠城乡、技术先进、服务优质、安全高效、绿色节能的快递服务体系，形成覆盖全国、联通国际的服务网络。

规划将发展目标分为六个方面，其中，在科技创新方面指出，科技应用水平进一步提高，客户服务、企业运营、行业管理的信息化水平基本达到国际先进水平。建成一批工程技术中心和 3 ~ 5 个行业科研基地，创新型人才队伍不断壮大。在服务品质方面，寄递服务产品体系更加丰富，承诺时限产品比重进一步提升，国际快递服务通达范围更广，速度更快。快递标准化程度提升，行业整体信用水平明显提升。

规划同时提出，要深化“互联网 + 快递”的发展，加强移动互联网、物联网、大数据、云计算、虚拟现实、人工智能等现代信息技术在企业管理、市场服务和行业监管中的应用。加大数据信息集成应用，推动实现业务平台一体化，作业环节、路由管控智能化，提升运输、服务和安全保障能力，实现快件自动分拨和快速转运。加快大数据及云平台等基础设施建设，推动信息应用向“邮政云”“快递云”平台迁移。推广数据分单、数据派单等技术应用，提高生产效能。鼓励快递企业采用先进适用技术和装备，推进机器人、无人机、无人车研发和应用。

三、《“十三五”现代综合交通运输体系发展规划》

2017 年 3 月 1 日，国务院印发了《“十三五”现代综合交通运输体系发展规划》（以下简称《规划》），规划在基本原则中提出要坚持创新驱动、安全绿色，全面推广应用现代信息技术，以智能化带动交通运输现代化。

在主要目标中，规划指出要使智能技术得到广泛应用。交通基础设施、运载装备、经营业户和从业人员等基本要素信息全面实现数字化，各种交通方式信息交换取得突破。全国交通枢纽站点无线接入网络广泛覆盖。铁路信息化水平大幅提升，货运业务实现网上办理，客运网上售票比例明显提高。基本实现重点城市群内交通一卡通互通，车辆安装使用不停车电子收费系统（ETC）比例大幅提升。交通运输行业北斗卫星导航系统前装率和使用率显著提高。这为提升物流的信息化、智能化水平奠定了良好的基础。

四、《关于做好无车承运试点运行监测工作的通知》

2017 年 3 月 7 日，交通运输部发布《关于做好无车承运试点运行监测工作的通知》

（以下简称《通知》），通知要求重点针对试点企业的“运输业务、运输资质、服务质量及信用、运行绩效”等内容开展动态监测，推广先进的运营管理模式，推动无车承运物流规范有序发展。

监测手段采用平台监测、重点督导和企业自律相结合的方式。其中在平台监测中要建立省、部级试点监测平台，并做好平台数据接入工作，试点企业与省、部级平台按要求进行平台对接与数据上传。物流技术在物流市场运行检测中也将发挥重要作用。

五、《关于推动物流服务质量提升工作的指导意见》

2017 年 3 月 15 日，质检总局等 11 部门发布了《关于推动物流服务质量提升工作的指导意见》（以下简称《意见》），意见指出要以创新驱动、质量为本为原则，充分利用物联网、云计算、大数据、移动互联等现代信息技术，大力推广先进物流技术装备和现代化管理模式，积极促进物流业管理创新、业态创新和服务创新，打造高品质的本土物流品牌。

意见提出了建立物流服务质量指标体系、健全物流服务质量标准体系、探索物流服务质量认证、创新物流服务模式等九大重点任务，其中在创新物流服务模式中明确指出要鼓励企业积极利用互联网等现代化信息技术改造业务流程，强化大数据挖掘运用，创新经营和服务模式，提高服务效率，改善客户体验。物流技术在提升服务质量，创新服务模式中也起着重要的作用。

六、《“十三五”铁路集装箱多式联运发展规划》

2017 年 4 月 19 日，国家发改委、交通运输部、中国铁路总公司印发了《“十三五”铁路集装箱多式联运发展规划》（以下简称《规划》），规划在发展目标中指出先进技术模式要广泛应用，多式联运、协同配送等先进运输组织方式须加快发展，模式创新、联运装备取得新突破，信息化、标准化、集装化水平显著提升。

在重点任务中指出要加快技术装备升级、推动信息开放共享，构筑信息平台，打造“互联网 +”服务模式，以先进的物流技术推动铁路集装箱多式联运的发展。

七、《关于加快推进邮政业供给侧结构性改革的意见》

2017 年 5 月 18 日，国家邮政局发布《关于加快推进邮政业供给侧结构性改革的意见》（以下简称《意见》）。

意见表示，要注重融合创新，提升供给效率，强化科技创新驱动。引导企业加大科技投入，推广应用云计算、大数据、互联网、物联网等信息技术，探索应用人工智能、无人机等先进技术，广泛使用自动装卸传输分拣、冷链物流等技术设备。制定邮政业技术研发指南，加强邮政业枢纽型基地业务与集成、关联产业垂直解决方案、实名制信息化解决方案、包装新材料新工艺设计等关键技术研究。出台“邮政业技术中心认定管理办法”，支持企业申报国家重点实验室、企业技术中心认定和国家科技计划项目。研究设立科技交流平台，开放共享信息资源和科技研发成果。支持行业协会、媒体为产学研合作牵线搭桥，推进科技成果转化运用。加强邮政、快递领域国际科技交流与合作，提高科技创新水平。

八、《深入推进水运供给侧结构性改革行动方案（2017—2020 年）》

2017 年 5 月 19 日，交通运输部办公厅印发了《深入推进水运供给侧结构性改革行动方案（2017—2020 年）》（以下简称《行动方案》），行动方案确定了降成本、去产能、补短板、调结构、强服务五大任务，其中在调结构、提高水运服务质量方面提出要推进“互联网＋”水运应用，开展智慧港口示范工程建设，推进港口物流信息平台、长江航运物流公共信息平台等信息化建设。推动大数据、物联网等技术在水运业的应用，支持“互联网＋”水运新业态，引导水运企业和互联网企业联盟发展。

九、《关于加强长江经济带工业绿色发展的指导意见》

2017 年 6 月 30 日，工业和信息化部、国家发改委、科技部、财政部、环境保护部印发了《关于加强长江经济带工业绿色发展的指导意见》（以下简称《意见》），意见提出，要进一步提高工业资源能源利用效率，全面推进绿色制造，实现绿色增长，要调整产业结构，大力发展智能制造和服务型制造，加快在数控机床与机器人、增材制造、智能传感与控制、智能检测与装配、智能物流与仓储五大领域，突破一批关键技术和核心装备。可见，智能物流与仓储技术在长江经济带工业绿色发展中同样受到高度重视。

十、《关于促进分享经济发展的指导性意见》

2017 年 7 月 3 日，国家发改委、中央网信办、工业和信息化部、国家税务总局等 8 部门印发了《关于促进分享经济发展的指导性意见》（以下简称《意见》），意见指出了分享经济主要表现为利用网络信息技术，通过互联网平台将分散资源进行优化配置，提高利用效率的新型经济形态。要坚持包容审慎的监管原则推动分享经济发展，充分利用云计算、物联网、大数据等技术，创新网络业务监管手段。完善相关配套政策，加大政府部门对分享经济产品和服务的购买力度，扩大公共服务需求。物流作为分享经济中的一员，也应提高物流技术的信息化水平，创新组织模式，寻求更广的发展空间。

十一、《新一代人工智能发展规划》

2017年7月20日，国务院发布《新一代人工智能发展规划》（以下简称《规划》），规划明确三步走的战略，指出到2030年，人工智能理论、技术与应用总体达到世界领先水平。

规划确定了六大任务，其中明确提出要培育高端高效的智能经济，大力发展智能软硬件、智能机器人、智能运载工具、虚拟现实与增强现实、智能终端、物联网基础器件等人工智能新兴产业。加快推进制造、农业、物流、金融、商务、家居等重点行业和领域的产业智能化升级。

在智能物流领域，明确提出要加强智能化装卸搬运、分拣包装、加工配送等智能物流装备研发和推广应用，建设深度感知智能仓储系统，提升仓储运营管理水平和效率。完善智能物流公共信息平台和指挥系统、产品质量认证及追溯系统、智能配货调度体系等。

十二、《关于推进长江经济带绿色航运发展的指导意见》

2017年8月4日，交通运输部印发了《关于推进长江经济带绿色航运发展的指导意见》（以下简称《意见》），意见指出，要坚持生态优先、绿色发展，以绿色航道、绿色港口、绿色船舶、绿色运输组织方式为抓手，努力推动形成绿色发展方式。在绿色航道建设中指出要优先采用生态影响较小的航道整治技术与施工工艺，积极推广生态友好型新材料、新结构在航道工程中的应用；开展智慧港口示范工程建设，优化港口物流流程和生产组织，促进港口物流服务网络化、无纸化和智能化。进一步提升运输组织效率，利用移动互联、大数据、云计算等先进技术，积极推进“互联网+”水运融合发展。另外还明确提出要加大科技攻关和推广应用，优先支持重点节能环保技术和产品的推广应用，开展船舶尾气后处理、大功率液化天然气（LNG）柴油双燃料动力设备、过鱼设施等重大装备与关键技术研发。

十三、《关于开展供应链体系建设工作的通知》

2017年8月11日，商务部、财政部印发了《关于开展供应链体系建设工作的通知》（以下简称《通知》），通知要求要从1200mm×1000mm标准托盘和全球统一编码标识（GS1）商品条码切入，提高物流链标准化信息化水平，推动供应链各环节设施设备和信息数据的高效对接，以物流链为渠道，利用物联网、对象标识符（OID）等先进技术，推动产品从产地、集散地到销地的全链条追溯，促进追溯链与物流链的融合。可见，先进物流技术在供应链体系的建设中发挥着不可替代的作用。

十四、《关于进一步推进物流降本增效促进实体经济发展的意见》

2017 年 8 月 17 日，国务院办公厅印发了《关于进一步推进物流降本增效促进实体经济发展的意见》（以下简称《意见》），意见从 7 个方面共 27 条措施全面部署物流业降本增效工作，意见指出要强调深化“放管服”改革，激发物流运营主体活力，加大降税清费力度，切实减轻企业负担，加强重点领域和薄弱环节建设，提升物流综合服务能力，加快推进物流仓储信息化、标准化、智能化，提高全链条运行效率，深化联动融合，促进产业协同发展，打通信息互联渠道，发挥信息共享效用，推进体制机制改革，营造优良营商环境。其中重点提出要加快物流仓储信息化、标准化、智能化，加强物流核心装备技术研发，推广应用智能物流装备。鼓励物流机器人、自动分拣设备等新型装备研发创新和推广应用。推动物流活动数字化、信息化。

可见，物流装备信息技术在降本增效方面发挥着重要作用，这也为物流技术产业的发展创造了更多的机会和市场。

第三节　物流业发展情况

一、物流业运行情况

2017 年 1—7 月我国物流业运行总体平稳，物流需求增速略有回落，但稳中向好、结构调整深化的发展态势未变。物流服务价格形势稳定，物流市场规模稳步增长，社会物流总费用增速趋缓，物流企业经营状况良好，物流运行质量和效益继续改善。[3]

社会物流总额增长稳定，结构不断优化。2017 年 1—7 月，全社会物流总额为 139. 9 万亿元，按可比价格计算，同比增长 7. 0%。与民生消费相关的物流需求保持较快增长，电商物流需求增势依然强劲；国际物流需求延续较快增长；工业物流需求保持稳定增长，其中高技术产业、装备制造业等领域物流需求的引领地位和作用进一步增强。

社会物流总费用增速趋缓，2017 年 1—7 月，社会物流总费用为 6. 7 万亿元，同比增长 10. 1%，增速有所趋缓，比 2016 年上半年回落 0. 1 个百分点。从构成上看，运输费用 3. 5 万亿元，同比增长 12. 6%，增速比上半年回落 0. 4 个百分点，表明 2017 年以来物流运输供给侧结构改革取得了较好的成效，无车承运人、多式联运等先进的运输模式稳步推进，使得各运输方式的协同性不断增强；保管费用 2. 3 万亿元，同比增长 6. 9%，与 2016 年上半年持平；管理费用 0. 8 万亿元，同比增长 8. 4 %，比 2016 年上半年提高 0. 4 个百分点。

物流运行质量有所改善，单位社会物流总额消耗物流成本较2016年下降0.9%。物流市场规模稳步扩张，2017年1—7月，物流业总收入为5.0万亿元，同比增长12.7%，比2016年同期提高8.6个百分点。

物流经济发展持续向好，2016年1月—2017年7月物流业景气指数①一直位于50%以上，如图1-1所示，说明我国的物流经济运行处于扩张区间，2017年7月由于受到高温多雨等因素的影响，物流业景气指数较2017年6月回落，从各分项指数来看，新订单指数、资金周转率指数、从业人员指数均有回落，而新订单指数为52.9%，业务活动预期指数为57.2%，均保持在较高水平。预示着物流行业生产活动将保持平稳增长。

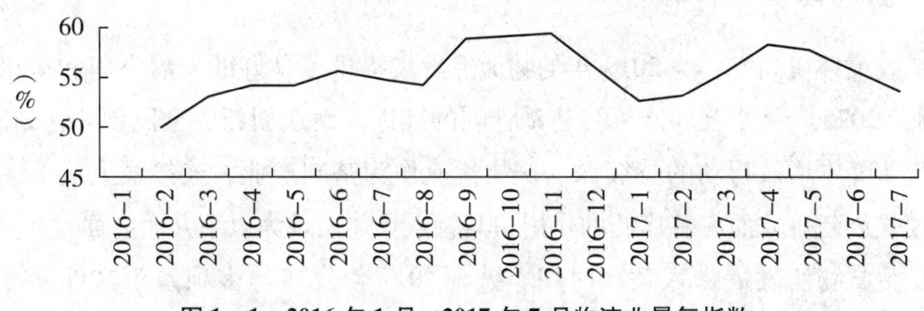

图1-1　2016年1月—2017年7月物流业景气指数

数据来源：中国物流信息中心。

去库存效果明显。2017年7月物流仓储指数②为49.6%，时隔16个月再次位于枯荣线以下，如图1-2所示。造成此现象的原因主要有两点，一是大宗商品供需两旺，库存水平较低，大宗商品周转时间加快，去库存效果显著；二是受季节性影响，劳动力成本上涨、供应紧张，导致企业员工数量有所减少，影响指数整体水平。从分项指数来看，业务活动预期指数为55.4%，保持高位运行，且已连续15个月位于扩张区间；新订单指数为51%，仍保持在荣枯线之上，显示行业预期继续向好，而随着劳动力供应偏紧，企业经济下滑等因素的影响，物流技术的应用需求会持续扩大。

---

① 物流业景气指数由业务总量、新订单、从业人员、库存周转次数、设备利用率、平均库存量、资金周转率、主营业务成本、主营业务利润、物流服务价格、固定资产投资完成额、业务活动预期12个分项指数和一个合成指数构成。其中合成指数由业务总量、新订单、从业人员、库存周转次数、设备利用率5项指数加权合成，称为中国物流业景气指数，英文缩写为LPI。物流业景气指数（LPI）反映物流业经济发展的总体变化情况，以50%作为经济强弱的分界点，高于50%时，反映物流业经济扩张；低于50%，则反映物流业经济收缩。

② 物流仓储指数是反映仓储行业经营和国内市场主要商品供求状况与变化趋势的指标体系，由期末库存、新订单、平均库存周期次数和从业人员4个权重指数合成。

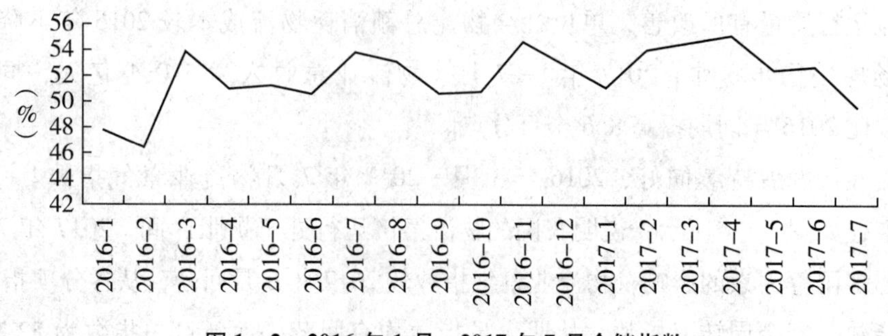

图 1-2　2016 年 1 月—2017 年 7 月仓储指数

数据来源：中国物流信息中心。

二、物流业发展特点

经济政策环境向好，为 2017 年的物流业发展提供了良好的发展空间和机遇。随着《中国制造 2025》及“互联网 +”行动计划的推进，大众创新、全民创业计划的开展，以及物流业降本增效行动的持续深入，物流业作为基础产业，连接线上线下，在技术升级、模式创新等方面有着广泛的作用，其特点具体表现为以下几个方面。

一是智慧物流发展进入黄金时期。纵观 2017 年发布的多项政策文件，物流信息化、标准化、智能化已经成为主流，多项政策明确提出要发展人工智能、物联网、大数据等以智能物流为主体的物流技术，推动行业发展。另外，伴随着我国从制造业大国向制造业强国转变，智能化、智慧化已经成为发展的主要方向，阿里巴巴、京东、苏宁等电商平台纷纷投入到智慧物流的建设中。菜鸟网络、京东相继公开旗下“物流实验室”，无人机以及仓储自动化机器人设备逐步投入使用。国内机器人智能物流领域创业公司如上海快仓智能科技有限公司、北京极智嘉科技有限公司等迅速得到资本的关注和认可，无论从市场需求还是产业基础方面，智慧物流都已经进入了发展的黄金时期。

二是物流信息平台将在共享经济的发展中进一步发挥作用。物流信息平台在信息共享、数据公开、运力调配、政府监管等诸多方面发挥着不可替代的作用，而随着“互联网 +”行动的开展，越来越多的经营创新活动借助物流信息平台展开，包括车货匹配平台、共享经济平台等。物流信息平台同时为政府监管和数据的采集、发布、共享提供了抓手，有助于物流业向有序、健康与和谐的方向发展。

三是绿色物流技术将发挥更重要的作用。面临全球气候问题的挑战，物流行业的节能减排、绿色发展越来越受到政府和企业的重视。工信部和财政部联合发布了《免征车辆购置税的新能源汽车车型目录》和《新能源汽车推广应用推荐车型目录》；机动车第五阶段排放标准也在全国范围内实施；在政策的推动下，新能源汽车，包括电动汽车、天然气汽车得到越来越多的应用。在新能源汽车广泛应用的背景下，绿色物流技术的需求将会越来越强，绿色物流技术将会发挥更重要的作用。

四是多式联运将进一步发展。2017 年 1 月，交通运输部等 18 个部委联合发布了《关于进一步鼓励开展多式联运工作的通知》，多式联运发展全面提上日程。从政策引导、资金支持、标准规范、模式创新、技术支撑等方面全力助力多式联运发展。对于物流企业来讲，不仅提供了便利的多式联运经营条件，也创造了更多的机会。

五是跨界融合发展趋势将更加显著。在“互联网 +”新时代下，中小企业抱团发展、行业联合成为趋势。融合不仅体现在线上线下（O2O）融合，更体现在跨行业协同发展。铁路企业与快递企业的合作，快运企业发展快递业务，零售企业提供物流外包服务，物流行业间的界限越来越不清晰。不仅在物流行业间，物流与其他行业如制造业也呈现融合发展的趋势，物流业可为制造业提供便捷的物流服务，而制造业也为物流的发展提供了相应的技术装备，创造了市场需求，两者关系密不可分。

六是“最后一公里”问题仍有待突破。“最后一公里”即末端配送问题是物流业发展的短板问题，为突破最后一公里“围城”，不断有新模式、新技术应用其中，例如众包物流、共享物流等。以物流信息技术为支撑，创新运营模式，发动社会运力，增加了物流末端配送的运力，在降低了物流成本的同时，也提升了用户的体验。目前在“最后一公里”问题上仍有待突破，也比较具有竞争活力，未来会有更多的企业和先进技术投入到这个领域中来。

七是标准化建设逐步推进。标准化是物流发展中非常重要的一项基础工作，2017 年以来我国对于标准化工作的逐步展开，在托盘和包装标准化方面取得了一定的成效，但同时也面临着一些困难和难点，需要进行持续的改进。

第四节　智慧物流引领物流技术发展

随着“互联网 +”战略与《中国制造 2025》的提出，我国已经进入了产业全面升级改造的时期，而伴随着人工智能、大数据、物联网等技术手段的广泛应用，智慧化已经成为物流领域的发展方向，物流技术也随着智慧物流的发展不断升级改造。智慧物流未来将通过连接升级、数据升级、模式升级、体验升级、智能升级、绿色升级等全面助推物流供应链升级，这将深刻影响社会生产和流通方式，促进物流产业结构调整和新旧动能转换。

一、智慧物流概述

智慧物流是通过大数据、云计算、智能硬件等智慧化技术与手段，提高物流系统思维、感知、学习、分析决策和智能执行的能力，提升整个物流系统的智能化、自动化水平。智慧物流具有以下两个特点[4]：

一是互联互通，数据驱动：所有物流要素互联互通并且数字化，以“数据”驱动一切洞察、决策、行动；

二是深度协同，高效执行：跨集团、跨企业、跨组织之间深度协同，基于全局优化的智能算法，调度整个物流系统中各参与方高效分工协作。

2016 年 7 月，国务院常务会议决定把“互联网 +”高效物流纳入“互联网 +”行动计划。2017 年以来出台的多项物流政策文件，都将人工智能、大数据、物联网等智慧物流技术作为重要发展方向，提倡智慧物流的发展。随着物流业与互联网深度融合，新技术、新模式、新业态不断涌现，智慧物流已成为物流业发展新的增长点和提质增效的新路径，为物流业转型升级注入了新动力。

二、智慧物流的关键技术

智慧物流能力主要体现为物流系统的思维、感知、学习、分析决策和智能执行的能力，智慧物流能力需要智慧物流技术来实现，其关键技术按照物流服务环节可分为四个方面[5]：一是智能运作设备技术，主要包括自动化机器人技术、自动分拣技术、可移动穿戴设备、增强现实技术、虚拟现实技术等；二是物流资源整合技术，主要包括信息感知识别技术（如条码技术、射频技术、定位技术等物联网相关技术），资源管理优化技术（如基于大数据的数据挖掘处理技术、车货匹配技术、配载线路优化技术等）；三是信息平台搭建技术，主要包括云计算等互联网技术、物流信息标准化设计技术、功能模块设计技术等；四是物流方案设计技术，主要包括需求信息标准化处理技术、需求结构化分解技术、单功能服务方案设计技术、多功能方案集成及评价技术等。

物流技术使得物流过程在感应、互联、智能方面全面提升，物流场景数字化，供应链内元素相互连通，使供应链相关决策更加自主、智能。

三、智慧物流应用体系

智慧物流可应用到物流系统的各个领域，对于提高物流运行效率、降低物流成本起着显著的作用。根据行业的发展需求，对智慧物流应用的研究需要从平台、运营、作业三个层次展开[4]，构建智慧化平台、数字化运营、智能化作业的智慧物流应用体系，如图 1－3 所示。智慧化平台相当于人类的“大脑”，数字化运营为“中枢”，智能化作业为“四肢”，分别解决智慧物流系统中的不同层次的问题。智慧化平台在大数据网络布局、行业洞察、供应链深度协同等方面将发挥重要作用。数字化运营在全链路智能排产、运营规则智能设置、仓储、运输、配送方面采用数字化的处理，运用算法和信息系统使运营实现数字化。智能化作业需要依托数字化的运行系统，运用智能运作设备，配合智慧化的平台和数字化的运营，在入库、存取、拣选、包装、出库等各个环节实现自动化作业。

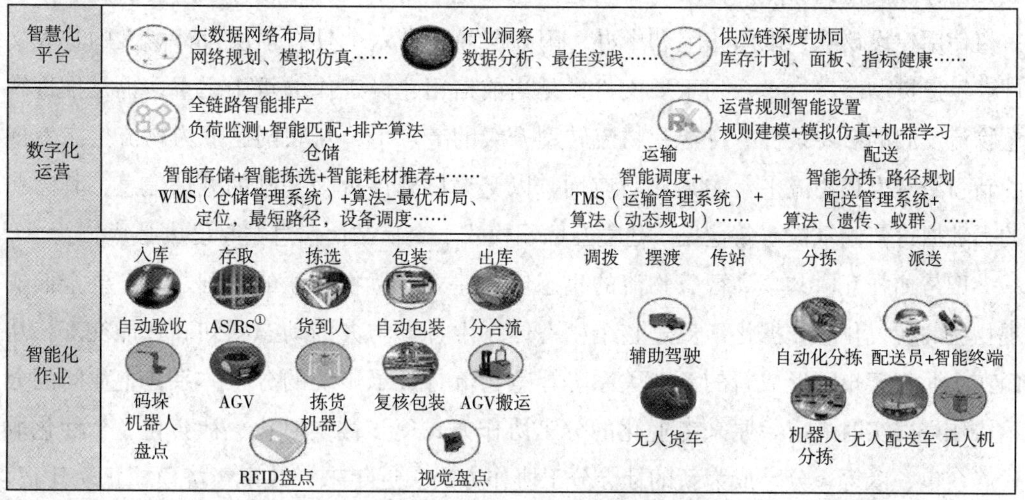

图1-3　智慧物流应用体系

四、智慧物流未来发展重点

尽管智慧物流发展态势良好，但还存在一些问题制约着智慧物流的发展，目前我国智慧物流发展的瓶颈主要表现为互联网基础设施布局和投入不足，物流业和信息化复合型人才严重匮乏，互联网信息接口和相关标准尚未统一，社会诚信体系建设任务艰巨等。因此，今后一段时期内容发展重点主要体现在以下几个方面[6]。

一是加大基础设施投入。智慧物流的发展前提是互联网基础设施的必要投入。传统物流企业的信息内部化和“孤岛问题”比较突出，云计算、大数据、物联网、智能终端等互联网基础设施的投入，可以帮助企业直接接入互联网，促进信息的广泛流动，实现更大范围的信息分享和使用，从而降低信息处理成本。因此，要加大互联网相关基础设施投入，特别要重视物流云建设，全面实现物流业务数据化，充分释放信息和数据潜能，为智慧物流奠定大数据条件。

二是培育创新人才。智慧物流的核心推动力是人才，智慧物流的快速发展需要一大批既熟练掌握现代信息技术，又熟悉物流运作基本规律的复合型人才。从目前情况看，此类人才极其紧缺。发展智慧物流除了加大基础设施的投入外，更应该注重专业

---

① AS/RS，自动化立体仓库。

人才队伍建设。通过产学研结合的方式，搭建创新开放的人才培育平台，为智慧物流发展提供源源不断的人才保障和智力支撑。

三是推进诚信建设。诚信体系建设是我国经济社会发展中的重要问题，也是党中央、国务院关注的重点。2016 年，习近平总书记主持中央深改领导小组会议先后四次审议信用建设议题，以国务院和中办、国办层面出台六个具有顶层设计意义的重大文件。迅速贯彻落实这一系列重要文件，是当前信用建设工作的重中之重，也是推进智慧物流发展的必要条件。在智慧物流转型升级的节点上，互联网已成为物流生态发展的新引擎。大量物流平台的兴起与应用，以交易口碑评价为基础的诚信信息，其潜在的大数据价值尚未被有效挖掘，建立互联网模式下交易诚信信息共享已成必然。

四是加强互联共享。智慧物流的生态体系建立在万物互联的基础之上。要全面实现物流的在线化和数据化，促进整个生态体系中各参与方的动态感知和智能交互，从而在企业与客户间形成新的商业关系。智慧物流打破了传统的分工体系，企业间的分工协作可以实时响应。原来专业化的分工协作方式逐步被实时化、社会化、个性化取代。众包、众筹、分享成为新的社会分工协作方式。近年来，共享经济模式正从住宿、交通、教育以及生活服务等领域向制造、流通与物流领域扩展，充分体现了分工协作的社会化趋势。物流信息资源、物流技术与设备资源、仓储设施资源、终端配送资源、物流人力资源等是共享物流的重要基础。

第二章　国际物流技术

第一节　日本物流技术

日本物流业发展从20世纪50年代开始起步，伴随着制造业等产业的蓬勃发展与跨国企业的不断壮大，以准时制生产（JIT）为代表的先进生产方式得到广泛应用，供应链管理等管理理念得到普及，日本物流业的发展水平不断提升。在日本物流从起步到发达的过程中，物流技术的开发、应用和推广起到了举足轻重的作用，直接促进了物流机械化、高效化以及智能化发展。

一、日本物流技术有关政策

日本物流技术的快速发展与日本物流政策的引导息息相关。与日本物流技术相关的政策可以分为两类，一是考虑整体宏观物流政策的《综合物流施策大纲》，二是与专项物流活动有关的配套政策。

（一）《综合物流施策大纲》

为改善每个物流政策制定部门各自为政的状况，日本政府于1997年第一次制定了《综合物流施策大纲》，旨在提供亚洲太平洋地区最具便利性和竞争力的物流服务，以不影响产业生产竞争力的物流成本提供优质的物流服务，建立能够应对与物流相关的能源、环境以及交通安全等问题的物流系统。根据《综合物流施策大纲》的实施效果以及物流行业发展的新变化、新要求，《综合物流施策大纲》每隔4～5年进行一次调整，目前已经更新到《综合物流施策大纲》（2017—2020年版）。

不同阶段的《综合物流施策大纲》对日本物流技术发展的要求有所不同。1997年《综合物流施策大纲》[7]中，推进物流的信息化、标准化，开发和利用全球卫星定位系统、道路交通信息系统和智能交通系统（ITS）等系统，开发适应低温物流等新型物流形式要求的材料和设备，推动高速货运船技术的开发应用等都是主要内容。

2001年《综合物流施策大纲》[8]中，为增强海港、空港等国际物流节点的功能，有效利用智能交通系统（ITS）等技术，提高对现有基础设施的管理运营水平，为构建高度有效的物流体系，制定适应日本要求的国内物流电子数据交换系统（EDI）标准，在国际物流领域推广标准EDI，而且在将地理信息系统（GIS）等灵活用于物流领域的基础上构建物流综合信息服务系统，提高物流服务信息化水平。

在2005年《综合物流施策大纲》[9]中，通过推进标准化和信息化提高物流效率被视为建设高效物流系统的重要措施之一，具体表现在加强物流信息基础网络建设、推进托盘标准化、建立推广官民共享的ITS服务系统、广泛运用电子交通地图，以港口为核心，促进货主、船公司、集装箱堆场、海运、通关、陆运之间的电子信息共享机制、运用船舶自动识别装置（AIS）等提高航行支持服务系统的服务水平等。

2009年《综合物流施策大纲》[10]中，提升物流国际化水平和安全性是物流技术应用推广的重要方面。主要措施包括提高国际贸易手续和物流管理的信息化处理水平，推动日本进口货物通关一体化系统（NACCS）和民间物流相关系统的对接，推进智能交通系统（ITS）和先进安全汽车技术（ASV）的推广应用。

2013年《综合物流施策大纲》[11]中，物流技术的应用和推广在关注物流国际化、安全化水平提升的同时，也注重技术在提升物流绿色化水平方面的作用。提升物流国际化水平方面，通过应用日本进口货物通关一体化系统（NACCS），建设国际物流信息核心系统；提升物流绿色化水平方面，通过应用智能交通系统（ITS）使交通流更为顺畅，推动卡车、船舶、铁路等物流领域主要二氧化碳排放源节能化、低公害化发展，促进天然气等清洁能源在物流领域的使用。另外，提倡在仓库等物流设施中使用自然制冷剂，降低二氧化碳排放量和推进制冷剂的脱氟化。提升物流安全化方面，推广先进安全汽车技术（ASV），帮助驾驶员减少反应和判断等方面的人为失误，防止卡车运输过程中的事故发生。

2017年《综合物流施策大纲》[12]开始关注物联网、大数据、人工智能（AI）等新技术将给物流行业带来的重大变化，挖掘新技术对推动物流高效化和高附加值化发展的潜力。进一步普及射频识别技术（RFID）的应用，统一数据读取和处理的标准，提升供应链整体的运作效率。

虽然不同阶段的《综合物流施策大纲》对物流技术的侧重点有所区别，但始终以提升日本物流区域竞争力、提高物流服务能力与效率、确保物流的安全绿色发展为目标，反映出随着物流业发展水平的不断提升，技术对物流发展的重要性不断增强。

（二）专项配套物流政策

《综合物流施策大纲》作为一项综合性物流政策，对日本物流业总体发展提出了具体要求。同时，日本颁布了一系列专项配套物流政策，进一步保障《综合物流施策大纲》中具体目标的实现。

以绿色物流立法与政策为例，2000年日本以《环境基本法》为基础，制定了《循环型社会形成推进基本法》，该法是全面、有计划地推进废弃物和再生资源利用对策的基本法。根据该基本法，日本政府2003年通过了《有关促进包装容器分类收集及再商品化等的法律》《特定家庭用机器再商品化法》《有关促进食品循环资源再生利用等的法律》等一系列法律，建立起了包装容器、家用电器、食品、汽车、计算机等废弃物回收和再生利用的制度[13]。日本众多的专项物流立法和政策中，很多都体现着提高物流效率、推动和鼓励绿色物流发展的原则和精神。

二、日本物流技术发展历程

从20世纪50年代物流业发展起步至今，日本物流技术发展大致经历了机械化水平提升、人机协调水平提升、自动化水平提升[14]、智慧化水平提升四个阶段。

（一）机械化水平提升阶段

20世纪六七十年代，随着国民收入的不断提升和就业机会的增长，国民从事体力劳动的意愿下降，生产一线和物流现场出现人力资源不足现象，市场的大量消费需求和企业用工压力增长之间的矛盾急需解决。为解决这一问题，日本物流行业开始推广物流机械装备。例如，丰田在生产工厂中引进美国Webb（威勃）公司的输送机系统，建成了自动化生产线，大大缓解了用工压力。随着电子信息技术的发展，计算机和信息技术开始进入工厂和物流企业。物流技术装备依托电子信息技术的发展，产品种类得到大大丰富，自动化仓库、无人搬送小车等开始出现，物流技术装备的无人化程度大大提升。但由于计算机能力仍然不足，无人化物流技术装备的推广受到阻碍。

（二）人机协调水平提升阶段

进入20世纪80年代，由于无人化物流技术装备难以广泛应用，生产和物流现场采用人、机器和计算机协调配合的方式进行作业。物流技术装备的开发与应用也围绕人机协调发展进行，通过应用条码和网络技术，开发数字拣选系统、拣选小车系统等装备。降低了工作人员劳动强度的同时，提升了物流作业的效率。

（三）自动化水平提升阶段

20世纪90年代，日本经济不景气，企业开始努力降低成本，同时受物流和供应链管理等思想的影响，企业都在努力研究消减库存的方法。提高库存周转量和出入库频率是消减库存的重要途径，因此提高物流作业能力的物流技术装备得到广泛研发推广。在此背景下，日本开发了高作业能力的自动化立体仓库和自动分拣机。随着自动化水平的不断提升，作业效率有效提高，人工成本和仓储成本得以降低，大大促进了日本物流的效率化发展。

（四）智慧化水平提升阶段

进入21世纪，随着互联网技术的飞速发展以及物联网技术在物流领域的广泛应用，物流技术装备的智慧化水平不断提高。通过应用RFID技术，除了可以实现产品信息的读写之外，还可以实现产品位置的自动认知、自动验货、自动盘点等功能，如自动分拣机器人等。同时，随着大数据等技术在物流领域的应用不断深化，物流技术设备的自动分析和处理能力不断加强，甚至具备自我改进和优化的学习能力。近年来日本物流技术有关政策中对加强新技术应用的重视不断增强，智慧化物流技术装备将为日本物流行业提升竞争力和服务能力，提升物流安全绿色发展水平产生重要意义。日本ZMP公司快递机器人“CarriRo Delivery”如图2-1所示。

图2-1　日本ZMP公司快递机器人“CarriRo Delivery”

图片来源：Techweb网 http：//www. techweb. com. cn/world/2017-07-14/2556896. shtml。

三、日本物流技术发展现状

在日本少子化、老龄化人口问题不断加深，且国内物流需求日趋复杂、国际物流市场竞争日趋激烈的环境下，日本物流行业正不断提升物流设备自动化、信息化、智能化的水平以克服劳动力不足的问题，同时通过持续推进物流标准化和共同配送的发展，提高日本物流服务能力。

（一）自动化、信息化、智能化设备应用广泛

随着消费需求的多样化以及生产制造能力的不断提升，物流需求变得更为复杂多样，物流服务也从标准化、大批量向个性化服务转变。为适应新变化，物流服务体系也需要进行升级改造，自动化、信息化、智能化设备的推广应用促进物流服务向高效、个性化方向发展。目前，声音自动认识技术在日本正加快推广应用，高端物流中心已开始使用该技术。融合声音识别技术、蓝牙传输、无线传输和条码、射频识别技术，有望实现将有机发光屏贴在物流中心作业人员手臂，同步浏览物流信息，大大提高工作人员作业效率。日本物流领域已实现高度计算机化和自动化，物流企业普遍应用计算机管理系统，自动分拣机、自动堆垛机、自动立体仓库等自动化物流技术设备得到广泛研发与应用，如大库机械有限公司研发的码垛机器人可搬运重达300kg重物。日本物流企业在国际物流领域中，广泛使用电子数据交换（EDI）系统，提高了信息在国际间传输的速度和准确性，使企业降低了单据处理成本、人事成本、库存成本和差错成本，改善了企业和顾客的关系，提高了企业的国际竞争力。2017年3月2日，日本政府公布了人工智能（AI）产业化的进度表。计划到2030年，物流领域利用自动驾驶汽车和无人机“实现完全无人化”的目标。该构想最重要的一环是实现“完全无人运输和配送服务”，主要是在商品运输环节实现铁路和汽车的无人化，与无人机和物流设施等相衔接，在最恰当的时间进行配送[15]。大库机械有限公司研发的码垛机器人如图2-2所示。

图2-2　大库机械有限公司研发的码垛机器人

图片来源：2017全球物流技术大会——从传统码垛机到机器人码垛的发展。

（二）物流标准化建设不断推进

日本非常重视物流标准化建设，日本工业技术院委托日本物流管理协会花费四年时间对物流机械、设备标准化进行调查研究。由此确定了物流模式体系、集装基本尺寸、物流用语、物流设施的设备基准、卡车车厢内壁尺寸等标准。其中单元货载化是标准化的一项基础性内容。单元货载化就是把所有的货物整合规范化，使它更便于运输。将一个大型的货物，或者是附属的货品整理成一个单元，叫单元货载化，把附属的两个三个货品整合成一个单元，也叫单元货载化。托盘化是单元货载化的典型代表。日本标准托盘尺寸为1200mm×1000mm，实际操作应用当中也存在较少的1200mm×800mm、1100mm×1100mm等尺寸的托盘。

标准化有利于机械化物流作业的开展，以标准化的单元货载工具为基础，开展大规模机械化物流作业能够大大提高物流运作效率，如图2-3所示，标准化托盘在装卸搬运中的运用大大提高了作业效率。

图2-3 单元货载系统相比人工搬运具有优势

图片来源：2017全球物流技术大会——单元货载化的重要性。

（三）发展高水平的共同配送

为解决企业间不合理竞争导致的资源无法合理分配利用，以及发货配送频率增高带来的加剧城市拥堵等社会问题，日本较早开展了共同配送。关于共同配送，日本有两种较为常见的定义。在日本工业标准中，共同配送是“为提高物流效率，对许多企业一起进行配送”。该定义强调了共同配送的目的，但没有深入其本质。日本运输省也对共同配送进行了界定，认为共同配送指“在城市里，为使物流合理化，在几个有定期运货需求的企业间，由一个卡车运输业者，使用一个运输系统进行的配送”。也就是把过去按不同货主、不同商品分别进行的配送，改为不区分货主与商品，统统把货物装入同一条线路运行的车辆上，用一台卡车为更多的顾客服务，实现货物及配送的集约化。在该定义中比较强调卡车运输业者在共同配送中的地位[16]。

在日本，同行业的共同配送占了绝大多数，其中照相机销售行业、纸张文具行业、糕点小食品行业和化妆品生产行业等的共同配送装载快速地扩大。除此之外，日本的一些行业协会如日本电器控制工业会、全日本超市协会、医药化妆品便利店协会、日本加盟连锁协会等，也在积极探讨在行业中建立共同配送体系。同时，不同行业不同产品的共同配送也在快速发展，如日本大和运输公司实施大件家具的共同配送、日本菱食公司与日本关西物流中心的电线产品共同配送、日本南王运送株式会社与有明综合物流中心开展百货共同配送等。

（四）开展高效的精益物流管理

日本企业在运作过程中一直保持着较低的物流成本水平，其控制成本的能力很大程度上来源于领先的物流管理技术，其中具有代表性的是精益物流管理。精益管理思想源于20世纪80年代日本丰田的准时化生产方式（JIT），其主要宗旨就是指通过使用更少的人力、物力和财力资源，在保证需求的前提下用更短的时间获得更大的价值，其努力的方向和最终的目标是消除一切浪费[17]。随着日本物流与技术的不断发展，精益物流管理水平仍在提高。其中以丰田为典型代表，主要表现为以下几方面[18]。

第一，物流成本进一步降低。丰田统一管理调配旗下各企业的物流资源，大大降低物流成本。例如，为各企业统一购买运输保险，降低保险费用；通过实现同一区域内不同企业共同集货、配送以及互为起点和终点的对流物流，提高车辆的积载率，减少运行车辆的投入等。

第二，对物流环节的安全和质量管理控制不断加强。丰田在仓库中密布摄像头，对物流环节的安全和质量管理进行实时控制监督。同时，丰田对承运商的运输安全、运输品质、环保、人才培养和运输风险控制等定期进行全面评价，通过评价淘汰不合格的承运商，使达到要求的承运商明确掌握自己的不足之处。另外，对于安全、品质、成本、环保、准时率等物流指标，丰田建立了关键绩效指标（KPI）体系进行监控。成本KPI管理为物流的改善提供了最直观的依据。

第三，电子技术应用比例不断提高。随着计算器技术的发展，丰田公司及时把计算器技术应用到制造与经营活动之中。目前丰田应用了进行生产计划指示的“计算器辅助计划系统（CAP）”，对制造、加工、装配的自动机械、生产线下达指令的“计算器辅助制造系统（CAM）”，在产品设计、工程设计、工序布局等方面提供帮助的“计算器辅助设计系统（CAD）”。这三者结合在一起，构成了丰田公司的“计算器集成制造系统（CIMS）”。从设计开发到生产流程，丰田通过技术实现了精准控制，大大提高了制造效率，降低了物流成本。

此外，为了迅速地满足顾客的需求，丰田和销售商之间建立了能够每天处理订车业务的联机信息网。信息网利用“高速大容量数字通讯基干回路”将丰田公司的计算器与销售商的计算器以及终端机连接起来，掌握销售商每天的订货信息，以便根据订货内容确定快速的生产体制，缩短交货期。这一网络对丰田与销售商之间的信息资源进行了整合，有效降低了信息沟通成本。

经过丰田的成功应用，精益物流管理思想在日本已经得到普及。在实际应用过程中，通过不断吸收应用现代技术，精益物流管理水平逐步提高，物流运作成本不断降低，成为日本物流发展进程中一大“闪光点”。

第二节　欧美物流技术

随着经济社会的发展，人们对资源环境的关注度越来越高，同时对提升效率的需求也越来越迫切，由此带来了产业的不断升级，其中技术的创新研发应用是一个重要手段，物流产业同样如此。欧美地区是物流业发展较早也较为先进的地区，物流技术的研发创新能力处于世界前列。

一、欧美物流技术发展概况

近年来，欧美国家物流技术发展日新月异，特别是在工业制造技术和互联网技术日益成熟的基础上，物流领域的技术创新研究层出不穷，同时物流技术的发展也反映着欧美国家近年来对于资源环境的关注，所以未来欧美物流技术的发展有以下特点。

一是智慧物流技术将得到快速发展和更广泛的应用。随着德国“工业4.0”和美国“再工业化”战略的提出，拉开了全球产业升级的序幕，以物联网、大数据、云计算、人工智能、先进的制造工艺等为基础开发的智能装备以及流程处理模式不断刷新着人们的传统认知。物流业作为服务业，与制造业、商贸业等相关产业密不可分，衔接着供应、生产、销售和售后的全过程，也朝着信息化、自动化、智能化的智慧物流方向发展，智能化的厂内物流、智能配送、智能仓储、智慧物流平台等智慧物流技术都将得到快速的发展和广泛的应用。

二是物流节能环保技术将成为核心竞争力之一。在全球气候变暖的大趋势下，越来越多的国家重视环境保护的必要性，降低碳排放已经成为全球共识。物流业中的车辆和仓库等设施设备也是排放耗能的主要主体之一，针对物流业的节能减排工作受到了越来越多的国家和企业的重视，对于减排技术、节能技术、可替代能源技术的研究应用已经成为了物流领域的热点，而欧美国家对于节能环保技术的研究处于世界前列，节能减排技术必将在全球的市场竞争中成为核心竞争力之一。

三是物流安全技术将引起更多的重视。欧美国家十分重视人的安全，在欧盟提出的交通规划中，“2020 年交通事故的死亡人数较 2010 年下降 50%”，这意味着要有更先进的技术来提高驾驶的安全系数。在其他物流环节，对于操作人员的安全防护也很重要，由此将带来更多技术的创新与革命。

二、欧美物流技术应用

（一）智能仓储技术

1. 拣选技术

目前，欧美国家较先进的拣选方式是“货到人”拣选技术。“货到人”拣选是一个综合解决方案，利用自动化和智能化的装备以及信息技术，实现货物拣选的自动化，其核心技术有拣选机器人技术、控制技术以及综合考虑拣货操作流程的系统集成技术等。

拣选设备是“货到人”技术的一个重要装备，对于拣选技术的研发已经进入了成熟发展的阶段，各大厂家目前正利用技术的创新在分拣的综合解决方案、单项技术的改进等方面对拣选的效率和速度做着持续的提升。

例如因特利格雷特（Intelligrated）公司的机器人拣选系统，在传统的机器人拣选技术中添加了视觉处理技术，能够自动识别货物，实现快速精准的分拣，如图 2－4 所示。

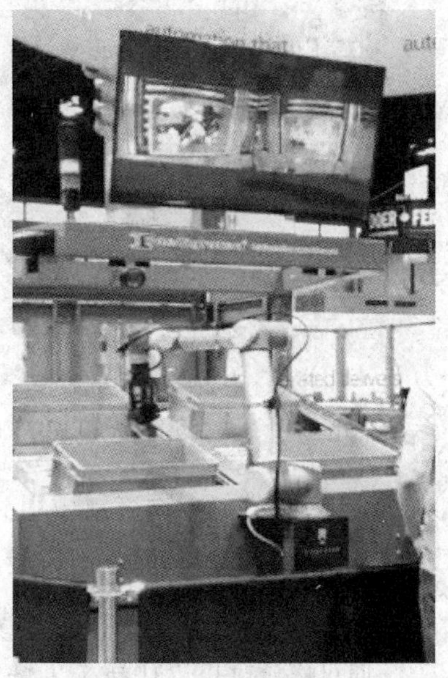

图 2－4　机器人拣选系统

图片来源：微信公众号 Intelligrated 智能物流——Intelligrated 亮相美国芝加哥国际物流（ProMat）工业自动化展览会（Automate）2017，最新产品带来一站式体验。

2. AR/VR 技术

VR（Virtual Reality，又译作灵境、幻真）是利用电脑模拟产生一个三维空间的虚拟世界，提供使用者关于视觉、听觉、触觉等感官的模拟，让使用者如同身临其境一般，可以及时、没有限制地观察三度空间内的事物。

AR（Augmented Reality），也被称为混合现实。它通过电脑技术，将虚拟的信息应用到真实世界，真实的环境和虚拟的物体实时地叠加到了同一个画面或空间同时存在[19]。AR/VR 技术在物流领域也有着广阔的应用空间，目前典型的应用有谷歌眼镜和虚拟现实人员培训等。

谷歌眼镜就是一项利用 AR/VR 技术的智能装备，利用的是光学反射投影原理（HUD），即微型投影仪先是将光投到一块反射屏上，而后通过一块凸透镜折射到人体眼球，实现所谓的“一级放大”，在人眼前形成一个足够大的虚拟屏幕，可以显示简单文本信息和各种数据，谷歌眼镜如图 2 -5 所示。2017 年谷歌公司又发布了新版本的谷歌眼镜，允许用户眼镜连接内部系统到其他设备，比如条码扫描器，另外其电池续航时间更长、拥有 800 万像素的摄像头、更快的处理器和速度更快的无线传真（Zippier Wi - Fi）。其在物流领域的应用主要体现在辅助人工拣货方面，可利用谷歌眼镜的 AR 技术指引仓库人员进行分拣操作，有效地帮助拣货人员提高拣货效率，图 2 -6 为仓库人员利用谷歌眼镜进行拣货操作。

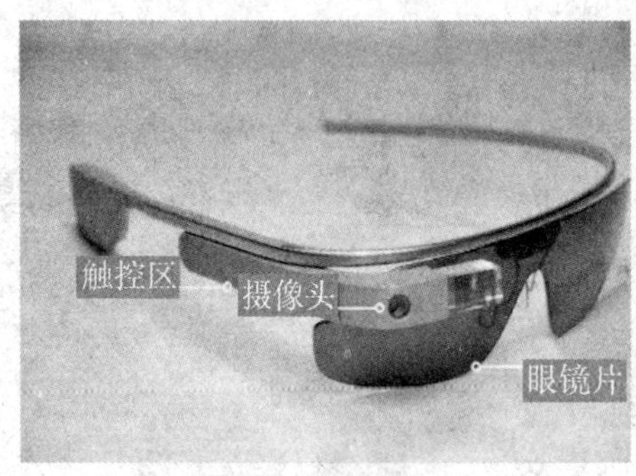

图 2 -5　谷歌眼镜

图 2 -6　谷歌眼镜应用于拣货操作

图片来源：微信公众号 ZEALER 订阅号——谷歌眼镜重返战场：是否真的能提升效率。

VR 技术今年在物流领域得到了应用，在 2017 年美国芝加哥国际物流展（ProMat 2017）上，海斯特—耶鲁物料搬运公司展示了一项叉车模拟交互式演示系统，旨在帮助筛选应聘者操作叉车的技能与提高操作人员技能的培训。

通过该系统可以让新叉车操作人员在一个虚拟的环境下进行练习。与在移动设备上进行实际操作相比，这种方法可以帮助操作人员减少在培训过程中由于错误操作而造成叉车或其他设备和基础设施损坏的风险，还可以让企业在招聘时筛选应聘者，让招聘企业获得更清晰、更直观的叉车操作演示，并帮助新聘操作人员找到最适合他们的岗位，模拟交互演示系统的叉车如图 2 -7 所示。

3. 3D 扫描测量技术

3D 扫描测量技术是运用 3D 扫描技术，将被测产品进行三维空间建模，构建出物体的三维立体图像，并与相应的计算机系统相连，使得测量结果电子化，节省人工测量时间，提高测量的准确率。

3D 扫描测量仪器在物流领域中有较多的应用，如施奈莱克物流（Schnellecke Logistics）公司在其仓储过程中就运用 3D 扫描测量进行商品的入库和存储操作。电商巨头亚马逊开发的 CUBISCAN 系列 3D 扫描测量仪不仅可以扫描物品尺寸，还可进行称重，数据直接输入系统，系统进行优化入库。图 2－8 为亚马逊 CUBISCAN 系列 3D 扫描测量仪。

图 2－7　模拟交互演示系统的叉车

图片来源：微信公众号中叉网——耶鲁在 ProMat 2017 上展示虚拟现实技术模拟叉车操作。

图 2－8　亚马逊 CUBISCAN 系列 3D 扫描测量仪

图片来源：微信公众号物流指闻——技术创新：亚马逊仓库里的黑科技，3D 扫描测量这么用。

（二）节能减排技术

1. 欧Ⅵ排放技术

欧洲对于污染物排放有着严格的标准，欧洲汽车尾气排放标准由欧洲经济委员会（ECE）汽车废气排放法规和欧盟（EU）汽车废气排放指令共同组成，汽车废气排放法规由 ECE 参与国自愿认可，汽车排放指令是 EEC 或 EU 参与国强制实施[20]。对于每一种车型，排放标准有所不同，当前排放标准对几乎所有类型的车辆排放的氮氧化物（NO_x）、碳氢化合物（HC）、一氧化碳（CO）和悬浮粒子（Particulate Matter，PM）都有限制。

欧洲排放标准一般每四年更新一次，表 2－1 为欧洲不同阶段的排放标准对于污染物的要求。

表 2－1　欧洲卡车和公共汽车排放标准

标准等级	开始实施日期	CO	HC	NOx	PM	烟雾
欧Ⅰ	1992 年，＜85kW	4.5	1.1	8.0	0.612	无标准
	1992 年，＞85kW	4.5	1.1	8.0	0.36	无标准
欧Ⅱ	1996 年 10 月	4.0	1.1	7.0	0.25	无标准
	1998 年 10 月	4.0	1.1	7.0	0.15	无标准
欧Ⅲ	1999 年 10 月（EEV）	1.0	0.25	2.0	0.02	0.15
	2000 年 10 月	2.1	0.66	5.0	0.1	0.8
欧Ⅳ	2005 年 10 月	1.5	0.46	3.5	0.02	0.5
欧Ⅴ	2008 年 10 月	1.5	0.46	2.0	0.02	0.5
欧Ⅵ	2013 年 1 月	1.5	0.13	0.5	0.01	—

注：欧洲汽车废气排放标准单位 g/kWh（烟雾 g/m），被用于环境友好汽车（Enhanced Environmentally Friendly Vehicle，EEV）标准，该标准仅在部分欧洲国家实行。

欧洲目前实行的车辆排放标准为欧Ⅵ排放标准，颗粒物的排放不用质量来评测，而是用颗粒物的数量。如图 2－9 所示为欧洲排放标准与我国排放标准的比较，我国也即将全面进入国Ⅵ阶段，对于排放污染物的标准更为严苛，对排放技术也提出了更高的要求。

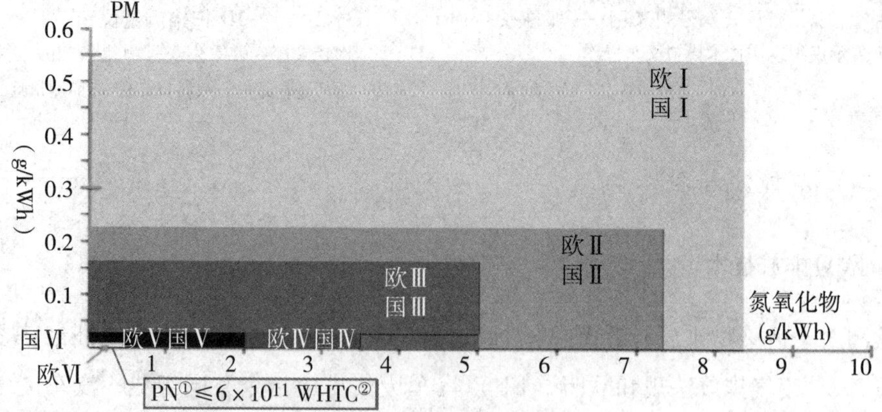

图 2－9　我国与欧洲柴油重型车排放标准比较

图片来源：2017 全球物流技术大会——现代商用车辆的发展。

① PN，悬浮粒子数量。

② WHTC，全球统一瞬态试验循环。

发动机是货车污染物排放的污染源，为满足欧Ⅵ排放标准，需要在发动机方面采取必要的措施，欧Ⅵ的排放技术采用“机内净化+后处理”技术。机内净化燃油技术是从发动机有害污染物的生成机理及影响因素出发，通过对发动机进行调整或改进，达到控制燃烧，减少和抑制污染物生成的技术。机外净化技术是对排除发动机排气口的污染物进行再处理的技术。降低柴油机氮氧化物排放和颗粒物排放之间往往存在着矛盾，一般有利于降低柴油机氮氧化物排放的技术有时会导致颗粒物排放增加，如图2-10所示为废气循环系统（EGR）和选择性催化还原技术（SCR）对氮氧化物和颗粒物的作用效果，所以一般机内净化技术要配合后处理系统，如图2-11所示。其他欧Ⅵ发动机应用的技术还有高压共轨燃油喷射系统，柴油颗粒过滤（DPF）技术，可变几何涡轮增压器（VGT）技术等。图2-12为斯堪尼亚针对欧Ⅵ标准设计的发动机，该发动机可以用氢化植物油（HVO）或生物柴油（如柴油、沼气或天然气混合）为燃油，采用EGR、SCR等技术，能够有效降低排放，并且配备发动机管理系统（EMS），可以详细记录行驶数据，控制分析发动机的性能，实现发动机的智能化管理。

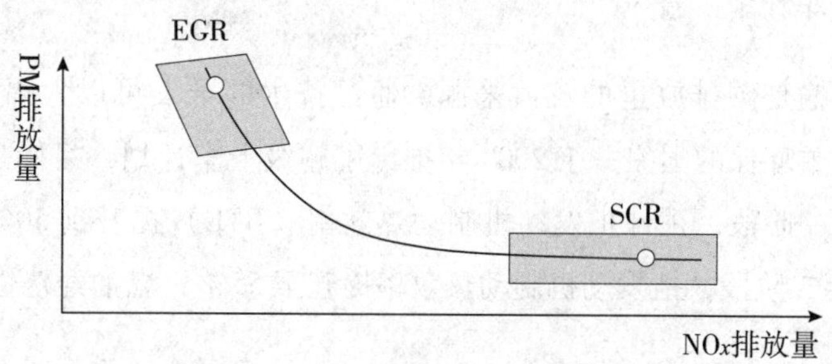

图2-10 不同技术降低排放物的效果

图片来源：2017全球物流技术大会——现代商用车辆的发展。

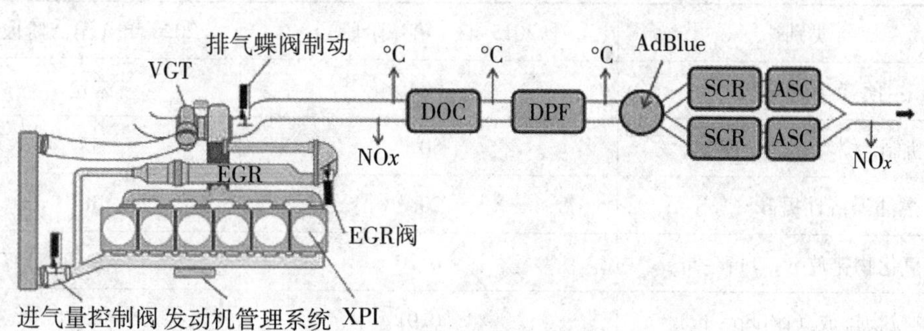

图2-11 发动机系统与后处理系统

注：DOC——氧化型催化器；DPF——柴油颗粒过滤器；ASC——氨过滤器；AdBlue——欧洲柴油发动机尾气处理液。

图片来源：卡车之家 http：//www.360che.com/tech/110411/14107.html。

图 2－12　针对欧Ⅵ标准设计的发动机

图片来源：斯堪尼亚官网 https：//www. scania. com/cn/zh_ cn/home/produts－and－services/engines/sustainability. html。

2. “超级卡车计划”技术[21]

重型车辆运输是碳排放量的较大来源，通过技术的开发可以大幅降低碳排放量，美国作为一个注重环保的国家，于2009年推出了超级卡车计划，目标是大幅降低重卡油耗水平，在第一阶段，预计把发动机制动热效率（BTE）提升到50%，燃油经济性提升20%；在第二阶段，把发动机制动热效率提升至55%，燃油经济性提升30%，如表2－2所示。

表 2－2　美国超级卡车项目目标

类别	2015年（第一阶段）	2020年（第二阶段）
预算（亿美元）	2. 84	未定
发动机制动热效率（BTE）（%）	50	55
燃油经济性提升（%）	20	30
氮氧化物排放（g/bhp－hr）	<0. 20	<0. 20
颗粒物排放（g/bhp－hr）	<0. 01	<0. 01

注：bhp－hr——制动马力—小时。

超级卡车项目有四支团队加入，分别是康明斯、戴姆勒、纳威司达和沃尔沃，各团队都在不断地取得突破，截至2016年6月，各团队的发动机制动热效率提升效果分别是康明斯为51.1%、戴姆勒为50.2%、纳威司达为49.6%、沃尔沃为50%。

各团队研发一般可分为两项内容，一项是对于发动机的研发，另一项是运输效率的提升。

（1）发动机的研发。发动机研发方面，康明斯团队采用的技术包括改进发动机设计、气体流量优化、减少寄生损失、改进后处理系统、改进废热回收系统等，图2－13为康明斯的废热回收系统。戴姆勒团队通过减少车辆负载，使用手自一体变速器，以及发动机小型化措施来提高BTE。纳威司达采取的措施包括改善燃烧系统、空气系统和两极涡轮增压器，另外还采用电动变速油泵和水泵以及电控涡轮增压等手段来实现BTE的提升。沃尔沃采用小型化、减小动力气缸机构的摩擦、高压燃料喷射系统、改进燃烧室、改进后处理系统，以及改进润滑油和冷却回路、涡轮增压、废热回收等技术。

图2－13　康明斯的废热回收系统

图片来源：东方汽车网 http：//www.oauto.com/article/sycyfdj/2016122921510_3.html。

由此可看出美国车辆发动机研发基本是采用发动机燃烧室的设计，改进废热回收系统，改进后处理系统，采用涡轮增压器以及发动机小型化等措施来提高发动机的制动热效率。

（2）运输效率的提升。在运输效率的提升方面，康明斯团队通过采用联合使用先进牵引车－挂车空气动力学改进、高效先进变速器、载货车－挂车减重、低滚动阻力轮胎、结合燃油经济性工具的驾驶员显示，以及行驶路线管理系统等技术共同提升运输效率。戴姆勒团队采用的技术包括混合动力传动系统、冷却系统集成、低滚动阻力轮胎、电动空调以及燃料电池辅助动力装置等。除此之外，戴姆勒团队还使用其他技术提高货运效率，如图2－14所示。

纳威司达团队采用的技术包括混合动力和牵引车－挂车空气动力学特性改善、预

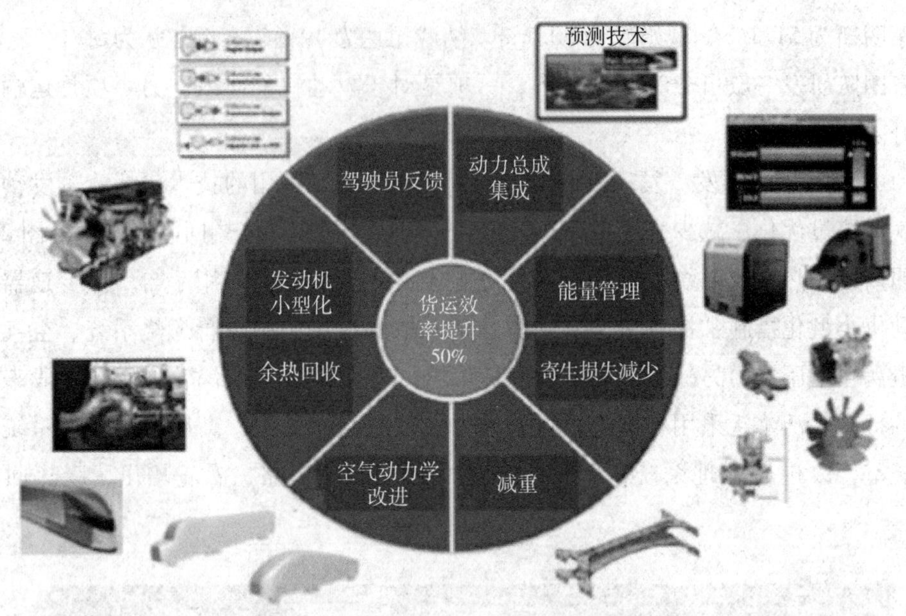

图 2－14　戴姆勒团队提高运输效率的其他技术

图片来源：东方汽车网 http：//www. oauto. com/article/sycyfdj/2016122921510_ 3. html。

测性巡航控制系统、涡轮复合技术、主动鞍座技术、乘坐高度自动调节技术、“6×2 后桥”、盘式制动等技术来提升运输效率。

沃尔沃采用了改进车顶整流罩、外张的底盘整流罩、空气动力学优化后的保险杠、优化的车厢尾部整流罩、优化的车厢裙部、优化的间隙整流罩、发光二极管（LED）前大灯、LED 车内照明、“6×2”轴配置、铝传动轴、减少发动机寄生损失等技术，如图 2－15 所示。

图 2－15　沃尔沃汽车超级卡车项目系统提升示意

注：①改进车顶整流罩；②外张的底盘整流罩；③空气动力学优化后的保险杆；④优化的车厢尾部整流罩；⑤优化的车厢裙部；⑥优化的间隙整流罩；⑦LED 前大灯；⑧LED 车内照明；⑨“6×2”轴配置；⑩铝传动轴；⑪减少发动机寄生损失。

图片来源：东方汽车网 http：//www. oauto. com/article/sycyfdj/2016122921510_ 3. html。

运输效率的提升需要综合解决方案，需要考虑降低车身重量，减少行驶阻力，优化行驶路径，提高驾驶的舒适度等多方面因素。

3. 空气动力学装置

空气动力装置是应用空气动力学原理制作的降低空气阻力的设备。据相关分析，在影响燃油消耗的因素中，如图 2－16 所示，空气阻力消耗了 54% 的燃油，占到了燃油消耗的绝大部分，所以降低空气阻力可以有效地降低燃油消耗。

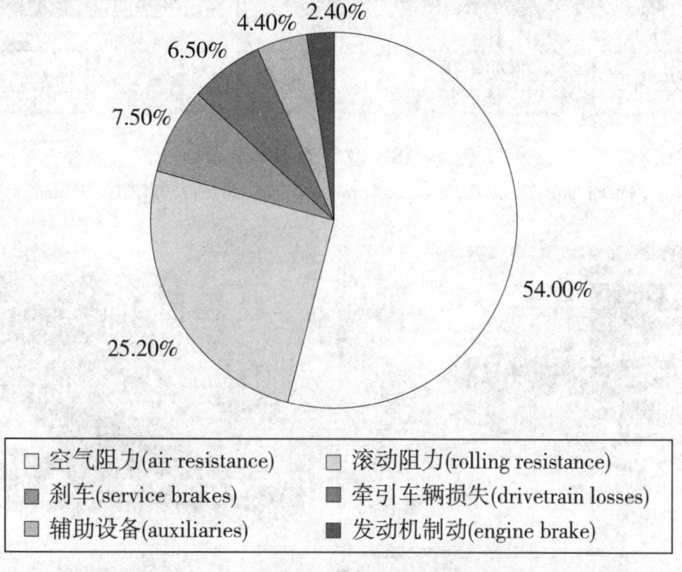

图 2－16　各种影响燃油消耗因素及所消耗燃油的占比

图片来源：2017 全球物流技术大会演讲——货运行业节能减排技术的应用。

卡车在行驶过程中空气阻力的分布如图 2－17 所示，可以看出空气阻力多分布在卡车车顶、车身底部和车尾，所以空气动力学装置主要是减轻这些部分的空气阻力，利用空气动力学装置可以降低能源消耗 2% ~8%。空气动力学装置包括顶棚导流板、小间隙牵引车—挂车、空气动力学挂车、挂车船型尾翼、挂车裙板、驱动轮裙板/挡泥板等，如图 2－18 所示。图 2－19 为不同空气动力学装置的实际应用。

图 2－17　卡车在行驶过程中空气阻力的分布

图片来源：2017 全球物流技术大会演讲——货运行业节能减排技术的应用。

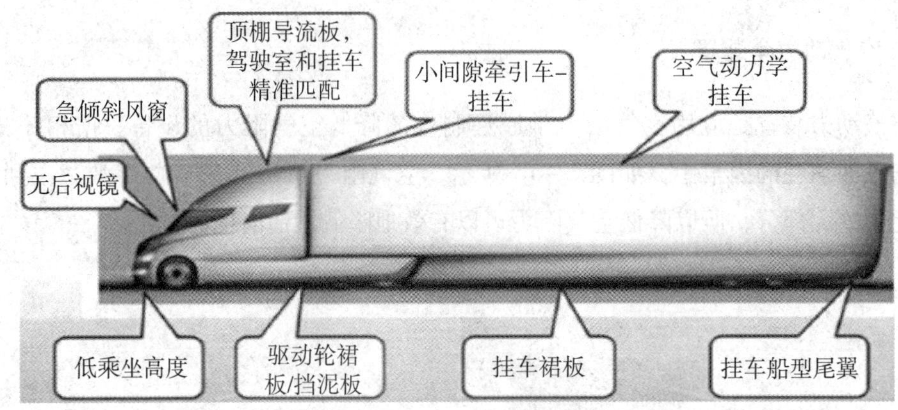

图 2－18　空气动力学装置

图片来源：东方汽车网 http：//www. oauto. com/article/sycyfdj/2016122921510_ 3. html。

图 2－19　不同空气动力学装置的实际应用

图片来源：微信公众号专用汽车杂志——空气动力学装置有时也会“骗人”，Schmitz 告诉你真相。

空气动力学装置虽然可以降低车辆行驶过程中的空气阻力，但也会增加车辆的自重，在慢速或者爬坡时空气动力学的优势下降，因此，对于空气动力学装置的选用和安装要经过实际的经济计算和环境评估。

（三）安全技术

欧美国家对于运输过程中的安全问题十分关注，对于交通事故的原因会做详尽的分析，在欧洲对于不同情况下的乘务人员伤害率的分析中，卡车与卡车发生交通事故，卡车成员的伤害率平均为10%～15%；卡车与小汽车发生交通事故，小汽车成员的伤害率在55%～65%；卡车与无保护行人发生交通事故，无保护行人的伤害率在20%～30%，如图2－20所示。进一步对每种交通事故的原因进行分析，卡车追尾或失去控制、小车钻撞，以及卡车的盲区等是造成交通事故的原因。

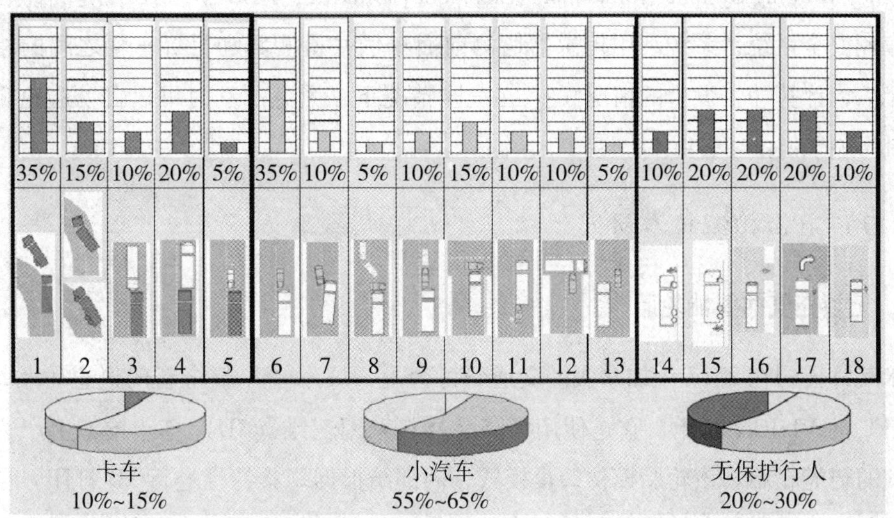

图2－20　欧洲交通事故在不同情境下的乘务人员的伤害率

安全技术就是要针对发生交通事故的原因，对车辆进行相应技术改进以提高车辆的安全行驶系数，下面介绍两种欧洲地区普遍应用的卡车安全技术。

1. 防失控技术

防失控技术采用的为电子稳定控制技术（Electronic Stability Control，ESC，或Electronic Stability Program，ESP）。目前全球能够生产电子稳定控制系统的零部件厂家为博世和TRW，德国博世称为"Electronic Stability Program"，即ESP，美国TRW①按照美国联邦安全署的说法称为"Electronic Stability Control"，即ESC，两者在基本原理和所起的作用方面是一致的[22]。

ESC技术是防抱死制动系统功能的延伸，它能防止车辆在转弯时发生侧滑或车身旋转。电子稳定控制系统控制防抱死制动系统和发动机的动力输出，以增强车身的稳定性，即使驾驶员入弯过快或由于路况原因导致车辆进行急转弯，电子稳定控制系统仍能保证车辆沿预定方向行驶。据美国国家公路交通安全管理局（NHTSA）估计，ESC可将翻车碰撞事故的死亡率降低50%，应用在货车上能大幅提高货车行

---

① TRW，天合汽车集团，总部位于美国密歇根州。

驶的安全性能。

2. **防追尾技术**

防追尾技术目前应用的热门技术为预先紧急制动系统或自主紧急制动（Advanced Emergency Braking System/Autonomous Emergency Braking，AEBS），AEBS 是自主自动的道路车辆安全系统，系统利用传感器监测前面车辆并检测其和目标车辆之间的相对速度和距离，计算即将发生的情况[23]。在危险情况下，紧急制动时可以自动避免碰撞或减轻其影响。

（四）前沿物流技术研究

1. **无须充气的智能轮胎**[24]

米其林公司在 2017 年加拿大的交通研讨会上，展示了一款全新的概念轮胎，“永不会爆”的 VISION 轮胎。它是使用可降解材料采用三维（3D）打印技术生产的不需要充气的智能轮胎。该轮胎模仿蜂巢模式，内部结根据蜂巢特性进行 3D 打印，自然编织在一起，坚固耐用。轮胎胎面采用橡胶材料，整体采用木屑、麦秆等回收材料制成，成本低且可回收使用，如图 2－21 所示。

在轮胎的智能化方面，在轮胎内部嵌入传感器，并匹配车载 App，轮胎可和车辆进行实时通信，此 App 可识别出天气情况和轮胎形式状况，并给出相应的建议。此外，轮胎行驶到不同的路面不需要换轮胎，只需要更换胎面，十分智能便捷，如图 2－22 所示。

图 2－21　米其林 VISION 轮胎

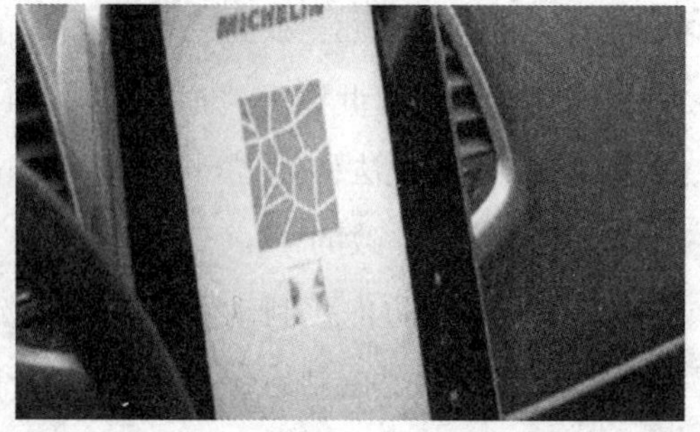

图 2－22　在 App 上更换胎面

此概念型轮胎不仅解决了普通轮胎的爆胎问题，并且制造材料可再生，成本低廉，换胎方便，使用环境广，智能化程度高，如果能应用在物流领域，将极大地降低物流业的轮胎成本，带来轮胎的产业革命。

2. 可定制化的瓦楞包装智造设备[25]

比利时 Fit Things 公司推出了一种可定制化的瓦楞包装智造设备——Slimbox，设备可根据内装物的实际大小，在数秒钟内生产出一个定制化的包装盒。

用户可以从 Slimbox 的 App 里选择不同的盒型（包括 FEFCO① 标准盒型），也可以输入自己测量得出的尺寸，从 App 中选择喜欢的盒型，如图 2－23 所示。

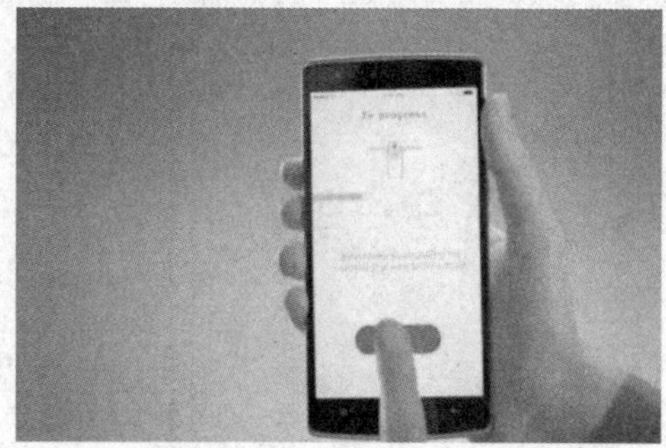

图 2－23　在 App 上选择不同盒型

在手机 App 的控制下，Slimbox 机器会根据设定切割瓦楞纸板，数秒之后就可以制作完成一个定制化的包装箱。Slimbox 切割的瓦楞纸板厚约 1～5mm，长宽最大值可达 1～2m，依据货物规格而定。

此外，该机器还可根据用户需要，对纸箱进行加固处理，仅需按下一个按钮，机器将裁剪出另一个纸箱，其恰好能包裹第一个箱子，无须重输数据。Slimbox 还能剪裁出完美的支撑物，防止运输过程中货物在箱子内游动。使用 Slimbox 包装的费用仅为普通包装费用的一半。

包装是物流的重要环节，为保证包装物的完好，在物流过程中经常需要添加大量的填充物，造成了额外的成本和白色污染，而使用定制化的包装设备则可以根据货物的形状来设计纸箱的形状，减少了填充并且节约了空间。

3. 无人机借电线杆充电续航

无人机在应用过程中的一大障碍就是续航问题，亚马逊申请的无人机送货专利中给出了一种新型的无人机续航方式——一种在建筑物的高处设立无人机“接驳点”（Docking Station）的送货系统，亚马逊的送货无人机可以借助该接驳点进行充电和极端天气避险，提供更好的送货服务。

---

① FEFCO，欧洲瓦楞纸箱制造商联合会。

该项专利中，亚马逊计划为无人机建造一个“加油停机坪”，例如路灯、电话亭、信号塔甚至合适的建筑物。所有“加油停机坪”都连入控制中心，方便操作员进行无人机派送任务的调配，同时能为无人机提供更精准的位置信息。在天气突变的情况下，无人机可以在“停机坪”稍事休息，如图2－24所示。

图2－24　亚马逊无人机停靠示意

图片来源：中关村在线 http：//nb. zol. com. cn/594/5947769. html。

第三章　年度热点技术

第一节　无人码头

集装箱船逐渐向大型化发展，如何有效地提高码头装卸船效率、降低营运成本已成为业内关注的重点。而随着计算机、互联网技术的飞速发展，智能化、自动化等逐渐成为各个行业的发展目标，港口的运作模式也由几千年来的人工作业不断向机械化、自动化、智能化发展。

2017 年 5 月，亚洲首个全自动化无人码头在我国青岛港前湾港区投入商业运营，继“无人化工厂”“无人化仓库”以后，“无人港口”也在中国变成了现实。“无人码头”也成为人们的热议的话题。

无人码头也称自动化码头，就是利用最前沿的科学技术，使得码头作业机器能够在非人工操作的前提下，自行有效运转，它主要由自动化堆场作业机械、自动化岸边作业机械、自动化水平运输机械和自动化控制系统组成，其中自动化控制系统为整个自动化码头的核心。自动化控制系统一般技术含量高、运行安全可靠，尤其是随着云计算、智能制造、无线通信的发展并拓展运用到码头[26]。

与传统码头相比，无人码头在可靠性、稳定性、设备利用率、运营成本等方面都具有非常大的优势。随着无人码头建设步伐的加快，港口综合竞争力得到了极大地提高，港口可持续发展也在迈向新阶段。

一、国内外无人码头发展概况

（一）国内外无人码头发展历程

集装箱自动化码头的发展迄今为止已有 30 年左右的历史。早在 20 世纪 80 年代中期，在劳动力成本昂贵和熟练劳动力匮乏的地区，集装箱码头的自动化技术首先受到关注。20 世纪 80 年代中后期，自动化技术的发展使得英国泰晤士港、荷兰鹿特丹港等率先规划，尝试建设自动化集装箱码头，且运营效果达到了预期目标。但受经济波动和财政政策的影响，自动化集装箱码头的发展一度陷入了停滞状态[27]。

经过长期的准备，1993 年，世界上第一个集装箱自动化码头 Delta Sealand 在荷兰鹿特丹的 ECT 码头正式投产。在此之后，英国伦敦港、日本川崎港、新加坡港、德国汉堡港等相继建成全自动化或堆场自动化（即半自动化）的集装箱码头。

自动化集装箱码头的发展过程基本可分为以下几代：第一代以 1993 年投入运营的荷兰鹿特丹港 ECT（Europe Combined Terminals，欧洲联合终端）码头为代表；第二代以 2002 年投入运营的德国汉堡港 CTA（Container Terminal A1tenwerder，集装箱码头）码头为代表；第三代以 2008 年投入运营的荷兰鹿特丹港 Euromax 码头为代表。中国的厦门远海自动化码头、洋山港四期自动化码头、青岛港无人码头等则是采用众多创新技术的第四代自动化集装箱码头。

（二）国外典型无人码头

1. 荷兰鹿特丹港 ECT 码头

1993 年投入运营的荷兰鹿特丹港 ECT Delta Sealand 码头是第一代集装箱自动化码头的典型代表，它的岸桥采用单小车布置，集装箱水平运输采用自动导引小车（Automated Guided Vehicle，AGV）并沿固定圆形路线运行。ECT 码头在总结 Delta Sealand 自动化码头建设和使用经验的基础上，于 1997 年建成 Delta Dedicated East（DDE）自动化集装箱码头，2000 年建成 Delta Dedicated West（DDW）自动化运转集装箱码头。荷兰鹿特丹港 ECT 码头如图 3－1 所示。

图 3－1　荷兰鹿特丹港 ECT 码头

图片来源：中国港口网 http：//www. port. org. cn/info/201511/190348. htm。

2. **德国汉堡港 CTA 码头**

德国汉堡港 CTA 集装箱码头建于 1999 年，1 期工程于 2002 年建成投产，是第二代集装箱自动化码头的代表。CTA 码头岸线长约 1400m，共有 4 个泊位，堆存能力 3 万 TEU（标准集装箱）；码头前沿配备 14 台超巴拿马型岸桥，可快速装卸大型集装箱船；铁路作业区有 6 条长 700m 的平行装卸作业车道，配备 4 台跨 6 条车道的轨道式龙门起重机进行装卸作业[28]。其特点是岸桥用双小车形式，水平运输采用 AGV，码头的路径规划设计和设备调度采用了计算机模拟技术，AGV 利用异频雷达导航，相对于固定路线运行，其效率更高，但是调度更复杂。堆场每个堆区内的两台轨道吊以穿越式布置。配置两台轨道吊以减小发生故障时对作业的影响，但穿越式布置令堆场土地利用率较低[29]。德国汉堡港 CTA 码头如图 3－2 所示。

图 3－2　德国汉堡港 CTA 码头

图片来源：中国港口网 http：//www. port. org. cn/info/201511/190348. htm。

3. **荷兰鹿特丹港 Euromax 码头**

2008 年投入运营的荷兰鹿特丹港 Euromax 码头代表了第三代集装箱自动化码头，它采用双小车岸桥，AGV 速度可达 6m/s。堆场区采用全自动轨道式龙门集装箱起重机，可“堆 5 过 6”，跨 10 列集装箱。与第二代自动化集装箱码头相比，堆场每个堆区内的轨道吊为接力式对称布置，岸桥理论装卸效率为 40TEU/h。堆场内每个箱区设有 1 条 AGV 通道，在相互交叉的情况下，AGV 不仅可以直行，而且可以转弯、环行，还可在轨道式龙门起重机的门腿间进行装卸作业。荷兰鹿特丹港 Euromax 码头如图 3－3 所示。

图 3-3　荷兰鹿特丹港 Euromax 码头

图片来源：中国港口网 http://www.port.org.cn/info/201511/190348.htm。

（三）国内典型无人码头

1. 厦门远海自动化码头

厦门远海自动化码头由厦门市与中远集团、中交建集团三方出资建造，于 2014 年 8 月试运转。码头位于厦门港海沧港区 14～17 号泊位，运用了云计算、无线通信、自动导航定位、智能识别、无人自动化设备、锂电池供电驱动等最新技术和装备。单桥平均效率将实现每小时运送 37～38 个自然箱，码头的年吞吐量可达 78 万～91 万 TEU。

运营成本方面，以厦门远海集装箱码头 14 号泊位为例，建设全自动化码头后的每年运营成本只需 2564 万元，而常规码头的运营成本要 4039 万元，降低了 37%。其中常规码头的人工费用为 3072 万元，而自动化码头只需 1872 万元。从厦门远海码头运行现状来看，已经对当地港口带来很大的影响。不但降低了码头的用工成本，而且提高了安全作业水平。在空间上可以节省土地使用，在时间上可以加快船舶装卸作业的速度，更好地提高码头运转效率[26]。厦门远海自动化码头如图 3-4 所示。

2. 洋山港四期自动化码头

洋山深水港四期工程坐落小洋山岛的最北侧，项目总用地面积达到 2.23km²，前期的基建工程由中建港务、中交上海航道局、中交三航局联手完成。洋山港四期拥有 2350m 的岸线，一次性建成 7 个泊位。2017 年年底开港后，将形成 400 万 TEU/年的吞

图 3-4　厦门远海自动化码头

图片来源：远洋海运网 http：//www. maritime - china. com/magazine/article/articleFront. do? method = view News Detail&categoryId = 4&id = 325。

吐能力。后期继续扩大规模，年吞吐量将达到 630 万 TEU，在世界上所有应用自动化技术的码头中，排名第一[30]。洋山港四期自动化码头如图 3-5 所示。

图 3-5　洋山港四期自动化码头

图片来源：中国日报中文网 http：//cnews. chinadaily. com. cn/2017 - 07/26/content_ 30256515_ 4. htm。

3. **青岛港集装箱全自动化码头**

2015 年 7 月，青岛港与上海振华重工集团签约，宣告建设亚洲首个集装箱全自动化码头，工程分三期开发建造 6 个泊位，岸线总长 2088m。2017 年 5 月 11 日，青岛港全自动化集装箱码头正式投入商业运营。在全自动化码头目前两个泊位作业中，后方生产控制中心9个远程操控员承担了传统码头60多人的工作，减少操作人员约85%，提升作业效率约30%，码头设计作业效率可达40自然箱/h，是当今世界自动化程度最高、装卸效率最快的集装箱码头。青岛港全自动化码头如图3－6所示。

图3－6　青岛港全自动化码头

图片来源：半岛都市报 http：//bddsb. bandao. cn/content/20170512/ArticelA13002YQ. htm。

二、无人码头主要设备及关键技术

（一）岸桥

岸桥又称为岸边集装箱起重机、桥吊，是对船舶上的集装箱进行装卸的设备。随着自动化码头技术的不断发展，岸桥的技术水平也在飞速提升，历经单小车、双箱双小车等改进过程，朝着多种改进的方向大步迈进。

目前在自动化集装箱码头中普遍应用双箱双小车岸桥，主要包括海侧小车、陆侧小车与中转平台等关键部件。卸船时，海侧小车负责将船上的集装箱吊至中转平台，陆侧小车将中转平台上的集装箱吊放到水平运输工具上，装船时则按相反过程进行。双小车岸桥两台小车各自的运行路程仅为单小车岸桥小车运行路程的一半，两种小车交替接力，协调工作，大幅提高了集装箱装卸效率。中转平台的主要功能是控制、协调传送时间，保证小车间交接的顺利进行[27]。汉堡港全自动双小车岸桥如图3－7所示。

由于主小车和门架小车行程不同，且在装卸集装箱作业过程中呈动态变化，因此在运行中不可能一直保持同步，存在发生碰撞事故的可能。为了进一步提高安全系数，双小车岸桥设置多个限位器进行主小车和门架小车的碰撞防护，即硬件防碰撞技术，主要是防碰撞限位器保护技术和主小车位置检测限位保护技术。

图 3－7　汉堡港全自动双小车岸桥

图片来源：中国交通建设股份有限公司 http：//en. ccccltd. cn/pub/cccccltd_ 10/zyyw/gjjzb/201309/t20130901_ 18041. html。

此外，随着岸桥主起升高度的不断增加，由于小车的减速或者停止，吊具或者集装箱将在坐标点来回摆动，摆幅可以达到米级。如果不设置快速有效的止摆措施，就很难实现岸桥的自动化作业。自动化码头通常采用电子防摇技术进行吊具的摇摆控制[31]。

（二）水平转运设备

传统自动化码头水平转运工具多采用集装箱卡车、跨运车、全自动无人驾驶自动导向搬运车（Auto Guided Vehicle，AGV）等。AGV 因其具有无人驾驶、自动导航、定位精确、路径优化以及安全避障等职能化特征，在自动化集装箱码头中逐渐代替集装箱卡车成为码头内集装箱水平运输的主要工具，如图 3－8 所示。目前德国汉堡港 CTA 码头与荷兰鹿特丹港的 Euromax 码头所用的 AGV 均能达到 60t 的运载能力与 5. 8m/s 的运行速度[32]。随着双小车岸桥出现，甚至三小车岸桥的出现，AGV 也从只能运载 1 个集装箱向运载 2 个或多个集装箱发展。但是使用 AGV 进行集装箱转运也存在不少问题，如投资成本高等缺点。

无人码头 AGV 关键技术包括 AGV 自动控制系统［包括车队管理系统（VMS）、导航系统（NS）和小车控制系统（VCS）］、AGV 自动定位技术、AGV 路径优化技术、AGV 路径自动跟踪控制技术等。

除 AGV 外，跨运车也是港口水平运输设备的一个发展方向。当码头使用跨运车

图 3－8　全自动 AGV

图片来源：交通科技管理中心 http：//www. glzx. gov. cn/dongtaixx/xiangmudt/201609/t20160926_ 2092741. html。

时，岸桥可将船上卸下的集装箱直接放在岸桥跨下或后伸距工作范围内。装船时跨运车将集装箱送至岸桥跨下或后伸距工作范围内后便可离开，岸桥可随时取走集装箱，避免了候车时间。这样，岸桥的工作循环不受水平运输机械是否就位的影响，装卸船作业效率得以显著提升[33]。卡尔玛自动化跨运车如图 3－9 所示。

图 3－9　卡尔玛自动化跨运车

图片来源：卡尔玛官网 https：//www. kalmar. cn/equipment/straddle－carriers/autostrad/。

（三）堆场起重机

自动化集装箱码头堆场起重机主要是全自动轮胎式龙门集装箱起重机（ARTG）或全自动轨道式龙门集装箱起重机（ARMG）。ARTG 采用内燃机驱动，运行灵活性强，ARMG 则按照固定轨道行驶，使用电动车轮驱动，环境污染小。荷兰 Euromax 码头 ARMG 如图 3－10 所示。

图 3－10　荷兰 Euromax 码头 ARMG

图片来源：上海振华重工官网 https：//cn. zpmc. com/showroom/index. html。

对于堆场起重机的改进主要集中在运转模式与起重能力上。上海振华重工研发了高低两种 ARMG 和缓冲平台（Buffer）相结合的接力式装卸系统。德国汉堡港的 CTA 码头采用高低双轨式运行模式，两台 ARMG 拥有不同的轨距且运行中能够互相穿越，装卸效率及装卸灵活性大幅提高。

堆场起重设备关键技术的研究则主要集中在自动化轨道吊大车同步控制技术、自动化轨道吊防摇技术、自动化轨道吊作业路径优化技术、设备调度与控制系统等方面。

三、案例：青岛港无人码头

2017 年 5 月 11 日，青岛港全自动化集装箱码头正式投入商业运营，标志着当今世界先进、亚洲首个真正意义的全自动化集装箱码头已经具备自动化全规模作业能力，开创了全自动化集装箱作业的新纪元。

青岛港无人码头位于前湾港区四期 5～10 号泊位，岸线长 2088m，纵深 784m，前沿水深－20m；年通过能力 520 万 TEU，可停靠世界最大的 24000TEU 集装箱船。该码头由青岛港集团主导，精准规划布局，融合物联网等信息技术，数十家合作方参与，从 2013 年 10 月码头正式立项，到 2017 年 5 月投入商业运营，仅用 3 年多时间完成了国外同类码头 8～10 年的研发建设任务，建设成本仅为国外同类码头的 75% 左右[34]。青岛港无人码头位置如图 3－11 所示。

图 3－11　青岛港无人码头位置

注：QQCT 为青岛前湾集装箱码头有限责任公司，QQCTU 为青岛前湾联合集装箱码头有限责任公司。

图片来源：搜狐网 http：//www.sohu.com/a/139811659_397917。

青岛港无人码头在建设过程中运用了许多新技术。它采用物联网感知、通信导航、模糊控制、信息网络、大数据云计算和安全防范等技术，融合码头操作系统（TOS）、设备控制系统（ECS）、闸口控制系统（GOS）、电子数据交换系统（EDI）和网站预约查询系统，自主构建起全球领先的智能生产控制系统。

青岛港无人码头的智能化系统能采集码头整个作业信息，动态计算，优化配置岸桥、AGV、场桥资源[35]。计算机系统自动安排集装箱在堆场上的位置。码头作业后，计算机系统一键发送指令，现场的桥吊、AGV、轨道吊全部到达指定位置。船舶靠泊前，码头操作系统就依据船舶信息，自动生成作业计划并下达指令。在自动化码头作业现场，桥吊把集装箱吊到转运平台，机器人自动拆下锁垫，门架小车随后把集装箱吊运到 AGV，AGV 再把集装箱运送到指定位置，最后轨道吊把集装箱精准地吊至堆场。整个过程不需要人工操控，全部由机器人执行完成。

比如某个集装箱要从船上卸到堆场上一个位置，自动化系统就会发出作业指令，从船上开始取箱。全自动化双小车桥吊的小车从船上通过箱型扫描，准确定位这个集装箱的四个锁孔。吊机抓取这个箱子，自动运到桥吊的中转平台，副小车再将箱子放在计算机早已安排好的 AGV 上，从而实现无人化作业。整个 AGV 车队共 38 台，是自动化码头的关键组成部分，相当于 38 个机器人在协同作业，负责将集装箱从起始位置运送至目标位置。

AGV 全自动控制系统方面，青岛港项目团队历时 3 年，经过 5 万多次测试，研发出全新一代控制系统，可满足100台以上AGV同时高效运行。工人们前期在码头前沿布置了几万个磁钉，AGV在行驶过程中实时采集磁钉位置信息并传给后台，后台软件经过精确计算，确定AGV的实际位置并动态控制它们的行驶路径，可有效防止行驶过程中出现碰撞和刮擦。青岛港无人码头AGV如图3－12所示。

图3－12　青岛港无人码头AGV

第二节　北斗卫星导航系统

北斗卫星导航系统（BeiDou Navigation Satellite System，BDS）是我国自主研发的卫星导航系统，与美国的全球定位系统（GPS）、俄罗斯的格洛纳斯（GLONASS）导航系统、欧盟的伽利略（Galileo）导航系统组成世界四大卫星导航系统。北斗卫星导航系统（以下简称“北斗系统”）在技术上有着区别于其他卫星导航系统的特点，可提供差异化服务。北斗系统为“一带一路”倡议做了很多准备，在途经国家很多领域中发挥着重要作用。

一、北斗系统发展概述

（一）北斗系统建设计划

北斗系统的建设计划分三步走，如图3－13所示，第一步，到2000年年底，建成北斗一号系统，向中国提供服务；第二步，到2012年年底，建成北斗二号系统，向亚太地区提供服务；第三步，计划在2020年前后，建成北斗全球系统，向全球提供服务[36]。目前已经建成北斗二号系统，北斗全球系统正在建设中。

图 3－13　北斗系统建设计划

（二）北斗系统简介

1. 北斗一号系统

北斗一号系统工程于 1994 年开始建设，2000 年成功发射 2 颗地球静止轨道卫星（以下简称为“GEO 轨道卫星”），至此系统正式建成并投入使用，采用有源定位技术，为中国用户提供定位、授时、广域差分和短报文通信服务。2003 年成功发射第 3 颗 GEO 轨道卫星，进一步增强系统性能。

2. 北斗二号系统

北斗二号系统工程于 2004 年启动建设，到 2012 年年底，完成 14 颗卫星组网发射，其中包括 5 颗 GEO 轨道卫星、5 颗倾斜地球同步轨道卫星（以下简称“IGSO 轨道卫星”）以及 4 颗中圆地球轨道卫星（以下简称“MEO 轨道卫星”）。北斗二号系统在兼容北斗一号技术体制基础上，增加无源定位体制，为亚太地区用户提供定位、测速、授时、广域差分和短报文通信服务。

3. 北斗全球系统

北斗全球系统工程于 2009 年启动建设，继承北斗有源定位与无源定位两种技术体制。计划 2018 年，北斗系统可为“一带一路”沿线及周边国家提供基本服务；2020 年前后，完成 35 颗卫星发射组网，其中包括 5 颗 GEO 轨道卫星以及 30 颗非地球静止轨道卫星，为全球用户提供服务。[37]

（三）北斗系统卫星发射及运行现状

截至 2016 年 6 月 12 日，北斗系统已经发射 4 颗北斗导航实验卫星以及 23 颗北斗导航卫星，其中 GEO 轨道卫星 11 颗、IGSO 轨道卫星 8 颗、MEO 轨道卫星 8 颗。其中第 12 颗与第 13 颗卫星首次采用“一箭双星”技术发射。截至 2017 年 9 月 17 日，在已发射的卫星中，大部分处于正常运行状态，北斗卫星发射记录及运行情况如表 3－1 所示。经过不断地探索，北斗卫星运行情况良好，在第 3 颗导航卫星到第 23 颗导航卫星中，仅 1 颗处于维修状态，其余均正常运行，运行可靠性已达到高水平。

表 3－1　　北斗卫星发射记录及运行情况

北斗卫星	发射日期	运载火箭	轨道	完好性
第 1 颗导航实验卫星	2000. 10. 31	CZ－3A	GEO	停止工作
第 2 颗导航实验卫星	2000. 12. 21	CZ－3A	GEO	停止工作
第 3 颗导航实验卫星	2003. 5. 25	CZ－3A	GEO	停止工作
第 4 颗导航实验卫星	2007. 2. 3	CZ－3A	GEO	不可用
第 1 颗导航卫星	2007. 4. 14	CZ－3A	MEO	正常
第 2 颗导航卫星	2009. 4. 15	CZ－3C	GEO	不可用
第 3 颗导航卫星	2010. 1. 17	CZ－3C	GEO	正常
第 4 颗导航卫星	2010. 6. 2	CZ－3C	GEO	正常
第 5 颗导航卫星	2010. 8. 1	CZ－3A	IGSO	正常
第 6 颗导航卫星	2010. 11. 1	CZ－3C	GEO	正常
第 7 颗导航卫星	2010. 12. 18	CZ－3A	IGSO	正常
第 8 颗导航卫星	2011. 4. 10	CZ－3A	IGSO	正常
第 9 颗导航卫星	2011. 7. 27	CZ－3A	IGSO	正常
第 10 颗导航卫星	2011. 12. 2	CZ－3A	IGSO	正常
第 11 颗导航卫星	2012. 2. 25	CZ－3C	GEO	正常
第 12、13 颗导航卫星	2012. 4. 30	CZ－3B	MEO	正常、正常
第 14、15 颗导航卫星	2012. 9. 19	CZ－3B	MEO	正常、维护中
第 16 颗导航卫星	2012. 10. 25	CZ－3C	GEO	正常
第 17 颗导航卫星	2015. 3. 30	CZ－3C	IGSO	正常
第 18、19 颗导航卫星	2015. 7. 25	CZ－3B	MEO	正常、正常
第 20 颗导航卫星	2015. 9. 30	CZ－3B	IGSO	正常
第 21 颗导航卫星	2016. 2. 1	CZ－3C	MEO	正常
第 22 颗导航卫星	2016. 3. 30	CZ－3A	IGSO	正常
第 23 颗导航卫星	2016. 6. 12	CZ－3C	GEO	正常

数据来源：中国卫星导航定位应用管理中心 http：//www. chinabeidou. gov. cn/。

（四）北斗系统服务情况

1. 服务功能

北斗系统可提供实时导航、快速定位、精确授时、位置报告和短报文通信五大服务。实时导航、快速定位、精确授时是四大卫星导航系统一般都具有的服务，而位置报告和短报文通信服务是北斗系统特色服务。目前，美国GPS以及俄罗斯的格洛纳斯系统均不能实现短报文通信服务和位置报告服务[38]，下面重点介绍这两个服务。

（1）短报文通信服务。“短报文”相当于现在的“短信息”，可以发布文字及符号信息，并能够实现定位，类似于使用卫星传播的“微博”，而且可以显示“微博”发布者的位置。

北斗卫星短报文通信功能能够实现用户机之间的、用户机与地面控制中心之间的双向数字报文通信功能，如图3-14所示，普通用户机可一次传输36个汉字，经过申请核准可一次传送120个汉字或240个代码。短报文不仅可点对点双向通信，而且其提供的指挥端机可进行一点对多点的广播传输，为各种平台应用提供了极大便利。

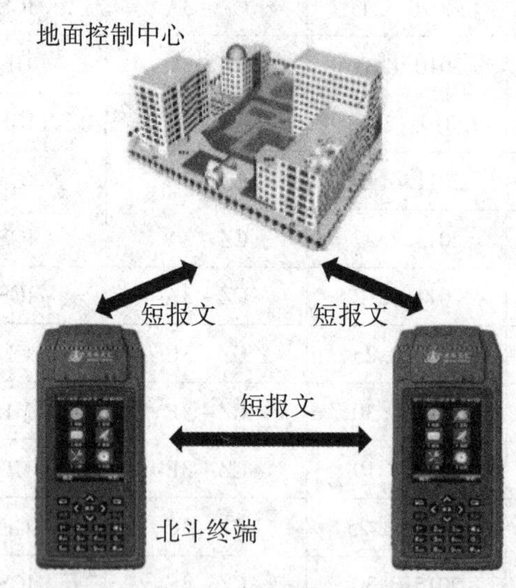

图3-14　北斗卫星短报文通信功能

（2）位置报告服务。位置报告服务与短报文通信服务是结合使用的，在发送短报文的时能够附带发送使用者的地理位置信息。

2. 服务范围

目前北斗二号系统服务范围是亚太地区，具体范围为东经55°到东经180°，北纬55°到南纬55°，如图3-15所示。到2020年北斗三号系统建成后，可实现全球服务。

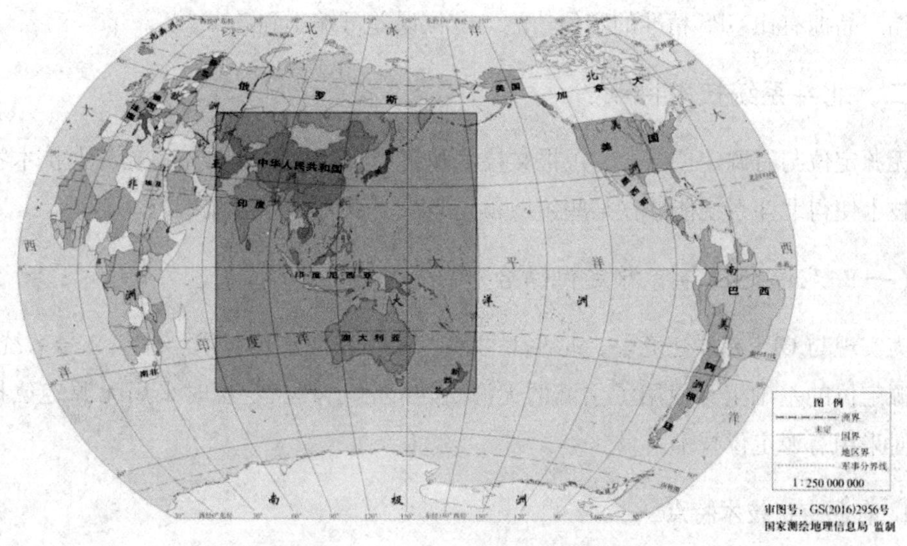

图 3－15　北斗二号系统覆盖范围示意

3. **服务水平**

北斗二号系统免费向亚太地区提供公开服务。北斗二号系统定位精度优于 10m，测速精度优于 0.2m/s，授时精度优于 50ns[39]，其定位精度等技术参数与 GPS 民用信号相当。

北斗系统在低纬度地区能够接收更多的卫星信号，实现更精确的定位。如在建泰国春武里府的北斗 CORS 基站能够接收 14 颗北斗卫星信号，而只能接收到 6～8 颗美国 GPS 卫星信号，定位精度已经优于 5m[40]。

4. **应用领域**

北斗服务范围涉及交通运输、海洋渔业、水文监测、气象预报、测绘地理信息、森林防火、通信时统、电力调度、救灾减灾、应急搜救等领域，作用范围广泛。

（五）北斗系统市场推广情况

北斗系统由于其安全性较高，在低纬度区域定位精度更高、可实现短报文通信等优势，得到了市场的广泛认可，截至 2016 年，北斗系统用户数量已经超过 1500 万个[41]，北斗相关设备部分已经投产，北斗系统民用化进程正在加快。目前依托北斗系统研究和开发的民用产品已经涉及各个领域。

北斗导航正在研发定位精度可达厘米级的“北斗”智能锁，可更好地满足共享单车的定位需求。基于北斗系统的手机、手表、可穿戴设备以及地网终端已经投产，这些终端产品拥有比 GPS 精准的定位功能，定位误差可缩小到 2cm[42]。

二、北斗系统技术特点

无源定位与有源定位结合、短报文技术和使用三频信号是北斗系统三大技术特点，这些技术使得北斗系统能够在某些领域领先 GPS 等其他卫星导航系统。

（一）无源定位与有源定位结合

为实现与 GPS 差异化竞争，北斗 1 号系统使用有源定位技术。北斗 2 号系统在继承有源定位的基础上，使用了主流的无源定位技术，其在定位时采用无源定位技术，通信时采用有源定位技术。

1. 有源定位技术特点

①主动发射信号才能实现定位，隐蔽性差。有源定位需要设备主动向卫星发生信号才能实现定位，因此设备无法处于无线电静默状态，隐蔽性较差，导致其难以用于军事领域。

②对设备要求较高，不利于推广。有源定位需要向卫星发射信号，所以设备必须包含发射机，从而使得设备在体积、重量、价格和功耗方面处于劣势，这给有源定位技术的推广造成了很大不便。

③可实现双向通信，有利有弊。有源定位能够实现双向通信，双向通信是短报文功能得以实现的基础，但双向通信也带来了用户容量有限、定位精度不高的问题。

④有源定位其对卫星系统的要求较低，所需投资较少。[43]

2. 无源定位技术特点

①对设备要求低，更容易推广。无源定位技术无须设备向卫星发射信号，设备只需要被动地接收卫星广播信号即可确定自身位置。因此其设备不需要发射机，比有源定位技术更容易推广。

②使用用户数量无上限。无源定位因为设备不须要发送信号，就没有了信道阻塞率、询问信号速率和用户响应频率的限制，因此无源定位的用户设备数量在理论上是无限的。

（二）短报文技术

1. 技术特点

短报文技术是北斗系统特有技术，其拥有以下特点。

（1）通过卫星进行无线通信。北斗用户机根据北斗卫星与其他用户机建立通信，而不是使用互联网通信，所以在互联网信号不能覆盖的偏远地区或因灾害造成互联网信号丢失的地区，仍可用北斗用户机来通信。

（2）通信量和通信频度受限。目前北斗普通用户通信量为120汉字/次，使用三级北斗卡发送短报文时间频率为1分钟一次[44]。北斗短报文的长度和频率降低了其民用用途的灵活性，但在救援救急等应用中仍起到了较好的补充。

2. 应用范围

短报文技术因为使用卫星进行无线通信，在信号覆盖不到的偏远地区用户机仍可进行通信，所以短报文技术在渔业上应用较广，北斗导航系统与移动短信系统实现网络互通，在北斗导航陆地控制中心与移动通信网络之间建立协议，从而为海洋从业人员提供了除卫星电话之外的新型通信渠道[45]，可解决渔民在海上无公共信号时与亲属通信的难题。此外，短报文技术在自然灾害救援领域作用显著，如2008年的汶川地震、2012年的黄岩岛事件，都是通过北斗系统把位置信息通报到救援中心[46]。

短报文技术可实现查询服务，能够为去偏远地区旅行的人提供附近餐馆、旅店和停车位等信息查询。

北斗短报文技术与移动互联技术结合，还可开发出更多的民用通信工具。目前已经开发出部分与北斗短报文相关的产品，比如北斗海聊和北斗多功能信息终端，分别如图3－16和图3－17所示。

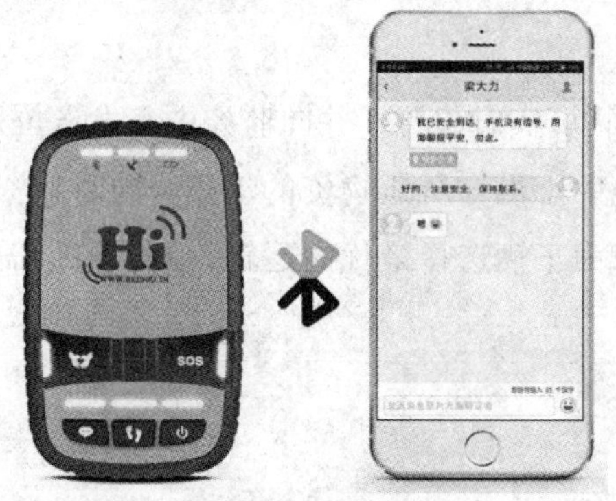

图3－16　北斗海聊

图片来源：映象网 http://hn.ifeng.com/a/20160914/4974243_0.shtml。

图3－17　北斗多功能信息终端

图片来源：马可波罗网 http://china.makepolo.com/product-picture/100542327231_0.html。

（三）使用三频信号

北斗使用的是三频信号，而GPS使用双频信号。三频信号更有助于消除三阶电离层的影响，并且如果一个频率信号出现故障，还可使用另外两个频率进行定位，保证了定位的可靠性和抗干扰能力。虽然 GPS 于 2010 年 5 月 28 日发射了第一颗三频卫星，但全部替换为三频卫星还需要多年时间[47]，所以北斗系统三频信号在短期内仍处于领先地位。

三、北斗在国内物流领域的应用

（一）基于北斗二号和 GPRS 的物资运输监控系统

物资运输监控系统运用“北斗二号”卫星导航定位系统进行定位导航、利用通用分组无线服务（GPRS）通信网络实现监控中心与终端机的通信。北斗二号系统在定位精度上到达 GPS 民用水平，并且北斗二号系统是我国自主研发系统，其使用安全性好，不受外界影响。GPRS 通信网络具有定位精确、价格低廉、简单实用的特点，在物资运输监控领域有广泛的应用。该物资运输监控系统主要有以下功能[48]。

1. 物资监控和管理功能

系统可对物资的位置、速度、方向、状态进行监控，对物资的出入库、运输、送达情况、消耗情况进行全程掌握。用户查看运输物资车辆的行驶轨迹时可根据需要选择地点、时间段和播放速度进行回放。车辆的历史轨迹信息包含了地理、时间等信息，为事后的数据分析、物资管理和运输方案的重新制订提供了有力支持。

2. 运输定位和导航功能

系统终端机可以接收北斗卫星信号，获得物资实时位置，并向监控中心发送位置、行驶速度、方向和状态数据，从而使物资监控中心得知所运物资的动态。同时物资监控中心可根据道路拥挤情况、道路开通情况来为车辆选择最优的运输线路，根据需要随时调整计划，保证运输任务的圆满完成。

3. 安全防范功能

物资遇到危险或紧急情况后，可以触动车内的报警开关，终端机立即报告车辆的位置、速度、状态等，并发出报警信号，监控中心弹出报警幕，以红色警示提醒值班人员运输物资遇险。系统平台自动显示求救物资的信息，可根据指令打开单向语音监听装置。求助状态可由系统平台解除。

对运输特殊物资的车辆可设置限制速度、温湿度、车辆倾斜度等特殊条件。一旦指标超过设定范围，终端会向用户监管中心自动报警，车上有声音提示，监控中心人员也会提示该物资出现危险报警。车辆在执行任务前，管理人员可以根据需要，指定行驶区域或路线。当车辆在行驶中偏离区域或路线时，监控软件会发出警报，管理人员就会及时通知车辆进行纠正。物资在运输前，可以根据需要，对车辆开门的时间或地点进行设置。在车辆未按规定开门时，车载终端将发出警报。

4. 电子地图功能

可对当前地图进行放大与缩小操作，以便了解整个地区的总体情况和某个区域的详细情况。电子地图对不同的地物具有不同的编码，在地图上以其特定的方式和颜色显示，可以根据爱好和需要自行配置显示方案。地图上可以显示路名、建筑物名称等标注信息，还可以根据需要隐藏或显示标注。电子地图在移动时，路名可以动态显示位置，保证路名处于可见状态。电子地图在缩放时，相邻标注可以自动避让，保证标记不被遮盖。电子地图还可进行地理位置、建筑物的查询，以及该位置附近包括空车、重车的所有车辆的查询。

（二）北斗系统在京东物流中的应用情况

京东物流积极与北斗系统合作，其在自营干支线、城市配送线路上使用北斗系统的车辆超过了6000辆，合作伙伴有超过1500辆车配备了北斗系统，更有2万多名配送员工配备了带有北斗导航系统的智能手环设备。北斗系统在京东物流的主要应用有[49]以下两个方面。

1. 实现订单轨迹功能

2013年9月起，京东物流在传站、摆渡、干支线等运输的所有环节的车辆上安装北斗导航设备，不仅在国家规定的所有重型卡车安装，也在中型和小型货车上安装。依托北斗导航技术，京东物流系统可每30s采集一次地理位置信息，每2min上传一次服务器，实现对自营的大、中、小件商品的订单轨迹功能。订单轨迹功能可以实时告知配送商品的地理位置和配送轨迹，在地图轨迹上还可以对订单的配送路线和配送员的情况进行详细查询[50]。京东配送订单轨迹功能截图如图3－18所示。

2. 基于北斗系统的智能车辆管理系统（OBD）

京东物流建立了基于北斗系统的智能车辆管理系统（OBD），实现了车辆报表、驾驶员报表、驾驶员评分报表和事件报表等多套报表的智能数据生成，简便高效地获取包括瞬时车速、瞬时油耗、转速、发动机信息等数据，再通过系统智能分析计算，统计出车辆的行程数、里程数、耗油量、百公里油耗等指标，实现了对车辆和人员的行

图 3－18　京东配送订单轨迹功能截图

图片来源：百度知道 https：//zhidao. baidu. com/question/1381873322412492980. html。

车路线、位置及时间、速度、里程和停车点的全方位动态监测。OBD 为管理决策提供可靠的数据支撑，保证了交易安全，降低了物流成本，提高了物流配送效率，同时可以减少汽车尾气排放。

四、北斗卫星在"一带一路"中的应用

为更好地服务"一带一路"，我国在优化北斗发射计划的同时，积极与沿线国家合作，共同促进北斗系统性能提升，更与国内一流大学联合，向沿线国家普及北斗系统科学知识。

北斗系统高精度基础产品已经输出到 30 多个"一带一路"沿线国家和地区，可为这些国家和地区提供包括终端、软件、芯片、模块、服务等应用解决方案。目前北斗在巴基斯坦国家基础设施建设、在老挝的精细农业以及中俄跨境运输方面均有应用，并已经开发出"海北斗"系统用于"一带一路"交通大数据的采集。

（一）北斗为服务"一带一路"做的准备

1. 优化卫星发射计划、尽早覆盖"一带一路"

计划在 2018 年前后，发射 10 颗左右北斗三号 MEO 卫星和 1 颗 GEO 卫星，发射 2

颗北斗二号备份卫星，实现北斗卫星在“一带一路”沿线国家的覆盖，为“一带一路”国家提供基本服务。

2. 与“一带一路”沿线国家合作，持续提升北斗卫星性能

北斗加强与东南亚国家联盟和阿拉伯国家联盟合作，共同提升系统及监测评估网络，不断地提高北斗系统在“一带一路”国家服务的性能。

3. 为“一带一路”国家提供北斗知识服务

北斗系统与泰国、沙特和阿拉伯国家联盟共同组建北斗中心，同时支持北京航空航天大学建设北斗丝路学院，由北京航空航天大学、上海交通大学、武汉大学和桂林电子科技大学等高校，面向阿尔及利亚、玻利维亚、越南、泰国、柬埔寨等“一带一路”沿线国家持续进行教育培训和科技知识普及，截至2016年年底，累计培训600余人次[51]。

（二）助力巴基斯坦完善基础设施建设

2013年5月，中巴双方签署了卫星导航领域合作协议，开展包括巴基斯坦国家位置服务网等具体项目建设。我国企业承建了北斗的首个海外组网项目——巴基斯坦国家位置服务网一期工程。

组网后的北斗网络，实时定位精度达2cm，经过处理后可以提供精度达5mm的定位[52]，在城市规划、测量、绘图、环境监督、灾难救助、交通监控等领域作用显著。巴基斯坦国家位置服务网一期工程的建成，也是北斗卫星导航系统在国外完成卫星定位服务连续运行参考站（CORS）网络项目的首例。北斗CORS建设情况如图3－19所示。

图3－19　正在建设中的北斗CORS

图片来源：中国网 https：//news. baidu. com/news#/detail/3907626129146737672？_k = scn84k。

（三）中俄跨境运输应用

2015年8月，中国与俄罗斯签署了《中国北斗系统和俄罗斯格洛纳斯系统跨境运输车辆联合应用示范项目合作框架协议》，标志着北斗系统与格洛纳斯系统融合发展、联合应用进入新阶段。根据协议，中俄双方将共同推动跨境运输导航所涉及的电子通关、道路救援和车辆监控等集成应用服务。

（四）“海北斗”用于“一带一路”大数据采集

2016 年 3 月，由中国海外投资联合会与中国电子科技集团合作开发的“海北斗”项目正式启动。“海北斗”系统是基于北斗技术开发的全球导航指挥和调度系统，它将为中国在海外的企业提供实时导航服务、实时定位服务、测量服务。“海北斗”还能结合其他功能提供海外无人机监控服务，实时监控有关地区的活动[53]。

“海北斗”收集用户使用数据建立大数据中心，在国内建设主机房，与国家主干网络连接，保证稳定、可靠、速度较快的运行环境。海外建设分机房，以此为基础拓展和收集数据，并将数据进行整理让其发挥应有价值。

“海北斗”收集的“一带一路”大数据具有重要价值，这些数据是中国进一步参与全球化竞争的原始积累。可收集包括地理、水文、交通以及季节变化信息，在交通信息中，甚至可以收集某一条公路车辆通行频率信息，能够判断何时通过该道路碰到拥堵的概率最低。

第三节　新能源汽车

绿色发展是“十三五”期间的重要发展理念之一。当前，在国民经济增长、城市化进程加速的推动下，我国物流行业得到了长足的发展，同时在安全标准、排放法规不断完善和燃油经济性要求不断提高的作用下，物流企业对城市、城际物流用车的环保需求也持续提升，零污染的新能源汽车正以前所未有的速度登上城市舞台。

一、电动物流车发展环境

根据市场反馈情况和国家政策的引导，物流车电动化已不可逆转。原因有以下两个方面。

（一）环境要求

目前，我国能源消耗过度和环境污染较严重。我国石油依赖进口比例接近红线，每年新增石油消费量的 70% 以上被新增汽车所消耗。从环境安全的角度分析，到 2030 年前，京津冀地区依然难逃雾霾笼罩，环境污染仍会是极大的挑战。出台的环保法规都不利于传统燃油货车的市场占有率，2020 年之前世界最严格的油耗限值出现在美国和欧洲，到 2025 年前后，中国、印度、韩国将追上甚至超越日本的目标水平。

（二）国家及地方政策

中国的城镇化进程正在加速，城镇人口比例的上升无疑带动城市物流业迅速发展，而作为公共物流设备的城市货车，市场需求预计在未来几年将稳步增长。

国家也在全力支持传统汽车电动化，根据中国物流与采购联合会的统计，从2015年开始，国家共出台了20多项重大政策，加上各地方层面共发布117项关于新能源汽车的政策，且都有提及纯电动物流车的相关政策。这些政策从顶层设计、推广应用年度规划、税费减免制度、购置补贴制度、生产准入、基础设施等多个方面进一步保障新能源汽车产业快速发展。成都、深圳等城市的通行政策较好。例如，成都物流办政策中要求2019年成都燃油物流车不能进三环，用电动物流车逐步替代燃油车；建立城市供配系统，电动车24小时无通障、无限行、无高峰，享受车辆置换补贴，享受国家新能源电力政策补贴。深圳市政府鼓励新能源物流车的推广，除深蓝大道外蓝牌纯电动物流车可以享受全路段、全时段通行优惠，前提是纯电动物流车装有无线射频识别（RFID）标签，不需要再办理通行证。黄绿牌电动物流车局部路段受限。深圳市还发布《深圳市大气环境质量提升计划（2017—2020年）》，内容包括“2017年6月底前，依法禁止轻型柴油货车和小型柴油客车新注册登记及转入（深圳市人居委解释，轻型柴油货车最大总重为3.5t以内）。”另外，深圳市2017年还将出台新能源车产业支撑政策，按运营一定里程（每年15000km、需运满3年），电池的不同大小给予企业支持（最高75000元，分三次补贴），要求企业拥有新能源车辆300台以上，鼓励企业做大做优。

二、电动物流车技术概况

（一）影响电动物流车性能的因素

新能源汽车作为国家战略性新型产业，它的发展主要是新技术产业化和新兴企业不断发展壮大的过程。电动物流车作为新能源汽车产业细分市场之一，它的发展相对要比其他类型的车辆要晚，2016年才迎来电动物流车的春天，但是对于电动物流车的整体市场环境还需严谨对待。据深圳电动物流车辆推广中心的调查结果显示，现行的电动物流车有以下五个问题。

（1）车辆续航里程短。2015年电动物流车在半载的情况下，实际续航里程一般在110～130km，2016年部分车型达到160km。

（2）动力性能弱。许多物流车在爬坡加速的过程中会遇到倒退或者速度缓慢的现象，而满载或超载的情况下将会过度消耗电量，导致车辆行驶滞缓。

（3）故障率高。基本上深圳的电动物流车每月的故障率为5%，质量较为一般的车辆故障率高达60%。

（4）电池衰减严重。正常要求电池在5年或20万公里的全生命周期衰减不超过20%。然而，在调查过程中，个别品牌的车辆电池衰减率一年就达到30%。

（5）电池循环次数低。根据调查情况反馈，很多物流车的电池循环次数在 800 ~ 1000 次，如果是一天内充电一次，也就是不到三年的时间需要更换电池。

以上是制约物流车电动化发展的因素，主要问题是动力电池面临技术瓶颈。国家和地方政府正不断出台鼓励机制，提高准入门槛，激励各大电池制造商和研发机构不断提升自身产品技术含量，以满足电动车的实际运营需求。

（二）动力电池技术发展分析

1. 产品性能

（1）化学体系和封装形式。

动力电池的电芯材料分为正极材料和负极材料，现阶段的负极材料比较单一，有石墨和人造石墨，未来不排除使用其他材料的可能，但这里不展开赘述。表 3 – 2 是常见的 4 种电池材料性能，分别从十二个角度进行全面分析。

表 3 – 2　　常见的 4 种电池材料性能[54]

名称	磷酸铁锂（LFP）	改性锰酸锂（LMO）	钴酸锂（LCO）	三元镍钴锰（NCM333、523、622、811）
化学式	$LiFePO_4$	$LiMn_2O_4$	$LiCoO_2$	$Li(Ni_xCo_yMn_z)O_2$
振实密度（g/cm^3）	0.8 ~ 1.1	2.2 ~ 2.4	2.8 ~ 3.0	2.6 ~ 2.8
实际容量（mAh/g^{-1}）	130 ~ 140	100 ~ 120	135 ~ 150	155 ~ 220
电芯的质量比能量（Wh/kg^{-1}）	130 ~ 160	130 ~ 180	180 ~ 240	180 ~ 240
平均电压（V）	3.4	3.8	3.7	3.6
电压范围（V）	3.2 ~ 3.7	3.0 ~ 4.3	3.0 ~ 4.5	2.5 ~ 4.6
循环次数（次）	>2000	>500	>500	>800
适用温度	–20 ~ 75℃	>50℃	–20 ~ 55℃	–20 ~ 55℃
价格（万元/吨）	9 ~ 15	6 ~ 10	20 ~ 30	15 ~ 17
安全性	好	良好	差	中
循环寿命	长	短	长	长
主要应用领域	电动汽车和大规模储能	电动工具、电动自行车、电动汽车及大规模储能	传统 3C 电池产品	电动工具、电动自行车、电动汽车及大规模储能

注：3C，3 类数码产品的简称，即计算机（Computer）、通信（Communication）和消费电子产品（Consumer Electronics）。

通过表3-2的分析可得出，钴酸锂（LCO）主要应用在传统3C电子产品而非动力电池行业，循环寿命长，缺点是价格贵、循环次数少①和安全性差；改性锰酸锂（LMO）成本低廉、制备相对容易，缺点是高温下循环性差，储存时容量衰减过快；而三元镍钴锰（NCM）（也称为三元材料）具备较高容量，但安全性和循环次数有待提高，然而由于钴和镍在我国的蕴含量极少，几乎全靠进口，所以原材料价格一直呈增长趋势，而且其材料的主要特性使得对电池回收的要求较高。磷酸铁锂（LFP）不仅能够耐宽温，而且循环寿命长，次数多，充放电倍率性能好，且在成本上有较大优势，但美中不足的是相对于三元材料来说其容量较小。

除了原材料上的差异，电池的封装形式也会导致车辆在续航里程上产生变化。目前主流的锂电池封装形式主要有三种：软包、圆柱和方形，不同的封装结构意味着其不同的特性，也可以体现出它们的优缺点。

软包锂电池是液态锂离子电池套上一层聚合物外壳，而这个外壳是与其他电池最大的不同，采用铝塑膜封装，这也是软包锂电池中最关键、技术难度最高的材料。有了该封装，在发生安全隐患的情况下，电池最多只会呈现出起鼓或裂开状态，而不会像钢壳、铝壳那样发生爆炸。软包锂电池的包装材料通常分为外阻层、阻透层和内层这三个层面，分别起到保护和阻隔的作用。

软包锂电池的优势在于其安全性和重量轻，然而现有的软包锂电池型号较少，无法满足市场需求；而开发新的型号成本又较高，2015年软包电池市场的占比高于圆柱电池，代表车型则是日产Leaf、通用雪佛兰Volt、宝马等。

圆柱锂电池包括磷酸铁锂、钴酸锂、改性锰酸锂和三元材料等不同材料类型，外壳分为钢壳、铝壳和聚合物三种，其生产工艺成熟，电池产品良率以及电池组的一致性较高，而且由于它适合多种形态组合，所以在电动车内能够根据空间充分布局。但圆柱形电池一般采用钢壳或铝壳封装，质量会比较重，而且能量密度相对较低。

方形锂电池通常是指铝壳或钢壳封装的方形电池，内部采用卷绕式或叠片式工艺，对电芯的保护作用优于铝塑膜电池，电芯安全性相对圆柱形电池也有了较大改善。而且方形电池的结构较为简单，不像圆柱电池采用强度较高的不锈钢作为壳体及具有防爆安全阀等附件，所以整体附件重量更轻，相对能量密度较高。

方形锂电池的另一个特点就是可以根据产品的尺寸进行定制化生产，这能够满足于大部分市场需求，而正是因为多种型号的产生，在工艺上也有了精益求精的变化，

① 循环寿命与循环次数的区别：寿命是指时间，而次数是指每一次电池完全充放掉电力至零的纪录可以循环往复多少次，有的电池循环寿命是3~5年，但一般并不会有准确的循环次数。所以循环寿命和循环次数之间没有必然的联系。

使得其在汽车行业运用广泛。

（2）安全性。

安全是一切生产经营活动的基础。动力电池作为全车的核心动力所在，其安全的重要性不言而喻。安全策略应反映在电池的全生命周期，包括从设计到生产的全过程安全控制，以及产品在电气、机械、功能和化学方面的全方位安全控制。

作为电动车的核心部件，动力电池系统开发遵循汽车产品的开发流程，从指南评审，到软硬件单元测试、危险分析和部件技术安全概念，再到汽车级的产品模型开发体系。更有防患于未然的电池包设计，从概念、初步的定型设计，到详细设计以及精密的测试验证，打造从电芯内部到电池包系统高安全可靠性。

动力电池在一般情况下，除了要满足容量和内阻的要求外，还需要通过各种安全性能测试和验证，如短路、热冲击、机械冲击、挤压、跌落和穿刺等，从而切实保护客户的核心利益。

（3）可靠性。

在动力电池产品的研发设计和制造过程中，采用失效模式与影响分析（Failure Mode and Effects Analysis，FMEA）能够尽早识别风险及危害，并采取适当的措施来减小或消除风险。FMEA 可靠性设计是顶层产品逐级分解到零部件，也就是从电池包系统、电箱、模组和电芯逐一识别、分析找到解决对策。

另外，动力电池在出货前需要监测其软件、硬件、工艺及生产，而在出货后能够准确预测和维护其生命周期，这一过程形成了“浴盆”曲线，它反映了可靠性的最终目标是追求更长使用期和更低失效率，从而为客户创造更大价值。

有资质的电池制造商应能打造航天级可靠性产品，确保每一个细小零部件的可靠运作，在 -30℃ ~60℃区间内充放电性能均能稳定运行。

（4）耐久性。

①关注电池包的循环次数。作为生产经营性工具，电动物流车的使用寿命与其经济效益息息相关。表现在电池使用寿命越长，整车的折旧率越低，经济性越好；因此电池包的循环次数就成为衡量电池耐久性的一个重要因素。

②锂电池的衰减。电池充放电过程的工作原理是“摇椅式结构”，即锂离子在正负极间可来回嵌入、脱嵌。过程中有一定量的金属锂附着在正极上，导致损耗，这种状况在锂电池生产投入使用后是不可逆的，而锂电池在短时间内衰减严重会影响其续航能力。我们需要关注的是电池制造商对其使用寿命的预测值，使用后 5 ~8 年的筒电状态为 80% 的锂电池是较好的。

2. 电池制造商的选择

伴随电动汽车行业的迅猛发展，中国动力电池产业在近几年大有赶超日韩之势，且随着近年来国家政策对新能源汽车的支持，动力电池产业将会更上一个台阶。因此选择合适的动力电池制造商是保证客户商业利益的必要条件，以下简单列举几个选择标准。

（1）研发实力。有资质的动力电池制造商应拥有完整的动力电池研发体系，掌握包括材料、工艺、电芯、模组、电池管理系统（BMS）、电池包等核心技术，研发应全面覆盖，环环紧扣，快速响应行业技术新趋势。此外企业对研发投入应占一定量的比重，不仅需要提高研发人员的比例和质量，也要配置相应的仪器设备，进行材料、电芯和电池系统的全面分析和测试，从而满足客户需求，超越客户期待。关于研发专利的申请数量和参与国内外新能源产业各种标准的制定和修改等工作也应注重。

（2）合作伙伴。俗话说："看一个人好坏，可以先看他身边的朋友。"对于整车厂商而言，动力电池是新能源汽车核心部件，因此在选择动力电池商之前，不妨先了解其合作伙伴，如行业地位、市场占有率、产品层次及用户评价等。对于动力电池制造商来说，跟主流车厂长期合作，在产品研发、生产、测试验证等各方面与客户共同开发，同步沟通，可有效保证高品质，比如一家企业与东风、福田、大运等主流车厂长期保持合作关系，更能说明其产品质量可靠、安全。

（3）市场占有率。它在很大程度上反映了企业的竞争地位和盈利能力。对于动力电池制造商，一方面要看其产品在市场中所占的份额（出货量），另一方面要看其质量，这是较能反映客户满意度和忠诚度的指标。

（4）星级式售后服务。售后服务体系至关重要，需要电池厂商搭建售后服务网络，基于国家商品售后服务相关标准，建立覆盖更多城市的服务网络，全面完善其售后服务体系，健全快速的响应机制，从而更好更快地服务客户。

除了维护全国售后服务网络之外，还需要有丰富完善的客户培训体系，方便客户对产品的使用和日常维护；为客户量身定做培训材料，并提供产品全生命周期的培训工作；产品资料应齐全，并积极配合客户开发整车系统产品手册，让客户无后顾之忧。

（5）废电池的有效利用。中国发展网在 2017 年 8 月召开的第二期动力电池回收利用沙龙上提出："废电池将在 2020 年爆发式增长，从而带来环境污染，而截至 2017 年，废电池的回收利用率低于 3%。电池企业应及时收购具有锂电池回收资质的集团企业或与其进行合作，以构建整个锂电池产业链。动力电池在服务年限到达退役之后如何实现二次利用或者废物回收，这也是需要考虑的一大因素。在进行选择电池厂商时，需要考察其回收资质及流程规划。

3. 宁德时代的解决方案

宁德时代新能源科技股份有限公司（以下简称"宁德时代"）成立于 2011 年，主营动力电池和储能电池系统两大业务，拥有包括材料、电芯、电池管理系统、电池回收利用的全产业链核心技术，致力于通过先进的电池技术，为全球绿色能源应用提供高效的能源存储解决方案。宁德时代发展迅速，业务已拓展全球范围内。截至2016年年底，共有3700多名高端科研人员，其中2名国家“千人计划”专家，5名福建省百人计划及创新人才，60余名海归人才，全面支持动力电池及大型储能的研发设计。申请相关专利1300多项，参与国际和国内新能源产业相关标准的制定和修改共40多项，达到行业领先水平。售后服务水平卓越，共建立200余个专业服务站、100余个区域督导、20余个区域技术专家和“3—5—8”快速响应原则，为全球客户提供完整的产品解决方案及完善的产品全生命周期服务，并于近期成为国内首家售后服务五星级认证的锂电池企业。

在物流车领域，宁德时代服务过的企业主要有东风、福田、大运、瑞驰等；特别是为东风物流车提供的电芯可通过灵活组合，为东风4.5t及7.5t纯电动厢式物流车提供动力解决方案：可实现60min（“1C”容量）快充，2017年内提升至30min（“2C”容量）快充，并且在－30～60℃温度区间内充放电性能均表现稳定；25℃条件下的1450次循环后，电芯容量保持率高达94.2%。截至2017年4月，宁德时代共12万辆在路车辆，累计里程大于80亿公里，保持零事故纪录。

（三）影响电动物流车推广使用的因素

根据中国物流与采购联合会于2017年对电动物流车使用大市——深圳市和成都市的调研结果显示，影响电动物流车推广使用的因素除了动力电池技术外，还包括以下几点。

1. 补贴、车辆应用型号标准、路权与运营证管理

新能源车的补贴与路权政策推出过缓（当前仅13个省市推出），影响车辆的投放进度；封闭式货车式微面车型仍需挂靠办理营运证，影响了个人购车意愿。

目前和车型相关的标准有4个：《机动车类型 术语和定义》（GA802—2014）、《城市物流配送汽车选型技术要求》（GB/T 29912—2013）、《机动车辆及挂车分类》（GB 15089—2001）、《汽车、挂车及汽车列车外廓尺寸、轴荷及质量限值》（GB 1589—2016），《机动车类型 术语和定义》中轻型载货汽车定义为车长小于6000mm且总质量小于4500kg的载货汽车，但不包括微型载货汽车和低速汽车（三轮汽车和低速货车的总称），微型载货汽车定义为车长小于等于3500mm且总质量小于等于1800kg的载货汽车，但不包括低速汽车。《城市物流配送汽车选型技术要求》中对轻型货车分A－I共9类。

通过对比可知，这些标准对轻型载货汽车定义有冲突，对车型分类也存在问题。同时以上分类主要针对传统燃油车辆，与纯电动车对比存在很大区别，目前纯电动物流车1度电需要的电池重量约为8kg，其重量远大于传统燃油货车，这必将影响电动物流车的货物装载率，使4.2m、4.5t的纯电动物流车只能上黄牌，无法享受蓝牌车路权，且需要驾驶员持有B类驾照。

另外，一线城市最受欢迎面包车的车内容量为5～6 m^3；车内容量为4m^3以内车辆，快递企业需要其续航里程150km以上，同城配送企业需要其续航里程200km以上；车内容量为8～13m^3的车辆，同城网点配送需要其续航里程180km以上。按一线城市来说，4.2m轻卡厢式货车，一般企业要求其容量在16m^3以上，大多数企业要求18m^3以上（偏宽），若要求续航里程达到200km以上，电池的重量约1t，加上车辆本身的底盘重量，满载情况下会超重。

以上均将影响物流公司车辆的使用效率，制约电动物流车的发展。

2. 厂家车型推出过缓

当前汽车厂家车辆公告申请进度缓慢，样车提供滞后，难以满足物流企业选型试用需求。另外，多数电动物流车由原有燃油车辆改装而来，缺少由物流电动车生产企业正向研发的专门适用于物流运输的车型，造成此类物流电动车同时具备燃油车和电动车的双项缺点。由于车辆设计有离地间距要求，会有离地高度，而底盘高将使货物装载能力弱。

3. 充电难、充电贵

自有场地空间充电桩建设数量有限，无固定充电车位，社会公共充电资源较少，无法满足新能源电动物流车充电需求。另外，由于充电桩、运营平台企业充电标准不统一，易造成充电贵，服务费用高。例如，成都市2017年要求建设公交始发充电场站，电费为0.3元、0.5元和0.8元，用于电动货车运营成本约0.25元/km。这样的场站投资约100万/个，建设周期较长。之前很多充电桩公司需要刷卡充电，每台车辆需要同时备几张卡，很不方便。

三、运营模式

目前，电动物流车的运营主体主要有四个，包括电动物流车生产企业、电动物流车使用企业、电动物流车充电桩生产企业和电动物流车运营企业。

电动物流车运营模式主要有三种：一是第三方运营，面向社会提供电动物流车长租、分时租赁、汽车共享服务，例如，新沃运力、地上铁等纯电动物流车运营企业，以及特来电等充电桩生产企业；二是零售及传统商贸企业自有，主要为本企业提供电动物流车运输服务，例如，国美等；三是电商及物流企业自有，面向本企业及社会提供电动物流车运输服务，例如，顺丰、申通等快递企业。

电动物流车使用企业自有电动车，具有购买成本高、配套设施不完善、维护费用高等问题，而由第三方运营的租赁模式具有一些优势，包括第三方运营企业利用错过高峰电价时段对电动车进行充电的方式，从而节约运营成本；电动物流车使用企业无须负责后续的充电、维护甚至提供司机等事务，从而降低使用成本。因此，市场上终端运营基本上以第三方运营为主，由第三方运营企业提供租赁业务，有些运营企业甚至推出了网约车业务，模式类似滴滴等网约车平台，联合产业链上下游结成联盟，不仅可以有自己的车辆，还可以在平台上整合货源、车辆、司机等多方资源，提供短租和长租服务等网约车服务。

关于电动物流车的盈利模式仍有待探索。根据调研，以三个月以上的长期租赁模式为例，大约100台车可以实现盈亏平衡，如果是网约车平台的形式，利润则更高。

网约车取得丰厚利润的途径，需要满足四个条件。一是有完善和较为成熟的管理平台和管理系统作为支撑。车辆申请、上牌、保险等庞大而繁杂的工作如果仅靠人工管理非常耗时耗力，如果公司的资产管理、车辆管理、司机管理、流量管理等可以通过网络和平台完成，一个人就可以通过平台和软件管理几百台车的运营和调度。二是需要一个强大的后台和支持团队。这些技术支持人员需要开发更多的系统，例如App客户端、微信公众号、PC（电脑）端等，前期开发成本非常高。技术支持人员和管理人员往往高达数十人，另外还需要用户和车辆的维护人员等。三是车辆性能稳定，充电和维护没有较大障碍。四是规模化的运营。只有规模化、网络化、有实力的运营单位，才能获得大客户的信任，在竞争中胜出。同时借助大客户在全国各大城市的业务进行快速复制和扩张，运营规模也能迅速提升。

以一台6万元的纯电动微型面包车为例，按照60个月的贷款期，等额本息还款每个月需要1400元左右，加上商业险等，一台车每个月的成本将近2000元。将这台车出租给客户的价格是每个月2400~2500元，那么每台车每个月的利润为400~500元。这样，100台车每个月的利润约4万元，一年近48万元。管理这些车的人员大概在8~10人，加上公司场地等其他成本，基本可以达到盈亏平衡点。

按照市场上的价格，一台车一百公里（约一天）的收入约400元，其中车辆使用成本约70元，支付给司机200元，剩余130元就是一台车一天的利润，一个月的收益大约3000元。网约车的利润是长租业务的好几倍。

纯电动物流车运营是一个系统的业务，未来“车源+货源+车联网平台+金融服务”四方协作的运营模式将成为主流。通过四方产业链合作，延长产业链物流服务，构建智能物流生态圈，形成集“车源 + 货源 + 车联网平台 + 金融服务”于一体的产业链条。

四、年度创新案例：新能源汽车绿色运力共享平台

（一）物流业面临问题

目前物流行业面临空驶率较高、环境污染、交通拥堵等问题，由于物流行业的集中度低，迫切需要创新的整合解决方案，对分散的社会物流资源实现有机整合，促进物流集约化。物流行业面临痛点如图 3 - 20 所示。

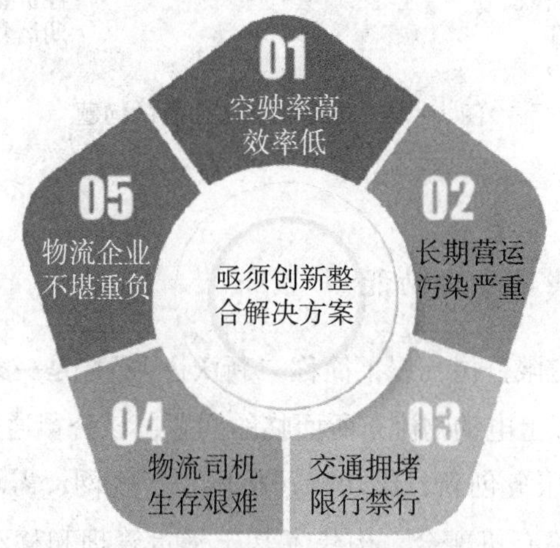

图 3 - 20　物流行业面临痛点

物流电动车市场在快速的发展，尤其是国家正大力推动，2015 年国内纯电动物流车的产量达到了 4.5 万台，但是由于 2016 年“查骗补”工作拖延了物流电动车上市时间，但电动物流车车型比重已提升到 36% 以上，预计 2017 年年底电动物流车产量可达 15 万辆以上，2020 年销量有望突破 20 万辆。成本低是电动物流车的另一大优势。电动物流车原车的造价成本是传统物流车的 2 ~ 3 倍，但是在国家补贴和地方补贴的支持下，配合外籍免税等优惠政策，基本可以填补新能源物流车与传统物流车的售价缺口。但是新能源物流车的运营成本远低于传统车，主要表现为同行驶里程电费价格相对较低。测算显示，100 辆 4.2m、3t 新能源电动车运行 5 年，运营成本比同型号燃油车节省近 1700 万元。

但使用纯电动物流车替换传统物流车，如果仍沿袭传统模式，不仅会面临传统模式的诸多问题，也会产生新的问题。如图 3 - 21 所示。

移动互联网、物联网、云计算、大数据等技术的出现和应用，推动互联网与物流运输业跨界融合，“互联网 + 纯电动物流车”为破解行业痛点开辟了新路径，成为行业

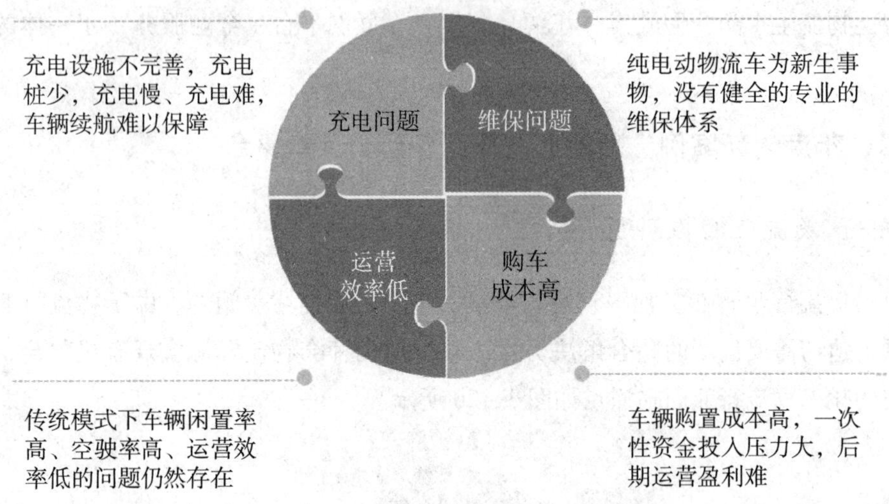

图 3－21　电动物流车面临的问题

发展新趋势。

（二）绿色运力共享平台功能

深圳新沃运力汽车有限公司（以下简称“新沃运力”）是一家专注于纯电动物流车运营的服务提供商，基于以上电动物流车所面临的问题，该公司通过技术创新、产品创新、模式创新、管理创新和服务创新，成功将司机网、货物网、需求网、充电网、支付网、车联网、监控网七大网络有机融合，构建了基于平台管理和移动应用的运力共享平台，为客户提供专业化的纯电动物流车租赁及充电、移动补电等完善的配套服务。

新能源汽车绿色运力共享平台理念如图 3－22 所示，第一，电汽共享，采用 O2O 的电动汽车共享模式，提高车辆使用率，节能减堵。第二，大众创业，司机、货主、物流企业都可以通过运营平台低成本创业。第三，主快充维，由于目前新能源电动车续航能力远远不够，通过监控平台实时监控运行车辆的电量和健康状况。当车辆电量临近阈值时，调度移动补电车，利用客户和司机碎片化时间进行主动、快速的充电；预警司机车辆潜在故障，主动上门维护。第四，精准扶贫，配合国家战略，低收入司机群体通过运营平台可以租车、寻找货源、响应运力需求，省去“自有车辆”的门槛，实现零成本创业。第五，“三产”融合，通过商流、物流、信息流整合，打造绿色流体系，构建产业闭环生态体系，同时，为农业提供绿色运力，为联盟整车厂商提供整车订单，以物流业反哺农业、工业，实现“三产”融合。

新沃运力致力于构建集运力、充电服务网络、大数据平台于一体的新能源汽车绿色运力综合服务与开放共享平台。该公司只提供运力，不兼顾物流服务和物流运输。平台的 O2O 模式以共享物流电动车为主体，提供线上租赁、结算、还车服务；业务场景是大众创

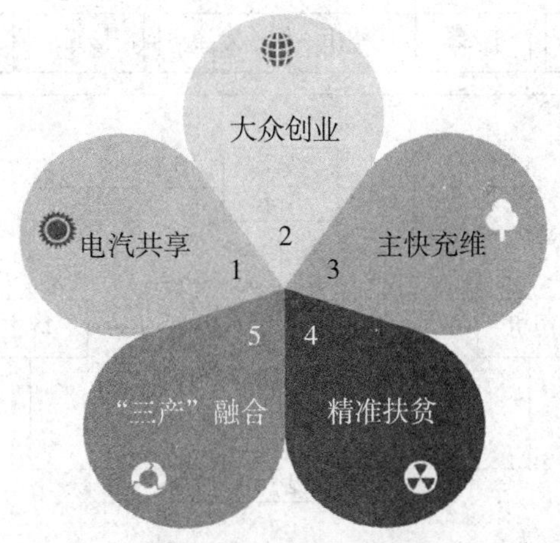

图 3－22　新能源汽车绿色运力共享平台理念

业，司机是会员，可以分时租赁，直接客户可以为司机，也可以为物流公司和货主，但实际使用方还是司机。开放式平台包括运力平台、网络平台和数据平台，如图 3－23 所示。

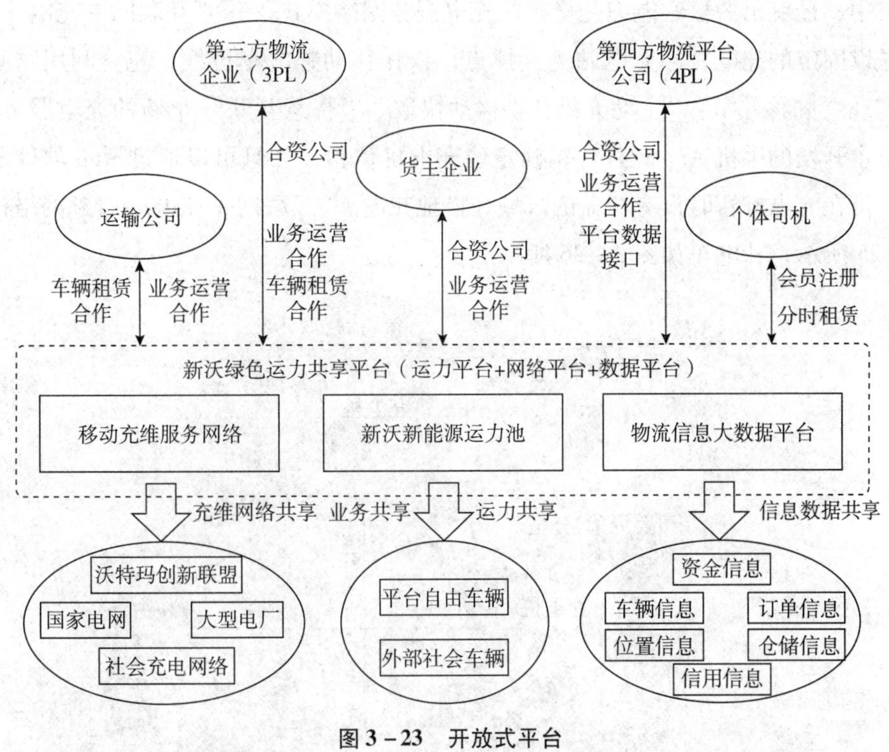

图 3－23　开放式平台

开放式平台的运营基于“互联网＋新能源物流车”的 O2O 运营体系，以车、桩、用户三方信息交互为基础，构建线上线下融合联动的运营服务保障体系，通过线上平台和线下网络体系的全面覆盖与高效服务，共同构建经济、安全、高效的新能源物流运营体系。如图 3－24 所示。

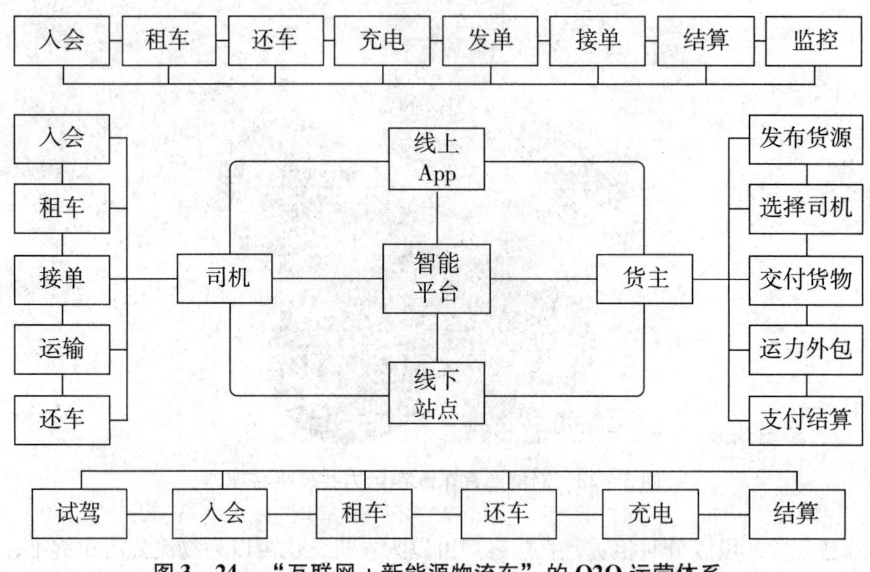

图 3－24 “互联网＋新能源物流车”的 O2O 运营体系

其中，最突出的核心能力是全新的充电服务网络模式——“互联网＋充电”服务，主要是以固定的充电桩、充电站为支撑点，依托移动补电车位线，充分利用物联网功能，实现“固移并举”“主动充维”“移动快取”“智慧互联”全新的充电服务网络。利用自主开发的手机 App 软件，精确定位充电桩位置，并且可以通过 App 软件预约补电车，可在充电桩暂时没有覆盖的区域轻松地充电。“互联网＋充电”服务网络模式如图 3－25 所示，补电车如图 3－26 所示。

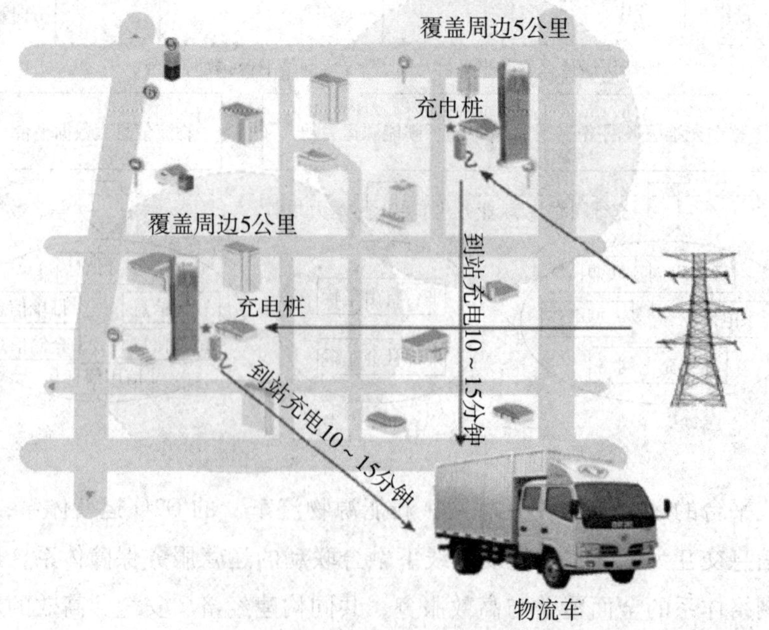

图 3－25 “互联网＋充电”服务网络模式

图 3-26　补电车

（三）绿色运力共享平台价值

1. 为国家解决问题

①绿色环保。通过纯电动物流车对传统物流车的规模替代，能显著降低城区环境污染，将城市打造为宜居城市。

②解决交通拥堵。汽车围城的困境迫使北京、深圳等诸多城市限号、限行、禁行，新沃运力的模式是用 3 万辆纯电动物流车可替代 5 万辆传统物流车，从此解决交通拥堵问题。

③践行中国大制造。通过纯电动物流车规模化的市场应用带动新能源汽车产业发展，是切切实实地践行中国大制造。

2. 为行业挖掘潜在价值

通过提供统一、绿色、规模化、标准化的运力服务，可大幅度地提高车和司机的使用率，降低车的空驶里程，为行业挖掘被浪费的价值，包括四方面，如图 3-27 所

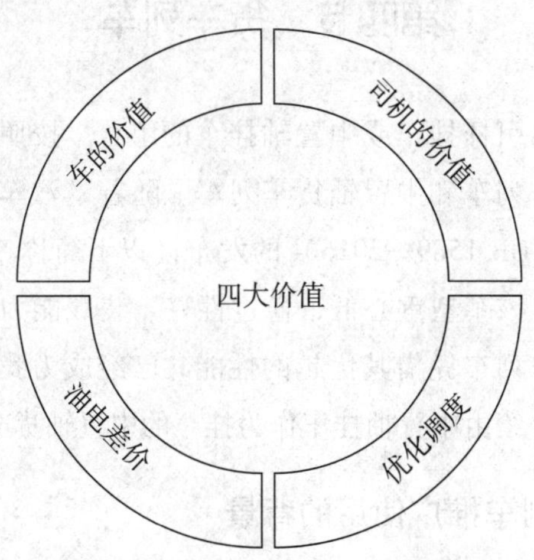

图 3-27　新沃绿色运力共享平台价值

示。一是车的价值：整合运力需求，通过平台进行信息匹配，使整个城市没有闲置的车辆，每辆车都有货可运。二是司机的价值：司机也可以加入运营公司的平台，可以自主寻找货源租车或在平台上响应运力需求，每个司机都有货可拉，有车可用。三是优化调度：通过及时合理的运力调度，降低车的空驶次数和无效里程。四是油电差价：汽车共享模式，保障每台物流车日行驶200km以上，把油电差价释放出来。

3. 为客户持续创造价值

通过打造共享模式，提高车辆运行效率。通过共享模式，采取“白加黑”运营，相当数量的车在夜里行驶，快递公司更多在晚上进行区域的分拨或者短拨，白天仅做最后一公里的派件、送件，闲置下来的车辆可以共享到平台，增加行驶效率。新沃模式与传统模式纯电动物流车日行驶里程对比如图3－28所示。

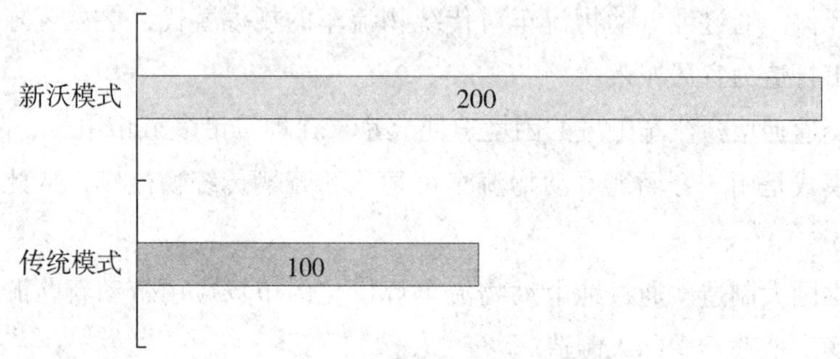

图3－28　新沃模式与传统模式纯电动物流车日行驶里程对比（单位：km）

（深圳新沃运力汽车有限公司）

第四节　货车列车

货车列车是货车和牵引杆挂车或中置轴挂车的组合。按照货车列车所牵引的挂车类型，可分为牵引杆货车列车和中置轴货车列车。随着《汽车、挂车及其列车外廓尺寸、轴荷及质量限值》（GB 1589—2016）的发布（以下简称“GB 1589”），中置轴货车在我国成为合法车型。该车型重心低、通过性好、装载能力强，已在欧美等发达国家普遍使用。中置轴货车列车凭借其优越的性能，已经成为我国货车列车重点发展的关键车型。本节将重点介绍由中置轴挂车作为挂车的中置轴货车列车。

一、中置轴货车列车推广使用的背景

近年来，我国汽车整车物流业规模持续扩大，车辆运输车保有量逐年增长，基

本满足了我国乘用车制造业对整车物流运输的需求。但随着乘用车市场的不断扩大，客户对乘用车辆品质要求提升，各品牌车辆价格竞争加剧，制造企业不断在各个环节压缩成本。乘用车运输企业为获得竞争优势，不断压低服务价格，导致恶性竞争愈演愈烈。同时各地区、各部门执法监管不统一、不到位等现象也日趋严重，对车辆运输车市场约束不足，车辆运输车的结构形式、尺寸参数不断朝超载超限方向发展。

在此背景下，为提高运力，许多改装车企业和运输单位生产和使用了超长、超限货车，如上、下层货台均装载双排轿车的车辆运输车和上层货台装载双排轿车的车辆运输车等（见图 3－29、图 3－30）。部分半挂列车长度达到 30m 以上，最长近 40m；宽度多在 2.6m 以上，双排装载车宽度超过 3.2m；装载后的高度多在 4.2m 以上，部分车辆高度超过 4.4m。

图 3－29　上、下层装载双排轿车的运输车

图 3－30　上层装载双排轿车的运输车

由于外廓尺寸等超限普遍，轴距过长，运输车制动系统受到严重影响，加之驾驶视野不良等原因，运输车的上路运输严重影响道路交通畅通和安全，极易诱发严重的交通事故，导致重大的经济损失。除此之外，上述车辆在 2 级及其以下等级公路、桥梁和隧道不能安全通行，高速公路的匝道、一级公路的路口也不能正常通过，影响了整车物流的效率。

2016 年 8 月 18 日，交通运输部、公安部、工信部、国家发改委、国家质检总局联合发布了《车辆运输车治理工作方案》（交公路发〔2016〕124 号），开展车辆运输车治理工作，规定自 2016 年 9 月 21 日起，全面禁止“双排车”通行；2016 年 9 月 21 日—2018 年 6 月 30 日，暂时允许该方案发布之日前注册登记的“单排车”过度运行，车辆运输车市场违规车型泛滥的问题开始逐步得到治理。禁止通行与暂时允许过渡运行的装载方案如图 3－31、图 3－32 所示。

为保证车辆运输车的运力，《汽车、挂车及汽车列车外廓尺寸、轴荷及质量限值》

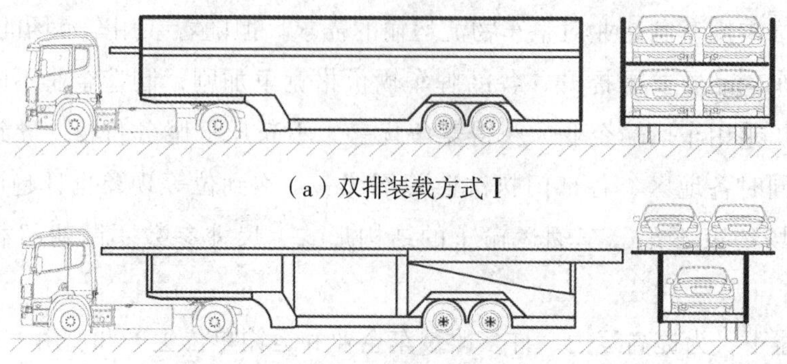
（a）双排装载方式Ⅰ

（b）双排装载方式Ⅱ

图 3－31　禁止通行的“双排车”装载方案

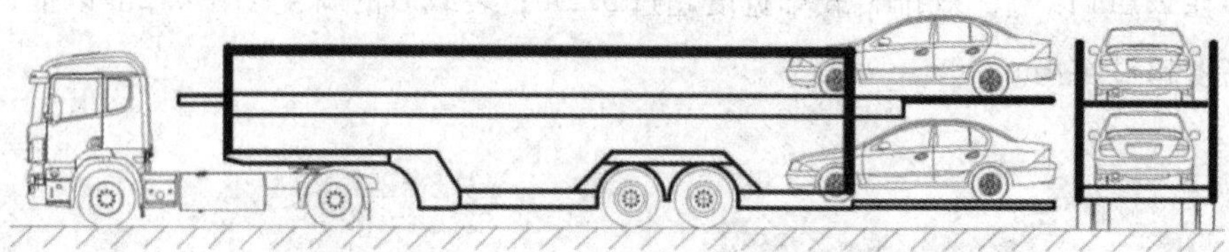
图 3－32　暂时允许过渡运行的单排装载方案

（GB 1589—2016）中虽然规定了货车列车最大长度为 20m，但同时明确说明中置轴车辆运输货运列车长度最大可达到 22m。在货车车辆长度和尺寸整体受限并规范化的情况下，中置轴车这种新车型的出现给车辆运输车保留了一定的发展空间，并引导车辆运输车向中置轴货车列车方向发展。

中置轴货车列车按使用用途可划分为中置轴车辆运输货车和中置轴厢式货车。《汽车、挂车及汽车列车外廓尺寸、轴荷及质量限值》（GB 1589—2016）发布后，由于公路治超和国家的大力推广支持，加之轿运车市场需求巨大，中置轴车辆运输车率先在国内开辟市场，一汽、中国重汽、陕汽、中集等制造厂商已经研发并制造出新型中置轴车辆运输车，部分物流企业也已开始采用中置轴车辆运输车运送商品车。虽然中置轴车辆需求量不断增长，前景光明，但目前仍处于初步探索应用阶段，且主要运用于轿运车行业。中置轴车辆运输货车列车如图 3－33 所示，中置轴车辆运输货车列车实际装载情况如图 3－34 所示。

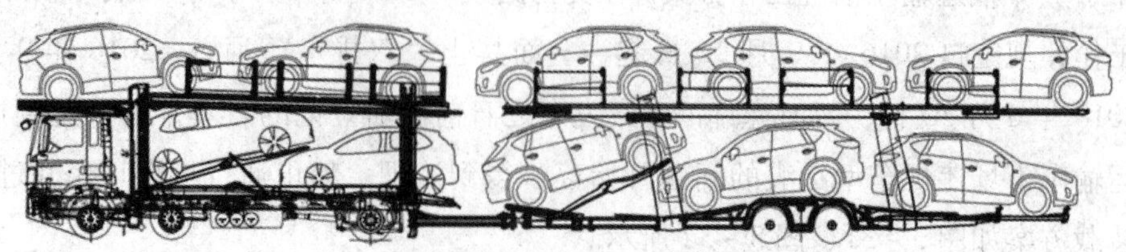
图 3－33　中置轴车辆运输货车列车

图 3 – 34 中置轴车辆运输货车列车实际装载情况

二、中置轴货车列车的发展新热点

进入 2017 年以来，中置轴厢式货车技术的发展也更加成熟，目前上汽红岩中置轴厢式货车已经上路运行，联合卡车、沃尔沃、中国重汽研制出了中置轴厢式货车的试验样车，陕汽也逐步开展中置轴厢式货车的研发。与此同时，随着快递行业市场竞争力不断提升，快速高效逐渐成为快递运输的核心要求，部分快递企业将目光聚焦到容量更大、甩挂更灵活的中置轴厢式货车上。目前申通快递率先在普货领域应用中置轴车，顺丰购置的一批中置轴厢式货车也在 2017 年 9 月交付。虽然车辆的试用效果还没有得到相关试点企业的数据反馈，但随着越来越多的快递企业投入试用中置轴厢式货车，未来该车型很有可能成为快递业的新宠儿。中置轴厢式货车如图 3 – 35 所示，顺丰中置轴厢式货车如图 3 – 36 所示。

图 3 – 35 中置轴厢式货车

图片来源：卡车之家 http：//www.360che.com/news/161214/72245_all.html#t2。

图 3－36 顺丰中置轴厢式货车

图片来源：搜狐汽车 http：//www. sohu. com/a/160770093_ 671255。

在快递运输领域，除了装载容积更大可带来运输效益的提升外，中置轴厢式货车由于尾部加装挂车牵引装置，可轻松实现中置轴挂车部分和主车的对接与分离，使企业在运输的组合和使用上能够更加灵活方便。当货物运输量不大时，可使用主车货箱单车运行，当货物运输量较大时，可使用主车加挂车的方式运行。同时，当中置轴货车列车满载货物运输至目的地，主车与挂车分离后，还可以牵引其他满载货物的中置轴挂车继续运输，从而最大限度地节约等候装卸的时间，实现更高效的甩挂运输。

中置轴货车列车除适用于车辆运输、快递领域外，还可在旅居车（房车）和拖挂式炊事车领域应用，但这部分用户群体在国内较小，其主要在定制化应用上。另外，在家电、IT 等运输领域，货物品类价值高、重量较轻，应用载货空间较大的中置轴货车列车，也可极大提高运输效率①。中置轴货车列车在这些领域的试行试点将进一步带动其在更多领域的应用创新，未来发展前景广阔。

三、牵引杆挂车、半挂车与中置轴挂车的区别

（一）牵引杆挂车

牵引杆挂车又称全挂车，具有两根轴，其中一轴可转向，通过角向移动的牵引杆与牵引车连接。牵引杆可垂直移动，连接到底盘上，因此不能承受任何垂直力。全挂车主车只起到了牵引的作用，并没有分担挂车的重量。全挂车的前轴安装了能够随着主车方向转动的转向架，转向较为灵活，如图 3－37 所示。全挂车的两轴分别位于车

---

① 北京时间．国外受欢迎，国内受质疑，中置轴挂车到底是谁的首选项［EB/OL］．（2017－08－16）．https：//item. btime. com/wm/437he0evf608l8re2nobklbvdj。

体的两端，无须支架即可单独放置保持平衡，如图3－38所示。

图3－37 全挂车结构示意

图片来源：卡车之家 http：//www. orz520. com/a/car/2017/0824/3004826. html？ from = haosou。

图3－38 全挂车车厢示意

图片来源：卡车之家 http：//www. 360che. com/news/161027/68704_ all. html。

（二）半挂车

半挂车是由半挂牵引车牵引且部分质量由牵引车承受的挂车。半挂车的种类很多，大多数以专用车的形式呈现，比如普通栏板、仓栏半挂、自卸半挂、低平板半挂、集装箱平板半挂以及厢式半挂等。半挂车的主要优势是单次载货量大，高速行驶稳定性好，主挂匹配容易，倒车难度较低。在《汽车、挂车及汽车列车外廓尺寸、轴荷及质量限值》（GB 1589—2016）文件实施前，半挂车是国家法规规定的唯一可以在高速路上行驶的挂列车。半挂车由于自身的优势和合法的地位在我国得到了迅速发展，在长途公路运输中占据着重要的地位。半挂车没有铰接结构，且挂车部分无法独立支撑站稳，需要与牵引车共同承载。如图 3 - 39 所示。

图 3 - 39 半挂车车厢示意

图片来源：卡车之家 http：//www.360che.com/news/160901/64618.html。

（三）中置轴挂车

中置轴挂车相对于挂车牵引装置不能垂直移动，车轴位于紧靠挂车的重心，这种车辆只有较小的垂直静载荷作用于牵引车。中置轴挂车牵引杆与挂车设计为一体，并且与车架下方额外安装的牵引销相连接。因其特殊的平衡结构，中置轴挂车与主车配合行驶时，主车也需承担较小的挂车重量，但《汽车和挂车类型的术语和定义》（GB/T 3730.1—2001）中提到负载重量不大于 10% 或 1000N。中置轴挂车没有安装转向系统，并且牵引杆和挂车是刚性连接，使得其主挂车的连接方式与半挂车大致相同。

中置轴挂车与全挂车的共同特点是连接形式都通过牵引杆和牵引钩，如果不看到车轴位置，无法判断车辆是中置轴还是全挂车。与中置轴车不同的是，全挂车不管挂车多重都不会压到牵引车头上去，其挂车最少要有 2 条轴，车轴布置就是一前一后，不会集中到一起，可以靠自身平稳地“站立”。而中置轴挂车的车轴安放位置放在挂车的中间部位，无法独立保持平衡，独立停放时须依靠额外的支撑杆。中置轴挂车结构如图 3 - 40 所示、中置轴挂车车轴位置如图 3 - 41 所示、中置轴挂车车厢如图 3 - 42 所示、中置轴挂车与全挂车对比如图 3 - 43 所示。

图 3－40 中置轴挂车结构示意

图 3－41 中置轴挂车车轴位置示意

图 3－42 中置轴挂车车厢示意

图片来源：卡车之家 http：//www. orz520. com/a/car/2017/0824/3004826. html？ from = haosou。

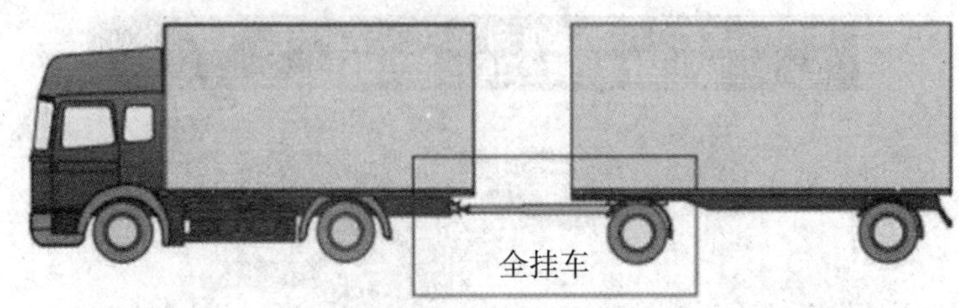

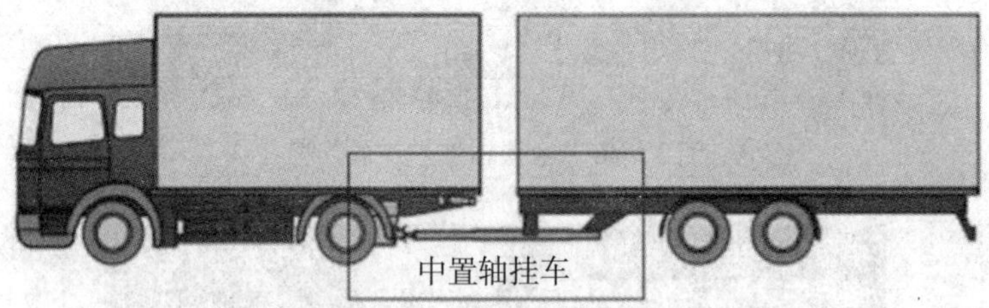

图 3－43　中置轴挂车与全挂车对比示意

图片来源：第一商用车 http：//www. cvworld. cn/news/truck/private/170802/134062. html。

四、中置轴货车列车的优劣势

1. 中置轴货车列车的优势

（1）中置轴车辆底盘较全挂和半挂货场设计更低，固中重心更低，上路行驶上下颠簸幅度小，且能够避免通行高度限制。

（2）中置轴挂车部分与主车有一个动点连接，行驶过程中摆动幅度小，安全性好。同时由于其轴距较短，转弯半径和外摆幅度小，倒车也相对容易，更为灵活。

（3）中置轴挂车部分的结构也比较简单，载荷稳定，在轻量化设计上比较容易有突破。

（4）中置轴货车列车在车体长度的最大限制上扩展到 22m，在运载的商品车时可倾斜放置，比半挂车多放 2～3 台商品车，承载量更大。

2. 中置轴货车列车的劣势

（1）中置轴车辆价格相对较高，且运输企业需要重新购买底盘与上装，整体投入比较大。

（2）中置轴挂车因其牵引杆与挂车为刚性连接，无法上下摆动，如果长时间在起伏较大的路段行驶可能会出现连接部分损坏、挂车脱离的事故。同时由于底盘较低，在道路崎岖的路段通行能力较差。

（3）目前，中置轴车辆市场和技术都不成熟，有待进一步发展。由于市场占有率还很低，量产化程度不高，零配件更换较为困难①。国内有此车驾驶经验的司机并不多，对其性能不了解，从上手到熟练又需要一定的时间，许多物流企业不愿等待、尝试。

总结下来，三种挂车车型优劣势对比如表 3－3 所示。

表 3－3　　三种挂车车型优劣势对比②

挂车种类	半挂车	全挂车	中置轴挂车
挂车直立方式	自身轮胎直立	前端支腿直立	两端支腿直立
驾驶难度（前进）	较难	一般	一般
驾驶难度（倒车）	一般	困难	一般
崎岖路况适应性	一般	良好	差
高速行驶稳定性	良好	差	良好
紧急制动能力	良好	差	良好
主挂电气匹配难度	容易	困难	容易

五、上汽红岩中置轴车辆运输车开发案例

上汽依维柯红岩商用车有限公司（以下简称“上汽红岩”）研制了国内首款中置轴车辆运输货车列车，并带动这一新兴的细分市场在重卡行业掀起新一轮发展浪潮。安吉物流作为上汽红岩的用户兼长期合作伙伴，从 2012 年开始就积极参与《汽车、挂车及汽车列车外廓尺寸、轴荷及质量限值》（GB 1589—2016）的修订，配合交通运输部、工信部共同开展中置轴车辆运输车试验论证和研究工作。在这个过程中，上汽红岩与安吉物流联合成立了中置轴车辆运输车联合开发小组，通过对多家从事车辆运输挂车制造企业的走访和调研，对国家法规进行仔细研究，在技术、法规的合理性和可行性的基础上不断钻研，率先在中置轴车辆运输车研制行业做出突破。

（一）产品开发

上汽红岩根据市场需求、国家法规规定及公司现有产品平台情况，在车辆驱动形

---

① 浙江森茂财富．中置轴轿运车是未来轿运车行业用车的新方向［EB/OL］．（2017－06－29）［2017－09－18］．http：//www. zjmszc. com/news/shownews. php？id＝114&lang＝cn.

② 卡车之家．中置轴是全挂还是半挂？挂车其实分三类［EB/OL］．（2016－05－20）［2017－09－18］．http：//www. 360che. com/tech/160428/55740_ all. html.

式、外廓尺寸、整车重量及轴荷、动力匹配、通过性、安全配置等几个方面进行中置轴车辆的开发设计。

1. 驱动形式

根据车辆运输车质量和使用需求，优先选择“4×2”后驱动布置形式。这种驱动形式相对结构简单、布置合理、机动性好、成本低、自重轻，适用于标载公路运输，并且在后续扩展“6×2”“6×4”“8×4”车型时，有利于不同车型的零部件尽量实现通用化、标准化。

2. 外廓尺寸

为保证合理的装配空间和合理的轴荷分布，同时满足法规的要求，其轴距和后悬需要进行合理的匹配。为提供最大的装车空间，以整车长度尽量靠近12000mm为原则，按照国家标准后悬长度不超过轴距55%的规定，在轴荷分配合理的条件下选择最长的轴距尺寸。根据装车不能超过4000mm的要求，通过计算底盘高度应控制在2700mm以下才能满足，为此通过相关技术总成做了以下设计，如图3－44、图3－45所示。

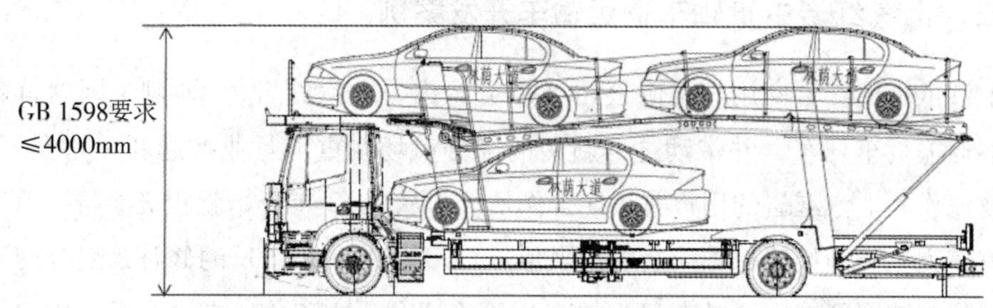

图3－44　车辆运输货车装载状态下的高度

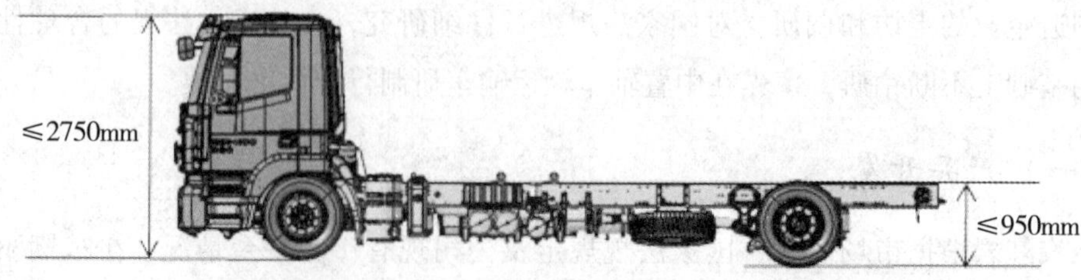

图3－45　车辆运输货车空载状态下的高度

（1）驾驶室。由于车辆运输车一般为上下双层装载结构，为满足整车驾驶室顶离地高度要求，驾驶室采用了M500高发动机罩，平顶驾驶室悬置采用了橡胶悬置以降低驾驶室的安装高度。该驾驶室采用4点悬浮、驾驶室整体后移技术等，提升了舒适性和安全性。

（2）底盘悬架。为满足整车驾驶室顶离地高度要求，底盘前后悬架均采用空气悬架，相对原有的纯钢板弹簧悬架，空气悬架的高度降低了约100mm。

（3）前桥。新开发大落差前桥，较原来前桥高度上降低了180mm。

（4）轮胎。为实现整车高度降低，同时保证承载能力，轮胎采用315/60R22.5规格轮胎，单/双胎承载能力为3550/3150kg，静力半径为446mm，滚动半径为467mm，较315/80R22.5轮胎降低高度61.5mm。

（5）转向系统。为匹配前悬架高度降低及新开发大落差前桥，转向的动力传动装置需重新开发，根据结构匹配要求，新开发转向杆系，优化转向直拉杆，以满足GB 1589通道圆要求。

（6）发动机附件。驾驶室高度降低需新开发中冷器、风扇护风罩与发动机，且由于无空间将空滤器布置到驾驶室与挡泥板之间，空滤器将布置到前挡泥板后。进气道与空滤器之间位置减小，空滤器进气管需新设计。为保证上装改制，选择性催化还原（SCR）箱采用横置结构，保证SCR箱不高于车架上翼面，方便上装改制及商品车的运输。

（7）变速器。由于驾驶室降低，驾驶室与发动机间的距离减小，无法使用原来软轴操纵系统，全新开发硬杆变速器操作系统。

根据以上要求，最终形成以下车辆尺寸，如图3-46、图3-47所示。

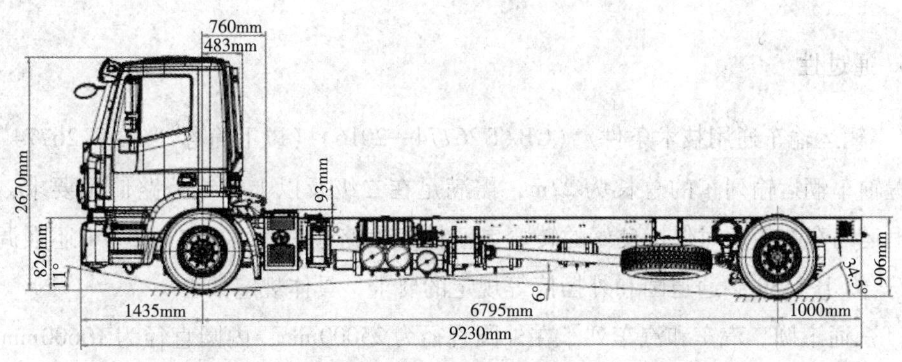

图3-46　车辆运输货车总布置图（正视图）

3. 整车重量及轴荷

根据《汽车、挂车及汽车列车外廓尺寸、轴荷及质量限值》（GB 1589—2016），新开发的“4×2”中置轴车辆运输货车最大总质量为18t（二轴货车），在整车重量满足法规性上，为满足法规对“4×2”车型总质量的限值18t（牵引车）的要求。车辆运输车总质量应为：底盘整备质量+上装质量+货物总量+乘员重量≤18000Kg。

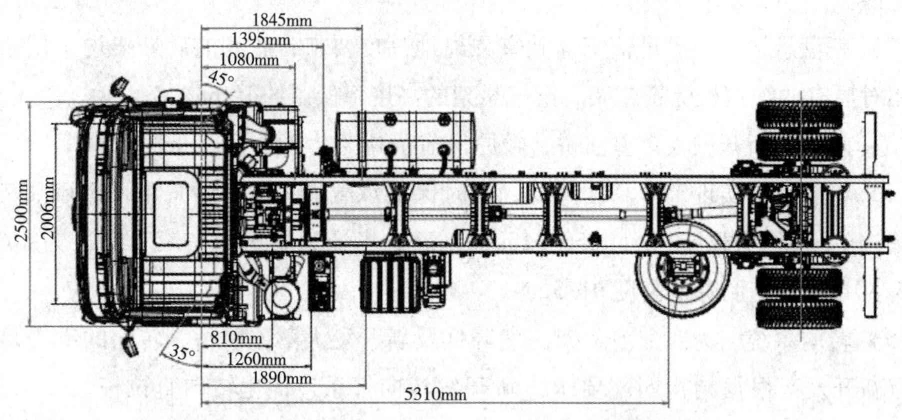

图 3－47　车辆运输货车总布置图（俯视图）

4. **动力匹配**

动力匹配主要是综合协调发动机、变速器、车桥三者之间的关系，以达到整车动力足够、油耗节省且传动系可靠耐用的目标。车辆动力性能指标如下。

（1）平原地区满载最高挡爬坡能力大于等于 0.7%，小于 1%，一挡爬坡能力大于等于 20%。

（2）山区满载最高挡爬坡能力大于等于 1%，小于等于 1.5%，一挡爬坡能力大于等于 25%。

5. **通过性**

《车辆运输车通用技术条件》（GB/T 26774—2016）（以下简称“GB/T 26774”）规定中置轴车辆运输列车的总长为 22m，需满足在二级及以上等级公路使用要求，另为使车辆运输车在使用时保持良好的转弯灵活性和道路通过性，GB/T 26774 还强调了车辆需符合 GB 1589 中通道圆和外摆值等规定的要求，具体规定如下。

（1）通道圆。汽车和汽车列车在外圆直径为 25000mm，内圆直径为 10600mm 的通道圆通过时，车辆最外侧任何部位（具有作业功能的专用装置的突出部分不计入）不应超出车辆通道圆的外圆垂直空间，车辆最内侧任何部位（具有作业功能的专用装置的突出部分不计入）不应超出车辆通道圆的内圆垂直空间。

（2）最小离地间隙。车辆运输车空载状态下，最小离地间隙应不小于 150mm。

（3）接近角。汽车满载、静止时，前端突出点向前轮所引切线与地面间的夹角。接近角越大，越不易发生触头失效。

（4）离去角。汽车满载、静止时，后端突出点向后轮所引切线与地面间的夹角。

离去角越大，越不易发生托尾失效。

（5）车辆外摆值。车辆或列车在通过通道圆时车辆外摆值应不大于800mm。

6. 安全配置

在制动安全性上，为了满足法规对制动响应时间的要求，通过更换制动防抱死系统（ABS）类型（由B型更换为A型），调整ABS控制管路走向及大小，最终测试挂车响应时间为0.4s，满足法规要求。

牵引车底盘同步依维柯技术平台，配备制动防抱死系统（ABS）和驱动防滑系统（ASR）、前后桥空气悬架系统、爆胎应急安全装置（选配）等全新技术。在列车行驶稳定性上，通过对耦合器位置的合理布置，达到在高速行驶状态下保证满足法规要求，通过位移传感器测试发现，样车在车速行驶到110km/h时最大摆动量没有超过法规限制的100mm，且会在摆动一两次后会自动回正，满足安全行驶要求。

（二）产品验证及装配验证

为充分验证中置轴车辆运输车底盘及整车性能，上汽红岩装配数辆试制样车并在满载状态下分别对其进行了功能试验、可靠性试验、台架试验、耐久试验及三高试验（汽车高温试验、高原试验和高寒试验）。针对试验中出现的各类问题，上汽红岩及时联合各大改装厂进行了分析整改，确保底盘和整车性能可靠，质量安全。同时，上汽红岩对其进行了计算机辅助工程（CAE）仿真计算、坑洼路面测试与车辆通过通道圆测试，如图3-48、图3-49和图3-50所示。

图3-48 CAE仿真计算

图 3－49　坑洼路面测试

图 3－50　车辆通过通道圆测试

第四章　运输技术

第一节　载运工具技术

随着我国经济的迅速发展，交通运输业已形成了以公路、水路、铁路、航空、管道五种基本运输方式组成的综合交通网络系统，其中以公路、铁路、水路和航空运输为主。载运工具是交通运输中重要的组成部分之一，其制造水平不断提升、行业标准规范不断完善出台、运输结构逐渐均衡合理，推动了载运工具技术向专业化、标准化、绿色化的方向发展。

一、载运工具技术现状及发展趋势

交通运输是国民经济构成中的先行和基础产业，是社会生产、生活组织体系中不可缺少和不可替代的重要组成部分。“十二五”时期，我国各种交通运输方式快速发展，综合交通运输体系不断完善。伴随全球科技交叉融合，载运工具呈现出轻量化、自动化、集成化、模块化的发展特征。高性能的复合材料已成功应用于汽车、铁路机车车辆、轻型通用飞机、船舶等交通装备制造。此外载运工具、交通信息化与智能化等方面的技术创新取得了重大突破，使我国高速列车、重载列车和电动汽车等交通运输装备水平跃居世界前列。其中汽车产销量连续六年稳居全球第一，船舶产业规模和产销量均居世界第一[55]。但是，我国在一些重要交通方式相关的装备产业中，“技术空心化”的现象依然存在，关键核心技术仍受制于人，原始创新能力较弱，产业发展的基础材料、零部件技术水平相对较低，对外依存度较大。产品安全性、可靠性、可用性、可维护性和全寿命周期与发达国家相比仍有较大差距。

2017 年 5 月交通运输部发布《科技部、交通运输部关于印发“十三五”交通领域科技创新专项规划的通知》（国科发高〔2017〕121 号）指出“随着《中国制造 2025》战略的发布及实施，建设制造强国的氛围正在形成，交通装备制造成为装备制造业重点发展的十个领域之一”。表明我国交通载运工具技术创新在“十三五”期间将持续快速推进发展。

（一）公路货车发展趋势

现代汽车的技术含量随着社会科学技术的不断提高而完善。未来的汽车将向智能化、安全化、环保化、轻量化等方向发展。

1. 智能化

汽车智能化是现代汽车的发展趋势之一，主要体现在汽车的自动控制能力、自动操纵能力和信息化能力。

以疲劳驾驶预警系统（BAWS）为例简要说明汽车智能化的应用。疲劳驾驶预警系统是基于驾驶员生理图像反应，由电子控制单元（ECU）和摄像头两大模块组成，利用驾驶员的面部特征、眼部信号、头部运动等信息推断驾驶员的疲劳状态，进行报警提示并采取相应措施的装置。当汽车即将与障碍物相撞时，智能防碰撞系统可事先自行减速、制动汽车，而避免碰撞的发生，对驾乘者给予主动智能的安全保障。

2. 高环保与高节能

如今汽车尾气和汽车噪声成为主要污染之一，全球汽车每年所消耗的燃油也十分巨大，环保与节能一直受到人们的高度重视。

为了到达环保和节能的目标，各种各样的节能汽车、电动汽车不断地研制和完善。目前，氢燃料电池电动汽车最引人注目。其中美国研制的氢燃料电池电动汽车的电池最大输出功率为80kW，最多可乘坐5人，从启动到100km/h的加速时间约为16s，最高车速达140km/h，续驶里程可达400km[56]。

3. 轻量化

随着节约资源的呼声越来越大，汽车的轻量化也逐渐成为汽车未来的发展趋势。汽车的轻量化是指在满足汽车使用功能的前提下，紧凑布置汽车的结构，提高汽车的面积利用率高，从而使汽车本身的质量减轻，并提高汽车的动力性、燃油经济性和行驶稳定性。研发轻质材料和优化汽车设计是汽车轻量化的两个方法，这两个方面的进一步研究也是汽车未来的发展趋势。

（二）铁路列车的发展趋势

随着人们对运输的速度、运量和便捷度的要求越来越高，铁路列车正向着高速化、重载化、集装箱化的方向发展。

1. **高速化**

铁路速度的提升，加快了两地间人员的往来和货物的周转，使地理距离在时间上缩短。铁路速度的提升能够拉动内需，促使国家经济发展，使人们出行更加方便快捷。高速铁路对一些经济发达国家铁路复兴产生了积极影响。我国中铁联合国际集装箱有限公司开行中欧班列运行时速高达 120km/h，提高了货物运输时效，加快了货物周转，促进“一带一路”沿线国家经济发展。

2. **重载化**

铁路重载运输得到世界上越来越多国家的重视。重载运输能大大提高运输效率，节省单位运输成本，在远距离固定线路运送煤、矿石资源中优势尤为突出。同时载重的增加也带动了研发机构对增加发动机牵引力、增强车体结构强度、增强线路桥梁结构强度等方面的研发，对促进铁路整体发展具有重要意义，因此重载运输已经成为当今世界铁路运输现代化发展的重要趋势。

3. **集装箱化**

我国正面临着西方国家多式联运起步阶段相似的社会背景。一方面，经济转型和供给侧结构性改革带来货源结构变化，煤炭、矿石等大宗能源、原料类货物需求趋缓，工业产品尤其是高附加值产品货运需求依然旺盛；另一方面，土地资源稀缺、劳动力价格上涨及运输业高能耗、交通拥堵、环境污染等问题频出，无法支撑低碳、绿色可持续的发展模式。

铁路集装箱适用于运输白货，白货附加值较高，运输过程需要的物流服务水平较高，并且集装箱化运输适用于多种装卸、搬运机械作业，便于多层堆码和现代化管理，并且可在不同的运输工具之间进行直接换装。

经近几年的发展，铁路集装箱运输创造了有史以来的最好成绩，成为铁路货物运输发展的新亮点。2016 年铁路集装箱发送量达到 761 万标箱，同比增长 40% 左右，中欧班列已累计开行达到 2964 列[57]。2017 年国家发改委、交通运输部、铁路总公司联合发布《“十三五”铁路集装箱多式联运发展规划》（发改基础〔2017〕738 号），明确提出了铁路集装箱多式联运发展目标，“十三五”期间，我国多式联运发展将推动形成《中国制造 2025》新的增长点。

（三）水上载运工具的发展趋势

水上载运工具担负着远洋和内河大宗货运的运输重任。目前，水上载运工具正向着船舶大型化、船舶专业化、船舶高速化、船舶自动化和船舶绿色化的方向发展。下面来介绍船舶大型化、船舶专业化和船舶自动化的具体内容。

1. 船舶大型化

使用更大的船舶进行运输，可以发挥大型船舶的规模效益、降低运输成本、提高竞争实力。船舶大型化是世界经济和贸易发展的必然结果，是航运市场在激烈的市场竞争中求生存、谋发展以及船队结构调整的必要手段。因此优化船队结构、增加大吨位船舶是水上载运工具的发展趋势。

2. 船舶专业化

船舶的专业化是随着经济建设速度的不断加快、运输需求的迅速增长而逐渐发展起来的。传统货船的装卸搬运工艺已经不能满足运输需求，装卸效率低、劳动强度大、船舶在港时间长、船舶周转速度低等现状严重制约船舶运输的快速发展。船舶专业化的发展，扭转了上述被动的局面，改善了各种运输工具之间的换装作业，加速了货物的整个运输流程和船舶周转。因此，船舶专业化将成为水上载运工具的发展趋势。

3. 船舶自动化

随着造船和航海技术及自动化技术的不断进步，船舶自动化程度越来越高。船舶的自动化可以使船舶自行寻找最佳航线、自动航行、定位和检测，通过网络自动把船舶位置、状态、控制、动力装置的各种参数经计算机分析调整后反馈给驾驶员或船舶公司，可以使驾驶员或船舶公司技术人员掌握船舶的运行状态。此外，船舶自动化还可以远程诊断、预测设备故障，节省了大量人力物力。所以自动化使船舶运行更加安全便捷，是船舶发展的一个趋势。

（四）空中载运工具的发展趋势

现代化飞机的驾驶舱使用通信、导航、监视等方面的最新技术设备，系统各种显示和操纵装置都装在驾驶舱内，使飞行更有保证。目前，空中载运工具朝着高载重、高速度、高安全保障、低能耗、低噪声、飞机检测自动化的趋势发展。提高载重和速度，无疑提高了飞机的运输效率，降低了单位运输成本。低能耗低噪声更符合当今节能减排以及降低污染的社会需要。飞机检测自动化可以进行一些常规检查，节省人力，缩短飞机起飞准备时间。随着空中载运工具技术的不断更新，各种地面设备也在推陈出新，机场设施应用高科技的手段，安全可以得到更好的保证。

二、载运工具技术新热点

（一）公路货车车辆技术

1. 轻量化技术

GB 1589 实施后，市场对轻量化公路运输车的需求瞬间增加，既保证运输承载的使用要求又达到轻量化成为当今市场的主流方向。此外，鉴于我国货车轻量化发展相对滞后的现实和今后货车轻量化发展方向的需要，中国绿色货运行动制定的《CGFI 绿色货运车辆标准》明确指出鼓励推进货车轻量化发展。

轻量化技术是采用轻量化的金属或非金属材料，并运用现代设计方法或有效手段对载货汽车进行优化与设计，在保证汽车综合性能的条件下，实现货车自身重量降低的最大化，从而达到减重、降耗、安全、环保的综合性能指标。载货汽车的轻量化技术主要包括：结构轻量化技术、关键零部件轻量化技术、新材料技术的应用。

（1）结构轻量化技术。

结构轻量化技术是从改变车辆结构入手，通过结构优化、局部减重、采用新型结构等手段，达到结构轻量化的目的。例如在牵引车车架上使用高强度钢，将车架纵梁由双层改成单层，对承载较大的部位进行局部加强；或者缩短牵引车轴距和后悬，提高机动性能的同时，降低自重并满足国家标准对汽车列车长度要求。

（2）关键零部件轻量化技术。

车辆在满足使用要求的前提下，围绕车辆核心外购零部件减重展开。例如选用新型的车桥、少片簧的悬架系统、盘式制动替代鼓式制动器等。

（3）新材料技术的应用。

采用轻质材料进行车辆结构设计，例如采用铝合金壳变速器等新材料变速器；以及油箱、散热器、保险杠、轮辋等新材料技术[58]。

下面以 2017 年创富版 M5G 8 ×4 公路运输自卸车（以下简称“M5G”）为例具体说明：

M5G 8 ×4 标准版公路运输自卸车，如图 4 - 1 所示，装配 280 ×（8 +5）车架、HT457 驱动桥和降重心轻量化悬架（或 HUV 橡胶悬架）及轻量化板簧，使整车降重 280kg。M5G 装配德国 MAN 合资生产的 MC07 黄金排量 7L 发动机，是国内同排量发动机中率先实现 80 万公里无大修的发动机。MC07 黄金排量 7L 发动机采用模块化设计，同比国内同排量发动机降重 260kg。

图4-1　M5G 8×4自卸车

图片来源：中国重汽官网 http：//www. cnhtc. com. cn/view/NewsDetail. aspx? id=49706。

2. MAN 技术

MAN 技术是指德国 MAN 集团应用在卡车、客车上的发动机、汽车零部件等可实现汽车高速化、轻量化、自动化、安全化的技术，目前 MAN 技术发动机被广泛应用在我国汽车装备制造领域。德国 MAN 天然气发电机组具有能效高、噪声小、运行稳定的突出特点。

德国 MAN 天然气发电机组的发电效率可达 39%，虽然达不到沃喀莎公司（Waukesha）的41%，但对比我国普遍的 32% 水平，已经有了很大的优势。发电效率高意味着在消耗相同的燃气时能发出更多的电，德国 MAN 天然气发电机组作为小功率机组，性价比较高。此外德国 MAN 天然气发电机组在线率可达 8300h/年，在线率高意味着停机时间少，消耗的沼气少，发电量多，高在线率是降低成本的重要因素[59]。

中国重汽自 2009 年与德国 MAN 公司合作以来，MAN 公司将最先进的 TGA 平台发动机、车桥、车架等全套技术输送给中国重汽。以汕德卡、HOWO T7H、豪瀚等产品为代表，中国重汽的 MAN 技术车型已得到市场认可，正在逐步发力。2016 年 6 月，一辆汕德卡 C7H 行驶里程突破 100 万公里，只用了 26 个月；2017 年 3 月，中国重汽在行业内重磅发布“不停车”服务，此后，100 万公里将成为 MAN 技术产品的新起点，150 万公里则是其前行的新目标。2016 年下半年，MAN 技术又有新突破，与埃克森美孚建立战略合作后，重汽的长途牵引车在高速路况下的换油周期从 8 万公里提升至 10 万公里，与世界标准同步。目前 MAN 技术被广泛应用于各领域，如邮政绿曼技术快递产品和曼技术挖掘机等。

下面以 MC11 系列发动机具体说明。SITRAK C7H 商用车采用的是 MC11 系列发动机，也是 MAN D20 发动机的国产版本，该发动机根据卡车的应用特点，以提升扭矩而不是提升功率的方式提速。MC11 系列发动机采用模块化设计，模块化的设计理念能够减少零部件数量，集成的模块可靠性能更完善[60]，SITRAK C7H 商用车如图 4－2 所示。

图 4－2　SITRAK C7H 商用车示例

图片来源：中国重汽官网 http：//www. cnhtc. com. cn/view/NewsDetail. aspx？ id＝48787。

（二）铁路货车技术

1. 冷链运输车

据相关数据显示，2013 年中国冷链食物需求为 2 亿吨，通过预测到 2025 年，国内冷链食物需求将增长到 4. 5 亿吨，增长超过两倍。由于生鲜类食品平均毛利率在 40% 左右，且用户重复购买率高，带来的市场规模将超过 360 亿元[61]。国内市场对冷链食物需求量在不断增加，此外中国的一些特色冷链生鲜食品也在通过冷链运输方式送往世界各地，国内外冷链市场需求给冷链运输市场带来了巨大的商机。

2015 年 11 月以来，中铁特货运输有限责任公司与二七车辆有限公司充分利用现有装备资源和技术，创新研制开发出由 BX1K 型集装箱专用平车与 B23 型机械保温车组成的冷藏集装箱运输车组，B23 型五节式机械保温车组由一辆机冷发电车和四辆机冷货物车组成，装载在 BX1K 型集装箱专用平车时，一辆机冷发电车通过电缆为其他四辆货物车通电冷藏。2015 年 12 月 31 日，该车组得到中国铁路总公司批准，正式上线试运行，BX1K 型集装箱专用平车与 B23 型机械保温车组成的冷藏集装箱运输车组如图 4－3 所示。

BX1K 型集装箱冷链货物专用平车拥有良好的动力制冷功能，可为车内保温箱的冷

图4-3　BX1K型集装箱专用平车与B23型机械保温车组成的冷藏集装箱运输车组

图片来源：中铁特货官网 http：//www. crscsc. com. cn/btypeintro. html。

链货物供应低达-25℃的温度。同时，还可以针对不同温度需求的冷链货物调节冷藏箱温度，以保证货物长距离、短时间运输需求。

2. **驮背运输车**

驮背运输是一种公路和铁路联合的运输方式，货运汽车或集装箱运输车直接开上铁路平板车，到达目的地后再从平板车上开下的运输方式。铁路驮背运输适合中长距离普通货物运输、电商物流运输、快递运输、冷链运输、危化品运输和军事装备运输。驮背运输采用铁路成熟的“定点、定线、定时、定价、定车次”五定班列运行模式，安全正点。运输沿途不停车，不作业，没有其他时间的影响，保证运输时效。

驮背运输的技术可行性分析如下。

（1）限界。

采用凹底驮背运输专用车辆装载运输高度不大于4m、宽度不大于2.55m。外形尺寸符合GB 1589规定的公路汽车或半挂车尺寸，并且满足《铁路技术管理规程》中关于客货共线铁路机车车辆限界要求[62]。

（2）轴重和载重。

车辆轴重按照25t进行设计，初期按23.5t轴重运用，符合我国现行的《铁路主要技术政策》的规定，能够在我国既有铁路网运行。当车辆按23.5t轴重运用时，载重可达到49t；当车辆按25t轴重运用时，载重可达到55t。

（3）车辆长度。

车辆承载面长度按照18.3m设计，可满足既有18.1m以下的公路货车运输要求，也可以满足较短车辆组合运输的要求。据此，按照《标准轨距铁路机车车辆限界》

（GB 146.1—1983）的长车计算方法，车辆自重可满足上述载重要求，车辆强度、刚度满足相关标准要求。

（4）配置。

借鉴我国通用、专用铁路货车成熟技术，采用凹底车体承载结构，创新设计旋转、升降等机构，采用转 K6 型转向架、高强度车钩及缓冲装置、120 型控制阀、集成制动等国内既有铁路货车的成熟配置，研发适合我国运用的驮背运输车。

综上所述，在我国现行铁路技术政策和路网能力条件下，发展铁路驮背运输技术是可行的。

（三）水路船舶技术

船舶电气自动化技术是一门综合性技术，提升船舶的电气化系统经济性、安全性及可靠性影响着船舶的发展。现阶段我国对船舶电气化自动系统的研究比较慢，虽然我国船舶工业的电气自动化程度、消化吸收国外先进技术性能和技术水平通过引进已有所提高，但还有差距，有待进一步的提升。下面介绍三种船舶自动化技术。

1. 机舱自动报警技术

机舱自动监测报警是船舶自动化系统不可缺少的组成部分。机舱自动报警技术能有效再现监测运行设备数据记录以及自动报警，能减轻船舶值班轮机工作量，并且保障船舶电气自动化系统可靠运行。

机舱自动报警技术包含以下几个方面：首先，针对自动监测系统（DCS）开发，通过观测管理监测系统收集的相关数据情报，在微机控制系统中准确显示报警信息，并且保证系统控制现场其他设备的稳定。其次，建立三层微机网络，将主站设置在控制舱内，附加打印和显示界面等功能，同时在船舶机舱中设立信息转发站、通讯站和各种分站。最后，通讯站可以将各个分站监测信息第一时间传送给主站，并且分站之间的监测任务是相互独立完成的，互不干扰。

2. 电磁干扰技术

由于船舶自身也存在空间较小、安装在船舶内电气设备空间有限且电气设备工作环境恶劣等问题，因此船舶在正常运行过程中容易受到电磁干扰的影响。船舶电气自动化系统在正常运行中受到电磁波影响，会直接影响电气自动化系统的运行。

电磁干扰技术是船舶电气自动化系统可靠性保障技术，主要包括以下两个方面：一方面隔离变压器，影响船舶电气自动化系统的干扰来源为交流电源，而改善这一干扰最佳措施即针对电气设备设置隔离变压器，从而实现独立供电；另一方面改变传输介质，船舶电气自动化系统以船舶遥控系统为主，导致信息从输入到接收需要经历较长的时间，对此可采用改变传输介质来进一步减少信号输入，可有效避免电磁干扰[63]。

3. 容错技术

容错技术指自动化系统对故障的忍耐力，包括检测并对故障进行判断，一旦出现故障可第一时间确定故障所在区域和故障性质并实现自动化隔离。同时还具有控制并决策系统故障功能，即根据故障发生位置采取相应容错措施，检测并判断故障后采取解决方案。容错技术能有效避免事故扩大，提高系统安全。

三、年度创新案例

（一）智慧物流装备助力物流作业发展

1. 中国重汽，国之重器

中国重型汽车集团有限公司（以下简称“中国重汽”）是我国最早研发和制造重型汽车的企业，是目前国内重型汽车行业的龙头企业。中国重汽前身成立于1956年，当时名为济南汽车制造总厂。1960年4月该厂试制出了中国第一辆重型汽车——黄河牌JN150型8吨载货汽车，结束了中国不能生产重型汽车的历史。2001年1月18日成立中国重型汽车集团有限公司。2016年中国重汽产品结构转型初具成果，公路车占比超过45%，专用车比例进一步提高。

2. 智能制造，安全可靠

（1）物流新贵——中国重汽主要产品定位。

目前中国重汽针对不同的物流细分市场定位研发出两款运输车，一款是中高端的T7H，如图4－4所示。该产品定位为中国升级换代型中高端重卡，适用范围广，性价比超高，主要用于普货干线、危化品、冷链、快递快运、煤炭等物流运输；另一款是豪汉，如图4－5所示。该产品定位为国内中端重卡，经济适用，主要用于日用工业品、危化品、煤炭等物流运输。

图4－4　中高端的T7H

图4-5 豪汉

（2）中型重卡产品“再轻量化”。

目前中型重卡产品关键总成技术有：驾驶室的结构优化，发动机本身的轻量化，铝合金材料变速箱，MAN 技术的 TGA 车架，空气结构悬挂和 MAN 技术的轻量化车桥。具体情况如图 4-6 所示。

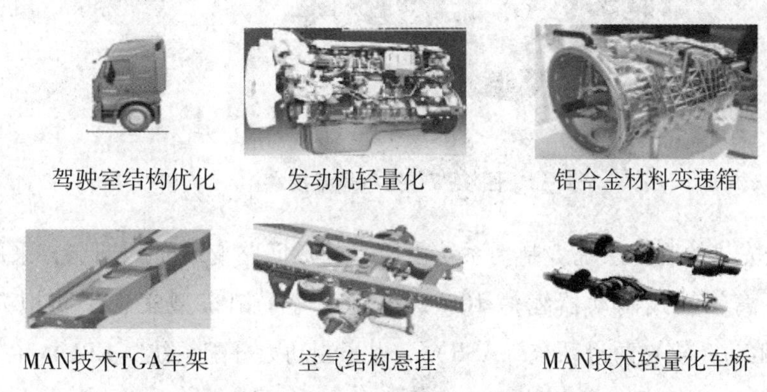

图4-6 中型重卡产品关键总成技术

①重汽碰撞试验满足瑞典法规。T7H 车身碰撞仿真分析及试验满足瑞典法规，包括正碰仿真分析及试验、顶压仿真分析及试验和后压仿真分析及试验。

②MAN 技术发动机技术领先。首先在材料方面，发动机机体材料采用蠕墨铸铁，抗张强度和抗疲劳强度大大加强；其次在技术方面，整体式缸盖结构采用模块化设计，比国际上同种类型的发动机零件减少了 25%，有效减少了故障点；最后在工艺方面，缸体采用涨断工艺，使得结合面高精度定位，提高了承载能力，降低了轴承磨损，延长了发动机寿命。

③MAN 技术单级减速桥结构合理、强度高。首先，主减速器采用奥利康齿（等高齿），具有体积小、重量轻、噪声低、寿命长的特点；其次，轮毂轴承为斯凯孚（SKF）轴承单元，轴承具有终生免维护的优惠；此外配有油滤器，保证齿轮油的洁净度，可以提高齿轮及轴承的寿命；最后，采用泰明顿（TMD）盘式制动器，性能稳定、

安全可靠。

④技术成熟的空气悬架技术。目前长途运输采用空气悬架的用户越来越多，空气悬架技术的优点：一方面是高度可调，可以通过电子控制的空气悬架系统（ECAS）调节底盘高度；另一方面是平顺性非常好，固有频率较低，舒适性较高，可以有效保护货物，减少货物在运输途中的损坏，并降低车辆对道路的冲击，空气悬架技术如图4－7所示。

图4－7　空气悬架技术

⑤安全先进的制动系统。制动系统由原来的双回路变成了四回路，采用盘式制动器，制动距离较鼓式制动器缩短10%，并且部分主销车型实现了防抱死制动系统（ABS）＋驱动（轮）防滑系统（ASR）＋电子制动力分配系统（EBL）＋轮胎压力监测系统（TPM）的标配，并提供了6通道选装，利用发动机排气门制动，在低车速下提供较大的制动力，最大可达240PS的制动功率。此外，在车辆高速下液力缓速器可提供高达400PS制动功率的制动力。

⑥自动机械变速箱。自动机械变速箱（Automated Manual Transmission，AMT），是在传统机械变速箱和干式离合器基础上，通过电子控制单元操纵离合和控制换挡，使手动变速箱实现自动换挡，因此也叫“智能换挡变速箱”。具备手动变速箱（MT）高传动效率的同时也拥有（乘用车）自动变速箱（AT）舒适、安全的双重优势。

AMT是通过采集大量优秀司机（重汽通过近4年采集了4000名司机）的操作数据，结合当前发动机转速、输出扭矩、车速、车重、路面坡度等信息，来选择最佳挡位。

3. 智能化主动安全技术

（1）智慧重汽手机App。

2015年中国重汽推出了智慧重汽手机App，App用户可以实时监测车辆的位置、发动机的参数及整个运营的参数。此外，还可以进行故障预判，App 应用界面示意如图 4－8 所示。

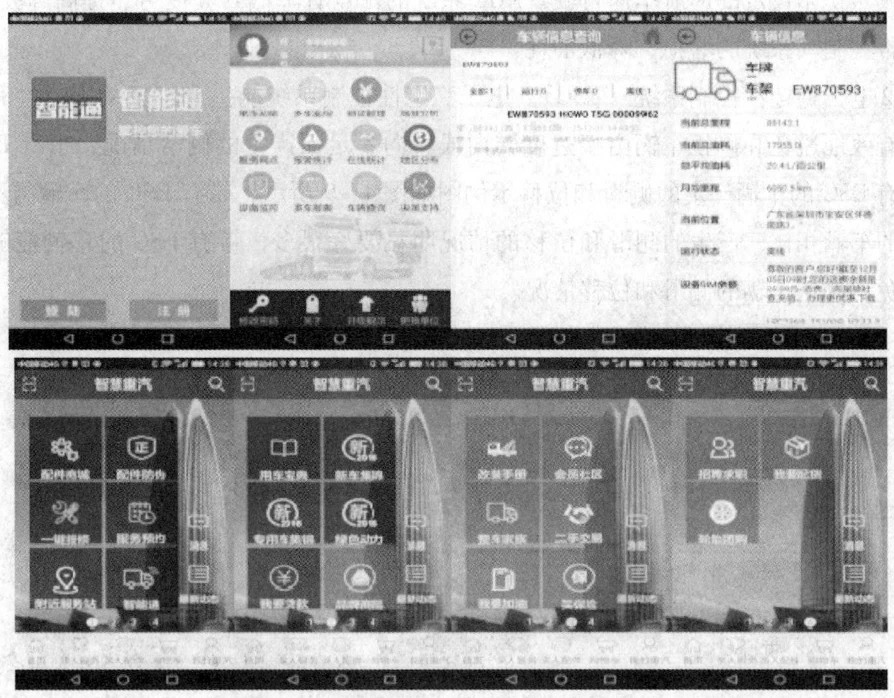

图 4－8　智慧重汽 App 应用界面示意

中国重汽自主研发的新型化信息平台，在 App 上除了能够监测车辆的自身情况还有一些其他辅助功能。例如用户可以利用重汽 App 扫码购买重汽配件，或确定配件的真实性，或者司机运行到某个地方，如果需要服务站，可以使用 App 进行服务巡航，找出周围 5～10 公里范围内的所有服务站，并提供服务站的维修能力，星级水平等一系列信息，为用户提供了明确的信息指示。此外，智慧重汽 App 与金融信贷、4S 店、通信基站、配件送达、电子商务公司、第三方支付等联合共同打造完善的功能网络体系。

（2）中国重汽“智能重卡”。

中国重汽发布了中国重卡行业的第一辆智能卡车，智能卡车拥有自适应巡航控制系统、电子稳定性控制系统、先进的紧急制动系统和车道偏离预警系统四大主动安全技术。

①自适应巡航控制系统（ACC）。自适应巡航控制系统是一种智能化的自动控制系统，在定速巡航控制技术的基础上发展而来。在车辆行驶过程中，安装在主车前部的雷达持续扫描车辆前方道路，同时轮速传感器采集车速信号。当前方车辆减速，主车与前车之间的距离过小时，ACC 控制单元通过与发动机控制系统、缓速器系统及电子

控制制动系统（EBS）等协调动作，使发动机的输出功率下降，并使车轮适当制动，以使车辆与前方车辆始终保持安全距离；当前方车辆加速，主车与前车距离增大时，主车按照初始设定的巡航车速行驶。ACC 系统的优点有降低驾驶疲劳、提高驾驶安全、减小常规制动系统的磨损、降低油耗。

②电子稳定性控制系统（ESC）。电子稳定性控制系统能提升车辆的安全性和操控性，有效地避免和修正车辆由于过度转向或转向不足而产生的侧滑情况，带有 ESC 与不带有 ESC 的车辆产生的侧滑和位移示例图如图 4－9 所示，带有 ESC 的车辆与不带有 ESC 的车辆相比，产生的侧滑和位移的情况明显要好很多，带有 ESC 的车辆能够有效地避免和修正车辆的侧滑和位移情况。

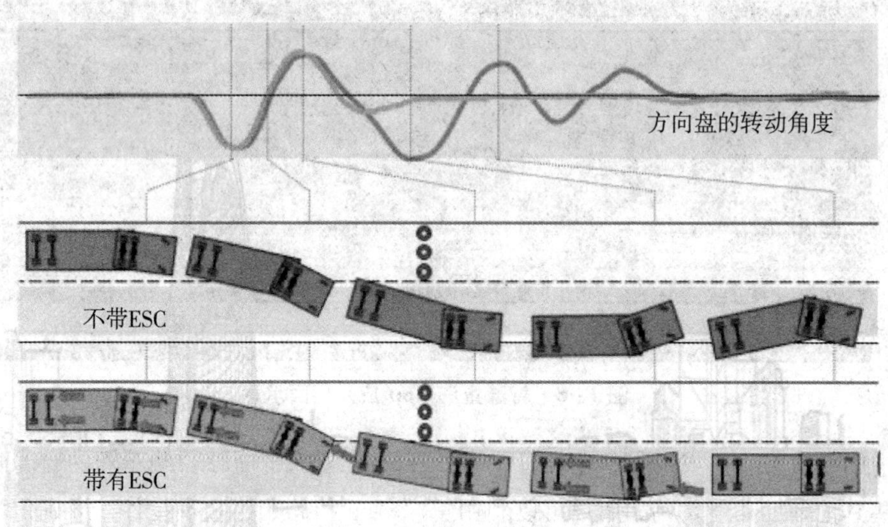

图 4－9　带有 ESC 与不带有 ESC 的车辆产生的侧滑和位移

③先进的紧急制动系统（AEBS）。2009 年欧盟公布了车辆安全新法规，要求自 2015 年 11 月起，在审批新的车型时，重型商用车强制配置 AEBS 系统。AEBS 系统依靠安装在车辆前方的高精度雷达传感器来探测前方车辆的运动状态，并检测主车和目标车辆之间的相对速度和距离，计算即将发生的情况。在危急情况下，AEBS 系统可以实施自动制动以避免碰撞或减轻其影响。

④车道偏离预警系统（LDW）。车道偏离预警系统，通过安装在挡风玻璃上的摄像头实时识别车辆前方道路的白色标线，当车辆非主动偏离车道线行驶时，系统通过声、光方式提醒驾驶员可能存在的风险。

4. 服务模式创新升级

党的十八届五中全会首次提出“创新、协调、绿色、开放、共享”发展理念。作为装备制造业，中国重汽也不断提升创新服务模式，目前中国重汽提供的创新服务有三种，分别为定制化服务、“不停车”服务和全生命周期服务。

（1）定制化服务。

根据用户需求，提供定制化服务，保障车辆出勤率，降低车辆成本，延长车辆使用年限。例如客户需要专项的技术要求，重汽根据客户要求在沿线布局服务站，提供相关服务，满足客户需求。

（2）“不停车”服务。

所有豪沃“T 系列”的 MAN 技术公路牵引车（不含危化品及重载版运输车辆）被重汽列为重点客户，可以享受“不停车”待遇。“不停车”服务是指当车辆发生故障停车时，中国重汽利用先期 244 家服务站（未来将发展为 400 家）组建的高速公路用车保障服务网络，实施“亲人”快速救援服务，经预判 24 小时内不能修复完好的车辆，由中国重汽负责协调第三方提供车辆，将用户所运货物由故障地运往目的地，并将挂车送回车辆故障地，确保货物运输的时效性。另外，快递快运、冷链运输、绿化苗木运输、牲畜活禽运输、绿通运输牵引车预判 6 小时内不能修复完好的，同样启用“不停车”服务。

（3）全生命周期服务。

①终身保修，全生命周期呵护。中国重汽和用户签署服务协议，汽车行驶每百公里交一定的服务费，重汽厂家保障车辆在整个生命周期内的正常运行。中国重汽利用全国的服务体系和正宗配件的供应，给客户提供一个价格更便宜、技术更专业的服务。

②用户更省心，节约运营成本。采用了全生命周期服务，物流企业可以完全把保养维修交给分布在各地的重汽服务站，省去了用户自己建设服务站，节省了人力成本和场地费用，既节约大量的运营成本，又得到更专业的维修服务，目前韵达、顺丰已经采用了这种模式。

（中国重型汽车集团有限公司）

（二）驮背运输在我国的研究应用及进展情况

1. 驮丰公司开展驮背运输进展情况

北京驮丰高新科技股份有限公司（以下简称“驮丰公司”）是一家致力于铁路驮背运输与服务的新型国际化科技企业。作为中国多式联运的开拓者之一，驮丰公司通过三方联合运输的方式，实现了将公路运输车辆直接开上铁路专用车辆，到达目的地铁路场站再从铁路专用车辆上货车驶下公路的转换过程。驮背运输既可发挥铁路运输定时、定点、安全、快捷的优势，又可完成公路运输“门到门”服务，从而实现节能环保、高效便利、多方共赢的现代物流全程服务体系。

2015 年 7 月发布的《交通运输部、国家发展改革委关于开展多式联运示范工程的通知》（交运发〔2015〕107 号）明确提出“加强基于国际集装箱、厢式半挂车等标准运载单元的多式联运快速转运装备的研发，支持发展铁路专用平车、半挂车专用滚装船、公铁两用挂车等专业化装备，实现装卸设备和转运设备的无缝对接”。2016 年 6 月，北京驮丰高新科技股份有限公司与中铁特货运输有限责任公司、中车齐齐哈尔车辆有限公司、中国邮政集团公司共同申报的铁路驮背运输工程项目列入“国家第一批多式联运试点示范工程”。

2016 年 11 月，驮丰公司研发的 QT1、QT2 型驮背运输车通过中国铁路总公司的样车试用评审。根据计划，首条驮背运输示范线路在 2017 年三季度开行，将在上海与广州两个制造业和公路物流最为活跃的地区间开行。到 2020 年驮丰公司预计开行 12 条线路，日开行列车 28 对，服务华东、华南、华北、西南、西北等区域[64]。

2. 驮丰公司研发驮背车情况

（1）QT1、QT2 型驮背运输车技术介绍。

QT1 型驮背运输车适合装运 18.1m 的标准厢式货车，或两辆 8m（或一辆 8m、一辆 9m）的标准厢式货车，QT1 型驮背运输专用车如图 4－10 所示；QT2 型驮背运输车适合装运长度不超过 16m 的标准厢式半挂车，采用单端摆动技术，具有装载面起升、旋转等功能，对站场要求低。仅需平面站场，进行地面硬化、配套电力设施，即可满足公路汽车自行上或下驮背车的要求。车辆采用自轮装卸，并可多辆车同时装卸作业，实现运输方式高效、便捷转换，减少作业时间，QT2 型驮背运输专用车如图 4－11 所示。

图 4－10　QT1 型驮背运输专用车

（2）QT1、QT2 型驮背运输车适用性。

QT1 型驮背运输车用于公路汽车整车或半挂车运输，QT2 型驮背运输车专用于公

图 4-11 QT2 型驮背运输专用车

路半挂车甩挂运输。这两种车型能够充分利用我国铁路站场设施，满足公路货车整车、半挂车自行上下驮背车的要求，满足由铁路完成中长距离运输及“门到门”服务的运输市场需求。

（3）驮背车装卸作业过程。

QT1 型和 QT2 型两种驮背运输车可混合编组，驮背车装运过程简便易行。在装卸中，将半挂车送入承载底架适当位置，并放下半挂车前部支撑，牵引车驶离，调整驮背运输车上的鞍座位置，使鞍座牵引销控对准半挂车牵引销，降下承载底架，使牵引销落入销控，上下鞍座完全接触，车厢被固定，就完成了汽车装载的任务。驮背车装卸灵活，列车到达车站后，通过列车承载架平移，使运输车辆自动驶下驮背运输车，将货物快速送到目的地，驮背车可多辆车同时进行装卸作业，实现运输方式高效、便捷转换、减少作业时间。驮背车装卸作业过程如图 4-12 所示。

图 4-12 驮背车装卸作业过程

3. 驮背运输的发展前景

（1）经济效益。

对中国铁路总公司来说，驮背运输将公路物流引向铁路，拓展铁路货运市场，增加铁路货运量及货运收入。从企业角度，降低企业物流成本，降本增效，减少交通事故赔偿支出。从货主角度，节省运费成本，保证货物安全，减少货损货差。从货车司机角度，降低劳动强度，减少疲劳驾驶，人身安全得到保障。

驮丰公司将依托我国铁路路网布局，规划到2020年，驮背运输将开行12条线路28对列车，预计累计运量将达到6800万吨。驮背运输将吸引公路向铁路转运168万车次，可缓解公路拥堵及对公路、桥梁造成的损伤，降低事故发生率，减少人员伤亡及财产损失。2021年以后，在已开行的12条线路基础上，再逐步增开10条线路并增加开行对数，预计年运量将达到亿吨级的规模。

（2）社会效益。

①降低污染物排放。驮背运输开行四年节省燃油177万吨，减少一氧化碳排放25万吨，减少碳氢化合物排放3.4万吨，减少氮氧化物排放9.5万吨，减少颗粒物排放1.04万吨。

②减轻对道路桥梁的损耗。由于重载货车长距离运输改由铁路完成，减少了公路的负荷，可大幅延长公路路面和桥梁的养护周期，同时降低养护经费支出。

③降低交通事故率。公路运输事故死亡率是铁路运输的30.5倍，当公铁联运驮背运输开行之后，将大大减少道路交通事故发生率并提升货物运输的安全性。

④减少重型货车交通量。驮背运输试运行期间开行12条线路，累计运量6800万吨，减少公路重型货车168万车次。

（3）客户服务。

驮背运输无须进行货物倒装，避免了多次装卸作业，减少了货损货差，运输方便灵活。具有全天候、安全正点、节能环保和大运量的特点，可实现“门到门”服务。驮背运输管理平台实时跟踪车辆，便于客户随时查询货物位置，提供反馈信息，实现平台与客户信息的互通。

（4）延伸服务。

“十三五”期间，随着驮背运输车独立供电技术的突破，驮丰公司还将拓展冷藏运输及危化品运输服务，增加驮背运输的货物品类，利用铁路安全快捷的优势扩大为全社会提供服务的领域。

①冷链驮背运输。驮背运输能够满足冷链长途跨区域物流运输需求，实现公铁联运的无缝衔接联运。

②危化品驮背运输。由于驮背运输具有铁路运输的特性，在进行危化品运输时，采用车辆直上直下的操作方式，全程不碰触危化品，也无须吊装吊卸，会远离民众和建筑物，对民众人身财产安全是一种有力保障，同时也会降低对社会的危害。

4. 驮背运输促进多式联运发展

2017年1月9日，交通运输部等十八个部门联合发布了《关于进一步鼓励开展多式联运工作的通知》（交运发〔2016〕232号），明确指出各省级人民政府要支持多式联运发展，驮背运输作为一种全新的运输方式，以其节能环保、方便灵活、便于转换运输方式等独特的优势赢得客户、赢得市场，发挥示范作用，促进我国多式联运发展，必将在构建我国综合交通运输体系中发挥积极的、重要的作用。

（北京驮丰高新科技股份有限公司）

第二节　无人驾驶技术

一、无人驾驶技术发展环境

（一）关键技术不断成熟

从20世纪50年代开始，西方发达国家就开展了地面无人驾驶车辆的研究，并且取得了一系列的成果。在此可以将其归结为三个主要阶段。第一阶段，在20世纪80年代之前，受限于硬件技术、图形处理和数据融合等关键技术发展的滞后，地面无人驾驶车辆侧重于遥控驾驶。第二阶段，20世纪80年代以后，随着自主车辆技术及其他相关技术的突破性进展，地面无人驾驶车辆得以进一步发展，出现了各种自主和半自主移动平台。但是由于受定位导航设备、障碍识别传感器、计算控制处理器等关键部件性能的限制，当时的无人驾驶车辆虽然在一定程度上实现了自主行驶，但行驶速度低，环境适应能力弱。第三阶段，自20世纪90年代以来，由于在计算机、人工智能、机器人控制等技术方面的突破，半自动型地面无人驾驶车辆得到了进一步发展。部分地面无人驾驶车辆参与了军事实战，验证了地面无人驾驶车辆的作战能力，这使人们看到了地面无人驾驶车辆的发展前景，大大激发了各国研发地面无人驾驶车辆的热情，也掀起了研究高潮。在军事需求的推动下和技术发展的激励下，美国、德国、意大利等国在无人驾驶车辆技术方面走在了全世界的前列。进入21世纪后，随着物理计算能力的大幅度提升、动态视觉技术的快速发展以及人工智能技术迅猛发展，路线导航、障碍躲避、突发决策等关键技术得到解决，无人驾驶技术取得了突破性进展[65]。

（二）利好政策相继发布

近几年来，国内外政府及相关协会逐渐加大了对无人驾驶技术领域的重视程度，相继发布指导文件促进和规范无人驾驶技术的发展。

从国外来看，2016年9月20日，美国交通部针对无人驾驶厂商发布指导意见书，这份指导意见主要梳理了无人驾驶汽车的安全标准和政府职能，列出了无人车厂商需要提交的15项“安全评估”标准，包括无人驾驶车测试要求、系统失灵的补救措施、无人驾驶程序对现行交通法规的遵守要求，以及避免黑客攻击的措施等。

从国内来看，2015 年 5 月 8 日，国务院印发了《中国制造 2025》（国发〔2015〕28 号），《中国制造 2025》明确规定：到 2020 年，掌握智能辅助驾驶总体技术及各项关键技术，初步建立智能网联汽车自主研发体系及生产配套体系。到 2025 年，掌握自动驾驶总体技术及各项关键技术，建立较完善的智能网联汽车自主研发体系、生产配套体系及产业群，基本完成汽车产业转型升级。2016 年 3 月 17 日，中国汽车工业协会发布了《“十三五”汽车工业发展规划意见》，对“十三五”的中国汽车工业提出了八方面的发展目标，其中之一就是积极发展智能网联汽车，具有驾驶辅助功能（1 级自动化）的智能网联汽车当年新车渗透率达到 50%，有条件自动化（2 级自动化）汽车的当年新车渗透率达到 10%，为智能网联汽车的全面推广建立基础。2017 年 7 月 8 日，国务院印发了《新一代人工智能发展规划》（国发〔2017〕35 号），提出我国要构筑人工智能发展的先发优势，加快建设创新型国家和世界科技强国。同时作为人工智能技术重要的应用领域，无人驾驶以及智能交通与人工智能技术的结合在此规划中被重点强调。此外，此规划指出要加强研究无人机自主控制和汽车、船舶、轨道交通自动驾驶等智能技术，建立自主无人系统共性核心技术支撑平台，研究建立营运车辆自动驾驶与车路协同的技术体系等[66]。

美国交通部发布的指导意见书意味着无人驾驶面临的政策障碍正在逐步被消除。我国《中国制造 2025》《“十三五”汽车工业发展规划意见》和《新一代人工智能发展规划》等一系列利好政策的发布，推动了我国无人驾驶关键技术的深入研究，促进了从智能化和自主化到无人驾驶的质的飞跃的技术积累，同时为我国无人驾驶标准和政策法规的制定明确了方向。

（三）研究范围更加广泛

随着无人驾驶汽车领域关键技术的不断突破，无人驾驶技术在水运领域也在不断探索和尝试。我国以及日韩等国正在加速对散货及集装箱无人驾驶船舶开展研究，虽然目前来看，无人驾驶船舶的研究热度远不及无人驾驶汽车，但凭借成本节约、安全性高和应用环境优良的优势，无人驾驶船舶也将是未来无人驾驶技术的一个重要发展方向。

二、无人驾驶关键技术

无人驾驶技术中所有的控制系统都是由传感器、控制器和执行器组成的，从这个角度上讲，无人驾驶原理与人工驾驶类似，人们用眼睛观察路况，而无人驾驶则是使用激光雷达、超声波雷达、摄像头、GPS 等传感器来观察路况确定位置；人们用大脑做判断，无人驾驶则用电脑作为控制器来判断；人们通过手脚控制车辆方向盘、加速和刹车，无人驾驶也是根据电脑的输出直接控制车辆。

（一）传感器

无人驾驶技术所用传感器主要有车载摄像头、毫米波雷达、激光雷达、超声波雷达以及红外传感器。其中激光雷达传感器和超声波雷达传感器用来测距，毫米波雷达传感器穿透性好能直接测距，但无法识别道路线等，激光雷达传感器性能最优却过于昂贵，且无法穿通大雾天气，红外传感器在夜晚效果最佳，但成本较高。除此之外还有速度传感器、加速度传感器、转角度传感器等各种传感器。部分主流传感器实物如图 4－13 所示。

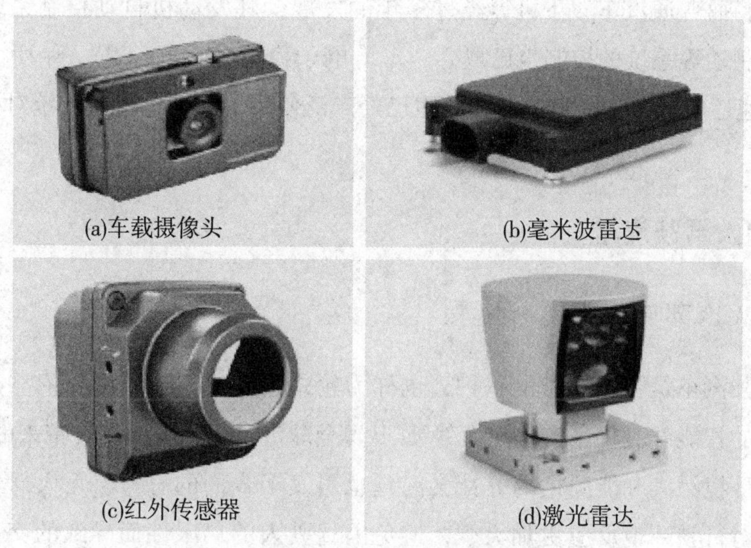

图 4－13　主流传感器实物

图片来源：中商情报网 http：//www. askci. com/news/chanye/2016/02/26/115322es6x_ 2. shtml。

理想状态下，车辆可以探测到周围所有的障碍物，通过传感器数据以及计算机模拟出障碍物形状，并算出这些障碍物的距离，但是实际上，这些障碍物很可能会被误判，比如风中飞舞的塑料袋会被判断为障碍物，甚至雨滴有可能被认为是障碍物。摄像头利用计算机视觉系统让无人驾驶汽车实时识别交通信号灯、交通标志、车道线、近距离低速障碍物等，同时加上与道路基础设施以及云端数据库的通信，可以实现诸多功能。

（二）控制器

得到传感器的信息后，需要控制中心进行分析处理，得出控制策略，下达控制指令，并且这个过程必须实时，所以控制中心必须具备高性能的实时运算能力。就硬件来说，无人驾驶过程不允许死机或停止工作，因此一般硬件都要用满足高可靠性高性能的实时运算。就软件来说，算法占据极其重要的一部分，无人驾驶的软件算法必须实现路径规划、躲避障碍物、加速度控制、姿态控制等多种功能，但是目前并没有哪种控制方式能实现完美的无人驾驶，很多时候厂家都会采用多种方法共同处理，比如模糊控制配合遗传算法、深度学习等。

（三）执行器

在得到了控制指令后，需要让汽车、飞机、船舶等载运工具的执行器去精准执行。电动机极高的效率、优良的调速性能、宽泛的调速区间决定了电动载运工具更容易实现无人驾驶，而普通汽车、飞机等经过多年的发展，其发动机自动控制系统、自动变速箱、电子制动等系统的控制也已成熟，车身电子稳定系统（ESP）、牵引力控制系统（TCS）、定速巡航、自适应巡航等系统也已经广泛使用，与自动控制系统对接也相对较为容易。

三、无人驾驶汽车

（一）无人驾驶汽车不断发展

无人驾驶汽车是智能汽车的一种，也称为轮式移动机器人，主要依靠车内以计算机系统为主的智能驾驶仪来实现无人驾驶[67]。全球汽车保有量的提升带来的交通事故、道路拥堵、环境污染和能源枯竭等社会问题也引发了人们的思考。无人驾驶汽车及其技术，可以对行驶环境反应更加灵敏，避免因驾驶人的局限性而导致的交通事故，同时根据不同的路况合理安排耗油量，配合新能源的开发利用，使得能源的利用程度得以提高。除此以外，无人驾驶提高了共享汽车实现的可能性，汽车使用率的提高将会大大缓解道路上的拥堵程度，驾驶者亦可从驾驶中解放出来，更多的时间可用于消费内容服务上。

美国从20世纪50年代开始研究无人驾驶汽车，在80年代正式开展自主地面车辆自动定位（AVL）项目，主要由美国陆军和国防高级研究计划局（DARPA）合作，成功研发了第一个无人驾驶机器人。1995年，由卡耐基梅隆大学研发的Navlab－V智能车实现了在多地形上的高速度、长距离自主行驶，总行程高达上万公里。在之后几年时间里，谷歌公司先后研发了7辆无人车并在2010年对它们开展了城市实际道路测试。2015年10月20日，美国完成有史以来第一次完全自动驾驶汽车在公共道路上的完全不受保护行驶。2016年2月特斯拉以半自动驾驶完成了从莫纽门特到科罗拉多城

98.17km 的路程。2016 年 4 月 4 日戴姆勒卡车进行了从斯图加特到荷兰鹿特丹三台车编队首次跨境无人驾驶。2016 年，谷歌的自动驾驶汽车的行驶里程突破了 321.87 万千米（200 万英里）。2017 年 7 月 5 日上午，百度 AI 开发者大会上展示了无人驾驶汽车在北京五环平稳行驶的视频。特斯拉无人驾驶汽车与戴姆勒高速公路无人驾驶测试货车如图 4－14 所示。

图 4－14　特斯拉无人驾驶汽车与戴姆勒高速公路无人驾驶测试货车

图片来源：2017 全球物流技术大会——无人驾驶 智慧物流。

（二）无人驾驶汽车的五个层级

1. NHTSA 无人驾驶的五个层级划分

对于无人驾驶的技术发展，美国高速公路安全管理局（NHTSA）将其划分为五个层级：无自动驾驶辅助功能、具有特殊功能的智能化、具有多项功能的智能化、具有限制条件的无人驾驶以及全工况无人驾驶。各层级主要技术特征如图 4－15 所示。

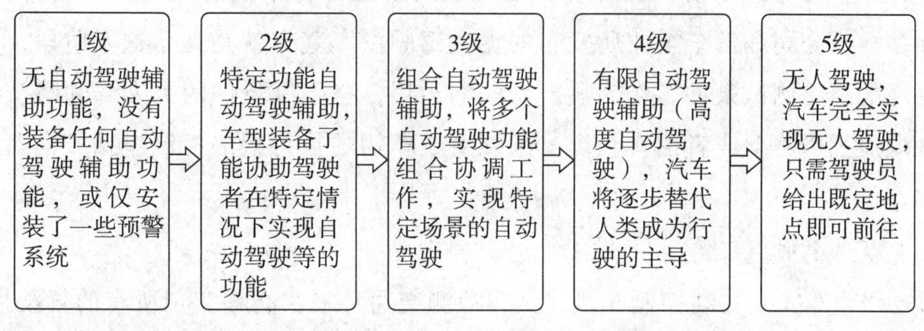

图 4－15　NHTSA 划分无人驾驶汽车五个层级技术特征

（1）无自动驾驶辅助功能（1 级）。

在无自动驾驶辅助功能这个层级中，驾驶员是整个智能化系统的唯一决策者和执行者，驾驶者通过控制方向盘、油门、刹车、挡位、启动机等执行机构实现对车辆的管理。

（2）特定功能自动驾驶辅助（2 级）。

在这个层级里，车辆开始具备一个或者多个的自动控制功能，通过警告的方式反馈驾驶者执行操作，避免车祸的发生。在这个层次里，智能化系统起到部分决策功能，而执行权依旧归驾驶者所有。根据不同的运作方式，特定自动驾驶辅助驾驶阶段又可分为两种，第一种是自主式辅助驾驶技术，在这种技术的架构里，车辆与车辆间不产生信息通信，车辆间以各自独立的形式参与到道路交通秩序中。涵盖其中的技术包括前方碰撞预警系统、车道偏离预警系统、车道保持系统、盲区侦测系统、夜视系统、自适应大灯等。第二种智能化技术的辅助驾驶技术成为协同式辅助驾驶技术，这一技术相比于自主式辅助驾驶技术加入了车联网的观念，将车与车的通信融入到辅助驾驶技术中。换句话说，协同式辅助驾驶技术将此前独立的自主式辅助驾驶技术编制成了一个网络，每一辆车的辅助驾驶系统不再独立存在。

（3）组合自动驾驶辅助（3 级）。

在这个层级中，智能汽车将至少拥有两个原始控制功能，并且将这两个或两个以上的原始控制功能融合起来，实现从驾驶员手中接管这些原始功能的执行权，也就是半自动的驾驶技术。这个阶段的汽车会智能地判断司机是否对警告的危险状况做出响应，如果没有，则替司机采取行动，比如紧急自动刹车系统（AEB）、紧急车道辅助系统（ELA）[68]。

（4）有限自动驾驶辅助（4 级）。

这个层级的诞生意味着智能化汽车发展层次进入到高度自动驾驶的阶段。在这个阶段里，智能化汽车可以在某个特定的交通环境下实现完全自主的驾驶。在这个阶段里，车辆可通过自动检测环境的变化以判断是否将车辆的执行权交还驾驶者。眼下众多科技公司和汽车企业所发布的无人驾驶汽车基本就是处于这个阶段，需要封闭环境的道路测试条件。作为量产阶段的运用，有限制条件的无人驾驶将被率先运用在低速拥堵路况或者泊车情况。系统对于车辆的执行权的控制包括方向盘、油门、刹车等[69]。

（5）无人驾驶（5 级）。

该层级汽车完全自动控制车辆，全程检测交通环境，能够实现所有的驾驶目标，驾驶员只需提供目的地或者输入导航信息，在任何时候都不需要对车辆进行操控，可称之为“完全自动驾驶阶段”或者“无人驾驶阶段”。

目前大多数汽车处于第三层级，而谷歌、特斯拉、戴姆勒等企业已经研发出了第四层级的汽车，并在现实生活中的短距离出行中投入使用。谷歌作为无人驾驶汽车的领头军，目前处于第五层级的研发测试中。

2. 上汽集团无人驾驶五个层级划分

上汽集团前瞻技术研究部则使用两个维度来思考目前市场上所有的无人驾驶汽车技术，分为“5级分级”：一个是TFC（见图4－16左侧纵轴），即Time For Collision，也就是汽车距离（假设会）发生碰撞需要的时间，和在发生碰撞前这一段时间的安全措施；另一个就是碰撞之后类似安全带的安全措施[70]。上汽集团无人驾驶五级分布图如图4－16所示。

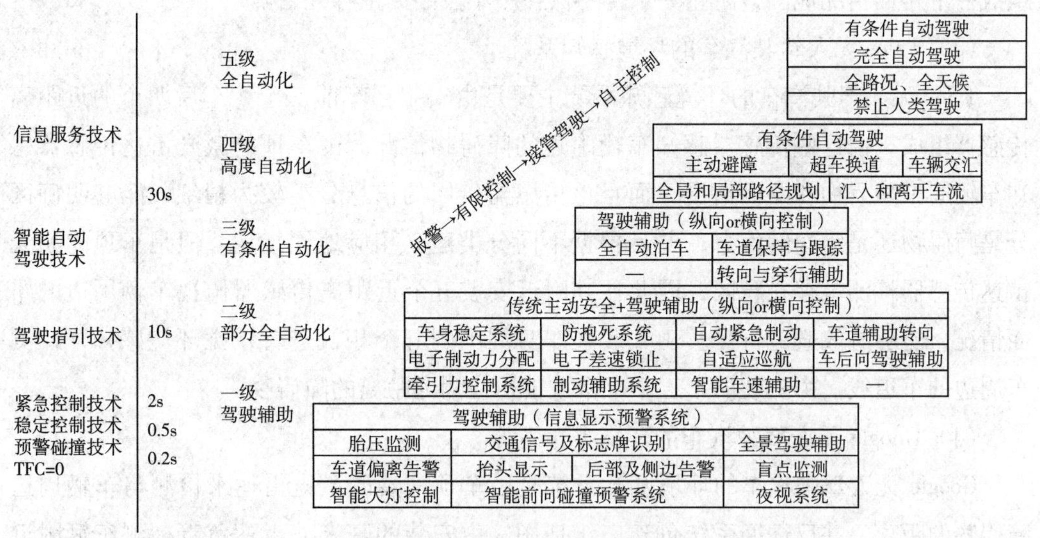

图4－16 上汽集团无人驾驶五级分布图

注：五级分级的详细区别为，如果一辆车在行驶中只有纵向或侧向某一方面的自动控制，为一级。如果同时具有纵向和侧向的自动控制，为二级。在此基础上，如果汽车对所有环境的感知由汽车视觉来完成，为三级。在前三级的基础上，如果整个驾驶过程能够形成一个自动“闭环”，为四级。而四级和五级的区别在于，四级是局部路况（高速公路，城郊或城区），五级是全工况、全天候。

（三）无人驾驶汽车关键技术

1. 环境感知技术

美国无人驾驶技术的研究一直走在前列，从最初的DAPA挑战赛到目前的Google无人车，一直都在引领无人驾驶的研究方向，许多无人车的设计模式及研究思路都是建立在它们的研究基础上，有代表性的环境感知系统主要有四种。

（1）Boss无人驾驶汽车的环境感知系统。

Boss无人驾驶汽车的环境感知系统是由两个相机，九个激光雷达和两个IBEO组成。其中九个雷达又分为一个三维激光雷达，六个二维激光雷达和两个毫米波雷达。

雷达主要用来检测静态的障碍，当道路前存在障碍物时，首先由雷达检测并生成相应的障碍物地图，如果障碍物为移动障碍物时，会自动从障碍物地图中剔除[71]。

（2）Junior 无人驾驶汽车的环境感知系统。

Junior 无人驾驶汽车的环境感知系统是由一个测量单元通过与卫星系统相连接感知车辆当前的具体位置。在车辆两边安装两个传感器，通过激光感知车辆前方路面情况，并生成车辆周围路面的 3D 结构。在车顶、尾部和保险杠处分别安装 2 个激光传感器，感知车辆周边的障碍物。把多个传感器感知测量一个时间段内的局部路面情况汇总，组成一个路面情况地图，防止一个传感器在一小段路面上存在盲点[72]。

（3）Talos 无人驾驶汽车的环境感知系统。

Talos 无人驾驶汽车的环境感知系统主要是由安装在车前三个、车后四个的近距离传感器组成，由这些传感器感知车辆附近的障碍物情况。由车顶的激光雷达传感器感知车辆周围障碍物和路面情况，而且该传感器传回的信息分类较为精细，能够明确区分是障碍物还是路面的信息，并且根据不同分类建立相应地图结构。但是车顶的激光雷达传感器检测也存在盲区，因此在其附近安装五个近距离传感器俯视车辆周边的路面情况，能够有效避免盲区。由安装在车身周围的五个相机进行视觉环境感知，检测车周边的车道线。由安装的十五个毫米波雷达检测远距离的障碍物[73]。

（4）Google 无人驾驶汽车的环境感知系统。

Google 无人驾驶汽车的环境感知系统是由车顶安装的激光雷达来检测与车辆周边障碍物的距离，并反馈回系统创建三维地图。由安装的毫米波雷达负责检测车辆附近的障碍物和激光雷达的盲区，如在盲区发现障碍物则会报警。由安装在车窗处的相机检测车辆是否正确行驶在车道内，如发现偏离车道则会发出预警。安装在车窗处的红外线相机用于夜间检测路面情况，并在仪表盘上显示出来，尤其是障碍物会突出显现。由安装的可见光摄像机检测周围可视路面情况并形成三维图。通过以上感知系统收集信息并传送给 Google 数据库，由 Google 的数据处理中心进行处理。但是整个 Google 无人驾驶汽车无法处理一些不可预知的情况，尚且还无法做到与人驾驶的汽车和平共处[74]。谷歌无人驾驶汽车障碍物实时模拟图像如图 4－17 所示。

2. 高级驾驶辅助系统

高级驾驶员辅助系统（Advanced Driver Assistance System，ADAS）主要是由传感器和处理器等硬件核心以及深度学习算法为主的软件核心集成，目的是提高驾驶员以及乘车人员在行驶过程中的安全性以及舒适性，目前广泛应用于无人驾驶技术当中。

宝马公司到目前为止也早已集成了几个较成熟的辅助驾驶系统在其各系车型上，包括主动定速巡航（Active Cruise Control）、碰撞警示（Collision Warning）、航道偏离警

图 4－17 谷歌无人驾驶汽车障碍物实时模拟图像

图片来源：腾讯汽车 http：//auto. qq. com/a/20160406/021993. htm。

示（Lane Departure Warning）、动态刹车控制系统（Dynamic Brake Control）、平视显示器（Head Up Display）、停车时的环绕视图（Surround View）以及盲区检测（Blind Spot Detection）等系统。已经上市的最新的功能有手势控制（Gesture Control）、远程停车控制（Remote Control Parking Assistant，驾驶员可以先下车，通过遥控钥匙，车辆会自动停入前方的车库或车位中）、堵车辅助驾驶（Traffic Jam Assistant，在堵车的情况下车辆将会自动跟随前车或保持行驶在路中央）、航道偏离辅助（Lane Keeping Assistant，区别于警示，该功能会将即将偏离行驶道路的车辆自动控制在道路中央）和侧向防撞系统（Lateral Collision Avoidance，车辆将自动躲避侧向即将撞向自己的车辆）[75]。

3. **无人驾驶连接技术**

对于无人驾驶汽车来说，无论是车载信息娱乐系统（IVI）、高级驾驶员辅助系统（ADAS）还是车联网系统随时随地都会产生和传输大量的数据。而数据的传输中安全是底线，也是最主要的愿景，传输过程中任何一个节点出现问题或传输滞后，造成的后果都难以想象。因此，可靠的数据传输对无人驾驶来说是强制性要求，而这一标准和要求的实现，则需要可靠的汽车连接系统作为支撑[76]。目前主要的汽车连接系统主要有高速数据（HSD）连接器平台、光信号连接器平台、高速同步线路（HSL）接口、NanoMQS 连接器、MATEnet 模块化和可扩展连接器平台、MATE－AX 连接器、Wi－Fi/BT 和 4GLTE 等天线产品七类。

①HSD 连接器平台：为满足车载娱乐系统显示屏不断增大及分辨率精度提升的要求，美国泰科电子有限公司（以下简称“TE”）开发出了 HSD 系列产品。据了解，在专有数据传输协议下，HSD 可达到 3Gbps 的数据传输速率。据其相关负责人表示，通过使用下一代传输协议，其很快就可以达到 6Gbps 的速度。

②光信号连接器平台：该产品也是专为满足信息娱乐系统的连接需要而开发的，符合 MOST 规范的要求。它使用塑料光纤（POF）作为物理层，并以高达 150Mbps 的速率来运行数据。

③HSL 接口：TE 的 HSL 产品已可满足 USB2.0 480MB/s 的传输速率，更重要的是，可以支持 2.5A 的大电流充电。TE 表示，未来 USB Type－C 将成为主要发展趋势，目前正在开发此方面产品，届时充电功率将会达到 100 瓦，也即是说不仅仅手机，电脑充电也会顺利完成。

④NanoMQS 连接器：该产品为了满足汽车以太网数据传输而设计，提供了用于差分对数据传输的解决方案，实现了采用坚固耐用的汽车级端子来满足 100BASE－T1 以太网链接的需求。其优点在于，在遵循特殊应用指南的同时，可以灵活地对标准连接器进行重新使用和配置。

⑤MATEnet 模块化和可扩展连接器平台：该产品亦是汽车以太网链路的关键元件，传输速率高达 1Gbps。通过使用已有的高度调制的数据传输技术，MATEnet 连接器有潜力以高达 6Gbps 的数据速率运行。

⑥MATE－AX 连接器：该产品是下一代小型同轴连接器，专为高速率、频率高达 9GHz 的射频性能以及紧凑高效的体积要求而设计。其电气性能符合连接和零部件级别信号完整性以及 EMI 要求，且坚固紧凑的设计拥有不同的变型，适用于不同的环境条件。

⑦Wi－Fi/BT 和 4GLTE 等天线产品：作为主营产品，TE 的天线在消费类产品中名列行业第二，未来这种先进的经验将会被移植到汽车上，以满足车联网大数据的传输需求。

（四）无人驾驶汽车现存技术难题

虽然无人驾驶汽车在众多互联网巨头和汽车厂商的研究下取得了长足的发展，但就目前的情形而言，无人驾驶汽车还面临着技术、法律、安全、成本等方面的难关。

1. 技术较难突破

目前无人驾驶技术在遇到极端情况等复杂情况的技术处理方面仍旧较难突破。一方面，无人驾驶技术最直接依赖的是计算机技术和人工智能技术，需要提前填入规则，根据给定的规律变化状态。计算机善于记忆，人工智能可进行简单的归纳式思考，但它始终不具备人类的联想和演绎能力，而实际驾驶过程中面临很多突发情况，不是简单通过归纳总结就可以解决的；另一方面，为了能让无人驾驶汽车技术更加安全，让给定规则能够覆盖更多的情况，无人驾驶汽车技术需要更多自身系统和周边系统的支持，通过各种传感器界定安全区间、辨别环境、规划行进路线等，然而随着系统复杂性的增加，可能产生风险的环节就越多，这些缺陷在无人驾驶汽车系统中可能造成的危害是难以预测和估量的[77]。

2. **法律有待完善**

对于目前炙手可热的无人驾驶汽车，目前世界范围内尚未出台对自动驾驶汽车在交通上的法律规定。我国道路交通安全法明确规定，驾驶机动车应依法取得机动车驾驶证。这也就意味着，驾驶人应为自然人。按照这一规定，无人驾驶车上路确实违法。与此同时，法律对无人驾驶车的法律地位和行驶标准也没有界定与要求，企业在进行无人车上路测试时，不能为测试车辆悬挂牌照，报批程序上也不明确，截至目前，“路测合法化”问题仍悬而未决，处于灰色地带。此外，尤为重要的是，如果法律对无人驾驶车的上路不作任何限制，那么对于路人和其他合法驾驶者来说，其生命财产安全无疑面临巨大风险。针对无人驾驶目前相关部门已经开始了相关的立法准备工作，2016 年 9 月 20 日，美国交通部针对无人驾驶厂商发布指导意见书，这份指导意见主要梳理了无人驾驶汽车的安全标准和政府职能，列出了无人车厂商需要提交的 15 项“安全评估”标准[78]。2017 年 6 月 13 日，工信部网站正式对外发布《关于征求〈国家车联网产业标准体系建设指南（智能网联汽车）（2017 年）〉（征求意见稿）意见的通知》，面向公众征求意见，为期一个月，并初步确立了 95 项无人驾驶标准[79]。

3. **安全保障不足**

在城市交通中，为了缓解交通拥堵问题，交警会经常介入拥堵路段，进行人为手势指挥，这种情况下，无人驾驶汽车难以对交警复杂多变的手势进行识别理解，并且无人驾驶汽车可能无法在突发的紧急状况下做出正确选择，存在极大的安全隐患。近几年无人驾驶汽车在测试时事故也层出不穷，2016 年 2 月 14 日，在美国加州山景城，谷歌研发的无人驾驶汽车与公共汽车发生轻微碰撞；同年 5 月 7 日，特斯拉 Model S 型无人驾驶车在佛罗里达州与重型卡车发生碰撞导致无人驾驶车上司机身亡；2017 年 3 月 25 日，Uber 无人驾驶汽车在亚利桑那州测试时发生严重事故。

4. **成本压力较大**

一方面，无人驾驶汽车涉及多种先进技术，本身造价比较昂贵，据百度自动驾驶事业部首席科学家韩旭介绍，一辆无人驾驶汽车需要的感应器不会少于 10 个，但是一个感应器就至少需要 8 万美元；另一方面，目前传统汽车厂商和互联网公司在无人驾驶汽车技术的研发上形成了竞争态势，在提高服务质量上为了赶超对手不惜血本。极高的造价成本使得无人驾驶汽车要想立刻实现商业化几乎不可能。

（五）无人驾驶汽车对物流的影响

1. 物流运输现存两大问题

目前物流业运输过程存在运输成本过高和安全不能保障的两大问题，尤其是电子产品、生鲜产品、大宗商品在物流运输过程中，成本较其他产品高出许多，而整个运输成本细分下来，燃料成本和人力成本达到整个运输成本中的40%，因此能够降低这两项成本就能够将整个物流行业的成本大大降低。而在安全问题方面，物流行业重大道路交通运输事故层出不穷，造成大量商品及人员损失。物流过程中的安全问题成为整个道路交通物流中最严肃的问题。根据一份调查显示，在道路交通物流运输过程中，造成事故基本上由四大因素构成[80]，如表 4 -1 所示。

表 4 -1　　道路物流运输中事故因素占比

事故类别	比例（%）	归一化处理占比（%）
人员因素	85. 39	71. 79
车辆因素	7. 87	6. 62
道路因素	10. 43	8. 77
自然因素	15. 25	12. 82
合计	—	100. 00

根据数据显示，造成物流运输交通事故的因素中人员因素占比高达 85. 39%，人为驾驶事故成为物流交通事故高发的主要原因。

2. 无人驾驶将对物流业的影响

（1）运输效率提高。

使用无人驾驶技术结合物联网，能够让运输车辆成为整个物流网络的数据核心。连接所有与货物相关的人和物，包括驾驶员、调度员、汽车服务商、生产车间、制造商、保险公司和行政管理机构。通过网络及时获取车辆信息，道路交通情况和天气状况，高速公路服务站的停车、休息区域等更多的信息。减少货物装卸的时间和相关文书工作，缓解交通拥堵，让设备自动休息，减少汽车养护时间，从而大大提升物流运输效率。

（2）人员成本降低、安全性提高。

由于无人驾驶汽车不需要人在车内驾驶，即便需要人，进行的也是非常少量的操作，所以，无人驾驶汽车运用于物流运输中，直接解决了“人”的问题。传统的物流货运公司中，物流货运司机承载着物流业大部分的运输，货运司机队伍庞大，支出成本非常高，并且在各大物流交通事故中，多是因司机疲劳驾驶和操作不当导致，而无人驾驶技术的应用可以大大减少道路交通事故的发生频率，尽可能地降低损失。

（3）有效解决环境污染。

运用智能高科技无人驾驶汽车，加速、制动以及变速等方面都进行了优化，可提高燃油效率、减少温室气体排放，其环保效益明显，污染问题也能得到有效解决。2016 年戴姆勒首次卡车跨境无人驾驶实验中，戴姆勒车队通过编队行驶的方式，在行驶过程中整个油耗的减少以及二氧化碳排放减少达到 10%。

四、无人驾驶船舶

在美国，无人驾驶卡车的出现可能导致成千上万普通司机失业，但在过去几十年里，船员的需求量相对已经开始大幅下降，因为许多运输集装箱的船舶，包括装载量超过 1 万个集装箱的船舶，目前仅仅需要 30 名或更少的船员即可实现正常运转，因此无人驾驶船舶对航运业的影响，要比无人驾驶卡车对陆地运输行业的影响小些。

目前，国内外众多机构对无人驾驶船舶投入了大量的人力和物力，开展理论研究、技术研发和试验工作，主要基于以下原因：其一，一般认为超过 80% 的海上事故与人为因素有关，而无人驾驶船舶由于采用了先进的自动感知技术和智能决策技术，能够替代船员做出决策，克服了人为因素所造成的失误，因此，能够极大地降低海上事故发生的概率。其二，当前无人驾驶船舶尚处于前期发展阶段，研究者都在努力抢占技术制高点，力争成为无人驾驶船舶领域的“谷歌”，无人驾驶船舶的研究和应用将对全球造船业和航运业，特别是未来的船员教育和培训行业产生重大影响[81]。无人驾驶集装箱船概念图如图 4－18 所示。

（一）无人驾驶船舶关键技术[81]

通过目前的研究情况来看，无人驾驶船舶是一个庞大并且复杂的系统，涉及船舶设计与制造、传感器技术、智能决策、海上通信、岸基遥测遥控、气象海况预报等诸多理论和技术。与无人车对传统汽车制造带来巨大冲击一样，无人驾驶船舶必将会对传统船舶设计和制造带来颠覆性的改变。可以预见，无人驾驶船舶的船型、内部结构、制造方式、所使用的材质等将与传统船舶有本质的区别。与无人车不同的是，无人驾驶船舶的数量少，并且可以采取措施的时间相对较长。以避碰为例，

图 4－18　无人驾驶集装箱船概念图

图片来源：国际船舶网 http：//www. eworldship. com/html/2014/New%20Ship%20Type_ 0228/83344. html。

在道路行驶时，遇到突发的紧急状况，无人车需要在极短的时间内做出决策来避免碰撞，因此，避碰决策完全由无人车做出。但是，海上碰撞发生之前可以采取措施的时间相对较长，因此，当无人驾驶船舶发现处于紧迫危险局面，同时又无法通过船端智能决策中心做出恰当的避碰方案时，可以向岸基监控中心寻求帮助，此时，船舶的控制权移交到岸基监控中心的工作人员。因此，无人驾驶船舶所采取的技术框架分为三部分：船端自主航行系统、高性能海上通信系统和岸基支持系统。无人驾驶船舶框架与关键技术如图 4－19 所示。

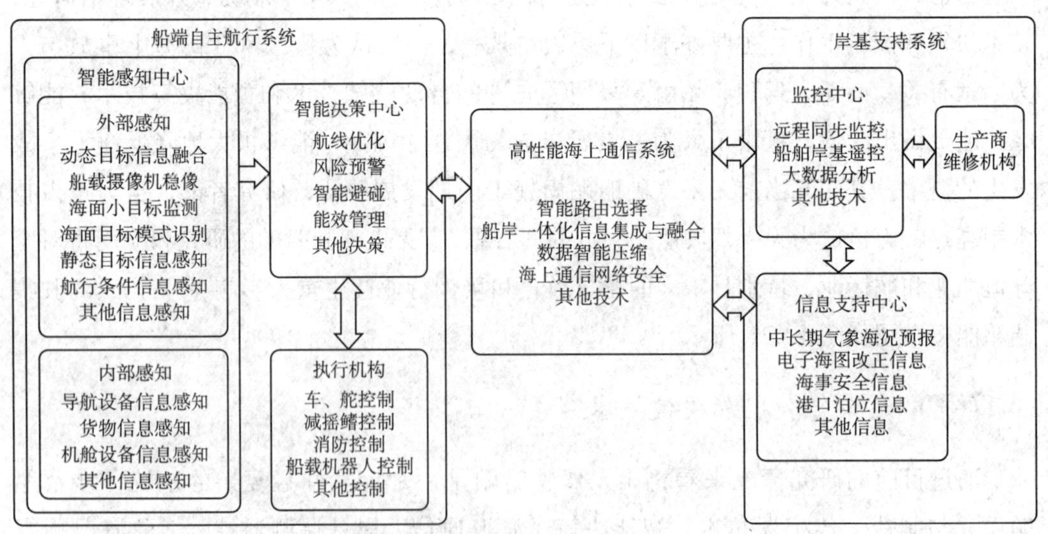

图 4－19　无人驾驶船舶框架与关键技术

1. 船端自主航行系统

船端自主航行系统具有高度的智能，包括智能感知中心、智能决策中心和执行机构三部分，其中，智能感知中心负责感知船舶外部和内部环境，为智能决策中心提供支持；智能决策中心通过对所获取的信息进行智能分析来对局面做出判断和决策，并将决策指令传递给执行机构；执行机构根据决策指令来驱动车、舵等设备，并将执行结果反馈给智能决策中心，以便做出下一步决策。

2. 高性能海上通信系统

海上通信系统是连接船端自主航行系统和岸基支持系统的桥梁，需要及时地将船端采集信息发送到岸端，并将岸基遥测遥控指令发送至船端，因此，无人驾驶船舶对海上通信系统提出了高带宽、低延时、低费用等要求。由于需要在船岸之间传输大量的传感器信息和设备状态信息，以及雷达图像、海面视频等，通信量较大，因此，需要对数据进行智能压缩后再进行传输，以达到节省费用的目的。为在不同的天气海况下保证船岸之间通信畅通，需要在无人驾驶船舶上配备不同种类的通信系统，包括海事卫星系统、甚小孔径终端（Very Small Aperture Terminal，VSAT）、铱星、公众移动通信、北斗等。在不同情境下智能选择数据的发送途径，提高海上通信系统整体效能，并降低延时和费用。随着船岸通信量的增加，无人驾驶船舶也更多地暴露在网络通信中。因此，海上通信系统的安全性变得越来越重要，如何避免黑客攻击、避免关键信息泄露、在网络攻击时无人驾驶船舶应急预案等都是需要进行进一步研究的问题。DN-VGL、美国船级社、劳氏船级社等企业已经开展了海上网络安全方面的研究，并且发布了相关的指导文件。

3. 岸基支持系统

岸基支持系统为无人驾驶船舶的安全性提供充分的保障，负责远程监控船端自主航行系统并且为船端智能决策提供信息支撑，由监控中心和信息支持中心两部分组成。

监控中心由经验丰富的船长、轮机长和公司管理者负责，通过遥测技术掌控船端自主航行系统发送过来的外部航行环境信息和内部环境信息，对无人驾驶船舶的航行状态、设备工作状态和货物状态进行在线监控，利用经验和专业知识对船端智能决策中心进行监督。在无人驾驶船舶无法解决所遇到的问题时，监控中心工作人员利用遥控技术直接操控无人驾驶船舶的执行机构，并在危险解除后将控制权移交给智能决策中心。

大型化和商业化发展使得无人驾驶船舶要进行长距离、长时间的航行，而无人驾驶船舶的船载传感器仅能感知船舶本身和船舶周围小范围内的航行环境信息。对于大范围的信息，如前方航路上的热带气旋路径、风浪信息、目的港潮汐及泊位等信息，则需要岸基支持系统提供。可见，相比传统船舶，无人驾驶船舶更加依赖岸基支持，要求岸基支持系统提供大范围的、丰富的、高精度的信息。目前，国际海事组织

（IMO）正在全球范围内推行“e—航海”（e－Navigation）战略，其内涵是通过电子方式在船舶和岸上协调收集、集成、交换、显示和分析海事信息，以增强船舶从码头至码头之间的航行及相关服务，实现海上安全、保安和海上环境保护的目的。

（二）全球首艘无人驾驶船舶将在2018年下水

Yara（雅苒国际集团）公司是世界上最大的矿物化肥生产商，在全球50多个国家进行化肥生产与销售，年营业额达620亿克朗。而在挪威的Herøya港口到Brevik港口，为了原物料运输、物流的稳定，Yara公司每年有40000趟的陆上货运往返两地，除了在人口密集地区产生不少空气污染妨害居民健康，也可能在都市马路行驶造成交通意外。因此，Yara公司提出全自动、零污染的海上运输“YARA Birkeland”计划，用更环保、更低人力消耗的货运方式来提升物流效率[82]。Yara原陆运航线如图4－20所示。

图4－20 Yara原陆运航线示意

图片来源：搜狐科技 http：//www. sohu. com/a/155655186_ 151241。

由Yara公司和导航系统制造商Kongsberg（康斯伯格）联合开发的全球第一艘无人驾驶船舶“YARA Birkeland”号将于2018年开始下水航行，该船舶最初将被投放到挪威南部一条长37英里（约合59. 5km）的航线上，用于肥料的运送。预期海运航线如图4－21所示。

“YARA Birkeland”号37英里航线的起始点为一处肥料生产工厂，终点为拉维克港口。利用自身安装的全球定位系统、雷达、摄像机和传感器等，“YARA Birkeland”号能够在航道中实现避让其他船舶，并在到达终点时实现自行停靠。只要在货船上装妥定位

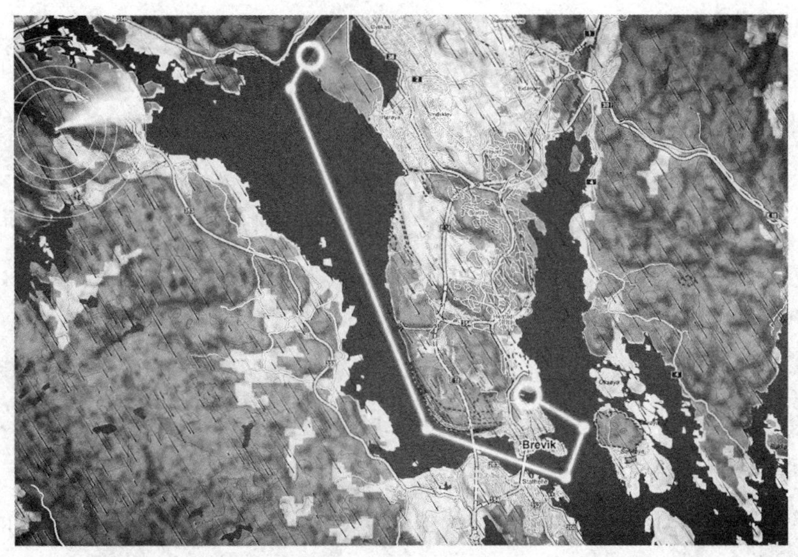

图 4－21 Yara 预期海运航线示意

图片来源：搜狐科技 http：//www. sohu. com/a/155655186_ 151241。

系统及传感器，即可在远程使用极少人力监控整个海上货运过程。不像传统燃料排放大量二氧化碳与燃烧废料，“YARA Birkeland”采用零碳排放的全电力动能，除了船只航行本身，对环境几乎不会造成影响。加上目前船只航线在水流相对稳定的区域，也几乎可以排除安全问题。这艘无人驾驶船舶的造价为 2500 万美元，约为普通船只造价的三倍，但由于采用纯电动和无人驾驶设计，通过节省燃料和机组人员成本，每年将节省高达 90%的运营成本。“YARA Birkeland”号无人驾驶船舶概念图如图 4－22 所示。

图 4－22 “YARA Birkeland”号无人驾驶船舶概念图

图片来源：凤凰资讯 http：//news. ifeng. com/a/20170723/51479284_ 0. shtml。

以现代标准衡量，这艘电动船舶的载货量微乎其微，仅能够容纳100~150个集装箱。但“YARA Birkeland”号无人驾驶船舶的下水，可能会成为全球航运史上的一个巨大转折点。尽管该船舶预计将在2018年下水，但该船在2018年下半年将采用人工操作，到2019年就将转为遥控操作，直到2020年，才能够执行完全自主操作。如果监管能够跟上，Yara公司将计划建造更大的船舶使航线得到延伸，甚至可能把肥料从荷兰运送到巴西。如果成本能够实现一定的节约比例，未来无人驾驶船舶将成为全球航运业的生命线[83]。

第三节　车联网技术

车联网的本质在于采集车辆运行过程中的大数据，得到符合客户利益诉求的车辆优化应用方案，在物流行业中有着广泛的应用前景。随着信息、通信与传感等技术的进步，车联网技术的应用不断突破、创新，对于优化作业、控制成本、提升服务质量有重要意义。

一、车联网技术前景与意义

（一）车辆网技术市场前景广阔

随着互联网、人工智能、无线网络和云计算、大数据等技术的应用，汽车智能化、联网化程度越来越高，汽车已经成为万物互联时代的主要智能终端设备之一。车联网作为移动互联网大背景下诞生的产物，是物联网在智能交通领域的运用，也是智能交通体系的重要组成部分，正处在高速发展时期。根据相关资料，2017年我国车联网行业市场规模为2696亿元，未来五年（2017—2021年）保持高速增长态势，年均复合增长率约为15.43%，2021年市场规模将达到4014亿元；同时用户规模急速扩增，2017年达到1164万户，未来五年（2017—2021年）复合增长率34.87%，2021年用户规模将达到4097万户[84]。

（二）物流车辆运用中存在的问题

随着业务与市场规模的不断扩大，物流从业车辆数日益增多，但型号众多、标准不一，在运用中具体存在以下三个方面的问题。

①信息统计难。受限于信息化发展水平，很多物流企业仍采用手工方式进行车辆管理，不仅工作量大，而且对车辆运营数据统计分析比较困难，统计结果相当滞后，不利于公司的决策管理。

②安全监控难。车辆行驶过程中无法实现全程的监控，对司乘人员的违法违规行为无法进行及时预警，也无法对司乘人员的求助以及突发安全风险事件及时进行反应。

③高效运用难。由于我国产业布局情况、自然资源禀赋和人文历史环境的不同，物流需求与供给的分布不均衡性显著，导致物流组织管理难度较大，因此我国物流企业在运营过程中普遍存在运力有效利用率低下的问题，具体表现在起程或返程车辆空驶、区间空车无载货行驶等。

（三）车联网技术的作用

车联网技术对于改善物流企业管理落后的现状，提供便捷、高效、安全可靠的物流服务，达到货主“高服务质量、严准时率、小货损货差率、低物流成本”的要求有着重要意义；同时能够解决部分物流企业运行信息反馈滞后、运营成本高、货运车辆空驶率高、司乘人员行为监督规范、安全风险防控等问题，实现运力资源优化利用，提高整体业务的运营效率。

①优化车辆行驶路径。车联网技术通过全程采集车辆运行数据与透明化的运输过程管理，合理调度车辆。根据车辆行驶的大数据，对车辆行驶的线路畅通情况进行预测，规划出一条安全畅通的行驶路线，减少由于交通原因而引发的在途等待时间。

②实现车辆全过程精细化监控管理。通过车辆运行的大数据，可以快速地分析出相同路线的油耗情况，事故多发路段的提前预警，精确分析计算车辆的行程，提高企业的信息化水平，随时了解到货物的运行状态信息及货物运达目的地的整个过程，确保了运输过程的透明化管理，实现企业的运行管理智能化，保障服务准时性，提高可预见性。

③提升车货匹配水平。一方面，通过车辆运行的大数据，可获取高速、国道、省道的实时路况，同时对司机的驾车规律的分析，为加油站、维修站、服务站的选址提供了参考数据；另一方面，物流的成本有很大一部分属于仓储成本。通过车联网技术，对大量的数据进行分析计算，经过合理地调度，降低车辆的空驶率，可以把移动中的每辆货车作为一个流动的仓储空间，提高仓储空间的周转率，从而帮助企业降低仓储成本。

④推动自动驾驶技术发展。未来，车联网技术作为自动驾驶的重要保障，面对人力资源日趋紧张的形势，将为物流企业提供进一步缩减人员成本、提升作业效率的可能。

二、车联网技术年度创新应用

（一）V2X 技术革新

汽车对一切（Vehicle to Everything，V2X）是指车对外界的信息交换，是一系列车载通信技术的总称。V2X 包含汽车对汽车（Vehicle to Vehicle，V2V）、汽车对基础设施（Vehicle to Infrastructure，V2I）、汽车对行人（Vehicle to Passenger，V2P）、汽车对网络（Vehicle to Net，V2N）等，如图 4－23 所示，是实现车联网技术的重要支撑。

图 4－23　V2X 示意图

图片来源：易车网 http：//news. bitauto. com/yczmt/20151225/0606738265. html。

1. 第二代 V2X 模块

V2X 系统旨在共享车辆间、车辆与基础设施、车辆与行人间的交通信息，而通信功能的关键要素在于 V2X 模块。V2X 模块主要包括三大类 V2X 核心元件：主机控制接口模块（Host Controller Interface Module，HCIM）、硬件安全模块（Hardware Security Module，HSM）和应用处理器（Application Processor，AP），前两个模块的功能为控制通信协议，后者是相关应用平台实现各自功能的核心模块。

LG 集团零组件厂 LG Innotek 研发了第二代 V2X 模块产品[85]，供互联网车辆及自动驾驶车辆使用，除具有基本的通信功能外，在集成性、耐用性等方面也做出了技术性突破。

（1）高度集成，尺寸更小。

第二代 V2X 模块融合了 HCIM、HSM、AP 三大类 V2X 核心元件，集成的模块设计使得汽车生产商无须分别安装三个独立部件再展开各部件的测试工作，此外还可以提升互联车辆的通信能力和产品安全性。

另外该产品的尺寸极小，仅有信用卡大小的三分之一，因此可以轻松植入到车辆的任意部件内，而尺寸缩减并没有降低其性能，其灵敏度等级（sensitivity level）为 -94dBm①，通信速度为 6Mbps②，如图 4-24 所示。

图 4-24　第二代 V2X 模块

图片来源：LED 在线 http://www.ledinside.cn/news/20170905-42004.html。

（2）耐高温，稳定性更佳。

该 V2X 模块的耐用性与耐热性比上一代有显著提升，可耐受 105°C 高温，并在该温度下正常运行。在外环境温度较高的情况下，车内部分区域温度可达 90°C，然而并不会对该产品的正常使用产生影响，且在车辆时速达到 120km 时方圆 1km 内仍能稳定收发信息，非常适用于使用条件多变的物流车辆。

2. C-V2X 车联网解决方案

高通（Qualcomm）公司研发了首款基于第三代合作伙伴计划（3GPP）的 Release 14③ 规范、面向 PC5④ 接口直接通信的 C-V2X（Cellular Vehicle to Everything，蜂窝车联）车联网解决方案——Qualcomm 9150 C-V2X 芯片组[86]，并以此为基础推出全新的高通 C-V2X 参考设计，包括集成全球卫星导航系统（the Global Navigation Satellite System，GNSS）功能的 9150 C-V2X 芯片组，以及运行智能交通系统（Intelligent Transportation System，ITS）V2X 协议栈的应用处理器（AP）和硬件安全模块（HSM）。

（1）双传输模式。

C-V2X 的核心技术在于双传输模式，包括直接通信和基于网络的通信。这两种传

① dBm，分贝毫瓦。

② Mbps，即 Mbit/s，兆比特每秒。

③ Release 14，即发布的第 14 版。

④ PC5，接口的一种。

输模式是自动驾驶的关键，同时还可为其他先进驾驶辅助系统（Advanced Driver Assistant System，ADAS）传感器（如摄像头、雷达和激光雷达）提供补充，从而为车辆提供周围环境，包括非视距（Not Line of Sight，NLOS）场景下的信息，提升车辆安全功能。

直接通信是指由车辆、基础设施和行人之间直接实现低时延的传输检测和信息交换，依托9150 C－V2X基于全球统一的5.9GHz ITS频段实现V2V、V2I、V2P场景信息传输，改善车辆情景感知性能，增强车辆安全性功能，且无须使用用户识别卡（Subscriber Identification Module，SIM）成为蜂窝数据用户或获得网络协助。

基于网络通信主要作为对直接通信传输的补充，利用无线运营商的4G和新兴5G无线网络来进行V2N沟通，并在运营商许可频谱上运行，以支持车载信息处理、联网信息娱乐和日益增多的各种高级信息化安全用例。

（2）支持5G网络。

9150 C－V2X芯片组旨在为行业提供增强型V2X功能，如扩展通信范围、提升可靠性和非视距性能，其根本措施在于提升数据交互量、提高通信节点个数、降低数据传输延迟、提高信息处理算法效率等。5G网络相比于目前广泛应用的4G网络具有更低的时延、更高的带宽，有利于C－V2X拓展对安全和自动驾驶应用的支持[87]，基于5G的V2X情景如图4－25所示。

且高通公司已经明确了遵循3GPP（3rd Generation Partnership Project，第三代合作伙伴计划）规范向5G新空口（New Radio，NR）演进的明确方向，将持续投入发展C－V2X产品路线图，并提供基于5G新空口的C－V2X全新功能和补充性功能。

图4－25　基于5G的V2X情景示意图

图片来源：电子工程世界 http：//www. eeworld. com. cn/qrs/article_ 2017090738146. html。

（二）V2X 智慧车队应用

多辆汽车在电子及通信技术的帮助下实现车队级自动驾驶、提升潜在效益是当前车联网技术的一个实践方向，车间互联（Vehicle to Vehicle，V2V）通信技术是实现这一目标的基础。人工驾驶受限于驾驶员的操作习惯、反应时间等因素，对油耗的控制、前车安全距离的保持表现出个体差异性，在前车出现加减速、变道等行为时，后车做出的反应程度不同，导致车队形态难以保持稳定，而刹车次数、油耗水平更难以控制。V2V 技术可以有效地实现车辆间通信，以抵消驾驶人员个体经验、反应时间的差异，实现车队协同运作，以达到安全、节能的目的。

2017 年 Peloton① 以货运公司整体燃油消耗量为优化目标，研发了“Class 8”货车组队行驶管理系统[88]，该系统目前可容纳两辆半挂牵引车组队行驶，两车通过 V2V 技术通信，并装有雷达用于巡航控制，同时两车共享各自的位置信息和行驶状态参数，在组队中，前车负责引领，后车跟随，如图 4 – 26 所示。

图 4 – 26　Peloton 智能车队

图片来源：车云网 http：//www. cheyun. com/content/14851。

不过该系统中的货车尚不能自动驾驶，货车驾驶员仍然需要操作方向盘并随时关注道路状况。该系统类似于带有自动制动控制的自适应巡航系统，通过 V2V 通信功能，在前车采取制动措施后的 0. 1s 内，后车的自动制动功能即可启动。同现有的多数半自动驾驶技术一样，该系统遇到突发情况时，驾驶员必须立即接管车辆控制权。根据实验，组队行驶过程中，引导车的油耗降低 4. 5 个百分点，而后面的跟随车油耗降低达

① Peloton，创业公司，总部位于美国硅谷。

到 10 个百分点，可以有效地降低物流成本。

奔驰母公司戴姆勒也在积极探索无人驾驶卡车车队，并进行了从德国斯图加特到荷兰鹿特丹的车队实验[89]。车队共有 3 辆基于 Actro① 系列生产并配备有奔驰开发的公路试点连接软件（Connected Highway Pilot，CHP）的卡车，在行驶的过程中，这三辆卡车通过 V2V 技术自动排成一列。第一辆卡车在收集道路数据之后通过 Wi－Fi 传送给后面的两辆卡车，数据传输只需要 0.1s 的时间，低于人类的平均反应时间 1.3s[90]。因此车队可以实现同步加速和刹车，无须人工输入数据。在测试过程中，三辆无人驾驶卡车之间的间隔约为 50ft（约 15.24m），远低于常规驾驶情况下车间距（50～100m），能够更充分地利用交通基础设施。更重要的是车队行驶可以减少 15% 的燃油损耗和 10% 的二氧化碳排放量，高效的卡车车队除了有利于环境保护之外，还能降低运输公司的成本。

（三）车联网平台应用加速

与国外关注自动驾驶技术着力发展 V2X 的路径不同，国内车联网发展以搭建车联网平台实现综合优化为方向，面向眼下国内物流突出问题，从大数据运用角度提升管理水平以实现优化目的。

1. 危险品运输车联网平台

危险品运输是一个专业性较强而又较为封闭的传统行业，信息化水平较低，而又市场巨大。公路危险品运输的首要问题是安全，包括货物安全与行车过程中驾驶安全，由于目前监控管理手段不足，货物安全难以得到保障；此外危险品由于货物自身具备相当危险性，发生事故后果往往极为严重，因此运输过程中的行车安全也需要关注。

“找罐车”危险品运输物流平台是由上海罐罐信息科技有限公司研发的面向危险品罐车运输的车联网平台，通过现代通信技术将车辆联网，建立实时位置分析、司乘人员行为分析、油耗监控、安全监控，以规范运输行为，降低运输成本。为实现车辆数据采集，罐罐科技研发“罐车宝”智能终端硬件[91]，以提高车辆安全运营水平，强化货品安全保障。为了实现成本降低，智能硬件通过记录并挖掘司机的踩刹车、踩油门、加速、急刹习惯数据，为企业进行车辆管理、人员培训提供决策支持。

---

① Actro，重型卡车品牌。

2. G7 智能管车服务平台

G7 智能管车服务平台（以下简称 G7）是国内运营较为成熟的物流车辆车联网管理平台，通过数字化展示车辆运行数据，呈现司机驾驶行为，考核司机绩效，从事后分析到事前管理，实现安全把控，降低事故率 10.8%；从结果管理到过程管理，实现高效把控，车辆管理效率提升 22.6%；从粗放式管理到精益管理，实现经济把控，车辆运营成本下降约 21.2%，支撑优秀车队经营者持续提升管理水平。平台主要有三方面特色：

（1）可视化服务。

有别于传统的人工或报表方式采集各环节的物流信息，G7 通过各式传感器实现对各个物流环节、物流节点信息的自动化采集，并实施上传，形成实时数据库。更突破性地采用人工辅助的模式，对在途突发事件信息进行上传，例如车辆发生堵车情况，由驾驶员拍照并上传图片信息，为货主提供完整、真实与实际场景相关的可视化服务，如图 4－27 所示。

图 4－27　G7 可视化服务

图片来源：2017 全球物流技术大会——全程感知 数据服务。

（2）驾驶行为与运营成本管理。

油耗成本是车辆运营成本的关键组成部分，实时监测油耗变化对于控制车辆运营成本有重要意义。G7 采用超声波油感技术，直观了解油箱液位变化情况，如图 4－28 所示，超声波油感技术具有无探测盲区、安装无须打孔、安全性能高等优势。

为实现精准化管理，找到影响车辆运营成本变化的关键驾驶行为因素，G7 对驾驶

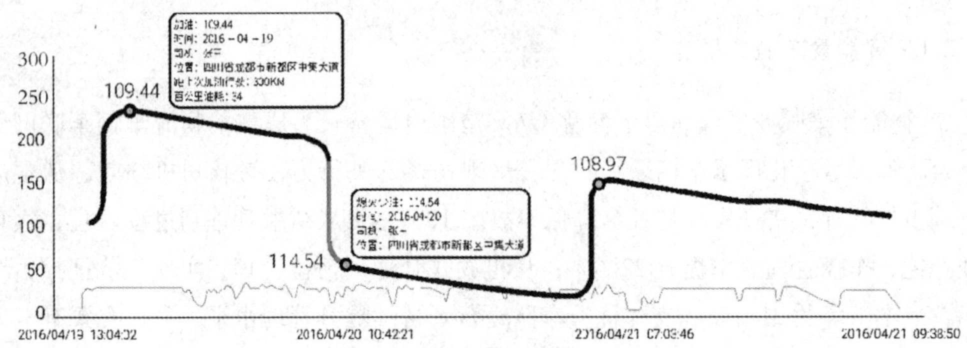

图 4－28　超声波油感探测数据（单位：L）

图片来源：G7 官网 http：//www. g7. com. cn/intelligence. html。

行为数据进行采集，包括刹车次数、车速、转速等数据，同时结合油耗数据、车辆养护数据进行分析，找到经济的速度与转速，分析最优千公里刹车次数，为提升车队管理效率提供决策支持，实现了油耗成本和养护成本降低。

（3）安全管理。

传统的安全管理主要集中在事前安全培训和事后安全善后处理两方面，依托车联网实时监控，综合历史安全风险数据，以及道路实时交通信息，实时进行安全预警，将安全管理前置，极大地提升车辆安全性。

G7 把实时路况信息与司机驾驶行为关联起来，形成事件视频，根据定义的事件如急刹车、超速、急加速等情况，将驾驶室内与行车记录仪的监控视频上传至管理平台，作为事故分析、证明，制定安全管理办法的依据，如图 4－29 所示。经过长时间数据积累，通过图像识别技术将事件视频进行分析处理，得出相应的安全管理办法，并着

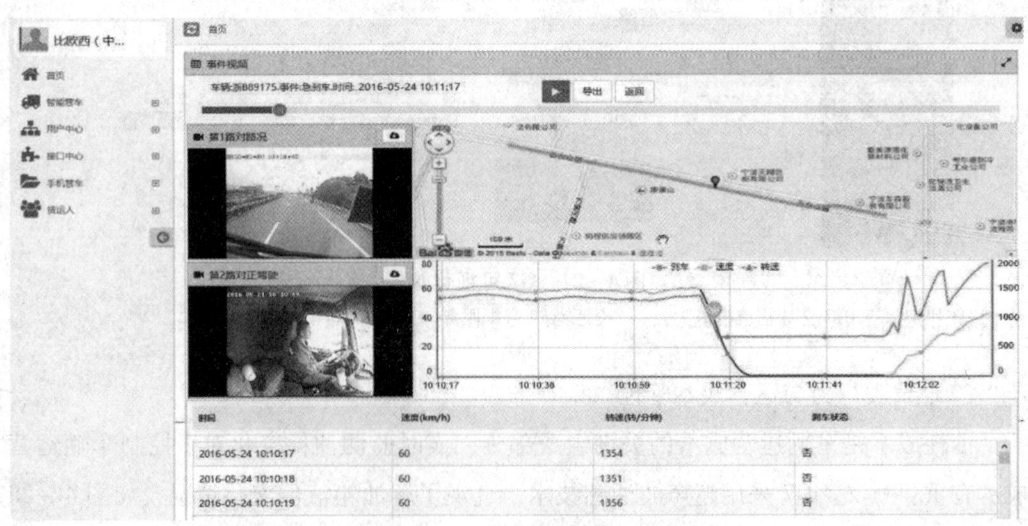

图 4－29　实时监控与事件视频界面示意

图片来源：2017 全球物流技术大会——全程感知 数据服务。

力推进事前安全管理。例如驾驶舱内监控系统捕捉到驾驶员有频繁眨眼、低头等行为，便会及时发出疲劳驾驶预警，基于路况信息数据对前方交通状况以及可能发生的事故情况提前告知驾驶人员，以降低安全风险。

第四节　汽车零部件技术

近年来，在整车市场高速发展的带动下，汽车零部件技术也呈现出了迅猛发展之势。汽车零部件作为整车生产的基础，其技术发展是支撑汽车工业持续健康发展的强大推动力和必要因素。同时，在国家倡导汽车行业绿色环保和节能减排的环境下，汽车零部件技术也在实现货车轻量化、提高运输效率、增加卡车燃油经济性、降低汽车二氧化碳排放上具有重要作用，其发展越来越受到车企与物流企业的重视，也对我国货运与物流行业可持续发展具有重要带动提升作用。

一、汽车零部件技术发展新趋势

2016 年 9 月以来，国家相继通过、实施了《超限运输车辆行驶公路管理规定》《整治公路货车违法超限超载行为专项行动方案》《车辆运输车治理工作方案》，展开了国家最大规模的治超工作，大大减少了公路运输中超载现象的发生。强制性国家标准《汽车、挂车及汽车列车外廓尺寸、轴荷及质量限值》（GB 1589—2016）也对重卡承载量的上限做出明确规定。在车辆装载方面，GB 1589 文件在汽车及挂车单轴、二轴组及三轴组的最大允许轴荷限值中规定，单轴每侧双轮胎非驱动轴的轴荷限值 10000kg，但如果配置了空气悬架，最大允许轴荷的限值就变成了 11500kg，可以多装载 1.5t 的货。可以看出，国家在推进车辆治超的同时也允许通过零部件技术的应用来提升车辆运量。

与此同时，国家也在不断推进汽车行业向节能环保方向发展，而降低车辆自重是降低整车油耗最有效、最直接的方法。总质量每减少 10%，燃油消耗可降低 6% ~8%，还可以增加货物装载率，提高收入。随着国家进一步加强车辆超载超限的集中治理，不断倡导节能减排、降本增效，汽车设计轻量化、装卸作业高效化成为汽车行业的发展趋势，降低燃油消耗成为公路运输降本减排的关键。

二、汽车零部件技术发展新应用

汽车零部件技术普遍得到迅速发展，而在汽车设计轻量化、提高装卸作业效率、降低燃油消耗等领域，相对成熟且正在逐步推广应用的技术主要包括空气弹簧技术、缓速器技术、汽车尾板技术以及电动助力转向系统（EPS）技术等。这些技术的原理、技术优势与具体应用如下。

（一）空气弹簧技术

1. 空气弹簧简介

空气弹簧是在柔性密闭容器中充入压缩空气，利用空气的可压缩性实现弹性作用的一种非金属弹簧。与过去的普通钢板弹簧悬架相比，空气弹簧悬挂可以延长车辆的使用寿命，提高整车的舒适性，降低车轮的动载荷，大大减少车辆对路面的破坏程度，降低高速公路路面的维修费用，还可以根据需要对特种和专用车辆的车身高度进行调节，与金属弹簧相比具有减少汽车自重、提高车辆运行速度等优势[92]。空气弹簧如图 4－30 所示。

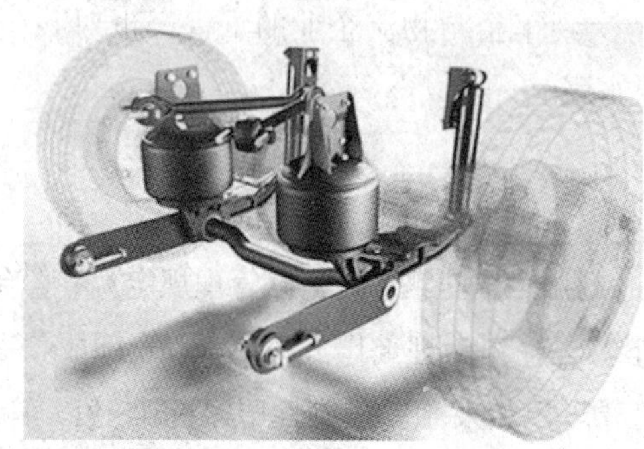

图 4－30　空气弹簧

图片来源：商用车之家 http：//www. cvchome. com/news/201411/17/18972. html。
盖世汽车社区 http：//i. gasgoo. com/news/detail/0000366088. html。

空气弹簧的优势使其在重载货运卡车上应用范围较为广泛，在挂车车桥、卡车车桥、司机座椅、驾驶室悬置、前桥等位置均可安装空气弹簧，牵引车内最多可安装近 20 个空气弹簧。空气弹簧可安装位置示意如图 4－31 所示。

近年来，一方面，随着汽车电子、测量与控制、材料成型、机械加工等先进技术的迅速发展，空气弹簧的设计与控制技术也日趋成熟；另一方面，我国公路运输发展迅速，汽车客货运输量日益增加，对商用车的行驶平顺性、操纵稳定性和安全性提出了更高的要求。同时，随着重型载货汽车对路面破坏机理研究的进一步加深，政府对高速公路养护和限制超载越来越重视，空气弹簧悬架系统逐渐成为商用车性能提升的关键部件之一，是汽车钢板弹簧悬挂系统更新换代的最新产品。因此，虽然目前空气弹簧的市场占有率较小，但未来的发展前景不可限量。

2. 常见空气弹簧类型

目前，国内外对空气弹簧的分类尚未形成统一。日本将空气弹簧分为轮胎型、平

图 4-31　空气弹簧可安装位置示意图

图片来源：2017 全球物流技术大会——商用车使用空气弹簧的好处及其在全球几大市场应用情况。

板型、耳垂型和特殊型。德国依据空气弹簧气囊形状分为波纹形胶囊、辊柱形胶囊、半胶囊和束带式辊柱形胶囊空气弹簧。我国主要将空气弹簧分为三种类型：囊式、膜式和其他型式。目前应用于汽车的主要以囊式和膜式空气弹簧为主。[93]

（1）囊式空气弹簧。

囊式空气弹簧的气囊各段之间镶有金属轮缘，用于承受内压张力。囊式空气弹簧的结构为平面形式，与弹簧有效振幅成比例，压缩时囊壁折叠到一起，空气弹簧的有效直径迅速增大，因此其刚度较高，自振频率较高。囊式空气弹簧结构，如图 4-32 所示。

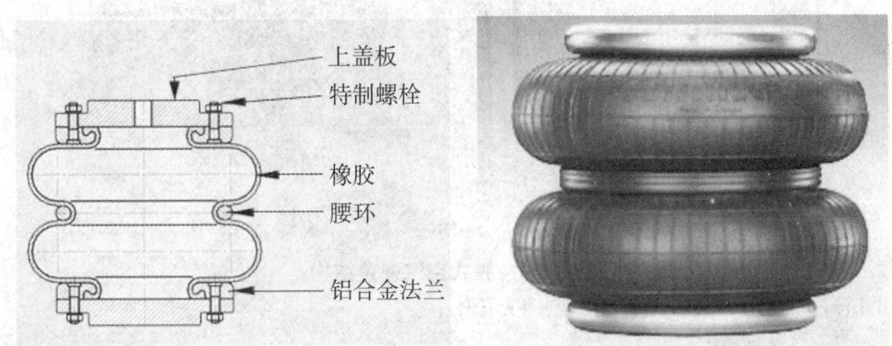

图 4-32　囊式空气弹簧结构图

图片来源：中国制造网 http://cn.made-in-china.com/info/article-444184.html。

囊式空气弹簧根据橡胶气囊曲数不同分为单曲、双曲和多曲囊式空气弹簧，增加气囊曲数时，由于气囊的变形可由各个曲部平均分担，空气弹簧的刚度越小，有效直径变化率就越小，由于四曲以上的囊式空气弹簧稳定性很差，所以很少被使用。汽车上最常见的囊式空气弹簧为双曲囊式空气弹簧，因为双曲囊式空气弹簧可在有限的高度获得较大的弹性变形。三种囊式空气弹簧如图 4－33 所示。

图 4－33 双曲、单曲和三曲囊式空气弹簧

图片来源：张利国，张嘉钟，贾力萍，等．空气弹簧的现状及其发展［J］．振动与冲击，2007（2）：146－151。

（2）膜式空气弹簧。

膜式空气弹簧的结构是在盖板和底座之间放置一圆柱形橡胶气囊，通过气囊挠曲变形实现整体伸缩。在正常工作范围内，膜式空气弹簧可通过改变底座形状的方法，控制有效面积变化率，以获得比较理想的弹性特性。膜式空气弹簧有效面积变化率也比囊式空气弹簧小。因此，膜式空气弹簧在辅助气室较小的情况下，也可以得到较低的自振频率[94]。膜式空气弹簧结构如图 4－34 所示。

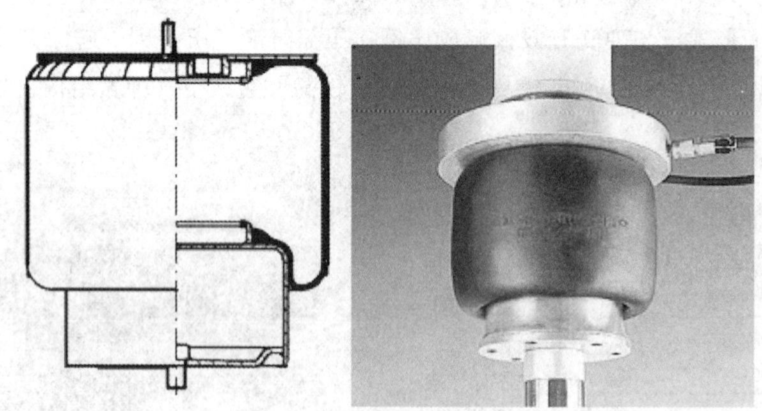

图 4－34 膜式空气弹簧结构

图片来源：http：//www. contitech. cn/康迪泰克官网。

膜式空气弹簧根据橡胶气囊止口与接口的连接方式不同又可分为约束膜式和自由膜式空气弹簧两种。约束膜式空气弹簧密封一般用螺栓夹紧密封，自由膜式空气弹簧采用气囊内的压力自封。膜式空气弹簧底座多为深拉钢板成型或轻质铸钢，并且表面镀铬处理以减小气囊与底座之间的摩擦。

两种膜式空气弹簧如图 4－35 所示。

图 4－35　约束膜式和自由膜式空气弹簧

（3）不同类型空气弹簧对比。

囊式空气弹簧和膜式空气弹簧各有所长。囊式空气弹簧的优点是坚固耐用，缺点是刚度大、振动频率高、制造工艺比较复杂，而且增加气囊曲数或设置辅助气室，将使囊式空气弹簧的几何尺寸变化较大，易受到空气悬架结构的限制[95]。

膜式空气弹簧的优点是刚度小，特性曲线容易用内外筒的形状来控制，比囊式空气弹簧平缓得多。缺点是由于橡胶膜在工作时易与内外筒、上盖或底座发生摩擦，因此使用寿命较低。

3. 空气弹簧的应用与优势

（1）减少车身振动。

空气弹簧具有悬挂装置高度不随载荷增减而变化的特点，弹簧刚度可设计得较低，保证在通过急转弯、路面凸凹不平等路况较差的场合时能限制车身的振动。侧倾、跳动较小、抓地好[96]，可以充分保护易损货物，减少损失。同时，在维持同样的平稳度的条件下，安装了空气弹簧的车辆可以开得更快一点，提高了运输效率。另外，良好的舒适性提升了乘车体验和安全性，可以更好地保护卡车司机的健康。如果司机长时间坐得不舒服，就容易处于疲劳状态，产生较大的安全隐患。

另外，货车零部件很多损坏问题都是由于振动而产生的，空气弹簧可以使得车辆在运行时的颠簸变小，实现对车辆的保护，可以节约维修费用和因为维修车辆而浪费的停车时间，二手车销售的残值也会有所增加，具有很大的成本节约优势。

（2）车身高度可调节。

同刚性弹簧相比，空气弹簧悬挂系统无静态压缩行程，车身高度更低，最小的空弹簧可压缩到 45mm 的高度。此外，空气弹簧还可以通过高度控制阀的作用，使其在一定的载荷下具有不同的高度，可适用多种结构需要。在没有空气悬挂时，挂车的接挂、脱挂都比较麻烦，而空气弹簧可以很方便地调节车身高度，大大提高了挂车的作业效率。而在驮背运输、对接装卸平台等其他需要调节车辆高度的情况下，空气悬挂也有很好的操作性。在路面结冰时，还可以通过临时提升随动桥，将启动牵引力转移到主桥上去，来协助车辆快速启动。

轮胎的损耗成本在公路运输中占有较大比重，空气弹簧悬挂系统还可以在空车运行时，把提升桥提高，减少轮胎磨损。通过实验得出，与刚性悬挂车辆相比，空气弹簧可延长轮胎寿命10%以上。因此，提升桥提高技术在欧洲应用非常普遍，高速公路上的大部分空车都会将提升桥提起来，如图4－36所示。

图4－36　空车利用空气弹簧将提升桥提高

图片来源：中国汽车报网 http：//www. cnautonews. com/tt/201606/t20160606_ 471200. html。

（3）重量轻。

空气弹簧悬挂同时也是卡车轻量化的一个手段之一，空气弹簧悬架中除了橡胶气囊和空气，就是上盖和下底座，因此相比于钢板弹簧要轻得多，减轻了整车的重量。根据德国BPW公司对云南烟草运输车的测试数据显示，与刚性悬挂车辆相比，在同等条件下空气弹簧悬挂车辆约可节省6%油耗。轻量化不仅可以省油，还为底盘、车身的轻量化设计提供了技术基础，可以通过额外增加一个轴，提高车辆的总承载能力。

（4）疲劳寿命高。

空气弹簧由于采用空气作为介质，不存在本身的疲劳损坏问题，寿命只取决于橡胶气囊的寿命。橡胶气囊在工作中，摩擦很小，只在很小的动挠度范围内拉伸、压缩，因此空气弹簧的疲劳寿命可以达到300万次以上，而钢板弹簧的疲劳寿命一般只在50万次左右。

（二）缓速器技术

1. 缓速器简介

随着汽车工业的技术进步，汽车发动机功率增加，汽车的最大总质量也有不同程度的增加，货车不断向重型化和高速化方向发展，驾驶员对货车的制动能力要求也不断提升。对于主要行驶在山区的车辆，经常要下长坡，需要行车制动器持续制动。而对于主要行驶在等级公路的车辆，由于平均行驶速度大幅度提高，行车制动器要产生更多热量，承受更大的热负荷，造成热衰退现象，致使制动效能下降。在这种情况下，为保证安全，人们对汽车制动装置提出了更加严格的要求。

目前，国内不少用户采用了对行车制动器喷水的方式来减少制动效能的下降，但此种方式同样存在较大的安全隐患，并不能从根本上解决问题。《机动车运行安全技术条件》（GB 7258—2012）规定了车长大于 9m 的客车、总质量大于等于 12000kg 的货车和专项作业车、所有危险货物运输车应装备缓速器或其他辅助制动装置，从而比较切实可行地解决问题。

缓速器是一种通过提供制动力来降低或者限制车速的辅助刹车系统。缓速器作为一种辅助制动装置，在汽车减速或下长坡时，可以使汽车平稳减速或维持较低的速度；减轻汽车传动系的冲击，增加汽车在减速过程中的平稳性；减少制动器的磨损和发热，进而提高了制动器的使用寿命和车辆行驶的安全性。缓速器不能对车辆进行制动，其反作用力大小与车速成正比，因此只能使车辆的速度缓下来，要使车辆完全停下来还要靠原车的常规制动系统。

2. 常见缓速器类型

目前市场上应用的汽车缓速器主要有电涡流缓速器、液力缓速器、永磁缓速器、自励式缓速器这四种。

（1）电涡流缓速器。

电涡流缓速器是我国使用最广泛的缓速器。极性线圈通电后，通过极性线圈的电流在两个转子盘之间形成磁场，转动的转子盘切割磁力线，在转子盘中产生电动势并形成涡状电流，涡状电流在磁场中受力，通过给传动轴一个与转动方向相反的力矩来使车辆的速度降下来。同时产生大量的热，将转动能量消耗掉。

电涡流缓速器工作时需要较高的控制电流，且由于结构限制，长时间使用后温度大幅升高，内部无法进行大功率散热，导致可输出制动功率下降。此问题无法通过结构优化来解决，因此一般情况下不能连续输出较高的制动转矩，无法满足车辆复杂的制动需求。电涡流缓速器如图 4 - 37 所示。

图 4 - 37　电涡流缓速器

图片来源：卡车之家 . http：//www. 360che. com/tech/110524/14763. html。
卡车之家 . http：//www. 360che. com/tech/100921/11421. html。

（2）液力缓速器。

液力缓速器是利用液力装置的液体阻尼产生缓速作用，降低车辆行驶速度的装置。一般由缓速器本体、操纵装置、电子控制单元等部件组成，缓速器本体结构中，转子和定子共同组成工作腔，当液力缓速器工作时，电子控制系统控制比例阀向工作液施加气压，使油液充入工作腔，实现减速的效果。液力缓速器可长时间连续制动、质量轻，但低速制动效果差、动作响应时间长、结构复杂、制造技术和精度要求更高。液力缓速器如图 4 - 38 所示。

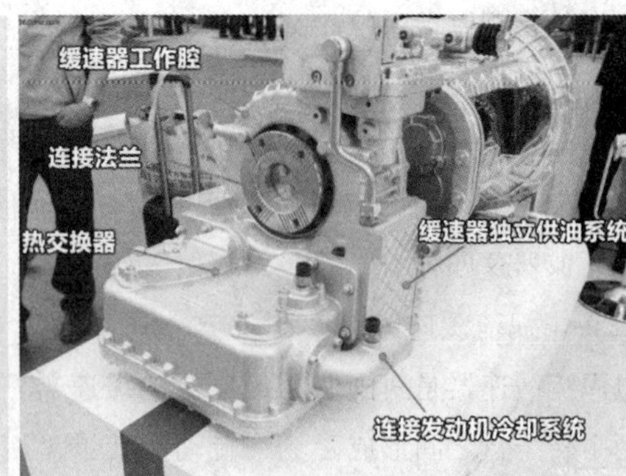

图 4 - 38　液力缓速器

图片来源：中国卡车网 http：//www. chinatruck. org/news/201704/16_ 68647. html。
中国卡车网 http：//www. chinatruck. org/news/201012/14_ 4875. html。

（3）永磁缓速器。

永磁缓速器制动原理是在旋转的金属板附近，放置一个永久磁铁，由于永久磁铁的磁场和产生涡电流，形成一个与金属板旋转方向相反的制动力。从能量的观点来看，永磁涡流制动的实质是把运动物体的动能转化为电能，电能最终转化为热能散发掉，从而使运动物体减速。

永磁缓速器需要利用稀土作为原材料，成本较高，并且输出制动转矩小，只适用于小型商用车（12 吨以内），无法满足大型商用车所需的制动力需求。永磁缓速器装车图与剖视图如图 4－39 所示。

图 4－39　永磁缓速器装车图与剖视图

图片来源：叶乐志．先进汽车缓速器理论与试验［M］．北京：机械工业出版社，2013。

（4）自励式缓速器。

自励式缓速器是近几年发展起来的新型电涡流缓速器，目前处于研究试制阶段，还未大量投入生产。其结构主要分为缓速器和发电机两大部分。汽车行驶的动能通过发电机转换为电能，通过控制电路，供给缓速器励磁，然后由电能转换成热能并散发到外界，达到汽车减速或制动的目的。自励式缓速器原理图与实物如图 4－40 所示。

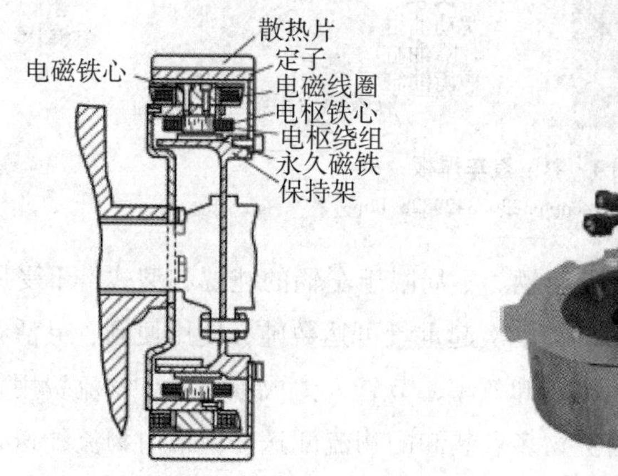

图 4－40　自励式缓速器原理图与实物

图片来源：叶乐志．先进汽车缓速器理论与试验［M］．北京：机械工业出版社，2013。

3. **缓速器的应用与优势**

在减速性能方面，缓速器能承担绝大部分的制动负荷，缓速器的定子和转子之间没有直接接触，不存在磨损，从而减少制动片的磨损和故障率。延长车轮制动器的使用寿命，车轮制动器可以长期处于良好工作状态，进而缓解或避免车辆跑偏、传统刹车失灵和爆胎等安全隐患。

在安全性方面，由于制动片在摩擦过程中会产生很多粉尘，粉尘中含有因高温作用而发生变异的有害物质，甚至含有致癌物质；同时，制动器频繁维修产生的较多维修废弃物以及汽车制动时发出的尖锐噪声，也都会对环境产生较大污染。缓速器能够承担车轮制动器大部分的负荷，因而也就能大大减少车轮制动器对环境带来的影响。

（三）汽车尾板技术

1. **汽车尾板简介**

汽车尾板全称叫作车用起重尾板，是一种安装在车辆尾部或侧面的一种车载液压起重装卸设备，是以车辆的自身蓄电池作为动力的机、电、液一体的环保节能自动化机械产品。主要包括承载平台、驱动系统、支撑系统以及一个或多个位置控制点，大多安装在货运车辆的后尾部。如图4－41所示。

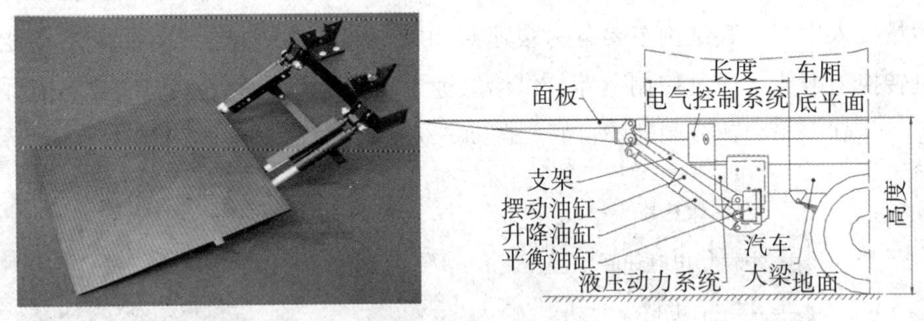

图4－41　汽车尾板

图片来源：114批发网 http：//www.114pifa.com/p3236/8429828.html。

尾板应用非常广泛，可安装于各种车辆。不局限于车辆的吨位和型式，不受原车载质量、尺寸及工作环境和场地的限制，单次起重量可达数吨，使用便利、灵活，高效、安全。能大幅度提高公路零担运输装卸效率，节省人力成本，减少物流费用，降低劳动强度。目前广泛应用于城际间货物多点装卸的物流配送、城市内物流配送、烟草物流配送、邮政、金融运钞、五金化工、造纸印刷、制造业物流转运等服务环节中，是现代化物流运输快速装卸的必选设备之一。

2. 汽车尾板常见分类

目前国内应用最为广泛的尾板主要有悬臂式尾板、折叠式尾板以及垂直升降尾板，如图 4－42 所示。

图 4－42　常见的汽车尾板

图片来源：2017 全球物流技术大会——让装卸工作更加轻松高效。

（1）悬臂式尾板。

悬臂式尾板是一种最常见、使用最广泛的尾板，适应性强，大到 9m 以上的车辆，小到 1～2m（厢长）的轻型小货车，都可以安装这种尾板。安装悬臂式尾板的车辆，可以利用尾板代替车辆后门，在实际应用中可以省去打开后门的操作，配合手动叉车，可以大大提高装卸效率。悬臂式尾板如图 4－43 所示。

图 4－43　悬臂式尾板

（2）折叠式尾板。

在冷链物流中，冷藏车具有比较特殊的使用要求，如果装用普通尾板，尾板打开时会占用车辆后端的一部分空间，给对接造成障碍。而折叠式尾板折叠后收藏在车辆尾部的底端，不会挡住车厢的厢门，节省空间，操作方便，车辆就可以实现与冷库的无缝对接。折叠式尾板如图 4 – 44 所示，装备折叠式尾板的货车和冷藏库对接如图 4 – 45 所示。

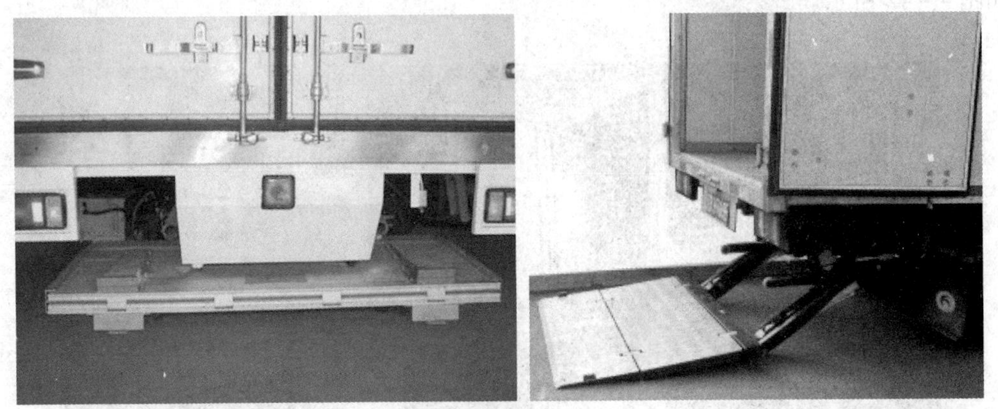

图 4 – 44　折叠式尾板[97]

图片来源：上海牛力机械 http：//www. niuli021. com/Html/news/2015 – 3 – 12/1114. html。
上海牛力机械 http：//www. niuli021. com/Html/product/2015 – 3 – 28/1126. html。

图 4 – 45　装备折叠式尾板的货车和冷藏库对接

图片来源：2017 全球物流技术大会——让装卸工作更加轻松高效。

（3）垂直升降尾板。

垂直升降尾板，其机架部分与车厢门框部分合二为一，举升机构隐藏于框架中，安装要求空间小，安装简捷方便，安装后对车辆离去角基本没有影响。垂直升降尾板的安装适应性更强，在车辆尾部空间不足以安装悬臂式尾板的情况下，安装垂直升降尾板是最佳的解决方案。垂直升降尾板如图 4 – 46 所示。

垂直升降尾板除具有普通尾板所具备的功能以外，还可以达到更高的举升高度，可以实现多层升降高度的装卸作业，并可以实现两辆车之间的直接货物转运，在很大

图 4-46　垂直升降尾板

图片来源：2017 全球物流技术大会——让装卸工作更加轻松高效。

程度上节省了大型货车的分装时间，尤其对城市物流的快速性要求有着很好的适用性，如图 4-47 所示。

图 4-47　两辆货车利用垂直升降尾板来直接升降

图片来源：2017 全球物流技术大会——让装卸工作更加轻松高效。

（4）其他类型尾板。

常见的其他类型尾板如图 4-48 所示。

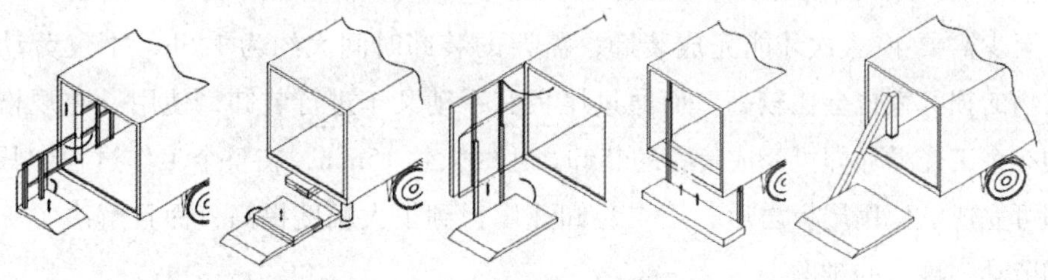

图 4-48　其他类型尾板

图片来源：2017 全球物流技术大会——让装卸工作更加轻松高效。

其他类型尾板主要用于满足客户的特殊需求，如内部旋转、外部旋转、单臂式等。这种尾板需要根据客户的需求定做，成本高、制作慢，但是专业化强、使用效果好，省时省力。

近些年，小型电动汽车的发展势头迅猛，一些传统汽车厂家也在不断地推出轻型货车，这类车的载重量不大，但对尾板仍有较大的需求，这类货车特型尾板具有轻巧的结构、适中的承载能力，是小型货车的最佳选择，如图 4－49 所示。

图 4－49　轻型货车特型尾板

图片来源：2017 全球物流技术大会——让装卸工作更加轻松高效。

3. 汽车尾板的应用与优势

随着我国国民经济持续、快速、健康的发展，公路货运物流量高速增长，专业运输单位和个体运输经营者数量持续上升，许多公司都建设了自己的运输车队，但是大部分车队还是用人工装卸货物，仅靠手工作业，不安全、效率低、不能发挥车辆的经济效能并且劳动强度大。汽车尾板在货物装卸过程中具有稳定、安全、快捷、省力、高效的特点，不受场地、设备及人力限制，仅配套手动叉车装置，即可一人完成货物的随时装卸，如图 4－50 所示。

一辆 4.2m 装满货物的货车，如果靠人工装卸，按照每人每次可以搬运 70～80kg 计算，至少需要 40 人次才能完成装卸，需要的装卸时间大约为 1.5h，不仅劳动强度大，货物的损坏率也会比较高。而通过尾板和手动叉车进行装卸，使用一吨规格的尾板大约 6 个工作循环即可完成货物的装卸，用时大约 15min，在整个工作过程中只需要一人即可完成。使用尾板之后，不仅装卸速度得到了大幅度提高，而且解决了工作人员装卸劳动强度大的难题。

另外，尾板轻量化也为减轻整车自重、增加装载质量、降低运输成本带来好处。

图 4-50 尾板装卸、人工装卸

图片来源：中国专用汽车网．提高装卸效率节约成本 https：//m. zyqc. cc/Mobile/ArticleDetail/75573？formHttp=1。野猪乐园论坛 http：//m. hlgnet. com/bbs/1_ 14096765/。

欧洲目前几乎90%的尾板是铝制尾板，最大优点是重量轻，与同一型号的钢制尾板相比，铝制尾板可以减轻150~200kg的自重，轻量化终将成为国内尾板的发展趋势。

（四）EPS技术

1. EPS技术简介

电动助力转向系统（Electric Power Steering，EPS）是一种直接依靠电机提供辅助扭矩的动力转向系统，如图4-51所示。是在传统机械转向机构基础上，增加信号传感装置、电子控制装置和转向助力机构，利用电动机产生的动力来帮助驾驶员进行转向。它既能保证EPS在车辆低速行驶时转向操作轻便省力，又能保证在高速行驶时具有很高的操纵稳定性。与传统的液压助力转向系统HPS（Hydraulic Power Steering）相比，EPS具有结构简单、节约燃料、主动安全性高，且有利于环保等一系列优点。EPS主要由扭矩传感器、车速传感器、电动机、减速机构和电子控制单元（ECU）等组成。

EPS的工作原理如下：驾驶员在操纵方向盘进行转向时，转矩传感器检测到转向盘的转向以及转矩的大小，将电压信号输送到电子控制单元，电子控制单元根据转矩传感器检测到的转距电压信号、转动方向和车速信号等，向电动机控制器发出指令，使电动机输出相应大小和方向的转向助力转矩，从而产生辅助动力。汽车不转向时，电子控制单元不向电动机控制器发出指令，电动机不工作。

图 4－51　电动助力转向系统

图片来源：凤凰汽车 http：//dealer. auto. ifeng. com/19183/news_ info_ 905431. html。

2. 常见 EPS 系统类型

目前常见的电动助力转向系统主要有转向柱助力式、齿轮助力式以及齿条助力式这三种。

（1）转向柱助力式电动助力转向器。

转向柱助力式电动助力转向器（C－EPS）的助力电机固定在转向柱的一侧，通过减速增扭机构与转向轴相连，直接驱动转向轴助力转向。这种形式的电动助力转向系统结构简单紧凑、易于安装，如图 4－52 所示。

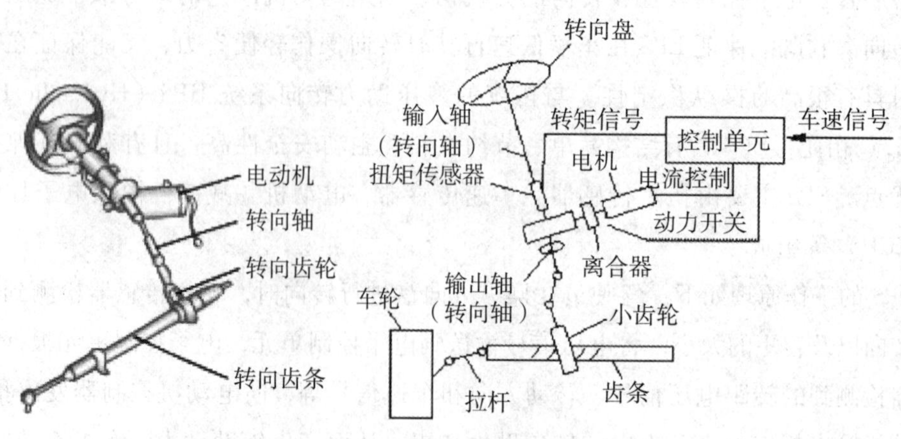

图 4－52　转向柱助力式电动助力转向器

图片来源：捷太格特中国 http：//www. jtekt. com. cn/jtekt/steeringsystem/eps/index. html。

（2）齿轮助力式电动助力转向器。

齿轮助力式电动助力转向器（P－EPS）的助力电机和减速增扭机构与小齿轮相连，直接驱动齿轮实现助力转向。由于助力电机未安装在乘客舱内，因此可以使用较大的电机以获得较高的助力扭矩而不必担心电机转动惯量太大产生的噪声。该类型转向器可用于中型车辆，以提供较大的助力，如图4－53所示。

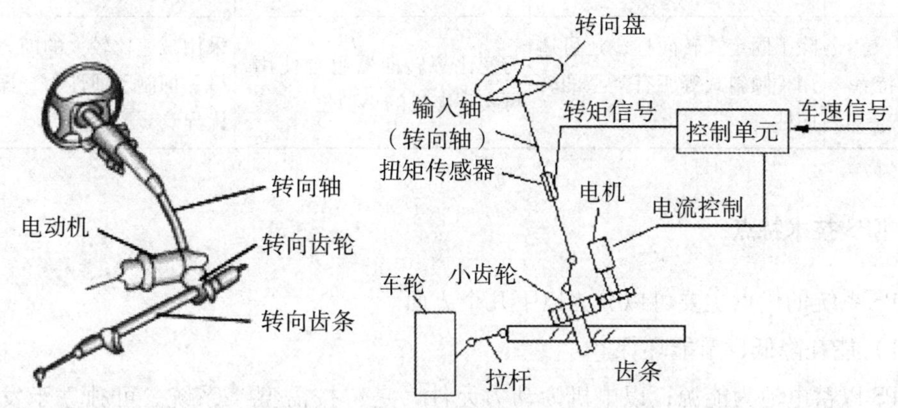

图4－53 齿轮助力式电动助力转向器

图片来源：捷太格特中国 http：//www.jtekt.com.cn/jtekt/steeringsystem/eps/index.html。

（3）齿条助力式电动助力转向器。

齿条助力式电动助力转向器（R－EPS）的助力电机和减速增扭机构则直接驱动齿条提供助力，如图4－54所示。由于助力电机安装于齿条上的位置比较自由，因此在汽车的底盘布置时非常方便。同时，同C－EPS和P－EPS相比可以提供更大的助力值，一般用于大型车辆上。主要类型电动助力转向系统对比如表4－2所示。

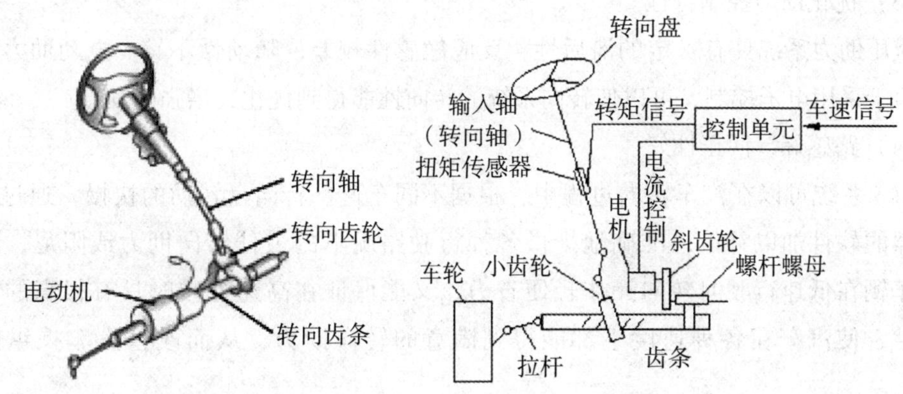

图4－54 齿条助力式电动助力转向器

图片来源：捷太格特中国 http：//www.jtekt.com.cn/jtekt/steeringsystem/eps/index.html。

表 4-2　　主要类型电动助力转向系统对比表

	转向柱助力式	齿轮助力式	齿条助力式
结构布置	助力电动机、控制器以及转矩传感器配置在转向柱上	助力电动机配置在转向器的齿轮轴上	助力电动机配置在转向器的齿条轴上
安装优势	系统结构紧凑，安装时极为简便	助力电动机位于车箱外，可以获得更大的辅助力	助力电动机可安装在任意位置，自由度较高
产品特点	除了固定式转向柱，还可适用于倾斜式等所有类型的转向柱	与变比率转向器组合使用，可实现电机的小型化	采用减速比较大的助力电动机，抑制了惯性力，操作感优异

3. EPS 技术特点

EPS 系统的优点主要可以分为以下几个方面。

（1）能耗降低，节能环保。

EPS 以蓄电池为能源，以电机为动力元件，是“按需型”系统。可独立于发动机工作，只有转向时系统才工作，消耗较少的能量，且不直接消耗发动机燃油。与液压助力系统相比，不存在燃油泄漏问题，对环境几乎没有污染。效率较高，液压动力转向系统效率一般在 60% ~70%，而 EPS 的效率可提高 90% 以上，在各种行驶工况下均可节省发动机能源 3% ~5%，降低了油耗。

（2）安装方便，轻量化显著。

液压动力系统具有液压缸、油泵、转阀、液压管道等部件，系统结构复杂，零件数目多，占用空间大，布置不方便。而 EPS 系统的主要部件可以集成在一起，减少了许多元件，系统结构紧凑，重量减轻，装配方便，节约时间。

（3）优化助力控制特性。

液压助力系统具有一定的滞后性，反应敏感性较差，随动性不够。电动助力转向系统由于采用电子控制，可以使转向系统的转向性能得到优化，增强随动性。

（4）路感好，回正性好。

EPS 系统可以在汽车转向过程中，根据不同车速、转向盘转动的快慢，通过 EPS 控制器的软件加以补偿，准确地提供各种行驶路况下的最佳转向助力或阻尼，既能保证车辆在低速行驶时转向操作轻便省力，又能保证在高速行驶时具有很高的操纵稳定性，使汽车在各种速度下都能得到满意的转向助力，从而改善汽车操纵的舒适性。

（5）自动驾驶。

EPS 是自动驾驶过程中必不可少的一个部件。在 EPS 上有一套控制单元和一个功能强大的中央处理器（CPU）。在智能系统的主导下，可以实现自动转向的功能。以自动泊车为例，现在只要输入相关信号，通过传感器对车位信息的接收、处理之后，EPS就可以自动将车停到相应的车位上去。在未来，EPS 系统的应用范围也会越加广泛。

三、汽车零部件技术发展存在的问题

（一）汽车零部件技术推广应用缓慢

虽然这些轻量化汽车零部件技术正在逐步推广应用，但是目前在我国的普及率并不高，与发达国家相比仍存在不小的差距，需要进一步加速推广。

北美洲重卡的空气悬挂装备率已经高达 71%，欧洲为 63%，亚洲也达到了 5%，而中国的空气弹簧装配率只有 1%，汽车空气弹簧悬架在我国重型载货汽车上的应用尚处于起步阶段。国内的汽车尾板普及率还不高，中国香港货车使用尾板的比例在 70% 以上，欧洲的尾板使用率超过 60%，美国、日本超过 50%。而中国只有大约 3% 的货运车辆安装了尾板。

据资料显示，欧美发达国家 80% 的重型货车配备有缓速器，早在 20 世纪 50 年代就已经要求 8t 以上的大货车强制安装缓速器。公交巴士、旅游客车、中型和重型货车几乎是把液力缓速器作为其必装配件，以此来提高车辆的安全性能。而目前在国内，只有不到 1% 的用户才会选装缓速器，以山区重载、危化品运输的用户为主[98][99]。部分汽车零部件技术国内外应用情况如图 4－55 所示。

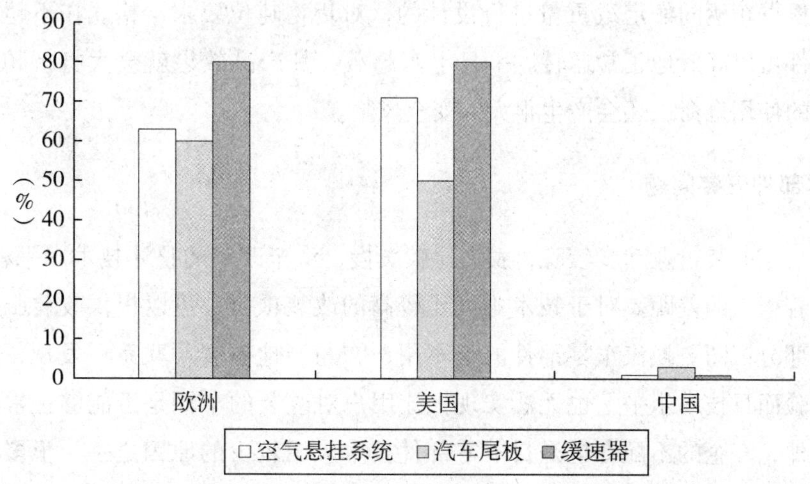

图 4－55　部分汽车零部件技术国内外应用情况

通过对比可以发现，汽车零部件技术在发达国家早已经成为卡车的标配，但是在我国汽车零部件技术发展较为缓慢，未来还有很大的发展空间。

（二）制约汽车零部件技术推广应用的原因

目前我国汽车零部件技术装备率不高的原因主要有以下三点。

1. 成本问题

汽车零部件技术的应用群体更多集中在集团用户或大型物流公司中。对于散户来说，由于货物不定，路线不定，对价格相对较为敏感，大多数司机不愿意增加资金投入，更换汽车新型零部件的车辆比较少。随着我国物流运输成本高涨，很多物流企业也都在开源节流，虽然了解汽车零部件技术的价值，但是对额外支出的费用十分谨慎。

另外，由于我国零部件技术发展尚不成熟，国产零部件的性能与可靠性有待进一步提升，市面上的汽车轻量化零部件还主要以进口为主，价格相对较高。以空气悬挂系统为例，现在一套进口的空气悬挂系统，少则七八万元，多则十几万元，还不包括改装费用，如果是旧车改装，费用成本就会再上一个台阶，而一辆货车的平均价格也只有几十万元。对于很多卡车司机来说，国产的零部件价格就已经难以接受了，愿意利用进口零部件对车辆进行改装的司机就更少了。

2. 超载问题

我国重型卡车常常存在超载的现象，而缓速器、空气悬挂等轻量化汽车零部件技术一般是根据车辆的额定载重量进行设计的，对货物吨位要求严格。在不超载的情况下，零部件可以高效地正常运转。一旦卡车超载，其产品效果就会大打折扣，不但会减少零件的使用寿命，还会产生很大的安全风险。

3. 零部件安装问题

我国汽车改装行业起步较晚，发展比较缓慢，汽车改装的整体技术水平相对落后，与国外有着很大的差距。对于技术难度比较高的改装项目，可以提供改装服务的改装厂较少。部分试图更换汽车零部件的卡车用户在与当地改装厂联系后发现，改装厂不仅缺乏经验而且技术水平上也无法实现，让用户对改装的车辆是否能够正常行驶没有信心。另外，车企的不配合也是目前零部件技术应用较少的原因之一。很多车企在设计产品时根本没有考虑到未来零部件的更换问题，卡车在出厂时没有为零部件的更换提前预留空间，用户自行更换零部件有时会出现不配套的情况。而且国内几乎没有车企能够提供关于汽车零部件技术的售前推荐、操作方法说明、日常维护培训，导致用户无法对使用中出现的问题进行正确的判断。

四、汽车零部件技术发展对策

（1）加大汽车零部件技术研发投入。

我国汽车工业起步较低，政府作为宏观调控的主体，应制定各种优惠政策，加大对研发创新方面的投入，引导汽车企业建立技术中心来推动国内汽车行业的发展。企业自身更需积极参与国际合作，采取合资合作的方式，加大技术引进，在引进消化吸收再创新的基础上，不断学习国外先进的生产技术和管理经验，提升研发水平，将进口高端技术转变为自主产权的技术并带动整个行业的技术水平发展。

（2）形成零部件与整车联盟。

零部件企业可以与上游整车企业组建联盟共同发展，通过参与整车的设计过程，及时了解整车厂的需求，同时，汽车整车厂可对零部件企业实行实时监督以协调生产。另外，要注重零部件物流等更深层次的汽车物流服务[100]，提高汽车零部件改装和售后服务的水平，通过技术水平缩短服务时间，降低服务费用，促进汽车零部件的售后应用。

（3）继续推进公路治超活动。

政府执法部门继续坚持“依法严管、标本兼治、立足源头、长效治理”的原则，加大对国省道高级公路货运车辆非法改装和超限超载运输行为的打击力度，预防货运车辆因超限超载诱发的公路交通事故。同时，汽车制造、改装厂商严格按照国家标准生产和改造汽车，从根本上杜绝超载的发生。

第五章　仓储技术

第一节　智能仓库技术

智能仓库是指依托互联网、物联网技术，通过构建智能化仓储体系，实现自感知、自决策、自执行的现代化仓库。智能仓库能够帮助企业提高仓库管理的工作效率，保证仓库物料运作和管理各个环节的时效性和准确性，合理保持和控制企业库存，加速物流运转，进一步降低企业运作成本。

一、智能仓库发展情况

2013 年，商务部发布《关于促进仓储业转型升级的指导意见》，提出用 5 年左右时间将仓储服务达标率提高到 40%，使立体仓库的总面积占仓库总面积的 40%，仓储企业机械化、自动化、标准化、信息化水平显著提高，商品库存周转速度明显加快，流通环节仓储费用占商品流通费用的比率显著下降。2017 年是《关于促进仓储业转型升级的指导意见》目标实现的收官年，仓储业呈现了良好的发展势头，并在新一轮的技术进步、市场拓展中不断朝智能化方向发展。这其中，电子商务和快递行业的飞跃式发展成为仓库智能化发展的主要驱动因素，跨境电商及快递企业上市也带来新一轮的市场刺激。与此同时，国内优势企业技术取得突破，具备了提供整体解决方案能力，为智能仓库的发展提供了技术支撑。2016 年《全国电子商务物流发展专项规划》发布，进一步为电商物流发展提供了政策支撑，带动了物流仓储需求高速增长。在需求的推动下，业内领先的京东、苏宁、阿里巴巴等企业拥有的仓库逐步实现从自动化到智能化，而全仓储行业的自动化水平也不断提高，为智能仓库的下一步发展奠定了基础。我国仓储业相关自动化系统及设备投入规模和自动化立体仓库市场空间发展如图 5－1 和图 5－2 所示。

二、智能仓库网络化运营技术发展新热点

随着供应链理念的不断深入及信息化技术的发展，以及现代电子商务 O2O 商业模式对扁平化的供应链要求越来越高，为实现“仓储—运输—配送”一体化协同，提升

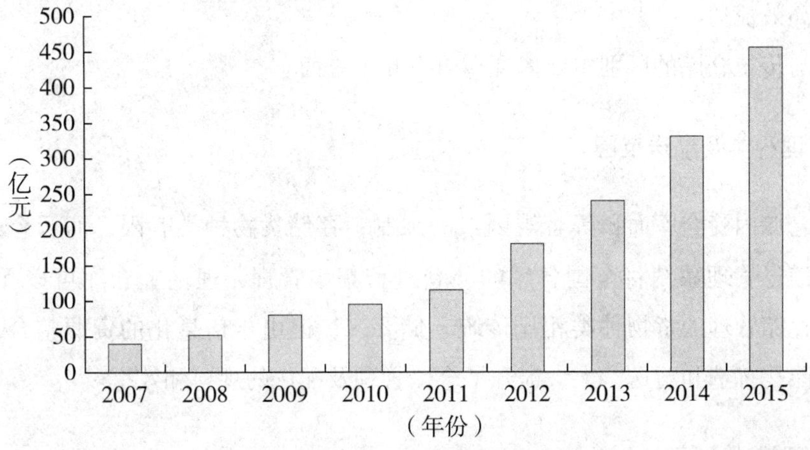

图 5－1　2007—2015 年我国仓储业相关自动化系统及设备投入规模

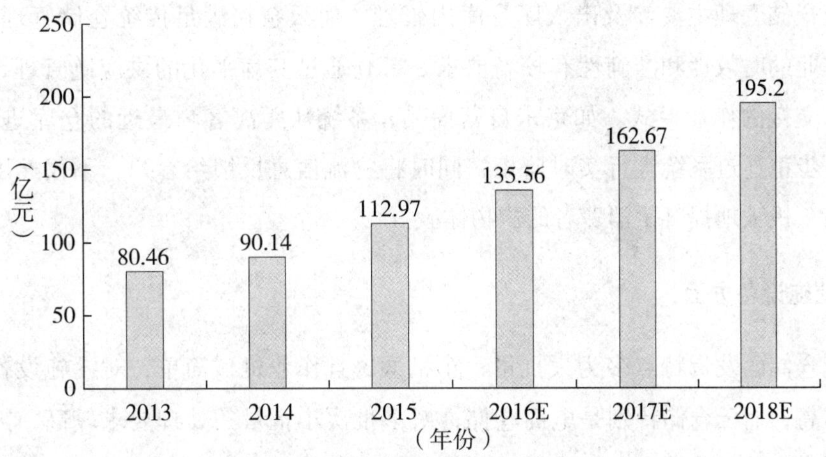

图 5－2　2013—2018 年我国自动化立体仓库市场空间

注：2016、2017、2018 年为预测值。

数据来源：中投顾问产业研究中心。

物流运作效率，增强客户体验，云仓应运而生。云仓基于云计算，通过将全国各地建立的分仓信息系统进行联网一体化，实现整合资源，优化资源配置，从而提升整体配送网络的响应速度[101]。在云仓的管理模式中，快件可通过总部信息管理平台直接分拨到客户就近的配送点进行配送，配送点实时接收总部指令，极大地减少配送时间，提升客户体验。

目前，京东、苏宁、阿里巴巴、百世等企业在全国多个中心城市升级仓库智能化水平，构建起一张覆盖全国的高度智能云仓体系，为供应链全链条服务提供智能设施支持。在即时共享的云存储系统中，配合精准的供应链计划，可在全国的各级仓库间实现智能分仓、就近备货和预测式调拨。同时，通过智能化作业，精准分析订单、库位、路径和区域，确保库存提前调拨到离客户最近的配送中心，从而保证商品在全国范围内的高效流通。

云仓与传统仓库的区别主要体现在以下几个方面。

1. 管理种类及配送范围

传统仓储因受仓库面积等客观因素的限制，存储货物种类有限，而云仓则由于其一体化的信息管理系统将全国各区的分仓进行集中管理，理论上仓库可以无限扩大，因此其所存储管理的货物种类相比传统仓储要多，但由于信息化的资源整合，实现了订单的智能化拣选和配送，大大提升了仓储管理及配送的规模和效率。

2. 管理模式方面

传统仓储管理主要涉及出入库及库内管理，而云仓在满足传统仓储管理的同时，对仓储作业的时效性和准确性有较高要求。云仓通过其扁平化的供应链管理，实现近距离高速交接的作业模式。如京东自营商品，系统从距离客户最近的仓库进行发货，并且每一步都通过系统进行实时监控，同时将物流信息反馈给客户，不仅速度快而且准确率高，极大地提升了消费者的购物体验。

3. 设施设备方面

传统仓储的发货特点多为大批量、小批次，且作业机械简单，对设施设备的信息化要求不高，而云仓储特别是电商仓储，对多批次小批量的处理要求较高，因此为了保证仓储作业的整体效率，除了实现仓储的信息化管理之外，还需要通过仓储设施设备的智能化来辅助仓储信息化管理，如仓储管理系统（WMS）、RFID 信息处理等信息系统，扫码设备、自动分拣机、巷道堆垛起重机等自动化设备。

三、智能仓库内部技术应用新热点

（一）高密度自动存储系统

高密度自动存储系统在电商行业应用较多。对业务规模高速增长、业务模式不断扩展、经营品类不断增多的电商企业来说，智能仓库必须满足高密度自动存储的需求，从而保证在有限的空间内实现品类与数量繁多的商品顺畅运转。智能化的高密度存储是仓库发展的必然趋势，在构建高密度存储的能力时，要综合考虑效率、准确性、灵活性、可扩展性、方便性以及工作环境，科学合理地进行布局。高密度自动存储系统在整件和零散产品的应用如下。

1. **自动托盘堆垛系统**

自动托盘堆垛系统主要由高层立体货架、自动堆垛机、输送和控制系统组成。目前自动托盘堆垛系统不断向大型化、巨型化方向发展。以苏宁为例，苏宁自动托盘堆垛系统高达22m，纵深90m，配备灵敏的机械触手，可在90m纵深空间里自由而准确地上下穿梭。机械触手可以识别每一个存储位，根据指令进行存取。自动托盘堆垛系统是专为存取完整的装载单元而设计的，主要用来存储整托以及小件大批量商品[102]。自动托盘堆垛货架如图5－3所示。

图5－3　自动托盘堆垛货架

图片来源：2017全球物流技术大会——苏宁物流超级智能云仓解密。

2. **高密度自动箱式堆垛机**

高密度自动箱式堆垛机比自动托盘堆垛机更加精巧，其存取的货物多是周转箱和硬纸箱，体积更小，灵活性更强，且作业复杂度更高。高密度自动箱式堆垛机除存储外，更大的优势在于对时间的准确计算和及时响应，达成出库路径最短或者环节最短。它可以完成直接出库的订单指令，还可以对各个库区进行动态的自动补货。目前国内较为先进的苏宁仓库高密度自动箱式堆垛机能够实现双循环1400箱/小时、单循环1800箱/小时左右的存取的能力，每天能够完成近百万件商品的补货出库。高密度自动箱式堆垛机如图5－4所示。

（二）“货到人”技术

“货到人”技术是由存储系统、搬运输送系统、拣选系统、信息控制系统组成的高

图5－4　高密度自动箱式堆垛机

图片来源：2017全球物流技术大会——苏宁物流超级智能云仓解密。

度自动化的作业技术，可通过先进的设备以及技术实现由货物到人的物料运送。在高密度存储的情况下，人工拣选的效率将会大大降低，“货到人”技术不仅提高了拣选速率，也极大地提高了拣选准确率，并能有效降低货物破损率，拣选人员只需要根据拣选台电子标签提示的数量，从周转箱中拣选相应数量的商品放入包装盒即可，不需要考虑货位、拣选路线等因素。

以“货到人”为核心设计理念的智能仓储解决方案成功解决了仓库人工作业强度高、业务繁杂等痛点，操作员只需在操作台便可完成货物拣选、上下架及其他仓储工作，减少了大量行走时间和劳动强度，保证了生产线生产/仓储业务的安全性、准确性和时效性。该方案同时降低了对工作人员的能力要求，无须安排有多年仓储经验的员工。“货到人”技术除在高密度自动存储系统中应用外，还可通过自动传输机器人和顺序控制系统（SCS）旋转货架等技术实现。自动传输机器人如图5－5所示。

图5－5　自动传输机器人

图片来源：中国机电网 http：//www. chinamae. com/shownews_ 106312_ 15. html。

（三）智能仓储机器人系统

智能仓储机器人系统由智能仓储机器人、机器人调度系统（RCS）组成，其中智能仓储机器人目前主要应用为自动导航运输车（AGV）。

1. AGV

自动导航运输车（AGV）是具有安全保护以及移载功能的运输小车，如图5－6所示。它的主要功能表现为在计算机监控下，按路径规划和作业要求，使小车较为精确地行走并停靠到指定地点，完成一系列移载、搬运等作业功能。在“货到人”可移动货架系统中，AGV可在接到指令后，自行将存放商品的货架拉到拣货员身边，完成拣货之后，再将货架拖到货架区存放，从而减少了人到货物的跑动距离，提高了货物的拣选效率。目前，AGV已得到广泛应用，菜鸟网络惠阳仓单仓AGV数量多达100多台，海康威视桐庐基地目前的单仓AGV数量已经达到了160台。AGV的正常运作主要基于以下几种方案的实施。

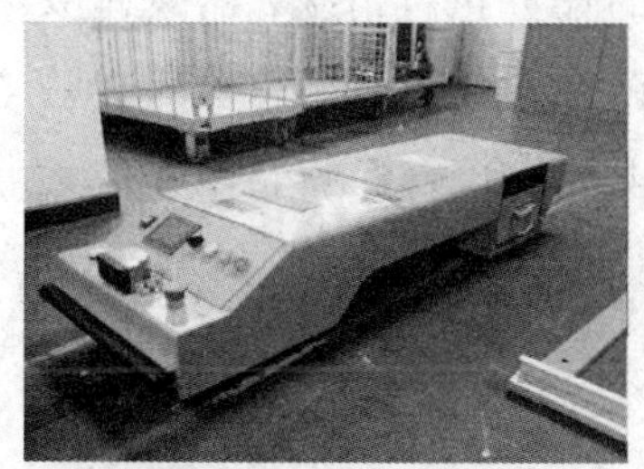

图5－6　AGV自动导航运输车示意

图片来源：LadRobothttp：//www.ladrobot.com.cn/news_1.php？id＝7。

（1）磁条方案。

较早的AGV自动导航运输车采用的是磁条方案，需要先在地面上铺设磁条，机器人沿着磁条移动，实现点到点的搬运。该方案成本低廉，但灵活性与智能化水平较低。

（2）激光方案。

激光方案有两种。一种是通过激光测距结合SLAM算法建立小车的整套行驶路径地图，不需要任何的辅助材料，柔性化程度更高；另一种是反光板导航，即在 AGV 行驶路径的周围安装激光反射板，AGV 通过发射激光束，同时采集由反射板反射的激光束，来确定其当前的位置和方向。该方案成本较高，且对环境有一定要求。

（3）二维码方案。

该方案需要在仓库地面上布置栅格化的二维码图形，其地图相当于一个大号的围棋棋盘，机器人平时通过惯性导航，经过二维码时再进行校正。二维码导航不受声光干扰，但对二维码的贴码材质有特别要求，对陀螺仪的精度及使用寿命也有严格要求。

2. RCS

机器人调度系统（RCS）负责导航运输车的任务分配、调度及运行维护，如图 5－7 所示。RCS 建立移动机器人的世界模型，将仓储地图转换成机器人能够识别的模型数据，采用多种调度算法，可实现任务的最优分配、路径规划及交通管理。RCS 还负责监控 AGV 的运行状态，根据 AGV 的历史情况和当前状态，来决定是否需要进行具体项目的保养维护，并结合充电站的运行状态和当前的任务执行情况，合理地安排 AGV 进行自主充电，补充能源。除此之外，RCS 还会记录、分析和汇总全部 AGV 的告警信息，及时通知运维人员，给出相应的检查和处理的建议，保障整个系统运行的可靠性。

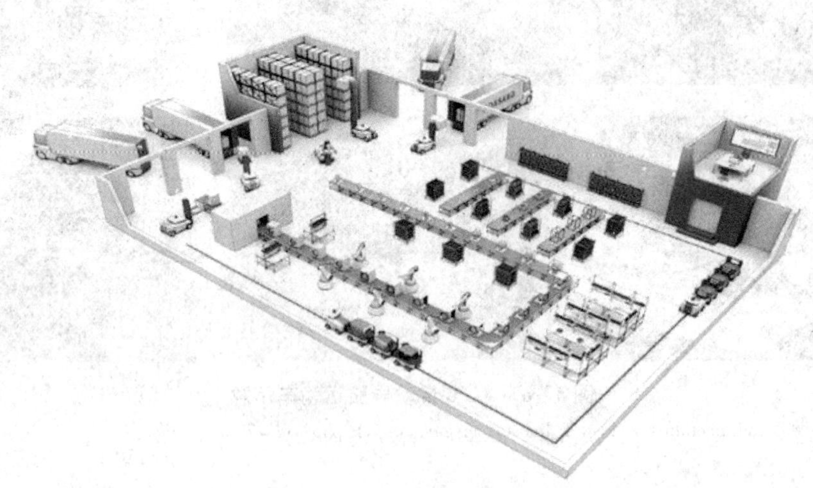

图 5－7　机器人调度系统示意

图片来源：搜狐科技 http：//www. sohu. com/a/120047576_ 216370。

（四）智能仓储管理信息系统

智能仓储管理系统（IWMS）支持包括采购入库、生产入库、生产领料、成品出库等各项仓储业务需求，其作为上层的仓储业务管理系统，IWMS集成了多种仓储优化技术，实现仓库储位的冷热度分析，支持实时调整货架位置，并能根据货物存储情况，自动推荐货架整理，有效提升仓储空间的利用率。通过对大数据的分析研究，IWMS还可挖掘货物之间的相关联系，并制定相应的入库策略，以提高出库效率。另外，IWMS支持与企业ERP系统全功能对接，还可与视频监控互联互通，实时查看现场工作动态，实现仓储可视化。在IWMS的支持下，货物进出库以及在库内运作效率大大提升，具体实现环节如下。

1. **原材料入库**

在IWMS系统中，货物送达仓库后，可通过手持条码扫描器（PDA）扫描送货单完成收货过账，并将托盘指示器与每托货物的信息进行扫描绑定，IWMS会自动分析仓库空闲的仓储面积，并通过读取货物体积和重量参数按照既定的入库策略分配最优仓位。与此同时，AGV搬运空货架至入库工作台，数量较多、单件较重的货物则通过铲车将整托货物移载至单层货架，提高上架效率，减轻工人的搬运量。数量较少、重量较轻的货物则放置在多层货架，最大限度利用仓储空间。

2. **原材料出库**

企业生产执行管理系统在感知生产线上物料后，会传达给IWMS系统对接，IWMS系统将用料需求分为多个订单，每个订单又分为多个订单行，AGV会自动根据订单行把对应的货架拉出来，再由人工从货架上拣选出需要的原材料送到生产线上去，实现了“货到人”“货等人”的要求，大大提高了出库效率。

3. **原材料运送**

在IWMS系统中，原材料出库通过“周转箱+笼车”进行运送，若生产线在同一楼层，由AGV直接搬运笼车至生产线，若在不同楼层，则由RCS调度提升机实现笼车跨楼层搬运，到达目标楼层后再由另一台AGV接驳搬运至生产线，如图5-8所示。

4. **成品入库**

成品入库时，工人扫描成品包装信息并摆放在单层货架上，码托完成后呼叫AGV。与原材料运送相同，若目标库区在同一楼层，由AGV搬运成品直接入库，若在不同楼层，RCS调度提升机实现跨楼层搬运入库，入库后完成更新库存信息。

图 5-8 笼车跨楼层搬运示意

图片来源：网易号 http：//dy.163.com/v2/article/detail/CRS47O7K0511DPV1.html。

5. 成品出库

客户下单后，AGV 会自动将订单中产品所存放的货架拉出来，若订单中的货物不在同一个货架上，AGV 会分别拉几个货架出来，由工人将货物拣出。而货架拉出来之前的位置、待工人拣货停放的位置、放回的位置以及由哪台 AGV 完成相应任务则由系统自动分配。货架出来和进去的位置并不一定相同，系统会进行自动优化[103]。

（五）仓库设备控制系统

仓库设备控制系统（WCS）主要协调仓库内各种设备如输送机、堆垛机、穿梭车以及机器人等之间的运行，优化分解任务、分析执行路径，为上层系统的调度指令提供执行保障和优化，实现对各种设备系统接口的集成、统一调度和监控。

WCS 通过与物流设备建立某种通信协议协调、调度自动仓储系统中的各种物流设备，要达成这一目标，首先要解决的就是 WCS 与底层物流设备的通信机制问题。这种通信机制问题要靠与每种设备间建立一种通信协议，就是通常所说的接口协议。

通信协议是一种逻辑结构，主要包括如下关键点：

①设备通信协议。一般是由各个物流设备子系统提供，WCS 负责遵守协议。协议中描述了物流设备的基本功能、怎样使用物流设备公开的功能接口或要求 WCS 公开的接口。

②标准通信协议。包括传输控制协议（TCP）、用户数据协议（UDP）等。

③通信硬件连接。包括以太网、红外光通信、无线太网、串口（422/485/232）等。

WCS 通常并不直接控制物流设备的动作，而只是协调多种设备的工作。因为每一个设备都有自身的控制系统，在自动化系统中最常见的就是可编程逻辑控制器（PLC），WCS只需要和PLC中的控制程序通信即可。如果系统中的每一个设备都可以自主地完成某个特定流程，则WCS只需接受WMS任务发送，根据库房作业流程的特点，制定出合理的分配策略或执行策略来发送协调指令，以减少整个系统的通信量，从而提升整个系统运行的效率和可靠性[104]。WCS控制示意如图5-9所示。

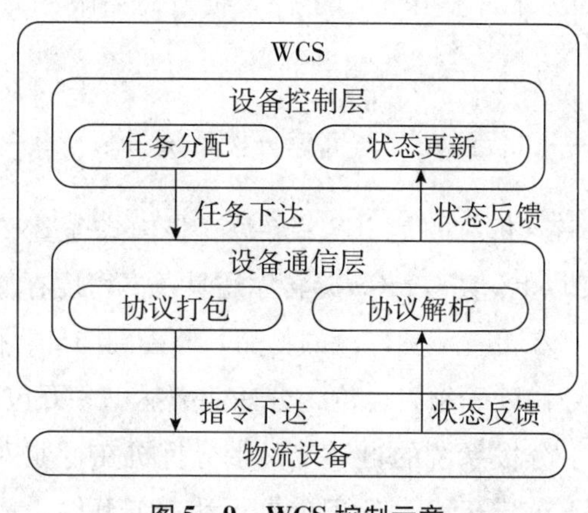

图5-9　WCS控制示意

四、年度创新案例：苏宁物流超级智能云仓解密①

苏宁云仓经历了从人工拣货到机械化、自动化、智能化的发展阶段。苏宁作为一个电器的流通企业，2009年开始做互联网转型，经营产品向全品类拓展，产品类别越来越丰富，大量SKU倒逼苏宁在自动化、智能化方面要做出改变。苏宁从2009年开始在南京雨花物流基地引入马泰克、湖州德马自动分拣技术，并不断提升仓库的智能化水平。到2016年年底，苏宁开始大规模运用“货到人”技术，单天出货量达到20万~30万单，形成了真正意义上的智能仓库。目前，苏宁云仓作为亚洲第一、世界第三的智慧物流基地，在仓储规模、日出货量、自动化水平等整体科技能力和智能化水平方面，均打破了亚洲物流行业的纪录。

苏宁云仓作为智能化的现代仓库，能够实现动态盘点、自动入库、自动补货、自动出货、全流程智能等功能。在规模上，苏宁拥有百万级SKU，覆盖中小件全品类商品，通过多存储方式和信息技术的管理，保证了仓库内作业的顺畅运行。除此之外，苏宁利用大数据技术，在片区辐射、多仓协同、全渠道多平台、线上线下融合等方面也走在行业的前列。苏宁的智能化仓库主要体现在以下方面。

① 2017全球物流技术大会——苏宁物流超级智能云仓解密。

1. 核心硬件技术——高密度存储系统

苏宁的高密度存储系统主要也是依靠箱式堆垛机和托盘堆垛系统。苏宁的 Miniload 自动箱式堆垛机主要用于小件料箱和硬纸箱的存储、补货，不需要人工操作，完全由系统进行控制，其存储能力是横梁货架的 2～3 倍，单台堆垛机存取效率非常高。AS/RS 自动托盘堆垛系统专为中件整托盘和小件大批量商品服务，其设计效率达到 1800 箱/小时的单循环能力。

2. 智能软件技术——“货到人”与高速分拨系统

苏宁的“货到人”拣选依靠的是 SCS 旋转库，该模式拣选效率高达 15000 件/小时是传统拣选方式的 10 倍以上。苏宁 SCS 旋转库还具备高密度存储功能，不仅自动化程度高，而且能够准确管理和检查范围广泛的物品、监控到期日、批次追踪。

苏宁的分拨系统在业内处于领先地位，分拣能力达 1.8 万包裹/小时。整套分拣机配备 600 个目的地道口，分拨系统的自动交叉带分拣机在行业内总长度最长、道口数量最多、处理能力最大。苏宁云仓日处理包裹可达 181 万件，是行业同类仓库处理能力的 4.5 倍以上。拣选效率每人每小时可达 1200 件，是同期同类最先进仓库的 10 倍以上。单个订单最快可以实现 30 分钟内出库，是行业同期同类仓库最快处理速度 5 倍以上。

3. 信息系统——提供服务支撑

苏宁 2013 年自主研发了供应链物流管理信息系统——乐高平台，其界面如图 5－10 所示，面向公众用户，集成了物流计费、交易查询、价格查询、GIS 等多种作业管

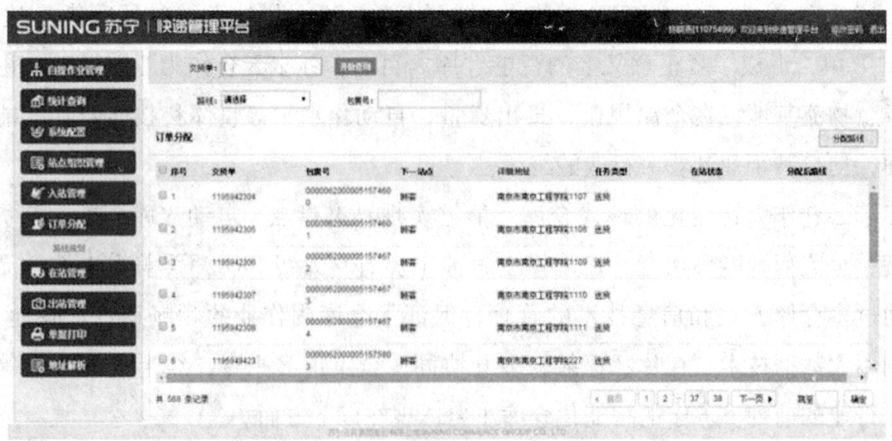

图 5－10　苏宁乐高平台界面示意

图片来源：2017 全球物流技术大会——苏宁物流超级智能云仓解密。

理系统，形成了订单管理、仓库管理、运输管理和财务管理四大模块。该信息系统联动各大数据平台，支持客户通过对实际数据采样和模型的对比分析，对作业模式进行迭代和优化，并可提供送装一体、供应链服务、贷款融资、仓单质押、大数据分析等多种增值服务。

4. 指南针系统——智能仓储的传导神经

苏宁自主研发的指南针系统集成灯光拣选、语音拣选、自动称重、AGV 小车等先进设备，同时整合导入道口负载均衡算法、根据下一环节作业能力匹配对等的包裹流量等大数据应用，最终实现总部对分布在全国的自动化仓库、物流运作网络的灵活调度。苏宁指南针系统的实际应用也使苏宁自主研发的无人仓取得重大进展。苏宁指南针系统界面如图 5－11 所示。

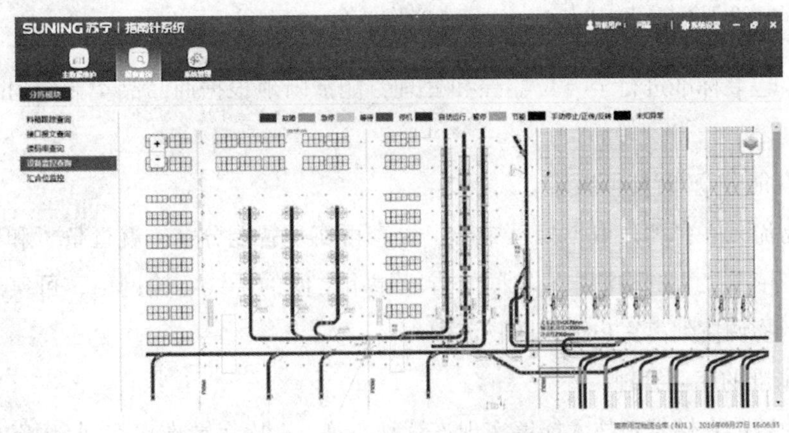

图 5－11　苏宁指南针系统界面示意

图片来源：2017 全球物流技术大会——苏宁物流超级智能云仓解密。

5. 天眼平台——全流程可视化

苏宁云仓是一张智能仓储网，为全链路的供应链服务提供智慧设施支持，而苏宁可通过天眼平台全程监控仓储网络 22 个系统及作业环节的 141 个场景是否异常。同时，除苏宁工作人员外，还可以让消费者、合作商全程监控货物、包裹位置和订单状态，真正实现全流程可视化、数据化和视觉化。苏宁天眼平台如图 5－12 所示。

6. 科学化的仓储解决方案

（1）智能入库管理。

苏宁云仓采用独特的采购入库监控策略，基于历史数据对商品尺寸、入库形式、

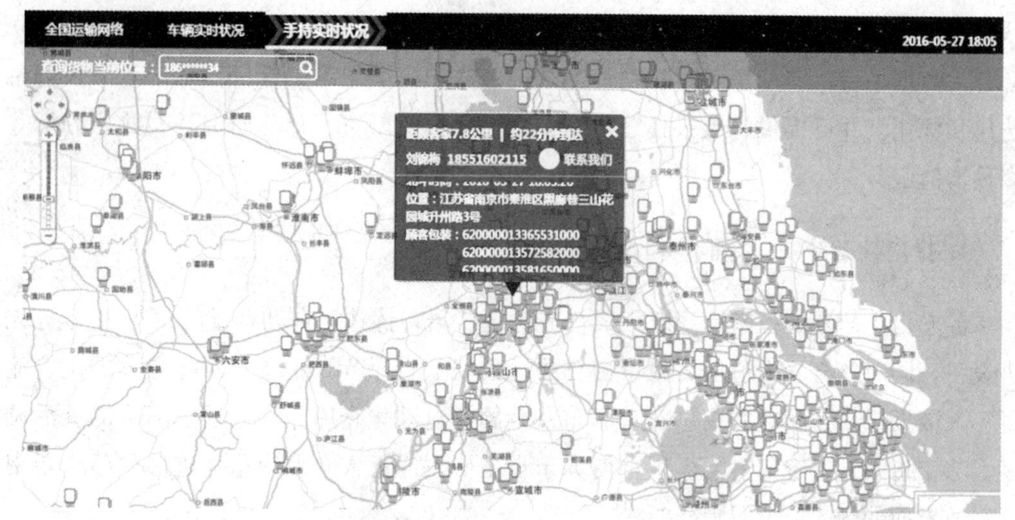

图 5－12　苏宁天眼平台示意

图片来源：2017 全球物流技术大会——苏宁物流超级智能云仓解密。

存放标准、包装标准进行全方位监控和处理，能清晰地根据商品品类制定对应的入库解决方案。

（2）智能分仓/智能调拨。

通过物流云平台和大数据处理中心，云仓可实现智能分仓、就近备货和预测式调拨。同时，依靠庞大的物流中心之间、省级城市之间的干线运输网络，可实现精准调配，确保货物调拨到离客户最近的物流中心。

（3）精准的库存管理。

苏宁的智能仓储管理技术能够实现连续动态盘点，库存精准率达到 99.99%。在业务高峰期，苏宁通过大数据分析可以做到对库存需求精准预测，从配货规划、运力调配，以及末端配送等方面做好准备，平衡了订单运营能力，大大降低爆仓的风险。在苏宁仓储中心，每一个库位都有一个独特编码，可以在系统里查出商品定位，实现精准的库位管理。

（苏宁物流集团）

第二节　叉车技术

在现代物流管理中，装卸搬运技术与装备扮演着越来越重要的角色，而叉车是最实用的搬运设备。如何提高物流系统的效率和效益，如何对装卸搬运技术及装备进行创新升级，成为越来越多企业关注的焦点。

一、叉车技术发展概况

（一）仓储叉车需求量明显增加

根据工业车辆分会公布的最新数据显示，截至2017年6月30日，机动工业车辆上半年总销售量为242907台，相比2016年同期的180971台，增长34.22%；国内市场销售184279台，相比2016年同期的131268台，增长40.38%；出口58628台，相比2016年同期的49703台，增长17.96%。并且与2016年同期相比，仓储叉车尤其是电动步行式仓储车的增长最为明显，增幅超过50%，其次是电动平衡重叉车和内燃平衡重叉车，涨幅分别为32.96%和28.78%。国内市场增势更为强劲，仓储叉车增幅高达78.91%，电动平衡重叉车和内燃平衡重叉车的增幅均超过34%。

仓储叉车大幅增长主要源于以下两个因素：第一，中国的仓储叉车起步晚，发展慢，基数小。2001年时，仓储车的比例大约只有8%~9%，随着近年来制造和流通领域需求的增加，加上电商对仓储车需求越来越大，仓储叉车持续旺销。第二，物流效率提高、仓储管理智能化、人工成本增加、服务水平提升，这些对现代物流业提出了更高的要求，同时一些手动搬运车正在逐渐被仓储叉车取代[105]。

（二）电动叉车发展势头强劲

由于叉车的特殊性，此前内燃叉车凭借动力大、速度快、爬坡能力强等优点为客户所青睐，一直统治国内叉车市场，截至目前，内燃叉车依然在数量上占据头把交椅位置，占比超过60%。然而，内燃叉车作为高能耗的工业车辆，在使用过程中会排放有害气体（二氧化碳、一氧化碳、碳氢化合物和氮氧化合物、微粒及碳烟等），对环境及使用者会产生一定的危害，属于非环保产品。随着化石资源的枯竭以及大气环境的持续恶化，人们越来越重视环保问题，国家也出台一系列关于环保的新政策。而基数庞大、能耗高、排放大的内燃叉车则成为严格的监管对象。此前出台的“史上最严”大气污染防治法规定，从2017年7月1日开始，禁止生产、进口或者销售大气污染物排放超标的叉车，同时所有内燃叉车生产企业应当对新生产的叉车进行排放检验，只有经过检验合格的，方可出厂销售。而检验信息应当向社会公开，省级以上环境保护部门可以通过现场检查、抽样检测等方式，加强对新生产、销售叉车大气污染物排放状况的监督检查。

在此背景之下，市场保有量巨大的叉车行业面临着严峻的转型压力，而更加绿色环保、节能高效的电动叉车则成为消费者的首选，市场占比逐年上升。根据中国工程机械工业协会工业车辆分会的统计数据，2017年上半年中国电动叉车总销量为57389

台，同比上升了54.77%，如表5-1所示。

表5-1　　电动叉车市场销售概况表（1~3类）　　单位：台

	全世界	亚洲	中国	中国占世界	中国占亚洲
2017年上半年	399566	109019	57389	14.36%	52.64%
2016年上半年	341105	84387	37081	10.87%	43.94%
同比增长	17.14%	29.19%	54.77%	—	—

叉车电动化已成为未来的发展趋势，电动叉车在一定程度上可以缓解内燃叉车带来的尾气污染问题。然而纵观整个叉车行业，目前市场上保有的电动叉车以铅酸电池叉车为主。众所周知，由于受原料、技术所限，传统铅酸电池在制造与使用过程中存在重金属（铅）、酸雾污染等问题，若在使用及回收环节处置不当，很容易对作业环境及人员产生危害，造成二次污染，尤其会对一些环保要求十分严格的如冷链、食品饮料、医药等行业造成困扰。

因此为了社会经济的可持续发展，减少对环境的压力，叉车能源结构需要进一步的调整。对于内燃叉车，需大幅度降低使用过程中的碳排放量，选择更为清洁的新型燃料如液化石油气等作为动力源；对于传统铅酸电池叉车，可有效延长铅酸电池的使用寿命，降低铅酸电池在使用过程中产生二次污染的影响。除此之外，经历不断的市场考验以及企业客户的选择反馈，氢能源和锂电新能源电池的优势已日渐彰显，使用氢能源和锂电叉车已成为一种趋势[106]。

二、叉车技术绿色化发展情况

（一）内燃叉车

内燃叉车是指使用柴油、汽油或者液化石油气为燃料，由发动机提供动力的叉车。内燃叉车以内燃机为动力，功率强劲、荷载功能强大，是目前叉车主要的动力配置类型。但随着人们环保意识的增强，叉车的生产设计也越来越注重节能环保性、安全可靠性、人性化以及对现代化技术的运用。尽管新能源车占据的市场份额在逐渐增加，目前的汽车集团巨头们仍不遗余力地对于内燃机进行开发与改进，不论是戴姆勒、BMW公司、PSA公司，还是FCA公司、丰田、本田、日产、GM公司等都在继续给汽车用内燃机带来更多的可能性与希望。

与电动叉车电动机85%以上的热效率相比，内燃叉车发动机只有25%左右，而目前传统的发动机燃油产生的能量最终传递到油泵与车轮实现驱动的能量仅占15%，由此来看，内燃车节能的空间是非常大的，综合国内外专刊杂志的结论，目前传统燃油车的节能潜力还有40%以上[107]。

以下五点技术，有可能在未来会影响到发动机的热效率和经济性。

1. 发动机小型化

小型化指降低发动机的排量，但是输出功率不变。排量降低的目标是超过10%，换算成提高燃油效率1%～4%，小型化发动机更适合应用于较小的非公路设备上，在某些设备中，降速控制也是一种可能，以实现效率的提高。例如，只要把发动机的转速下降200转，就可能带来1%～3%的燃料经济性的改善。增加缸压是另一个可行的做法，但这要求燃料的压缩比将同步提高，且缸体缸盖的强度也将增大。目前，技术研究方向已经朝向新材料的方向努力，石墨铸铁是一种较新的材料，可以提供较强的受压能力和较轻的重量。

2. 余热回收

废热转换和余热回收是另外的一个研究方向。大约50%的发动机产生的能量是废热，而这其中又有一半的热能被浪费（即总能量的25%）。从这个角度来看，余热回收可利用的空间极大，目前该技术被大量应用于发电机组的冷热电联供项目上。

目前能量回收有两个主要的方法：直接和间接。直接法通过使用热电发电机（TEG）把废热转换为电能。TEG的工作原理是：暴露于高温中的不同金属之间产生电压，这类似于一个热电偶会产生电能。最终，TEG所产生的电力可以作用于发动机曲轴，从而弥补发动机内部机械传动消耗的动力，如还有多余的电力可以储存起来用于他处。间接方法中最常见的是兰金循环，原理是使用废热来产生蒸汽，再利用蒸汽带来的动能发电，预计到2020年，这种装置将提高燃油效率超过7.5%。

3. 可变气门技术

可变气门驱动（VVA）是一个类似于汽车发动机上的技术，更多地应用于大型柴油发动机上。与其他技术如断缸相比，可变气门技术可以更轻易地实现增大燃油效率、提高低转速下的扭矩输出。目前，这一技术正在被重点研究。

4. 闭环燃烧控制

闭环燃烧控制的概念是实时监控整个燃烧的过程。这要求从燃料注入就开始控制，包括燃料注入的策略、缸内压力的调整等。有数据表明：闭环控制可以比传统意义上的开环控制提高2%~4%的燃烧效率。然而，闭环控制带来的是系统复杂性的增加，这会带来稳定性的隐患，还意味着成本的增加。闭环控制技术已经在汽车发动机上很好地证明了其效果，因此未来也将应用于重型柴油发动机技术，从而提高内燃叉车内燃机效率。

5. 替代能源技术

以汽车排放洁净化、燃料消耗节约化、能源品种多元化为特征的各种汽车技术的出现，正在深刻影响行业和经济的发展。目前可以影响叉车行业的替代能源主要有液化气、天然气、甲醇等清洁能源产品，这些替代能源叉车将从尾气排放上终结内燃柴油车黑烟滚滚的印象。一般的认知是汽油叉车的尾气PM2.5数值（也就是黑烟、烟度值、不透光系数等多种称谓）只有柴油叉车的2.5%，液化气叉车只有柴油叉车的1%，甲醇及天然气叉车只有柴油叉车的5‰。尾气排放即便不做处理，在烟度值上面也相当的干净，相当于现有国三叉车在尾气排放上面加上了一个烟度净化器产品。此类替代能源叉车在尾气排放要求严格的城市（如北上广深等地）有着极为实用的推广意义。

（二）锂电池叉车

2017年8月4日叉车历史上首次锂电技术的全国研讨会成功在上海举办，标志着工业车辆的锂电化的时代已经到来。锂离子电池作为一种能量密度高、循环寿命长、倍率性能好、对环境友好无污染的新型绿色动力，具有免维护、高安全及适应高低温工作环境等优势。相较于内燃叉车与传统铅酸电池叉车，锂电池叉车具有独特的优势[108]：

①更加绿色环保。零污染零排放，没有内燃叉车的尾气污染以及铅酸电池叉车的酸雾污染。

②更长的使用寿命。循环充放电次数更多，使用寿命更长，电动叉车生命周期内基本无须更换电池。

③充电时间短。可实现快速充电。

④充电效率高。

⑤电池免维护，不需要添加电解液与蒸馏水，省心省力。

⑥高低温适用范围广。

⑦更低的使用成本。

此外，相比于普通铅酸电池叉车，锂电叉车无论从充电时间、充电效率、电池寿命、维护以及质保年限上，都有相对的优势，还具有低温特性，不失为环保又节能的新选择。某品牌锂电池与铅酸电池对比如表5-2所示。

表 5-2 锂电池与铅酸电池对比

对比项	铅酸电池	锂电池
充电时间	8~12 小时	1~2 小时
充电效率	60%	95% 以上
电池寿命	1200 次	4000 次以上
质保	1 年	5 年
生命周期更换电池数	3~4 组	0
维护	定期专业维护	免维护

锂电池系列叉车以其充电快、效率高、寿命长、不怕冷、更环保等众多优点，为物料搬运带来了无与伦比的全新体验，广泛应用于机场物流、石油化工、食品医药、饲料、冷库、铁路运输、新型材料等行业和领域，特别适合汽车、物流、饮料等多班制工作量大、环保要求高的物流搬运场景，为物料搬运、仓储和物流行业提供绿色新能源系统解决方案。

（三）氢燃料电池叉车

叉车氢燃料电池，是一款可以装配在各种叉车上的清洁能源发电装置，其主要是通过将清洁的氢气和氧气经过化学与电化学反应转化为电能的原理实现的。配备了氢燃料电池的叉车，不仅充气时间短、使用时间长，还可以提高生产效率、降低生产成本，做到温室气体零排放，为环境保护作出杰出贡献。

1. 氢燃料电池叉车的应用现状与优势

氢燃料电池叉车推出市场已经有几年时间，为整个物流搬运设备市场提供了具有竞争力的可选方案，与使用铅酸蓄电池作为动力的传统电动叉车相比，氢燃料电池叉车更节约燃料，每台叉车进行燃料补给的时间更短，并且同样也适用于每天需要多班操作的大型叉车车队。配用氢燃料电池的叉车，运营商不需要再设置蓄电池室，也不存在设备使用过程中动力会逐步减弱的缺陷。因此沃尔玛、梅赛德斯奔驰及一些大型全天 24 小时运营商已经配用了氢燃料电池叉车，美国普拉格力动力公司也在 2015—2016 年将氢燃料电池推广到 1700 台叉车上来使用，氢燃料电池叉车在高端市场上的使用已经逐渐得到了客户的认可[109]。

2. 氢燃料电池叉车普及率偏低

尽管氢燃料电池叉车已经得到了高端市场的客户的认可，但是纵观整个市场的叉车销售量，氢燃料电池叉车的普及率仍旧处于偏低水平，2015 年市场占有率只在 1% 左右。相对来讲，氢燃料电池技术十分先进、新颖，但基础设施建设费用高昂，更易受到大型运营商和大型车队的青睐。此外，锂电池叉车和不断改良的传统电力叉车也给氢燃料电池叉车的推广带来了很大阻力。

3. 氢燃料电池叉车技术的创新

（1）简化电池安装程序。

为简化氢燃料电池叉车的电池安装程序，普拉格力公司推出了一项名为“GenKey”的交钥匙工程，客户可以将整个燃料电池叉车的改装完全交由普拉格力公司管理，通过为客户管理车辆的架构阶段，管理工业天然气供应商、氢燃料基础设施以及燃料电池供应商，进一步简化客户关于燃料电池叉车设备复杂性的忧虑。

（2）扩展氢燃料电池叉车的适用范围。

若想扩展燃料电池叉车的适用范围，就需要更加关注中小型车队的需求。Nuvera 燃料电池公司为客户在叉车使用现场配置氢燃料生产装置，客户无须运送、存储液态氢，从而简化了燃料电池叉车的使用程序，使其更加适应相对较小的仓储运营。这种装置包括模块生成、压缩及存储设备，放置在工厂外一个小型的平板上，而氢气分配器则放置在室内原先的燃料补给处。装置通过将蒸汽甲烷进行重组，可按需每天生产 50 千克氢燃料，多个这种生成装置连接起来使用，每天可以满足 250 千克的氢燃料需求。

（四）年度创新案例：比亚迪叉车

得益于锂电池叉车的优势，目前越来越多的企业客户偏向选择锂电池叉车，更多的叉车生产企业也根据市场情况相继推出了锂电叉车产品。而在锂电叉车的推广使用方面，比亚迪一直走在前列。作为新能源技术的引领者，比亚迪结合自身优势，开创性地把磷酸铁锂电池搭载到叉车上，很早就开始布局锂电叉车领域，成为叉车绿色动力革命的排头兵。比亚迪叉车结合比亚迪绿色电池核心技术与现代制造技术，经过多年的技术储备及研发，已成功研制出搭载磷酸铁锂电池的平衡重式、托盘式、前移式、堆垛式叉车以及牵引车等多款装卸搬运产品，专注于绿色搬运解决方案，引领各行业在物流搬运领域实现绿色革新。比亚迪叉车在各领域应用情况如图 5 - 13 所示。

1. 充电迅速，成本节约

目前制造企业与电商企业在使用叉车的过程中都会遇到环境污染、续航能力弱、成本高和维修难等痛点。比亚迪叉车独有的快速充电，可以让叉车在整个作业过程中，

加工制造行业应用　汽车及零部件行业应用　家电生产行业应用　食品饮料行业应用

造纸行业应用　饲料行业应用　物流行业应用　石化行业应用

图 5－13　比亚迪叉车在各领域的应用情况

只要在生产的间隙，就可以满足生产物流企业的多方运营的工况，而且快充技术可以在 1 小时之内将电池完全充满，与铅酸电池相比充电时间可以缩短约 90%。从使用成本方面来看，与燃油叉车相比比亚迪叉车使用成本可以降低约 80%，与传统铅酸电池的电动叉车相比使用成本可以降低约 30%。如表 5－3 所示，假设一台叉车每天工作 8 小时，和燃油叉车相比，使用一年比亚迪新能源叉车可以节省超过 3 万元。比亚迪新能源电池设计寿命超过十年，终身不需要任何维护，充、放电四千次之后电池容量仍大于 75%。

表 5－3　　比亚迪叉车与内燃叉车成本对比

叉车	能耗/小时	能源单价	能耗成本/小时	工作时间/天	能耗成本/天	工作天数/年	总费用/年
2.5 吨内燃叉车	2.8 升油	5.9 元	16.5 元	8 小时	132.2 元	300 天	39648 元
比亚迪 2.5 吨叉车	3.5 度电	0.8 元	2.8 元	8 小时	22.4 元	300 天	6720 元

2. 零排放零污染，保障舌尖上的安全

食品饮料行业对环保要求十分严格，然而长期以来饱受内燃叉车的尾气污染以及铅酸电池叉车的酸雾污染之苦，因此比亚迪锂电叉车为食品饮料行业客户专业定制解决方案。某白酒制造企业此前一直采用的是国产某款铅酸电池堆高叉车，但是铅酸电池叉车充电时间长、维修保养麻烦，充电过程中常常担心安全问题，而且电池寿命短不耐用，每年更换电池都是一笔不小的费用。此外，铅酸电池使用和充电过程中有酸雾和氢气排放，并且存在寿命短、充电不便、需要频繁维护等缺点，尤

其在食品饮料行业，稍不注意就会有产生二次污染的风险。比亚迪叉车搭载自主研发的铁电池，解决了传统铅酸电池污染严重、充电缓慢、维护繁杂等一系列问题，助力企业在提升物流效率的同时打造绿色环保的作业环境。比亚迪叉车服务于某白酒制造企业情形如图 5－14 所示。

图 5－14　比亚迪叉车服务于某白酒制造企业

3. 整车优势，保障绿色出行

在机场领域，由于环保和安全的需要，普通铅酸电池叉车需要将铅酸电池拆卸后到远离机场的专门充电房充电，其寿命短、充电不便和需要频繁维护等缺点极大地增加了机场的运营成本，而锂电池在叉车领域的应用，能够彻底解决这一系列问题。

为提升服务水平，给中外旅客提供更加绿色、安全、舒适的乘机环境，杭州萧山机场携手比亚迪共同打造航空绿色物流。比亚迪叉车所用的磷酸铁锂电池全密封包装，不需定期加注蒸馏水与电解液，解决了铅酸电池使用过程中的氢气排放、酸雾污染以及后期维护困难、维护成本高等一系列难题，使用成本较传统铅酸电池降低了约 30%。同时磷酸铁锂电池 1 小时快速充电，随充随用，极大地提升了客户工作效率。在机场露天环境中，高温及低温时节的极端天气对传统铅酸电池的性能影响非常大，甚至不能稳定工作，而磷酸铁锂电池能适应高低温工作环境，无须在不同温度下配备不同浓度的电解液，能够经受最恶劣的环境条件和极端情况，适用领域远远大于铅酸电池，此外，不论在使用过程还是充电过程中，比亚迪叉车都没有任何排放，也没有噪声，在机场引入比亚迪叉车这几个月中，扬尘明显减少，极大地改善了机场环境。比亚迪叉车与萧山机场携手打造的全新航空物料系统如图 5－15 所示。

此外，为确保作业车辆、旅客、航运等的安全需要，需要提供有针对性的解决方案。为了在使用过程中有更好的警示作用，比亚迪叉车整车采用亚光灰和橙色，并且

图 5－15 比亚迪叉车与萧山机场携手打造的全新航空物料系统

为了便于塔台识别，增加了橙色顶棚。在巴西圣保罗国际机场，根据客户的需求，整车采用了白色喷漆。如图 5－16 所示。

图 5－16 比亚迪叉车在巴西圣保罗国际机场

当前，无论是市场环境还是产业布局，都在强调“变革”。无论是产品、技术还是用户的评价都在发生一系列变化。叉车行业也应当顺应时代发展，秉持“绿色发展”理念，在助力环保、倡导低碳经济的道路上，坚持技术创新与“工匠精神”，引领工业车辆行业向节能高效、绿色环保方向发展，打造出新的行业制高点，为物流搬运行业创新设立新标杆。

（比亚迪）

三、叉车技术智能化发展情况

物流业作为典型的服务行业，其发展环境与服务对象正快速发展变化。降本增效行动在各行业深入开展，制造业向“中国制造 2025”不断迈进，“互联网＋”电子商务行动助力电商转型升级。制造业、商贸业等物流业服务对象的提档升级使物流需求变得更加复杂多样，对物流服务的效率和专业化程度提出了更高的要求，提升物流业自动化、信息化水平，实现智能化发展是物流发展的必然要求。叉车技术作为仓储技术中应用广泛的一项，在仓储活动中发挥着重要作用，加快叉车技术智能化发展有利于提高物流作业整体效率。目前，无人叉车与无人叉车智能管理系统的发展很好地展现了叉车技术智能化发展的趋势与广阔前景。

（一）无人叉车

近年来，“无人化”的概念在各行业得到运用，物流行业目前已经有无人叉车、无人分拣机器人、无人驾驶卡车等“无人化”技术投入应用。目前，无人叉车能自动实现仓库内货物从一点到另一点的转移，与自动导引运输车（AGV）以“条”为轨道进行导航不同，无人叉车主要按照地图和自然环境导航。从其包含的技术来看，主要包含以下几个方面。

1. 高精度导航技术

在无人叉车导航方面，目前国际上主要使用3种技术：激光导航技术、多线雷达导航技术和惯性导航技术[110]。

激光导航的基本原理与激光测距相同，即机器通过测量激光从发出到接收的时间计算出自身相距前方障碍物的距离。只不过激光测距测量1次即可，而激光导航则是需要进行更多点位的测距，以此标定机器自身的位置。激光导航技术精度很高，但在室外不能使用。叉车顶部的激光探测设备如图5－17所示。

图5－17　叉车顶部的激光探测设备

图片来源：慧聪机械网 http：//info. machine. hc360. com/2017/07/101019679979. shtml。

多线雷达导航技术是基于雷达导航的原理进行开发的，雷达发射多路脉冲电波，由接收装置接收电波的反射波。利用无线电波的直进性和等速性可测得周围障碍物与自身的方位距离关系，从而实现自身定位。多线雷达导航技术室外室内都可以使用，但成本较高。

惯性导航技术是一种不依赖于外部信息也不向外部辐射能量（如激光导航和雷达导航）的自主式导航系统。其工作环境不仅包括空中、地面，还可以在水下。惯性导航的基本工作原理是以牛顿力学定律为基础，通过测量载体在惯性参考系的加速度，将它对时间进行积分，且把它变换到导航坐标系中，就能够得到在导航坐标系中的速度、偏航角和位置等信息。惯性导航技术通过与自然环境相结合，室内室外都可以使用，成本也相对较低，但精度不是很高。配备惯性导航技术的无人叉车如图 5 – 18 所示。

目前国内的技术与国外先进水平仍然存在差距，借助“中国制造 2025”这一契机，国内许多叉车制造商正奋起直追，研发叉车导航技术。如国内某叉车制造企业已研发出利用惯性导航技术使机器人按照地图精准行进的高精度导航技术。该技术的精度与国外最先进水平相当，一辆长 3m、宽 1m 的机器人工作误差不会大于 10mm，但价格只是进口设备的一半[110]。随着无人叉车市场的扩大，导航技术也将随着叉车技术的发展不断进步。

图 5 – 18　配备惯性导航技术的无人叉车

图片来源：胜行官网 http：//www. pep-link. cn/product2/。

2. 安全防护技术

无人叉车的安全性既体现在维护叉车的安全，又体现在保护货物的完好无损。无人叉车目前主要运行在室内仓储设施中，过道较为狭窄，容易碰撞到其他设施或货物，而损坏叉车；同时若叉车在行驶过程中发生碰撞或行驶不稳定，就有可能损坏货物。目前保障无人叉车主动安全的技术主要是通过探测器对叉车与障碍物之间的距离进行探测提示实现，同时提升叉车行进的平稳性，确保货物的安全。如国内某物流企业为叉车配置了三级安全防护措施[111]。叉车会在距离障碍物 2m 处发出报警并减速，此为第一级防护；在距离障碍物 1. 5m 处主动避让或停止运行，此为第二级防护；如果遇到外物碰撞，叉车会立即断电，此为第三级防护。同时，叉车采用有利于保障叉车运行稳定的外形设计，使无人叉车在启动或刹车时更平稳。可以做到：在叉车上放一瓶矿泉水，能保证起、停时瓶子不翻倒。具备三级安全防护技术的无人叉车如图5-19所示。

图5-19　具备三级安全防护技术的无人叉车

图片来源：兰剑官网 http：//www. bluesword s. com/news_ show. aspx？NewsID = 35&NewsCateId = 8。

3. 空间定位技术

无人叉车在叉取货物的时候需要根据货物的空间位置调整货叉的位置，包括水平位置和垂直位置，水平位置与叉车本身的位置一致，而垂直位置需要根据货物高度进行调整。国内某物流企业通过编码器和导引算法[111]，确定货叉的垂直位置，实现货物的准确叉取，并且可以做到水平和垂直两个方向的并行作业。一些无人叉车安装在货叉头上的摄像头，可以精确扫描托盘的轮廓，保证托盘可以被正确地叉起。

（二）无人叉车管理系统

一个作业场地内需要多台叉车共同作业，而非单独一台叉车。当涉及多台无人叉车的管理时，就需要后台叉车管理系统对无人叉车车队的协调运作进行把控监管，同时也可以记录叉车作业有关数据，为分析物流作业和经营决策提供基础数据。以某国际叉车制造商的叉车车队管理系统为例[112]，系统不仅考虑满足叉车设备单机的功能性需求，同时考虑在车队的运作管理中为管理者创造更多价值。一方面，管理系统从设备单机的角度赋予物料搬运设备一个聪明的“大脑”，即单机的智能化；另一方面，对于运作在工作场所的叉车车队，这些设备每天都会产生大量的数据，通过把单点信息网络化，把碎片信息进行加工分析，提供给叉车使用客户，用于优化物流运营及管理决策。车队管理系统囊括了多仓库管理、人员授权管理、档案管理、维保排程、绩效分析、安全管理及管理报表输出等强大功能，帮助客户提高使用效率，降低维护成本，实现物流系统整体优化[113]。

从实际应用来看，该叉车车队管理系统分为两大部分——现场管理与车队管理在线系统。现场管理从车辆停放、充电、维修等场地科学规划，叉车行走路线规划，环境、健康和安全管理（EHS），结合人员的安全培训，建立相应的流程制度，保障叉车运行安全、生产安全，提高叉车效率。车队管理在线系统则是通过创建的管理网站结合车辆上安装的车载无线终端自动记录车辆的信息并输出管理报表，提供决策依据。丰富的经验和强大的实力使车队管理系统能够科学匹配车源与布局，从用户的角度提供灵活而又稳定的产品和服务。

（三）年度创新案例：林德搬运机器人 K – MATIC（立体存储）

林德（中国）叉车有限公司（以下简称“林德”），1993 年成立于厦门，是林德物料搬运公司在亚洲的生产、销售、服务及技术支持基地。在全球制造业向智能化转型升级的过程中，林德在叉车制造领域努力提高叉车自动化水平和信息化管理能力，致力于叉车作业效率和安全性的提升，在叉车技术的突破和创新方面具有一定的代表性。以下以林德于 2017 年新推出的智能化车辆——林德搬运机器人 K – MATIC（立体存储）为例进行说明。

林德搬运机器人 K – MATIC 是一款窄通道无人驾驶叉车，拥有 1.5t 的载荷能力。林德搬运机器人 K – MATIC 配合其他搬运设备能够实现高达 12m 的货物存储与提取。首先，林德搬运机器人 K – MATIC 将托盘从高位货架取出并放在转运平台上，接着林德 L – MATIC 托盘堆垛叉车将该托盘从转运平台叉起并搬运到滚筒线上。滚筒线将该托盘运输至另一端，最后 P – MATIC 牵引车将该托盘拉走并放回高位货架，如图 5 – 20 所示。新的林德搬运机器人 K – MATIC 可以简单而迅速地在自动操作与手动操作之间转换[114]。

搬运机器人还需要强大的管理系统。其进行管理的机器人调度系统“Robot Manager”可与仓库管理软件 WMS 或者企业管理软件 ERP 进行接口对接，从而实现车辆与操作信息流的无缝集成。林德搬运机器人 K – MATIC 特别适合于在仓库内搬运高质量产品，内置的安全系统保证叉车可以安全、可靠并且高效地完成任务。

在其他技术的应用上，林德搬运机器人 K – MATIC 还配备了 3D 摄像头、自然导航技术等。3D 摄像头可以实现对于托盘的智能识别，当林德搬运机器人 K – MATIC 前往

图 5－20　林德搬运机器人 K－MATIC 作业场景

目的地叉取货物的时候，管理系统告诉林德搬运机器人 K－MATIC 目的地位置是否有托盘。有时可能出现因为人为问题该位置没有托盘的现象，通过应用 3D 摄像头、自然导航等技术，林德搬运机器人 K－MATIC 可以对货位情况作出自主判断。

在未来的搬运领域，以往可能用传统电动叉车的作业工况，重复频繁而简单的作业流程，都可以采用自动化技术方案来替代传统的解决方案。林德搬运机器人 K－MATIC 充分体现了自身在自动化、智能化方面的技术优势，代表了无人叉车技术的先进水平，其管理系统对作业的协同和对运作信息的价值挖掘值得推广学习。

第三节　拣选技术

近年来，随着互联网、电子商务的迅猛发展，消费者的需求也在逐渐转变，更趋于多样化和个性化，企业的订单处理也呈现出“多品种、多批次、高时效”的特点。特别是“新零售”概念的推出，对仓储系统的智能化、柔性化提出了更高的要求。企业要想高效率、低成本地履行订单，一套自动化、智能化的仓储系统显得尤为重要，拣选作为仓库作业的核心环节，必须同步提供足够的技术支持。

一、拣选技术发展情况

（一）拣选技术发展环境

近年来我国人口红利的消失，需要大量人工作业的传统物流技术的应用成本越来越高，已经成为制约物流业转型升级的瓶颈。一些物流企业为了应对以上挑战，响应客户对物流效率提升的要求，开始加快构建自动化仓储系统，物流机器人成为关注的焦点。目前，整个中国的仓库自动化渗透率不到20%[115]，用机器人取代人工作业，提高升级仓库自动化有着广阔的应用前景。

在《中国制造2025》战略的推动下，制造企业的生产方式开始向柔性、智能、精细转变，构建以智能制造为根本特征的新型制造体系迫在眉睫，越来越多的制造企业进行"机器换人"以实现转型升级。2016年4月27日，工信部、国家发改委、财政部联合发布的《机器人产业发展规划（2016—2020年）》指出：未来我国仓储物流机器人的发展以及要推进工业机器人向中高端迈进：

一是面向《中国制造2025》十大重点领域，聚焦智能生产、智能物流，攻克工业机器人关键技术，提升可操作性和可维护性，重点发展人机协作机器人、双臂机器人、重载AGV等六种标志性工业机器人产品。

二是大力发展机器人关键零部件。针对六自由度及以上工业机器人用的关键零部件性能和可靠性差、使用寿命短等问题，全面提升关键零部件的质量稳定性和批量生产能力，突破技术壁垒，打破长期依赖进口的局面。

三是发展机器人共性关键技术，重点开展人工智能、机器人深度学习等基础前沿技术研究，突破机器人通用控制软件平台、人机共存、安全控制、高集成一体化关节、灵巧手等核心技术。

2017年6月，在工信部的主导下，"仓储机器人及智能物流产业联盟"正式成立。该联盟以"开放、创新、合作、共赢"为宗旨，将围绕引领国产仓储机器人及智能物流系统的研发、应用及质量提升，整合国内资源，促进整个行业内部以及行业与用户之间在政策、技术、市场、标准、应用等多方面交流对话与协作。

（二）物流机器人发展状况

云计算、物联网以及人机交互等技术的发展开启了人工智能时代，随着应用范围及投入的不断扩大，研究与应用成果的不断推陈出新，人工智能已成为2017年最热门的领域，并在强大的数据运算能力支撑下，发挥着越来越重要的作用。

物流业也得益于人工智能的发展，出现了颠覆性的变化。人工智能融入物流业的分拣、运输、配送等各个阶段，产生了分拣机器人、搬运机器人、配送机器人等，主要用于满足码垛、搬运、卸垛、送货环节和其他一些物流环节的应用，大大提高了物流行业的效率。

1. 物流机器人市场巨大

国外调研机构 Winter Green Research 的数据[116]显示，全球物流机器人市场将从2014 年的160 亿美元增长至2020 年的313 亿美元，市场空间巨大；到2021 年年末，我国工业机器人产量将达到11. 15 万台，保有量将达到136. 04 万台，物流机器人在每一个细分领域都蕴藏着无限的发展潜能，市场需求火热而规模巨大，未来在中国的发展潜力相当可观。

2. 物流机器人更新换代迅速

物流机器人巨大的市场潜力吸引了大批企业投入该领域，加大新技术研发力度和新产品推广应用，产品升级换代迅速，其中在快速成长的类 Kiva 机器人①领域，目前已更新到第四代，马上更新第五代，产品一直保持着非常高的更新迭代速度，具体表现在两方面：一方面是机器人本体的更新，在原有版本上增加新的功能，确保机器人的稳定性；另一方面是系统的更新，不断优化算法，做差异化策略，提升系统效率，综合来说，效率提高程度至少可达原来的两倍。

3. 物流系统集成商高度重视

在智慧物流逐渐成为行业发展趋势的情况下，不仅国外物流装备企业高度重视物流机器人的研发应用，国内一些实力雄厚的物流系统集成商也纷纷投入仓储物流机器人领域，并在市场上取得了显著成果。

国外企业如瑞仕格与其母公司 KUKA（库卡）共同开发了机器人拆零拣选系统 AutoPiQ，将新一代的高效率轻载货物存储系统与智能化的机器人拣选相结合，既可选择快速工作模式、提高绩效，也可实现人机协同作业。未来，这种智能机器人还能与AGV 结合，形成功能更加强大、移动性更强的新型智能机器人移动拣选系统。

德马泰克2016 年在上海汉诺威物流展上推出了“货到机器人”解决方案，其中RapidPickXT 机器人拣选工作站与多层穿梭车系统配合，可以实现高效拆零拣选，拣选效率可高达1200 件/h[117]，2D/3D 视觉系统实现了准确的订单履约。

---

① 亚马逊在2012 年收购的 Kiva systems 公司设计的机器人。

4. **大型电商企业争相入局**

过去几年间，电商企业在一路高歌猛进的同时，也面临着海量订单快速处理带来的巨大压力。为了提高仓库运营效率，降低物流成本，电商巨头如阿里巴巴、京东、苏宁易购等纷纷发力物流机器人，助推企业仓储物流系统升级优化。

如阿里巴巴自主研发的“货到人”仓储机器人名字叫“曹操”，取名来自俗语“说曹操，曹操到”。该机器人可承重50kg、速度达到2m/s[118]，造价高达上百万元。“曹操”接到订单后，可以迅速定位出商品在仓库分布的位置，并且规划出最优拣货路径，拣货完成后会自动把货物送到打包台。阿里巴巴“曹操”机器人如图5－21所示。

图5－21　阿里巴巴“曹操”机器人

图片来源：百度百家号 http：//baijiahao. baidu. com/s？ id＝1565128201081996&wfr＝spider&for＝pc。

5. **物流机器人助力生产“智造”**

为响应《中国制造2025》，一些生产企业努力由“制造”向“智造”转型，大力推动物流机器人在生产过程中的应用，为制造行业实现仓储物流的自动化、智能化做出了表率。

如海康威视自主研发并实施了智能仓储机器人系统，由机器人代替人力完成收货、分拣、搬运、入库、出库等物流作业。2015年，海康威视桐庐安防产业基地项目全面启动，使用了800多台海康威视智能仓储搬运机器人，实时管理超8万个SKU，累计管理SKU 30余万个，为日产值近亿元的工厂提供了强大的仓储和生产物流支持。

（三）物流机器人发展面临问题

目前我国物流机器人产业发展火热，而且取得了一定的成绩，市场规模大幅增长，产品适应性和稳定性显著提高，技术水平和服务能力明显增强。但这并不意味着智能物流机器人的时代已经全面到来。

整体来看，我国物流机器人发展仍存在着一系列的瓶颈，主要体现在：机器人产业链关键环节缺失，零部件中高精度减速器、伺服电机和控制器等主要依赖进口，核心技术创新能力薄弱，高端产品质量可靠性低；生产企业“小、散、弱”问题突出，竞争力不强，产品同质化较严重；价格战现象较为普遍，但质量良莠不齐，且一次性投入太大，机器人推广应用较为困难；机器人行业标准、检测认证等体系亟待健全等。

具体来看在产品灵巧性上，目前机器人只能在特定环境下运用，智能化程度还不够，有些柔性化处理场景反应能力不足；在产品功能方面，87.5%的产品未设计独立的启动、停止等按钮，50%的产品控制系统和上位机软件出现崩溃等现象，87.5%的产品存在障碍物安全检测盲区；在产品性能方面，71.4%的产品带载运行稳定性差，在货架位置发生偏移或货物摆放位置不均的情况下会出现无法举升货架或行驶轨迹偏移等严重问题；在产品运营维护方面，市场上尚存在产品设计者对专业术语不熟悉、未参考相关标准、产品未进行耐压试验等诸多问题，都亟待进一步优化。

二、拣选物流技术发展热点

拣选作业过程是把货物从货位上拣选出来、按照出货订单归类，并送至出货区的全过程。拣选是整个仓储作业的核心环节，作业效率的高低决定了货物出库效率的高低，是保证仓储高效运营的关键。拣选作业一般分为“人到货”和“货到人”两种作业方式。

（一）“人到货”拣选技术

“人到货”作业方式是较为传统的作业方式，技术应用一般只作为该作业方式下人工作业的辅助，主要应用热点包括RFID辅助拣选技术、电子标签拣选技术、语音拣选技术、增强现实智能眼镜拣选技术等。

1. PDA和RFID拣选技术

PDA技术是建立在条码扫描技术和无线通信技术基础上的一种发展相对成熟的拣选技术，作业人员使用无线手持终端扫描拣货单及货位上的条码，可以快速获得货物的种类、数量及货位位置信息，并可以进行正确性验证，快速且准确地完成订单拣货任务。PDA与WMS系统实时通信，实时同步仓储货位的商品与系统中的库存信息，并记录所有拣选作业以供追溯，便于拣选作业的分析和管理。

RFID人工拣选主要有两种形式：一种是把RFID标签放到货位上，另一种则是把

RFID 标签放到商品上。对高位托盘货架来说，通常会把 RFID 标签放到货位上，对于服装行业等小商品来说，则直接放到服装商品上，因为拣选时不需要找条码，拣选速度会更快。

这两种拣选方式比较相似，首先都需要部署网络和设备，数据可实现同步，每次拣选作业在拣选的那一刻，所有的数据即上传到服务器，有利于实现库存的实时盘点，并为将来仓库的精细化管理打好了基础，为提升仓库作业效率提供了保障。PDA 拣选技术穿戴式终端如图 5－22 所示。

图 5－22　PDA 拣选技术穿戴式终端

图片来源：企业网站产品介绍 http：//www. gtobal. com/sell/detail－45870112. html。

2. 电子标签拣选技术

电子标签拣货系统的主体部分是一组安装在储位或周转箱上的电子设备。在计算机软件的控制下，设备通过亮灯或信息显示的方式，引导拣货人员快速、准确地完成拣货工作，电子标签拣选系统的电子显示屏如图 5－23 所示。

图 5－23　电子标签拣选系统的电子显示屏

图片来源：企业网站产品介绍 http：//www. shwansheng. com/page/product_ detail. htm？ p = T20150 1090016294350194284946 5547&c = 2&s = M201501062056150890334366164 7709。

3. 语音拣选技术

语音拣选技术是一种利用语音播报和语音识别技术达到辅助拣选目的的作业方式。语音拣选技术中，拣货人员需要穿戴语音设备，按照系统语音指示拣货，并读出货位号进行正确性验证。穿戴式语音拣选设备如图 5－24 所示。

图 5－24　穿戴式语音拣选设备

图片来源：《现代物流杂志》网站文章——语音拣选技术正兴起 http：//www. materialflow. com. cn/article. do?command = findArticleByid&articleId = 64。

4. 增强现实智能眼镜拣选技术

增强现实（AR）拣选技术是指利用带有增强现实功能的有关设备，自动识别作业环境并根据拣选任务规划拣选路径，快速呈现商品的基本信息，指导作业人员准确获取商品的货物拣选技术。AR 拣选技术的虚拟视野如图 5－25 所示。

图 5－25　AR 拣选技术的虚拟视野

图片来源：微信公众号长风网——【资讯】Logis AR 拣选重磅来袭！黑科技引领智慧物流。

（二）“货到人”拣选技术

“货到人”拣选分为存拣一体的“货到人”和存拣分离的“货到人”。存拣一体的“货到人”有很多种表现形式，比如旋转货架、穿梭车、堆垛机；存拣分离的“货到人”如 AGV 等。

存拣一体的“货到人”拣选都有一个共同特征——存储能力和拣选能力都受到设备的制约。比如，巷道货位决定了巷道的存储能力，巷道设备的运行速度直接决定了其吞吐能力。

AGV 则是另一种的拣选方式，它实现了存储和拣选的分离。当仓库需要增加存储量，只需要增加货架数量即可；当需要提高吞吐能力，则增加小车数量，因为小车与货架是分离的，货架决定了存储能力，小车决定了吞吐能力。因此，AGV 会比穿梭车更加灵活一些。

1. 旋转货架

自动旋转货架是机械和电气、强电控制和弱电控制相结合的一种货架产品，具有拣货路线短、拣货效率高的优点。它主要由货物储存、货物存取和传送、控制和管理三大系统所组成，还有与之配套的供电系统、空调系统、消防报警系统、称重计量系统、信息通信系统等。

旋转货架设有电力驱动装置（可设于货架上部，也可设于货架底座内），货架沿着由两个直线段和两个曲线段组成的环形轨道运行，由开关或小型电子计算机操纵。存取货物时，把货物所在货格编号由控制盘按钮输入，该货格则以最近的距离自动旋转至拣货点停止。旋转式货架如图 5－26 所示。

2. 多层穿梭车

多层穿梭车是立体穿梭式货架存储系统中不可缺少的重要传送工具。通过无线电遥控器的控制，穿梭车能在货架的导轨上运行，实现料箱货物的出入库，通过叉车可将穿梭车放置在不同巷道，多个巷道可以共同用一部穿梭车。穿梭车的数量是由巷道深度、货物总量、出货频率等综合因素来决定的。密集型货架中的多层穿梭车如图 5－27 所示。

3. 堆垛机

堆垛机是用货叉或串杆攫取、搬运和堆垛或从高层货架上存取单元货物的专用起重机，是一种仓库物料搬运机械，通过手动操作、半自动操作或全自动操作实现把货

图 5－26　旋转式货架

图片来源：微信公众号物流搜索——自动化技术在自动旋转货架中的应用。

图 5－27　密集型货架中的多层穿梭车

图片来源：搜狐网文章——穿梭车在仓储物流行业的应用 http：//www. sohu. com/a/105897351_ 410344。

物从一处搬运到另一处，是整个自动化立体仓库的核心设备，分为桥式堆垛起重机和巷道式堆垛起重机（又称巷道式起重机）两种，其主要构成包括机架、水平行走机构、提升机构、载货台、货叉及电气控制等。巷道式堆垛起重机如图 5－28 所示。

4. **自动导引车**（AGV）

AGV 即自动导引车，如图 5－29 所示，是一种具有高度柔性化和智能化的物流搬

图 5-28　巷道式堆垛起重机

图片来源：微信公众号物流搜索——【产品】堆垛机——立体仓库中最重要的起重运输设备。

运设备，被称为移动机器人，AGV 的核心技术主要包括传感器技术、导航技术、伺服驱动技术和系统集成技术。国外从 20 世纪 50 年代在仓储业开始使用①，日本、德国、美国、瑞典、意大利 AGV 产品种类齐全，技术先进，处于领先地位；在国内，AGV 在汽车、家电、烟草、印钞、新闻报纸、物流配送等行业已有大规模应用。目前，以亚马逊 Kiva 机器人为代表的“货到人”解决方案在仓储系统中的应用日益广泛。

图 5-29　自动导引车

图片来源：网易科技网站文章——揭秘亚马逊新仓库：人机的高效融合 http：//tech. 163. com/15/0708/17/AU160OF0000915BD. html。

5. 码垛机器人

码垛机器人主要包括直角坐标式机器人、关节式机器人和极坐标式机器人，能适

① 2017 年全球物流技术大会——会议纪要（新松机器人，王玉鹏）。

应纸箱、袋装、罐装、箱体、瓶装等各种形状的包装物品码垛与拆垛作业。该类型机器人不仅能搬运重物，而且作业速度和质量远远高于人工。每一台码垛机器人都有独立的控制系统，极大地保证了作业精度，通过科学、合理的刚性机械本体设计，机器人可以适应高负重、高频率、高灵活性的码垛作业。码垛机器人如图 5 - 30 所示。

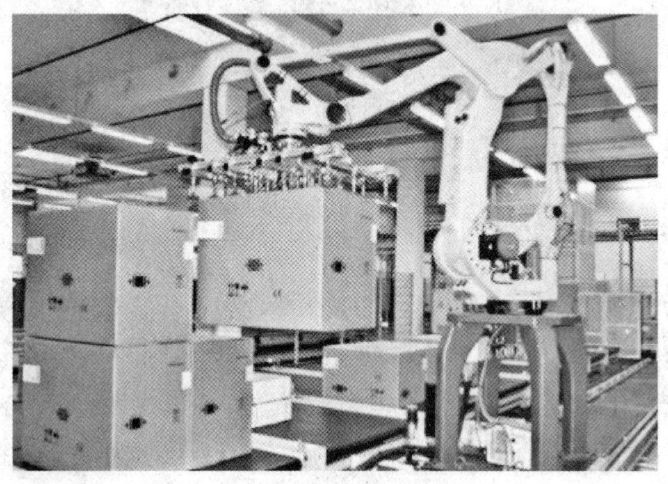

图 5 - 30　码垛机器人

图片来源：企业网站产品介绍 http：//trade. luosi. com/offerinfo - 914665. html。

6. **分拣机器人**

分拣机器人具备传感器、物镜、图象识别系统和多功能机械手，可根据图象识别系统“看到”物品形状，用机械手抓取物品，然后放到指定位置，实现货物快速分拣。目前，分拣机器人在仓储物流应用不是很多，部分企业正在尝试研发和生产人机配合作业的分拣机器人。分拣机器人如图 5 - 31 所示。

图 5 - 31　分拣机器人

图片来源：百度百家号 http：//baijiahao. baidu. com/s？ id = 1551531264999868&wfr = spider&for = pc。

三、“人到货”技术年度创新应用

(一) 韩国恪泰电子标签拣选

电子标签系统经过多年的应用和发展，技术已经非常成熟，目前技术较为先进的电子标签系统为无线电子标签及液晶显示（LCD）电子标签，这些电子标签系统功能更加全面，同时安装维护也更为方便。电子标签拣货系统结构如图5-32所示。

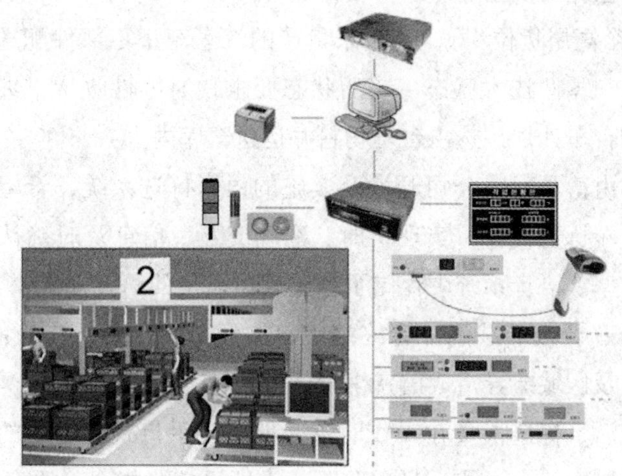

图5-32　电子标签拣货系统结构示意

图片来源：微信公众号物流技术与应用——专题丨拣选解决方案全解析。

在电子标签拣选技术已经发展到顶点的情况下，为了满足客户更高、更加多样化的需求，电子标签系统结合其他自动化设备及系统实现更高效率成为新的趋势。物流企业对电子标签拣货系统的应用效果包括以下几个方面：

①人员调配及管理更加完善：经过简单培训，初学者也能执行所分配任务；淡旺季可差异调配人员。

②工作时间缩短及人员节约：拣货人员数量大幅下降，平均减少一半以上工作时间。

③减少差异单、误出货、误配送等操作失误，出库准确性提高、带动库存的正确性。

韩国KOTECH（恪泰）公司结合用户需求和市场需求特点，对现有电子标签系统进行多次改良创新，开发出LCD电子标签、小型电子标签、信号电子标签、方向电子标签、感应电子标签等多种产品，并以此为基础，推出数字拣选系统（DPS）、数字分类系统（DAS）、数字分拨系统（DSS）、自动拣货系统（APS）等物流设施集成系统。

（二）上海大众零部件仓库语音拣选

目前在国内的汽车、零售、食品饮料、冷链物流等行业，语音拣选系统的使用已经较为常见，其中在汽车行业，上汽大众率先进行了汽车总装零部件语音拣选的探索与实践。

上海安吉速驰物流有限公司是上海大众的第三方物流服务供应商，上海嘉定区安亭镇的汽车零部件仓库是该企业的一个运作点，面积约为3000多平方米，包含1377个流利式货位、600个高层货位[119]，负责未量产的汽车车型零部件配送。仓库的主要功能为：按需求计划和零件技术状态、履历状态要求核对零件收货，进行零件的存储管理，按项目进度和台车计划拣选出台车物料并运送至库内。

仓库内部引入由德马泰克公司开发及实施的语音拣选系统，希望通过语音拣选技术替代传统无线终端拣选技术，实现实时、准确交互、信息及时确认等功能，提高拣选效率并降低错误率。语音系统中存储了各个操作人员的语音模板，当操作员登录后，系统会把相应的语音模板下载到语音终端中，从而与操作人员自身的语音进行匹配，克服了因为方言以及区域差异造成语音识别低的问题。

采用语音拣选后，拣选人员在操作时不必低头看手持式计算机的显示屏，也不必在一大堆拣选的标签中费力寻找，只需聆听指示即可接收指令。语音终端通过Wi－Fi与主机或WMS系统进行实时交互，用语音命令提示操作员完成任务，并且因为仓库对于首批零件的批次和履历有特殊要求，故通过指环扫描枪扫描来确认，大大降低了差错率。

采用语音拣选技术后，整个拣选过程都通过系统指令和指环扫描完成，拣选人员的双手被解放出来，相比较无线手持终端拣选，效率提高了15%以上，整体拣选准确率提高到99.99%[119]，同时减少了操作员培训时间，此次语音拣选可以提供多张订单同时拣选，在优化了行走路线的情况下，大大缩短了行走距离，降低了作业人员的劳动强度。

（三）三星备件仓库“xPick”视觉拣选

Ubimax公司是国际著名可穿戴设备和增强现实解决方案供应商，xPick是该公司开发的一种利用智能眼镜进行免提拣选的创新视觉选取方案。一些国际组织已经成功将xPick运用到拣选流程中，实际应用表明整体拣选效率能提高近25%[120]。xPick支持手动订单分拣、进货、出货、货物分类以及库存管理，通过重量检查、条码扫描、定位、语音确认等功能模块，降低错误率。xPick使用3D全息技术构建用户界面应用在导航、特殊自动取放检测和确认方面。该技术的应用可以帮助减少如条码扫描等一些耗时的步骤，同时提高准确性和灵活性。xPick 视觉拣选智能眼镜如图 5－33 所示，xPick 视觉拣选智能眼镜操作视野如图 5－34 所示。

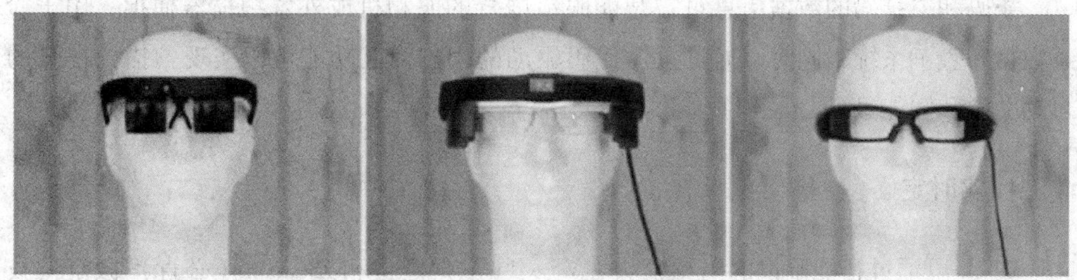

图 5－33　xPick 视觉拣选智能眼镜

图片来源：微信公众号物流指闻——技术创新：史上最强拣选技术，三星和大众的仓库都被“它”救了。

图 5－34　xPick 视觉拣选智能眼镜操作视野

图片来源：微信公众号物流指闻——技术创新：史上最强拣选技术，三星和大众的仓库都被“它”救了。

韩国三星集团将 xPick 应用到欧洲的供应备件仓库中，利用可穿戴技术实施视觉拣选，优化拣选过程，以实现高速且更精准的免提拣选。拣选人员佩戴智能眼镜，扫描一排标签中的第一个和最后一个条码，智能眼镜会显示产品所在通道、货架和具体货位。

通过使用这套视觉拣选系统，三星生产线上缓慢移动和快速移动的物料分别提高了 12% 和 22% 的移动速度[120]，同时产品质量有所提升，仓库内错误率降低 10%[120]，xPick 视觉拣选方案具有以下特点。

1. 手势控制

智能眼镜配合手势控制，突破扫描和触碰手势的限制，即使不是完全的免提操作，在需戴手套或者物件蒙尘等作业环境下，自动感应的手势仍然提供了备选的输入方式。

2. 语音识别

xPick 语音识别能在可穿戴设备离线时运行，也可用于分析处理更庞大数据的在线后端服务器上运行。同时 xPick 语音识别能适应不同的使用脚本，可实现多语种识别。

3. 扫描数据

条码和二维码的数据信息可被智能眼镜内置的照相机或外置扫描器捕捉，用于检索数据和查询系统，同时，通过数据代码驱动的用户交互功能可以实现扫描到信息的自动关联和智能显示。

4. 实时定位

xPick 可通过智能眼镜的内置镜头、Wi－Fi 三角定位和 iBeacon（必肯）微定位技术以及其他特殊用途传感器实现拣选的实时定位。

5. 集成传感器

可穿戴计算技术的最大输出通常由集成传感器群的解决方案实现。不同传感器通过集成组合，追踪工人的活动谱，并采取相应措施。比如订单挑拣流程中使用刻度以确保正确的部分被挑拣，并将相应数量的货物放置到正确的订单仓。

6. 图像识别

相机和图像识别算法相结合的图像传感器是识别背景、物件、环境等要素的有力方法。xPick 借助特殊的图像识别工具箱，提高了增强现实的效果和用户界面显示程序的质量与稳定性。

7. 视频流

xPick 系统技术解决方案可以给客户提供包含音轨的视频流。企业能实时监测工人工作时的所见，并且能将图像直接发送到工人的智能眼镜上。视频流功能可被当作远程辅助工具使用，在多客户端的支持下，远程协助变得更加高效。

同时，xPick 可增强现实视野，如图 5－35 所示。

四、“货到人”技术年度创新应用

“货到人”拣选离不开自动化和智能化的物流机器人的支持，采用“货到人”方案可以便捷快速地完成补货、整箱拣货、拆零拣选、退货等物流作业，行业需求不断扩大。当前我国物流机器人应用的创新主要体现在产品功能创新和应用领域、应用范围、应用场景的创新。总体来看，物流机器人产品新应用主要围绕着工业 4.0、智能工厂、智慧物流等展开，体现在智能仓库和电商仓库的物流机器人、智能分拣

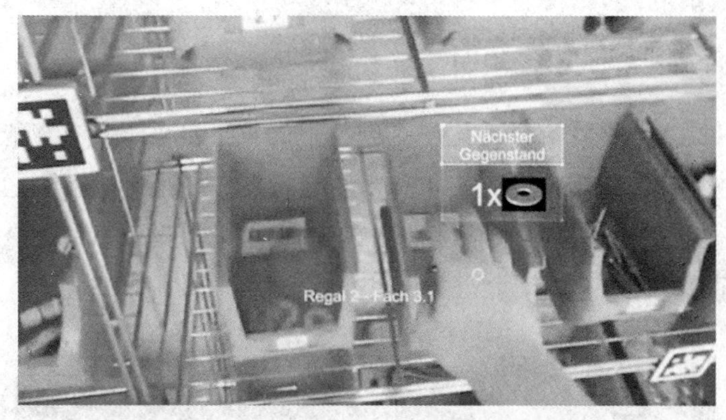

图 5-35　xPick 视觉拣选增强现实视野

图片来源：微信公众号物流指闻——技术创新：史上最强拣选技术，三星和大众的仓库都被“它”救了。

系统等。

（一）极智嘉科技 Geek+

极智嘉科技（Geek+）被认为是中国版 Kiva。目前 Geek+的机器人拣选系统已经成功地在天猫超市、唯品会等多家知名电商仓库实现商用。应用极智嘉科技机器人拣选系统的机器人如图 5-36 所示。

图 5-36　应用极智嘉科技（Geek+）拣选系统的机器人

图片来源：企业官网 http：//www. geekplus. com. cn/show？catid=2。

跟 Kiva 一样，Geek+也是采用“货到人”拣选模式，一台 Geek+高 28cm[121]，比 Kiva 等机器人矮 10cm 左右，因此运送货架时行驶更为稳定，识读二维码也更为快速准确，定位精度更高，机器人自重 150kg，能够承受 500kg 的重量[121]。当接到订单指令后，会通过扫描地面上均匀分布的二维码按照 2m/s（最快可达 3m/s）的速度自动规划路线前进，跑到货架底部后，直接将整个货架抬起，驮到拣选员的工作台，节省来回路程和挑选的时间，整体效率是人工的三倍。

（二）安得智联“AIR－PICK”

AIR－PICK 是美的在物流自动化产品创新上的重大突破，具有智能学习功能，顶升速度为当前同类产品中最快的，具备高密度运行能力，是世界上可运行空间密度最高的 AGV 产品之一，也是世界上精度控制最高（误差小于 6mm）的 AGV 产品之一，如图 5－37 所示。

图 5－37　安得智联“AIR－PICK”

图片来源：微信公众号王继祥——最黑科技！存储、搬运、分拣、配送、库管等智能物流机器大盘点。

（三）TORU 移动仓库机器人

TORU 移动仓库机器人是德国公司 Magazino 的产品，如图 5－38 所示。TORU 移动仓库机器人在仓库内能自由走动，在获取订单信息后，能使用激光和摄像头走向货架并检测它想得到的物品，确定物品在货架上的位置，一旦获得了物品，机器人会将其

图 5－38　TORU 移动仓库机器人

图片来源：https：//www.leiphone.com/news/201609/dPdFbAaud3EAtK8U.html。

储存在内部货架上，将它们递送到指定位置。

在 TORU 移动仓库机器人运行的过程中，它可以通过分析激光返回感应器的时间，识别墙面、货架栏以及人类，同时，分析数据会共享给同仓库的其他正在作业的 TORU 移动仓库机器人。在识物、避障过程中，不需要大型控制臂的辅助，同时也不需要特别的指引灯和反射光指示方向是其两大优势。

（四）菜鸟自动拣选车系统

菜鸟自动拣选车系统根据菜鸟独立开发的大规模调度算法运行，这套算法需要协调仓内工作的各种资源，包括 AGV、拣选员、拣选车、质检台、停车位、主干道等。目前适用方案包括“货到人”“车到人”“人到车”等。菜鸟分拣机器人如图 5－39 所示。

图 5－39 菜鸟分拣机器人

图片来源：微信公众号王继祥——最黑科技！存储、搬运、分拣、配送、库管等智能物流机器大盘点。

在仓内有大量的 AGV 的情况下，系统通过优化算法对它们的拣选任务做到智能排班，减少各种等待时间、对 AGV 的任务做最优化指派、减少每个任务完成的时间，优化 AGV 的行走路径、减少互相之间的干扰碰撞等，使得整个系统在机器和机器之间、机器和人之间工作无缝衔接，最终产生出群体智能。通过数据和算法的神奇功效，这些 AGV 将做到类似蚂蚁群落的高效协同，真正地提升效率，在已经应用的仓库中，AGV 对比人工提升了 100% 的效率。

菜鸟机械臂拣选系统使电商仓库从下单到出库全面自动化。如果一个消费者购买的商品分成了多个周转箱，这些箱子会自动流向一个缓存机器人。这个大型圆柱体的机器人类似一个蜂巢，单体有 500 个箱位，如图 5－40 所示。

当消费者购买的货物汇齐后，360 度运行的拣选机器人会从 500 个缓存箱位中把周

图 5-40　菜鸟 360 度运行的拣选机器人系统

图片来源：微信公众号王继祥——最黑科技！存储、搬运、分拣、配送、库管等智能物流机器大盘点。

转箱放到流水线上。流水线两边则分布着播种机器人，通过真空吸盘，把周转箱里的货品转移到消费者的快递箱内，快递箱经过流水线后，会走向自动包装区域，在此处完成面单张贴后即可出库发货，如图 5-41 所示。

图 5-41　菜鸟播种机器人

图片来源：微信公众号王继祥——最黑科技！存储、搬运、分拣、配送、库管等智能物流机器大盘点。

（五）京东无人仓拣选系统

京东通过使用人工智能、深度学习、图像智能识别、大数据等诸多先进技术，为工业机器人赋予了智慧，让它们具备自主的判断和行为，适应不同的应用场景、商品形态，完成各种复杂的任务。拣选机器人、搬运型 AGV 机器人、智能叉车等一系列智能物流机器人与技术在京东无人仓中，组成了完整的智慧物流场景。

1. SHUTTLE 货架穿梭车

作为京东无人仓军团之一，SHUTTLE 货架穿梭车能在货架间飞速移动货物，速度快到6m/s，每小时可以处理1600箱，无人仓内京东周转箱的入存储库，就是依靠此类机器自动识别存储货物，如图5－42所示。

图5－42　SHUTTLE货架穿梭车

图片来源：百度百家号 http：//baijiahao. baidu. com/s？ id＝1551531264999868&wfr＝spider&for＝pc。

2. 智能搬运机器人AGV

京东无人仓内的智能搬运机器人AGV能轻松托举300kg的货物。在调度系统指挥下，该智能搬运机器人可以灵活改变路径，自动避障，可通过地上的二维码进行定位导航。智能搬运机器人AGV如图5－43所示。

图5－43　智能搬运机器人AGV

图片来源：百度百家号 http：//baijiahao. baidu. com/s？ id＝1551531264999868&wfr＝spider&for＝pc。

3. ARB传送带

京东智能传送分拨系统产自Intralox公司，此传送带没有使用导轨或复杂的机械控制，而是用了一种小型、全向的由计算机控制的轮子，可以独立改变项目的方向、路线、位置和速度，这给了箱子等物品更加灵活的移动能力。ARB 传送带如图 5－44 所示，新型全向轮如图 5－45 所示。

图 5－44　ARB 传送带

图片来源：微信公众号王继祥——最黑科技！存储、搬运、分拣、配送、库管等智能物流机器大盘点。

图 5－45　ARB 传送带上新型全向轮

图片来源：微信公众号王继祥——最黑科技！存储、搬运、分拣、配送、库管等智能物流机器大盘点。

4. DELTA 型分拣机器人

DELTA 型分拣机器人是京东无人仓内分拣系统的重要成员，它采用 3D 视觉系统，能够实现动态拣选、自动更换捡拾器以及 155ppm 的作业节拍，具有三轴并联机械结构及适应货物转角偏差辅助轴，具有 3600 次/小时的抓取速度，不管是话梅还是鼠标，都能瞬间识别，同时支持自动换爪。DELTA 型分拣机器人如图 5－46 所示，其抓手如图 5－47 所示。

5. 京东六轴机器人

京东六轴机器人 6－AXIS，由控制、驱动、机械本体等单元组成，负责拆码垛等工作，具有 165kg 大载荷量和 ±0.05mm 高精度的特点。京东六轴机器人如图 5－48 所示。

图 5－46　DELTA 型分拣机器人

图片来源：微信公众号王继祥——最黑科技！存储、搬运、分拣、配送、库管等智能物流机器大盘点。

图 5－47　DELTA 型分拣机器人抓手

图片来源：微信公众号王继祥——最黑科技！存储、搬运、分拣、配送、库管等智能物流机器大盘点。

图 5－48　京东六轴机器人

图片来源：百度百家号 http：//baijiahao. baidu. com/s？id = 1551531264999868&wfr = spider&for = pc。

（六）索菲亚智能分拣系统

索菲亚柔性生产线机器人智能分拣系统如图 5－49 所示，实现了板材从打孔到打包的自动化智能化衔接，能节约生产人员 16 人，该系统包括 3 台机器人、2 套 CCD 检测系统、2 套板材自动清洁系统以及信息化可视化管理系统，CCD 检测系统可检测定制个性类产品的尺寸、孔位和外观缺陷，当接收到系统数据后，装置可以根据板材厚度自动调节高度，信息化可视化管理系统可用来进行品质状况、生产效率、设备运行、库位情况、订单追踪等的管理。索菲亚机器人智能分拣系统实景如图 5－50 所示。

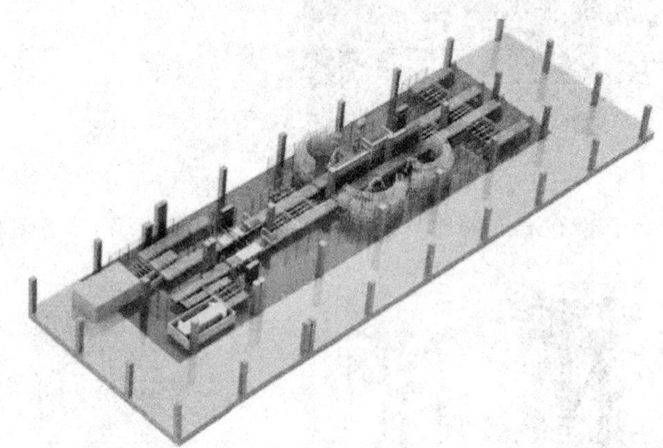

图 5－49　索菲亚柔性生产线机器人智能分拣系统示意

图片来源：网易新闻 http：//home. 163. com/16/0930/16/C27PGSAS001081E7. html。

图 5－50　索菲亚机器人智能分拣系统实景

图片来源：网易新闻 http：//home. 163. com/16/0930/16/C27PGSAS001081E7. html。

（七）苏宁“货到人”拣选系统

智能“货到人”拣选效率可以提升 10 倍以上，电商行业已经采用了不少“货到人”技术，但它们本质上只是用机器代替了人的部分劳动。真正的“货到人”，需要以智能化为核心，赋予机器一个大脑，让它自己完成复杂的操作，并实现自我管理。

苏宁的“货到人”拣选系统中拥有类似回转寿司店餐台的旋转货架负责存储、拣货出库和运送，这一过程全部自动化。“货到人”拣选工作站则有作业人员操作，但作业人员的工作很简单，只需按工作站给出的灯光提醒取货即可。苏宁“货到人”拣选系统如图5－51所示。

图5－51　苏宁“货到人”拣选系统

图片来源：微信公众号物流产品网——技术丨揭秘苏宁物流“货到人”拣选系统的惊艳之处。

若系统中提示有订单需要拣选，旋转货架能迅速并且准确地找到含有订单内商品的周转箱，并自动把周转箱送上传送带。当周转箱到达工作站时，工作站的屏幕上会显示每笔订单需要拣选出的货品和数量，作业人员根据指示拿货即可。因此，拣选人员无须步行，在这一模式下，其拣选速度可以达到1200件/小时[122]。据计算，这种速度是传统“人找货”拣选方式的10倍以上。周转箱内设有隔间，不同的商品可以存放在一个周转箱中，可以更好地利用空间。工作站的拣选人员的每一步操作都由一个明确的操作指导系统确认、引导和检查，确保不会出错。

旋转库系统能够根据数据大脑——WCS控制系统进行自我管理。旋转库本身是一个高密度自动存储系统，只要有商品进入周转箱，它们的品名、型号、数量等信息都会被记录在系统里。

如果接到订单，WCS控制系统就会预先进行计算，为商品规划出到拣选工作站的最短路线，在WCS系统的指挥下，旋转库内的升降机会带着周转箱移动，送到拣选工作站，确保周转箱不会“迷路”，也不会出现相互撞到一起，而是有序运行。苏宁“货到人”拣选系统旋转库系统如图5－52所示。

同时，旋转库系统还能够实现对产品的自动追踪、监控，并对产品进行排序，具有相同属性的产品，系统会自动排序并集中存储，需要时系统会自动控制这一批货物同时从旋转库出库。利用旋转库系统的这个特性，苏宁物流在发货端可以利用旋转库

图 5-52 苏宁“货到人”拣选系统旋转库系统

图片来源：微信公众号物流产品网——技术丨揭秘苏宁物流“货到人”拣选系统的惊艳之处。

缓冲系统进行自动排序、缓存，从而简化装车前的等待以及人工分货，节省大量的装车时间。该系统还会自动盘点出货记录，给商家提供实用的仓储报告和统计数据，实现补货的自动指令下发。

此外，旋转库系统几乎能够处理所有拆零品类的物品，因此更适用于多品种、小批量、多批次的碎片化订单处理。如果一个周转箱里有多种货品，工作人员在拣选工作站取走需要的货品后，周转箱会自动回到旋转货架，实现存取双循环。

因切面像字母“A”而俗称“A 字架”的 A-frame 自动拣货系统如图 5-53 所示。

图 5-53 苏宁 A-frame 自动拣货系统

图片来源：微信公众号物流产品网——技术丨揭秘苏宁物流“货到人”拣选系统的惊艳之处。

从拣选速度上来说，“A 字架”比旋转库系统还要快，每小时能够拣选 1600 箱小件商品。“A 字架”的拣货区域被分隔成一个个通道，每个通道可以设定成对应某件商品，当有订单产生时，系统会把订单信息转化成指令，当通道上方的传送带上有相应的商品经过对应通道时，相同订单内的商品会掉落在同一个料箱里，下方的传送设备会自动把它们带到包装区进行后续处理。

第六章　包装及单元化技术发展情况

第一节　储运包装技术

包装是物流运作系统重要的组成部分，在产品的生产、流通、仓储等环节都发挥着不可或缺的作用。随着汽车行业在中国的高速发展，各汽车零部件的国产化程度越来越高，国内的汽车生产企业对物流包装提出了较为专业的要求，汽车零部件储运包装技术对零部件运输安全以及便捷操作极为重要。

一、汽车零部件储运包装技术概况

（一）汽车零部件储运包装方式

在汽车零部件物流配送中，汽车产品总成包装依照产品的特点，根据不同的使用环境、存储运输方式以及装卸零部件的条件等情况，采取对应的包装方式与防护方法。目前汽车零部件有以下 6 种储运包装方式[123]：

①裸装。这种储运包装用于没有防护要求并且是暴露使用的汽车产品总成，如车架总成、轮胎等。

②敞装。敞装与裸装一样是用于产品没有防护要求的，不过还是需要考虑局部防雨防尘，如发动机总成、变速箱等，这些汽车产品总成有时还需要用到定制托架来进行固定。

③捆装。用于捆装的总成零部件一般是对环境要求很低的管路、线束等部件，这类零部件多是外表粗糙、无防锈要求的总成零部件。

④局部包装。这种储运包装方式不单独使用，通常在裸装或敞装的时候，总成产品某些部位有防雨和防尘等防护需求的，则采用局部包装方式。

⑤工位器具储运包装。工位器具分为专用工位器具和通用工位器具两类。通用工位器具为标准型的包装器具，主要用于上线配送、不易变形的总成零部件，如支架板、横梁左/右/上/下连接板、标准件、小零件及电器元件等，常见通用工位器具有金属周转箱、物流箱、仓储笼等；专用工位器具主要是针对零部件的特点进行定制的包装器

具，起到强力防护抗变形的作用，如折叠金属周转箱、金属料架等，用到专用工位器具的总成零部件有后视镜、空气滤清器、脚踏板、消声器、面罩总成、中冷器、前/后钢板弹簧等。

⑥纸箱包装。纸箱包装多用于防锈件、精密包装的仓储物流运输，在上述储运包装方式都被否决的情况下，也可以采用纸箱储运包装方式。汽车零部件储运一定要根据本身特点选择合适的外包装类型。碰到标准件、小零件等小型的汽车零部件可以套上纸盒或塑料袋再进行装箱。

（二）汽车零配件储运包装器具

目前，汽车零配件的主要运输出货方式有可循环物流包装器具和一次性物流包装器具两种。

（1）可循环物流包装器具。

可循环物流包装器具是指可多次反复使用，需要定期回收、清洗、维修、存储的包装器具，汽车零配件的包装一般采用金属周转箱。一般大量的进口汽车零配件供应到国内汽车整车工厂时采取可循环物流包装器具，以陆运方式为主。

其中，汽车零部件周转箱的分类如下。

①折叠金属周转箱。产品可配合 1100mm × 1100mm 的金属托盘使用，因此产品的尺寸基本以 100 的基数为标准。产品设计巧妙，大小可叠可组合（见图6－1），而且不同的方向也可叠。空闲时产品可折叠，大大降低了使用空间和物流成本。

图6－1　折叠金属周转箱

②堆码金属周转箱。尺寸设计与折叠金属周转箱是一致的。只是品种较少，闲置时为套叠方式。

③HP 箱。HP 系列塑料箱（见图 6－2）采用 1100mm×1100mm 规格的金属托盘，除不可折叠以外，规格、外观都与日产的周转箱接近。

名　称：HP-3B
外尺寸：365L×275W×160H mm
内尺寸：325L×240W×145H mm
材　质：抗冲击改性PP

图 6－2　HP 箱

④EU 箱。EU 系列塑料箱（见图 6－3）采用 1200mm×800mm 规格的金属托盘，在国际上被一些行业广泛应用，因此又叫作“欧标箱”。EU 箱规格较多，现有的规格接近 20 款，可适合不同客户或产品的需求。

名　称：EU4611
外尺寸：600L×400W×120H mm
内尺寸：565L×365W×110H mm
材　质：抗冲击改性PP

图 6－3　EU 箱

（2）一次性物流包装器具。

一次性物流包装器具是指和产品一同发送到客户处，并不再进行集中回收处理的包装器具，主要用于国外整车厂出口小批量汽车零配件，以小型尺寸的汽车零配件为主，如汽车车灯透镜、印刷电路板等电子元件。另外，对于部分以销售品的形式直接分发到 4S 店等配套修理厂的汽车零配件，也采用一次性物流包装器具。由于长途运输需要投入大量的可循环物流包装器具，且受回收及管理成本的限制，很多长途零配件在运输中都会先使用一次性物流包装器具运到第三方仓库，在第三方仓库再进行翻包，将产品装入可循环物流包装器具中，最后从第三方仓库直接发到客户处。这种汽车零配件供应方式主要应用于距离大于 500km 的长途陆运及出口的海运空运等。

一次性物流包装器具主要有瓦楞纸箱和一次性塑料包装。瓦楞纸箱的尺寸一般采用标准箱的尺寸，以满足托盘最大容积率作为尺寸设计依据。若国家标准托盘尺寸为1200mm×1000mm×130mm，则标准箱外尺寸的长（宽）为标准托盘长（宽）的约数（瓦楞纸箱长/宽上摆放个数）减去瓦楞纸箱间的缝隙尺寸，即托盘上不余留空位，可以使瓦楞纸箱满托盘摆放。一般针对尺寸较小但重量较重的汽车零配件，如螺丝钉、定位卡扣等，会选择更小尺寸的瓦楞纸箱，既可增加瓦楞纸箱堆垛后的整体抗压强度，也可避免过重限制或影响工人搬运。

（三）汽车零部件的缓冲包装

大部分汽车零配件体积较大，如汽车门板、汽车保险杠等，而且对外观要求较高，尤其是镀铬、镀铝亮面装饰的零配件，因此要求在物流运输过程中不能出现任何碰撞痕迹和划伤等，这就对汽车零配件物流包装器具的尺寸和保护功能提出了极高的设计要求。

汽车零部件的内材制作，主要是根据不同产品的要求，设计出不同的包装方式，使产品在周转箱内排列有序，防止产品之间的碰撞和摩擦，高效利用箱内空间，提高产品的合格率。主要内材是中空板、EVA 棉、珍珠棉、泡沫、绒布等防震、防摩擦材料，也有部分产品直接用吸塑托盘包装[124]。

（1）EVA。

EVA 是一种高弹力的橡胶材料的产品（见图 6－4），具有非常好的弹性及可加工性，颜色、厚度、硬度都可根据要求进行制作。常规的颜色为白色和黑色，硬度为38～40，其他颜色需要有一定数量方可定做。厚度 1.5mm～50mm，既可冲压成不同的异型材，也可黏贴于中空板及箱的内壁作为防摩擦材料，在汽配内材制作方面应用非

图 6－4　EVA

常广泛。

（2）珍珠棉。

珍珠棉（见图6－5）同EVA一样，可加工成各种样式，只不过珍珠棉质轻，价格便宜，与EVA相比可降低成本。但针对一些比较重的五金件产品，珍珠棉的使用寿命较短。珍珠棉可制作较复杂的大包围式的内材，而EVA制作起来相对困难。

（3）中空板。

中空板（见图6－6）在汽配行业中应用广泛，可制作各种刀卡、隔板、盖板等，并可结合以上材料制作出不同的内材。上节已讲中空板，在此不做介绍。

图6－5　珍珠棉

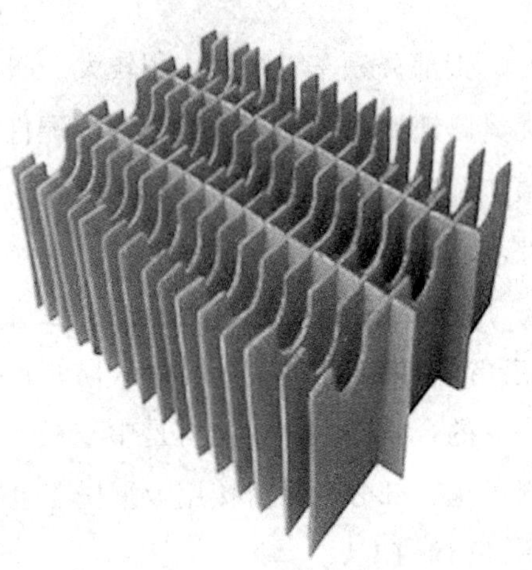

图6－6　中空板

（4）泡沫。

泡沫相对用得比较少，因泡沫较脆，易掉屑。现在使用的都是一些高密度较好的泡沫制品，现制作产品中使用较少。

（5）木架。

木架包装（见图6－7）是对于覆盖件、前挡板等体积大型并容易在运输过程中损坏的货物的一种包装，但成本较高，在汽配行业一些高价值的货物中被广泛采用。

二、物流包装标准化

（一）我国包装标准化现状

汽车配件运输包装标准化是各大厂商对于包装的普遍要求，其中包括了卡车标准化、托盘标准化等衡量现代物流的基本单元，决定了整套单元化周转箱的标准。标准化的包装容器能够准确地计算出出货量的大小，最终形成一个完善的物流体系。在设

图 6－7　木架

计好包装单元后，再进行车厢内包装箱的排布，合理安排包装布局，实现运输包装标准化和集成化。

现阶段，我国很多行业物流运作的通常惯例是：上游供应商给下游企业发货，常常使用一次性纸箱、木箱进行货物包装与运输，即使采用带板运输方式，由于托盘标准不统一或者没有在整个供应链上实现托盘循环共用，货物在送达目的地后需要人工卸车、重新码盘，再入库存放。此种情况必然会增加货物运输、搬运、堆垛、存储等流通环节的作业量，既增加了货物损坏的风险，又耗费了时间和人力，导致物流运作效率降低，物流成本升高。

从托盘实际应用情况看，现阶段我国托盘主要存在规格尺寸多、标准化程度低、作为易耗品使用浪费严重、与物流相关设施设备不配套不衔接、影响物流运作效率和成本等问题。2016 年，我国现有托盘约 11 亿个，托盘规格多达 100 种，标准托盘的市场占有率仅为 23%；而国际上标准化托盘的使用率，澳大利亚为 95%，美国为 80%，欧洲为 70%，日韩为 35%[125]。世界主要贸易国家/地区采用托盘国际标准情况如表 6－1 所示。

（二）推行包装标准化相关文件

据 2015 年年底商务部国际贸易经济合作研究院联合集保公司发布的《中国快速消费品行业供应链物流研究报告》统计，快消品批发企业托盘标准化率最高，达到 77.84%；而快消品生产企业和快消品零售企业的托盘标准化率仅分别为 59.03% 和 50.11%。企业不使用标准托盘的主要原因包括货物规格不适应标准包装、配套设施设

表6-1　　世界主要贸易国家/地区采用托盘国际标准情况

所在洲	国家/地区	采用标准（mm×mm）	国家/地区	采用标准（mm×mm）
欧洲	德国	1200×800	法国	1200×800
	英国	1200×1000	意大利	1200×800
	西班牙	1200×800	荷兰	1200×1000
	比利时	1200×800	奥地利	1200×800
	瑞士	1200×800	俄罗斯	1200×1000
大洋洲	澳大利亚	1140×1140	—	—
北美洲	美国	1219×1016	墨西哥	1200×1000
	加拿大	1219×1016	—	—
亚洲	日本	1100×1100	韩国	1100×1100
	新加坡	1200×1000 1200×800 1100×1100	马来西亚	1200×1000
	中国香港	1200×1000	泰国	1200×1000

备与标准包装不匹配等，托盘标准不统一制约了其循环共用。

针对以上问题，我国已开始进一步完善单元化物流包装器具标准的制定，加大了对标准化物流包装器具的推广力度。

2016年8月，工信部、交通运输部等部门修订发布了强制性国家标准《汽车、挂车及汽车列车外廓尺寸、轴荷及质量限值》（GB 1589—2016），明确调整货车外廓尺寸为2550mm，适应带托运输。

2016年9月，国务院转发的《物流业降本增效专项行动方案（2016—2018年）》明确大力推广托盘（1200mm×1000mm）、周转箱、集装箱等标准化装载单元循环共用，鼓励企业建立区域性、全国性托盘循环共用系统。

2016年12月，工信部、商务部印发《关于加快我国包装产业转型发展的指导意见》明确推广包装基础模数（600mm×400mm）系列，以包装标准化推动包装的减量化和循环利用，600mm×400mm系列模数也是为了契合1200mm×1000mm的托盘标准，形成了包装与托盘衔接互动的局面。

2017年1月，交通运输部、商务部等18部门联合印发的《关于进一步鼓励开展多式联运工作的通知》明确优先推广使用1200mm×1000mm标准托盘，推动一贯化带盘运输。

集装箱委员会、中国铁路总公司等制定的系列2集装箱国家标准已经通过专家评审，其中系列2集装箱宽度设定为2550mm，与标准托盘匹配，服务于公铁联运和中欧班列。

商务部将《联运通用平托盘性能要求和试用选择》和《硬质直方体运输包装尺寸系列》符合600mm×400mm模数的系列标准纳入物流标准化试点范围，契合1200mm×1000mm的托盘标准，形成了包装与托盘衔接互动的局面。1200mm×1000mm托盘如图6-8所示。

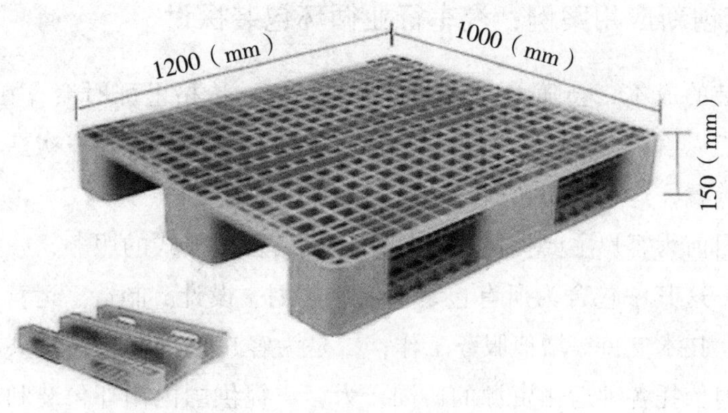

图6-8　1200mm×1000mm托盘

（三）物流标准化取得成效

随着商务部着力实施商贸物流标准化专项行动，调动了地方开展商贸物流标准化工作的积极性，激发了有关协会推广宣传标准的主动性，通过典型引领、试点示范、宣传引导、上下联动、多措并举、多方合力，取得了以下三大成效。

①创新了若干成熟可推广的经验和模式。在京津冀、长三角、珠三角等区域，城市间“结联盟”、企业间“结对子”共同推进物流标准化。例如，上海牵头成立“长江经济带托盘循环共用联盟”，沿江9省市33家物流协会签署倡仪书，推广物流标准化；南京、芜湖牵头8个城市成立“环南京都市圈物流标准化联盟”，以项目带动提升区域物流标准化水平；北京朝批商贸股份有限公司与京客隆、物美等下游客户合作，实行整托盘订货和交接货的单元化模式，优化了商业流程；上海清美绿色食品有限公司、上海城市超市有限公司等从田间地头到超市门店，全程“不倒盘、不倒筐、可追溯”，实现了提效降本、降货损。

②提高了广大企业应用标准的自觉性。广大企业尤其是全国商贸物流标准化重点推进企业和地方试点企业，将标准化与提升品牌形象、核心竞争力结合起来，全面提高标准化水平。例如，中外运、华润万家、苏宁、京东、雀巢等企业积极开展带托盘

运输，招商路凯、集保、天下大白、集托网等企业积极推广托盘循环共用系统，加快发展单元化物流，有效提高了物流效率，降低了物流成本。

③取得了良好的经济效益和社会效益。据第三方机构统计，通过开展商贸物流标准化专项行动，重点企业提升装卸货效率3倍以上、货损率降低20%～70%、综合物流成本平均降低10%。试点城市租赁标准托盘同比增长97.18%，平均综合物流效率提升3.8%。经测算，2015年以来，通过推行托盘标准化，减少托盘用量1480万片，相当于少砍伐成材树木247万棵，减少二氧化碳排放量29.54万吨。

三、年度创新应用案例：汽车行业循环包装探讨

一次性包装的成本，会随着时间推移越来越高。价格上涨时会存在盈亏平衡点，达到盈亏平衡点以后，循环包装模式就会带来很多有利的条件，一次性包装价格上涨时盈亏平衡点前置，这就为切换循环包装带来了有利条件。

中久物流目前为客户主要提供两大块循环包装管理模式的服务，一是提供一体化包装特色服务，这其中包含为所有包装提供从规划、设计、制造、运营，包括后期维修维护、保养、技术支持等增值服务工作；二是为客户提供循环包装共享服务，利用现有资源，同时依托各种运输资源的协同，为客户提供国内循环包装和国际循环包装业务。

（一）循环包装模式

对于主机厂的循环包装模式大概经历了三个阶段（见图6-9），同时经过了几个模式，但是这几种模式在目前操作中仍然存在。

第一种操作模式是供应商自投，这样的包装没有统一规划、设计制造和管理要求，同时对于后期维护保养工作不到位，从采购角度来说成本可能也存在不透明。

图6-9　循环包装投入和管理模式

第二种模式是主机厂自投，零部件物流公司或者第三方进行管理，它占用了主机厂部分流动资金，管理相对来说比较薄弱，包装的周期会比较长。

现在部分主机厂使用第三种运作模式，即包装由第三方投入，第三方包装公司进行管理，这样可以统一所有包装规划设计和制作要求，同时由专业运营团队为客户进行合理的包装测算、理论资产投入、后期的运营维护和管理，同时为以后循环包装共享服务提供了前提。

（二）定制化周转箱管理

对于提供循环包装服务，实际是为客户提供了定制化的空箱管理中心（Container Management Centre，CMC）（见图6－10），可以为客户进行每日包装返空计划制订与运营、维护。通过两年多的运营，中久物流至少可以为客户节省大概10%的总成本。

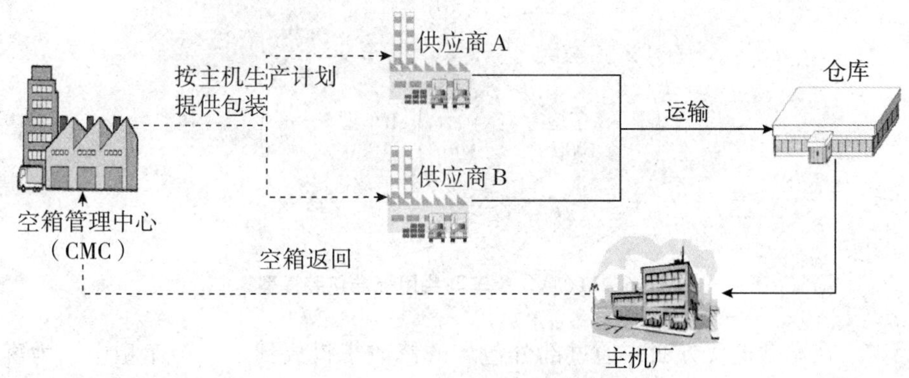

图6－10　定制化CMC管理

（三）循环包装模式案例

第一，为客户设计统一的体系规划和尺寸链标准。某汽车主机厂包装体系规划目视化标准部分如表6－2所示。

表6－2　某汽车主机厂包装体系规划目视化标准部分

工具名称	周转或固定	所属方	颜色	备注	字体	色号
厂内周转料架	周转	代工厂	橙色	区分左右件，左边件料架立柱上端5cm纯白色	白色	橙色色号RAL 2008，白色色号RAL 9003
厂外周转料架	周转	代工厂	深绿色	区分左右件，左边件料架立柱上端5cm纯白色	白色	深绿色色号RAL 6005，白色色号RAL 9003

续 表

工具名称	周转或固定	所属方	颜色	备注	字体	色号
场外周转料架	周转	零件供应商	深灰色	区分左右件，左边件料架立柱上端5cm纯白色	深绿色	深灰色色号 RAL 7011，白色色号 RAL 9003，深绿色色号 RAL 6005
样架	固定	代工厂	酒红色	区分左右件，左边件料架立柱上端5cm纯白色	白色	酒红色色号 RAL 3005，白色色号 RAL 9003

第二，标准包装的投入在不同车型之间可以兼容与共享，降低包装总体投资金额。如图6-11所示为某汽车A、B两种车型投入标准包装数量情况，其A、B车型标准包装有10%可以共用，B车型标准包装投入减少100个。

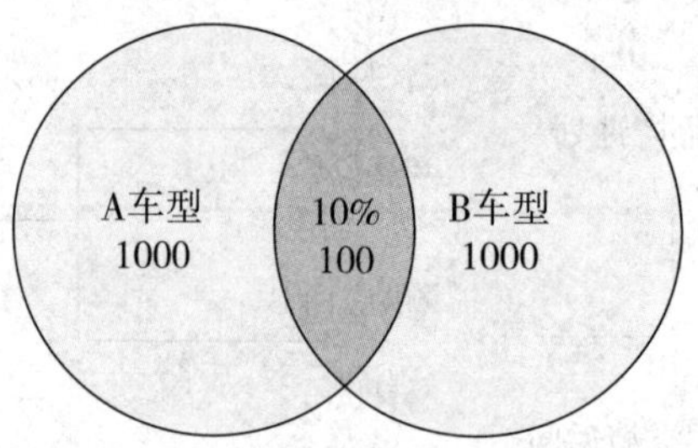

图6-11　A、B车型共用标准包装模型

第三，在车型迭代方面，通过部分包装的修改来投放到下一个车型中，为客户节省投资成本。例如，某汽车A车型投入部分非标包装100万元，当车型迭代时对包装进行修改可以再利用，预计节约资产投入40%。循环包装数据模型如图6-12所示。

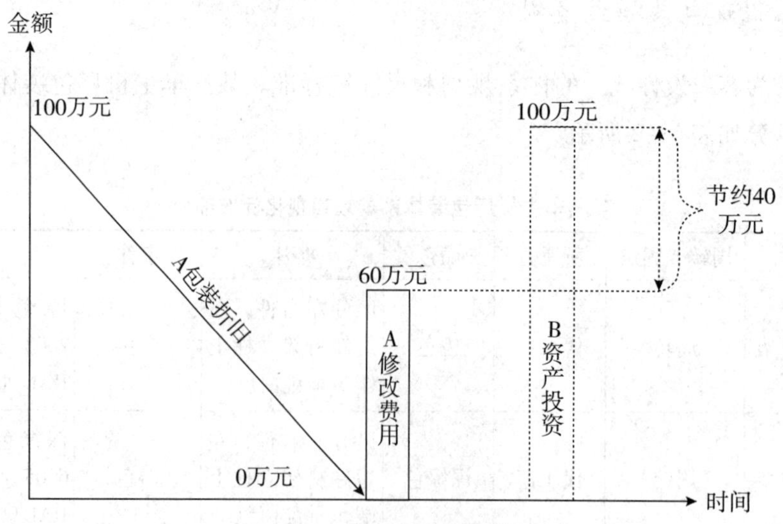

图6-12　循环包装数据模型

第四，为主机厂制定的 RFID 技术在循环包装中的应用。如图 6－13 所示，RFID 有实现包装流转全过程的实时监控、实时掌握包装库存信息、为包装预警提供数据支持的应用优点，有效降低包装丢失率可以实现包装流转全过程的实时监控，实时掌握包装库存信息，为包装预警提供数据支持，有效降低包装丢失率。

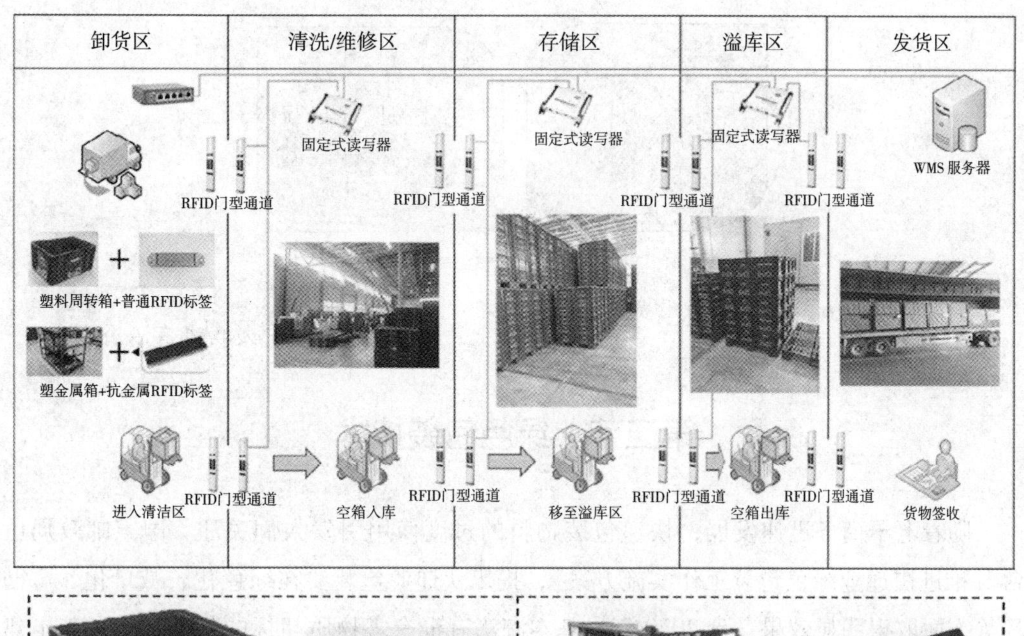

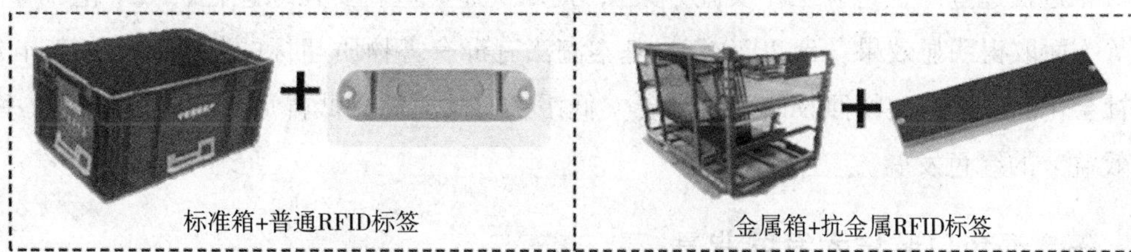

图 6－13　RFID 技术在循环包装中的应用

（四）循环包装网络布局

通过资源共享，减少循环平台所有参与方的资产投入，降低运营成本，减少运输成本。中久物流针对线下网络进行布局，使所在线路中的客户降低资产投资和运输成本，同时也致力于区域性的标准箱循环，和同一主机厂、不同工厂之间的循环，达到主机厂与主机厂标准包装的循环和国际循环包装业务，如图 6－14 所示。中久物流利用现有公司的资源完成从中日、中欧到中美三条主要线路的循环包箱业务，充分利用各种运输能力的协同，完成国际循环包装网络布局。以奥迪为例，依托公司铁路资源优势，实现为客户从一次性包装切换到循环包装，完成从德国汉堡到中国长春线路的循环包装的规划。

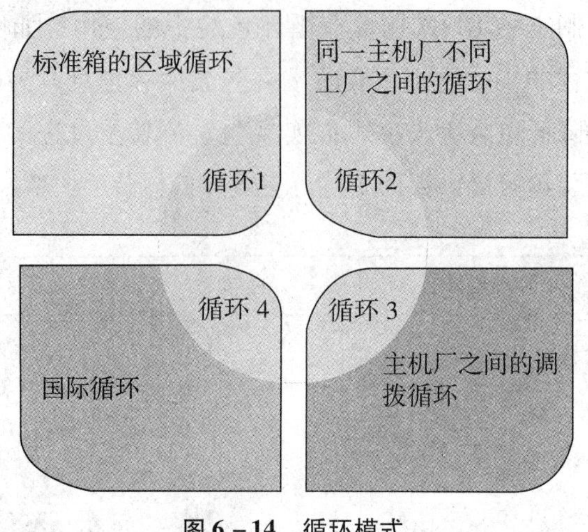

图 6-14　循环模式

（中久物流有限公司）

第二节　绿色包装技术

随着电子商务迅速发展，快递包装物料的过度使用引发人们关注。国家邮政局出台《推进快递业绿色包装工作实施方案》，提出快递业包装要在绿色化、减量化、可循环等方面取得明显效果。到2020年，基本淘汰有毒有害物质超标的包装物料，基本建成社会化的快件包装物回收体系，实现“低污染、低消耗、低排放，高效能、高效率、高效益”的绿色发展。

一、绿色包装技术发展背景

绿色包装，即无公害包装，指的是对生态环境无污染，对人体健康无毒害，而且能回收或再生复用，可促进持续发展的包装。也即包装产品从原材料选择、产品制造、使用、回收和废弃的整个过程均符合生态环境保护的要求，包括节省资源、能源、减量、避免废弃物产生，易回收复用、再循环利用，可焚烧或降解等生态环境保护要求的内容。

我国人口众多，制造企业数量庞大，商品流通数量巨大，这些都造成我国包装资源消耗数量惊人；在促进包装工业迅速发展的同时，也带来了包装废弃物的持续增加。但令人堪忧的是包装废弃物的回收利用率较低，一方面，大量原本可以继续回收利用的包装被当作无用废物直接抛弃，造成资源浪费；另一方面，增加了废弃物的处理成本，给自然环境带来生态负担。

在惯常的物流包装中，很多企业使用一次性纸箱或木箱，循环使用包装的占比非常低。我国属于林木资源匮乏的国家，很多原材料需要进口。由于原材料供需关系的波动、汇率波动等众多不可测因素，都会导致原材料成本的变化。而造纸行业属于污染较严重的行业，随着全社会环保意识加强，国家环保监管水平提高，包装生产的成本也会随之提高。以一款纸箱为例，价格由原来的5.5元/箱，在短短几个月时间，上涨到7.28元/箱，单价涨幅32%，这些因素都可能导致物流包装的成本及整个供应链的成本不断上升。如何通过采用新技术或新模式降低整个供应链上的物流包装成本，同时注重绿色包装的应用，已成为企业面临的重要课题。纸箱价格趋势如图6－15所示。

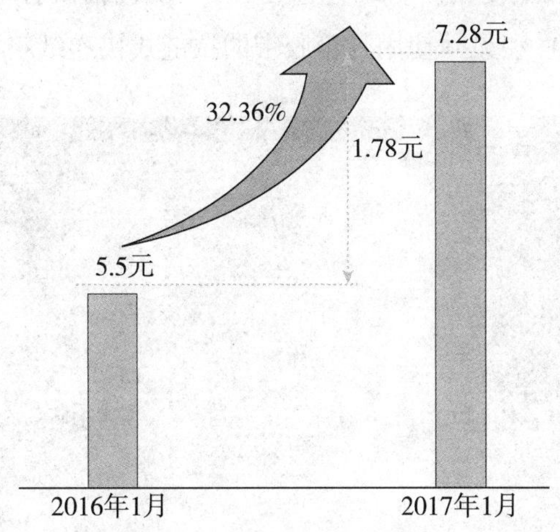

图6－15　纸箱价格趋势

注：以上为600mm×400mm×180mm五层瓦楞纸箱2016年1月—2017年1月单箱价格。

据《2017中国快递领域绿色包装发展现状及趋势报告》显示，2016年中国快递业的包装仍集中在六大类：运单（快递运单/快递电子运单）、编织袋、塑料袋、封套、包装箱（瓦楞纸箱）、胶带，如图6－16所示。

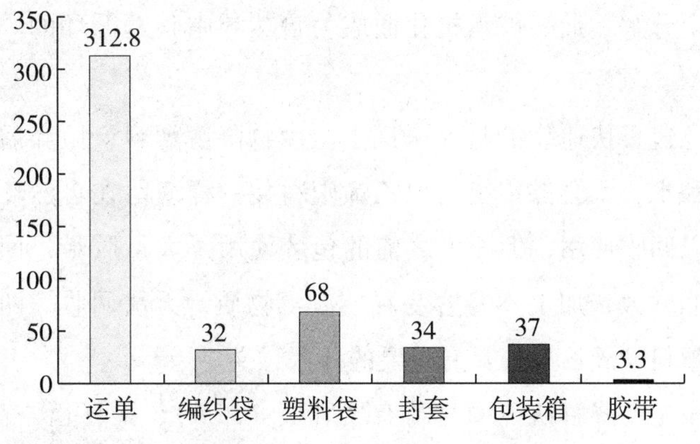

图6－16　2016年中国快递业包装物（单位：亿个）

快递在方便人们生活的同时，其包装所产生的垃圾也日益成为影响城市生活的顽疾，快递包装如何“瘦身”和有效回收利用，已成为亟待解决的新问题。为缓解快递包装压力，绿色包装逐渐受到企业的青睐。

二、年度创新应用案例分析

（一）淘宝绿色包裹

2017 年 7 月 8—12 日，“菜鸟绿色行动计划”联合淘宝共同打造的“绿色包裹涂鸦专区”，展出了淘宝平台上使用的“绿色包裹”。主要包括两种环保包装：全生物降解的快递袋（见图 6－17）和无须使用封箱胶带的拉链式快递纸箱。

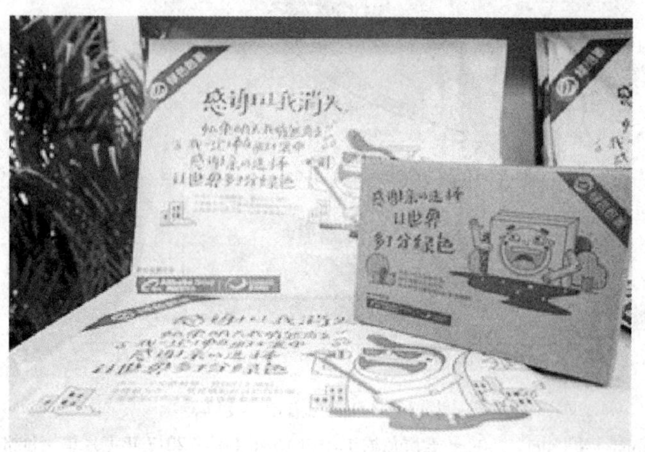

图 6－17　全生物降解快递袋

图片来源：搜狐网 http：//www. sohu. com/a/163042135_ 777213。

生物降解塑料是指一类由自然界存在的微生物，如细菌、霉菌（真菌）和藻类的作用而引起降解的塑料。理想的生物降解塑料是一种具有优良的使用性能、废弃后可被环境微生物完全分解、最终被无机化而成为自然界中碳素循环的一个组成部分的高分子材料。

新推出的绿色包裹快递袋的材质采用了全生物降解塑料，抛弃后可以短期内完全分解为二氧化碳和水，不会像传统的聚乙烯塑料袋一样遗留在自然环境中几百年不分解。纸箱本身可以回收使用，但因为之前的包装使用了大量胶带，回收比较困难，而且胶带的使用量非常大，加上本身容易释放有毒物质，无法回收。两种新型包裹的使用，则不会产生塑料垃圾污染，具有重要的环保意义。

市场上获得全生物降解认证的材料有聚乳酸（PLA）、聚（己二酸/对苯二甲酸丁二醇酯）（PBAT）、聚羟基脂肪酸酯（PHA）、聚丁二酸丁二醇酯（PBS）、聚己内酯

(PCL)、聚甲基乙撑碳酸酯（PPC)、淀粉基材料（不含不可降解树脂）等。

快递袋的材质主要是以 PBAT、PLA 为基体的改性塑料。由 PBAT 和部分 PLA、淀粉或无机粉体、增塑剂、交联剂、开口剂以及色粉等助剂经过共混挤出制成。PLA 主要用来提高薄膜的强度，淀粉或无机粉体主要用于降低成本。

（二）苏宁漂流箱

苏宁"漂流箱"即可循环的塑料箱（见图 6－18），目前上线的只有一种规格，即长约 0.3m，宽 0.2m，漂流箱采用的电子面单尺寸均是 100mm × 100mm 和 100mm × 150mm，将来 100mm × 150mm 的也会缩减为 100mm × 130mm。苏宁上线的"漂流箱计划"，第一阶段主要针对 3C、母婴及快消领域的易碎品，已经上线投入 10000 个塑料循环料箱。用它代替普通纸箱装载消费者购买的产品，由快递员进行"最后一公里"投递，直接节省掉纸箱，非常环保。

图 6－18　苏宁漂流箱

图片来源：中国物流与采购网 http：//www. chinawuliu. com. cn/office/25/146/12459. shtml。

目前匹配商品和这种循环料箱是通过算法，即在商品出库前系统会自行匹配投递适用料箱的订单，智能推荐和匹配漂流箱，有策略地减少纸质包装盒的使用。比如：易碎品会优先使用；一个订单超过三件商品，若漂流箱可以容纳，就会优先使用。下一步漂流箱还会优化，规格有待进一步丰富，不同的型号更精准地匹配不同的商品和订单。

（1）漂流箱的流转过程[126]。

①打包。在商品出库进行最后一公里投递的时候，苏宁物流的系统会智能化地推荐和匹配漂流箱，有策略地减少纸质包装盒的使用。工作人员打包情形如图 6－19 所示。

打包细节

图6-19　工作人员打包

②封箱。为了增强用户体验，这些漂流箱还特意设计了牢固的“封箱扣”，保证商品安全，保障用户隐私。封箱操作如图6-20所示。

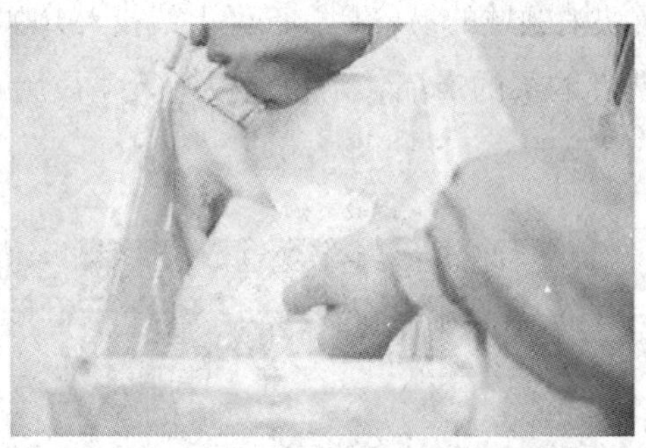

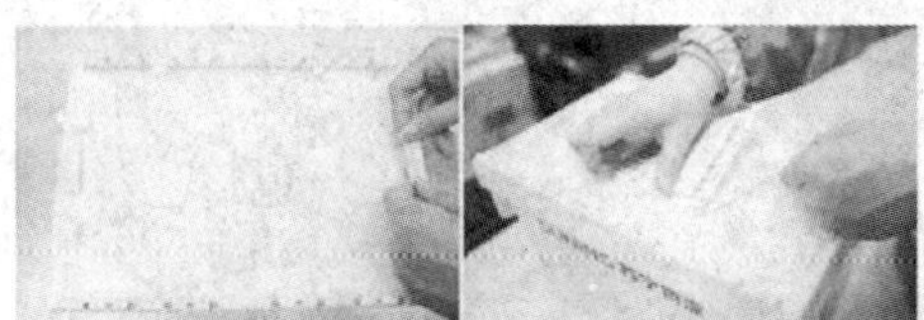

商品包装好放入漂流箱

封箱

贴面单

图6-20　封箱操作

③装车待发。如图6-21所示。

漂流箱装车待发

图6-21　装车待发

④配送。一般来说在两种接收情景下可以收到这种漂流箱。一种是自提模式，消费者可以在苏宁的自提点或者是社区代收点自提快递，遇到这样的快递可以取出商品后将漂流箱放回自提点回收；另一种是送货上门，消费者可以当面拆箱验货签收，然后将漂流箱交由快递员带回作为循环快递盒使用。两种配送方式如图 6－22 所示。

送货上门

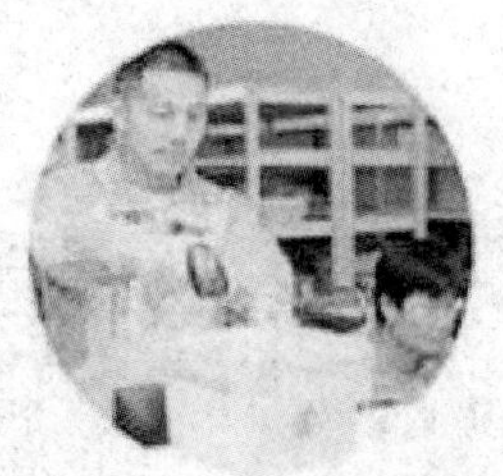

自提点自提

图 6－22 配送环节

（2）使用漂流箱存在的问题。

①自提模式存在麻烦。此模式在自提时可能存在一定不便利性。一方面如果盒内装的商品零碎得太多就需要消费者自带背包拎回家，对没带包装袋的用户而言不便利；另一方面循环料箱占用空间较大，大量循环料箱留给自提点或者社区代收点占用了经营用地，会造成不便，回收流程相对比较麻烦。

②不适用通达系快递。一方面因为通达系加盟的模式限制，管控能力无法达到自建物流那么高效可控，更无法形成消费者回收的闭环；另一方面通达系的电商包裹更多的是商家自行打包，无法做到自建物流的仓配一体，更无法智能推荐匹配料箱的订单。同时，从配送量来看，通达系每天的订单量也是远超自建物流体系，这种料箱使用对目前快递员的配送效率会有一定影响，对现在更注重配送时效超过配送体验的加盟制快递还有一定距离。

③不适用所有商品类别。苏宁的“漂流箱计划”在商品品类上也存在一定限制，一般来看产品品类价值比较高、传统配送损耗比较大的产品适用这种箱子。从苏宁发布的涉及品类来看，3C 类产品价值高，属于易碎品，从成本和体验来看是明智的选择，但如果从成本出发，即使是苏宁恐怕也无法推广到所有品类。

（3）漂流箱的绿色升级。

苏宁易购联合一撕得推出绿色环保、漂流箱的绿色升级版——无胶带快递箱（见图 6－23）。传统快递箱用的打包胶带完全降解需要 100 年，2017 年“8 · 18 发烧购物节”期间，苏宁易购发放了约 2 万个一撕得拉链纸箱版环保快递箱。其采用特殊结构设计实现无胶带封箱，轻轻撕开“拉链”即可拿出宝贝，在消灭白色污染的同时还带来了更好的用户体验。

图6－23　苏宁易购无胶带快递箱

图片来源：搜狐网http：//www.sohu.com/a/165536892_115007。

第三节　集装单元化技术

随着“互联网＋”的发展，智能化和信息化技术在生产与物流中快速普及应用，所有核心环节都将变得更加“智能”。集装单元化也被注入“智能”的基因，单元化智能物流迎来了发展的“黄金阶段”。

一、集装单元化技术发展热点

（一）集装箱液袋

集装箱液袋（见图6－24）是一种新型的能够储存和运输各种非危险液体货物的软体包装容器，主要材质为聚乙烯（PE）和聚丙烯（PP），在非危险液体运输上可以代替昂贵的罐箱、铁桶等传统包装。每个容器可放置于20ft的集装箱内，其容积为14～24m^3，最多可储运24000L液体，较桶装高出约35%。运费以集装箱计算，而非油罐箱、特种箱运价，只需支付单程运费，没有空箱返运费和清洗费用，并能有效避免货物交叉污染，可大量降低装卸、包装及物料管理等费用，并且符合环保及食品包装要求。产品原材料对环境无污染，适合于海运、铁路、陆运等运输方式。由于与传统的运输包装方式相比具有显著的经济优势，因此在各类化工、石油、食品、饲料、农产品等领域得到了更广泛的应用。

图 6－24　集装箱液袋

1. 集装箱液袋装卸货流程

（1）集装箱液袋装货[127]。

①确认集装箱左侧箱门处于关闭状态（重要）；

②将输送管与阀门连接；

③确认阀门处于开启状态；

④开泵，对液袋进行灌装，装货过程中应始终有操作人员观察装货情况；

⑤注意在灌装最后 2t 货物时应放慢泵的流量，以防止液袋因压力过高而发生过载；

⑥应确保液袋的装货量控制在液袋标注的容积 ± 500L 的范围内。

液袋灌装如图 6－25 所示。

图 6－25　液袋灌装

（2）装货后的确认。

①装货结束后应先关闭阀门，然后卸下输送管接口；

②盖上装卸口阀门的端盖；

③阀门端盖上的两个耳环必须用尼龙扎带扣紧或用胶带绑紧；

④关闭右侧箱门；

⑤确认左侧箱门上“严禁开启左门”警告标识张贴完好。

液袋阀门如图 6-26 所示。

图 6-26　液袋阀门

（3）集装箱液袋卸货。

①在打开集装箱门前，检查有无运输途中引起的箱门损伤，尤其是左侧箱门的扣锁是否牢固；

②打开集装箱右侧箱门（严禁打开左侧箱门）；

③卸下阀门上的端盖，然后与输送管连接；

④打开阀门后即可启动输送泵卸货；

⑤货物卸到一半时可开启左侧箱门，货物卸到最后时，操作人员可以将液袋两端向中间叠起，然后从集装箱内端向集装箱口卷出，以使货物彻底卸除；

⑥须将液袋门口的两端抬起，使袋内剩余的液体流出，直至完全卸净为止。将外袋割开再将内袋一角割开将残留货物全部倒出。

2. 集装箱液袋优点

（1）它是一次性使用，用过以后就可以直接丢弃，不需要再次清理，不占用储存场地，也没有超期费等，直接降低了相关成本。除此之外，一次性液袋卫生环保，每次使用都是全新的，可有效避免货物二次污染。

（2）液袋比起传统的罐箱，可以装载更多的货物，比最原始的集装箱可多装40%，这无疑可以降低运输成本。

（3）液袋内可以安装隔板（BULK HEAD），相对于一个保温器，它的最高温度有80℃。这个对装有温度要求的液体是很好的，它可以对这些特殊液体进行保温，而传统的罐箱做不到。

（4）液袋的操作非常简便，只需要几个人和一些管子就可以完成操作，而传统的中型散装容器（IBC）和罐箱都需要几十个工人才能把东西装完。它的装卸也非常简便，灌装的时候可以从顶部阀门通过管子把液体装进去，释放的时候从底部阀门通过管子把液体释放出来。

（5）除了上面说的节约成本、环保、操作简便等优点外，集装箱液袋最大的优势在于价格便宜，运输成本是传统运输方式的一半左右。

3. **集装箱液袋缺点**

液袋软包装材料，泄漏不可避免。这也是目前使用液袋的最大障碍。产生泄漏的原因主要是液袋设计缺陷、液袋生产质量缺陷、使用不当（包括异物刮伤，猛烈碰撞等）等。目前能够做到的是改善设计，严格把关质量，加强客户指导，合理使用液袋；同时加强和运输企业的沟通，合理操作集装箱液袋，从而降低该风险的产生。装液袋集装箱侧壁弯曲情形如图6－27所示。

图6－27　装液袋集装箱侧壁弯曲

（二）轻量化集装单元器具

轻量化是当前一个常用的工业词汇，用于形容通过使用更少的材料生产包装，对包装进行减重的实践。轻量化的包装具有很多实用的优势，比如可以有效降低物流成本等，因为运输轻量的托盘需要耗费的燃料更少。目前越来越多的包装公司致力于轻量化发展，辽宁忠旺集团有限公司生产的铝合金集装箱（见图 6－28）和铝合金托盘（见图 6－29），较好地顺应了集装单元器具的发展趋势。

图 6－28　铝合金集装箱

图片来源：辽宁忠旺集团有限公司。

图 6－29　铝合金托盘

1. 铝合金集装箱

（1）结构优势。

①可拆装、更方便：箱体底部装有标准角件，可配标准集装箱运输半挂车，箱体与骨架车之间可以方便地分离；

②箱板采用一次性挤压成型的铝型材拼接而成，较钢制干货箱而言，其表面平整光洁，易于广告宣传，风阻小，利于降低油耗。

（2）性能优势。

①抗涨箱能力强：按相关要求对侧板施加载荷，卸载后箱体完全恢复到实验前的尺寸，证明双层型材结构的箱体具备极好的抗涨箱能力；

②使用寿命长：铝合金耐腐蚀，一般可使用15～20年，使用寿命为碳钢车的2～3倍；

③提升运输企业竞争力：车辆更加美观高档，提升运输企业形象，运输企业可争取到更多的客户。

（3）经济效益。

①节能效益：据相关研究报告显示，以柴油车为例，自重每减轻1t，运行100km，可节约柴油0.8L。以53ft铝合金箱体为例，产品比同规格的钢制箱体轻1.9t，按照每年行驶12万千米，空载6万千米，柴油7元/L计算，至少可以节省柴油912L，约节省支出0.7万元。

②运输效益：每年按照行驶12万千米，载货6万千米计算，比碳钢箱每次多运至少1.9t，运输费用0.5元/t·km，每年至少可以增加收入5.7万元。

③回收效益：铝合金箱体回收利用率高，整箱使用铝材2.8t，铝材部分就可回收2.52万元，比钢箱至少多回收1.58万元。

（4）社会效益。

①轻量化铝合金箱可有效节约燃油，减少CO_2排放，改善人类生存环境；

②铝合金箱体报废后，箱体铝材可多次循环使用，且熔炼耗能低，绿色环保。

2. 铝合金托盘

铝合金托盘具有以下优势：

①所用材料为环保材料，符合社会发展要求，回收价值高。

②适用环境广泛，使用周期长，耐腐蚀，便于清洁、不易滋生细菌。

③单个产品重量轻，搬运方便，减少运输成本。

④不易变形，防火抗热能力强，符合国家标准。

（三）智能集装单元器具

在工业4.0智能工厂框架内，智能物流单元化技术是连接供应商、制造商和客户的重要环节，因此是构建未来智能工厂的基石。智能托盘/周转箱将成为工业4.0时代的基本智能单元，向物流系统发出行动指令，利用智能物流单元化技术拉动整个供应链。

1. **智能物流托盘**

智能物流托盘是指装有智能定位芯片的物流托盘，如图 6－30 所示。这样，便可以对货物运输全程进行 GPS 定位，通过物流信息平台，对原材料供应商、生产企业、零售批发商、终端消费等流通环节进行实时远程监控，可以做到标准化物流设备循环共用，有效节约物流成本，提高物流效率。

图 6－30　智能物流托盘

现阶段，托盘电子信息化主要依靠的是条码和 RFID 技术。相比条码，RFID 技术可以实现远间隔读写，不受外部环境影响，可以对储存的信息进行修改并反复使用，更能满足供应链物流提出的安全、高效、低能耗等基本要求。在托盘共用系统中，托盘可以重复使用，电子标签也随之一起被反复读写，大大降低了成本。托盘上的电子标签记载着托盘的物品编码，并且通过网络把托盘所载货物的品名、数量、体积、重量、发货、收货等相关的重要信息都存进数据库。从出发地直至目的地的运输过程中，可以通过 RFID 读写器读取托盘标签，随时检索需要的信息。因此，将 RFID 技术和托盘相结合，除了方便对托盘本身的流通与使用（如租赁、回收、维修、保管等）进行实时追踪管理之外，还实现了对托盘载货的可视化监控，从而大大促进了物流管理中信息采集的自动化水平，保证了货物在运输过程中的安全，提高了物流效率并降低了成本。RFID 托盘仓储作业流水线示意如图 6－31 所示。

RFID 托盘在仓储作业中的操作流程如下：

（1）成品货箱入库。

带电子标签的空托盘进入托盘入口，由读写设备对电子标签进行读写测试，保证性能达到标准的电子标签进入流通环节。条码扫描系统对检验合格的成品货箱上的条码进行扫码、装垛，读写器将经过压缩处理的整个托盘货箱条码信息写入电子标签中，实现条码与标签的关联，并将信息传给中央管理系统。

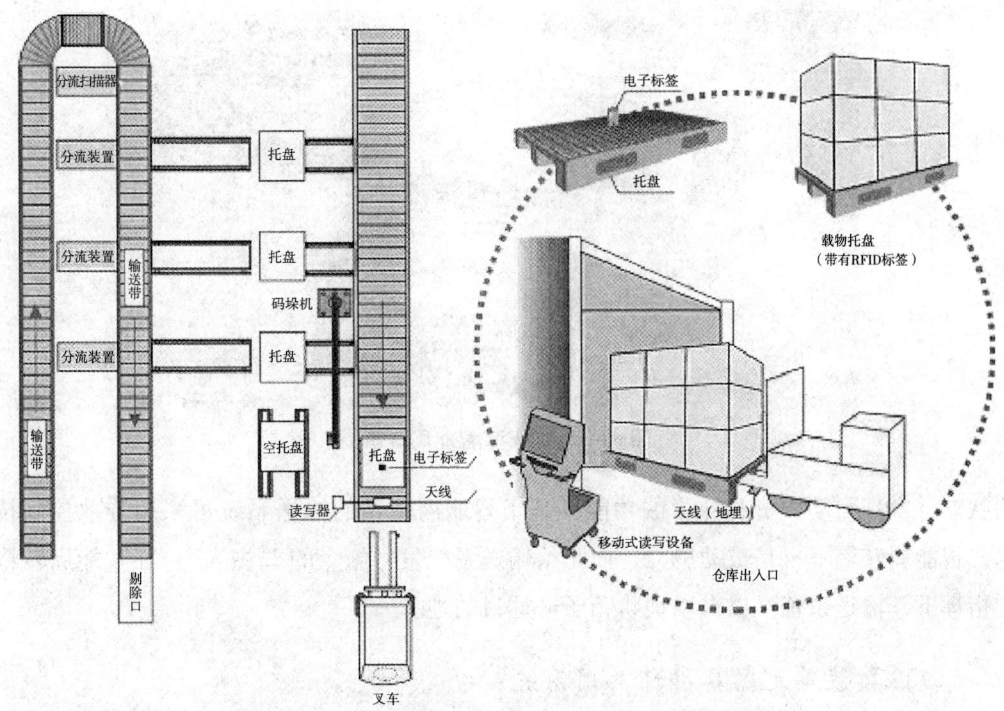

图6-31　RFID托盘仓储作业流水线示意

图片来源：RFID世界网 http：//solution. rfidworld. com. cn/2016_ 05/33d085098ff5af53. html。

（2）仓储环节进行托盘货箱变更或零散货箱拼装。

采用RFID移动式读写设备把调整后的货箱数据与标签重新关联，将新的信息写入标签，同步更新中央数据库。

（3）托盘出库。

通过固定式RFID读写设备及地埋式天线采集电子标签信息，并上传至中央管理系统，系统验证后将数据解压形成货箱条码信息，实现与企业扫描信息系统的对接。

（4）配送中心接收。

托盘在阅读区停留2～3s就可以完成整个托盘上的货箱的扫码，无须拆垛单件扫码再装垛。

2. 智能周转箱

目前，常见的智能周转箱同样也引入RFID技术，具体操作原理类似于RFID托盘的应用。例如，德国物流研究院（Fraunhofer IML）自主研发了一种叫作InBin的智能周转箱技术（见图6-32），通过在周转箱上加装感知与智能控制单元，实现了物流单元的智能化[128]。

InBin智能周转箱既能自主管理箱内的货物，又能向上级系统及时报告智能周转箱

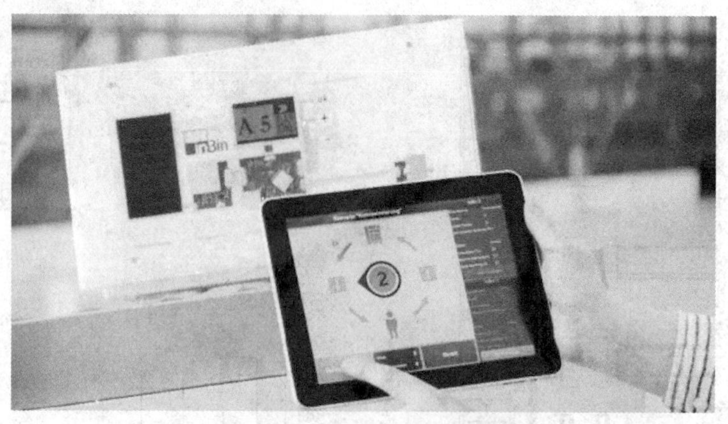

图 6－32　InBin 智能周转箱

的状态，实现自动要货和补货的功能。基于智能周转箱的输送系统可采用分散控制技术，智能周转箱不再是被动单元，而是给输送系统发号施令的“主人”。在智能周转箱的指挥下，输送系统可以自动地将箱子送达目的地。

（四）集装单元器具循环共用系统

2017 年 8 月 28 日，中国商贸物流标准化行动联盟（以下简称联盟）、中国仓储与配送协会、中国百货商业协会、中国条码技术与应用协会联合发布《开放式循环木质平托盘——日字形周底托盘》（T/WD 102.1—2017）、《开放式托盘共用系统运营指南》（T/WD 103—2017）两项团体标准，同时印发《全国标准托盘开放式循环共用评价与认证办法》。两项团体标准的发布，标志着我国开放式托盘循环共用正式启动。

《开放式循环木质平托盘——日字形周底托盘》选取 1200mm × 1000mm 作为联盟建设开放式托盘循环共用体系中托盘的唯一标准尺寸，对开放式循环木质平托盘中日字形周底托盘的术语和定义、样式、要求、标识、试验方法、质量控制和质量认证进行了规定。相对其他相关标准，该标准对托盘各部件的质量要求更加严格，尺寸公差标准更高，缺陷分类和质量判定规则更加细化。同时参考国际经验，增加了托盘标识的相关内容，可有效保障开放式托盘共用系统中流转托盘的质量。

《开放式托盘共用系统运营指南》对开放式托盘共用系统框架、基本运营模式、评价与认证管理、运营网点分类、相关企业基本条件、作业要求、信息管理、体系维护与监督等进行了规定，并要求将信息化与循环共用紧密结合，将有效指导和规范联盟内共用系统相关主体的运营行为。

1. 国际上托盘循环共用系统的经营模式

国际上托盘循环共用系统的经营模式主要有两种：一种是交换模式，另一种是租赁模式。

（1）交换模式的运营方式。

上下游企业进行货物交接时，上游企业托盘货物单元保持原状态，下游企业要以同等数量货物单元的空托盘来交换，这样各自企业会保证所拥有托盘数量的平衡。交换模式的代表主要是欧洲托盘协会（European Pallet Association，EPAL）。其运行特点是交换的托盘必须同规格、同质量、同材料，而托盘的归属并不固定。托盘交换模式运营方式如图 6－33 所示。

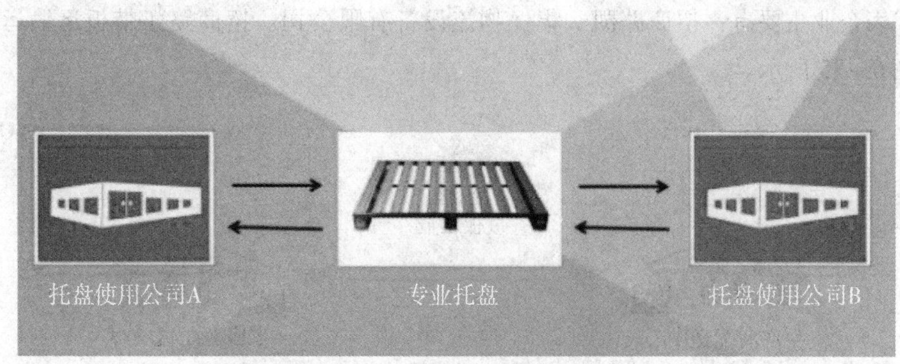

图 6－33　托盘交换模式

（2）租赁模式的运营方式。

由托盘公司运作，负责建立托盘租赁营业点、维修站及回收网点，满足所有使用托盘企业的需求，为其提供托盘供应、回收、维修、更新等各方面服务，使用托盘的企业仅需支付必要的租金即可。租赁模式运行的特点是，托盘公司必须拥有一定数量的托盘，建立覆盖一定区域的回收网络，且托盘所有权归托盘公司。托盘租赁模式运营方式如图 6－34 所示。

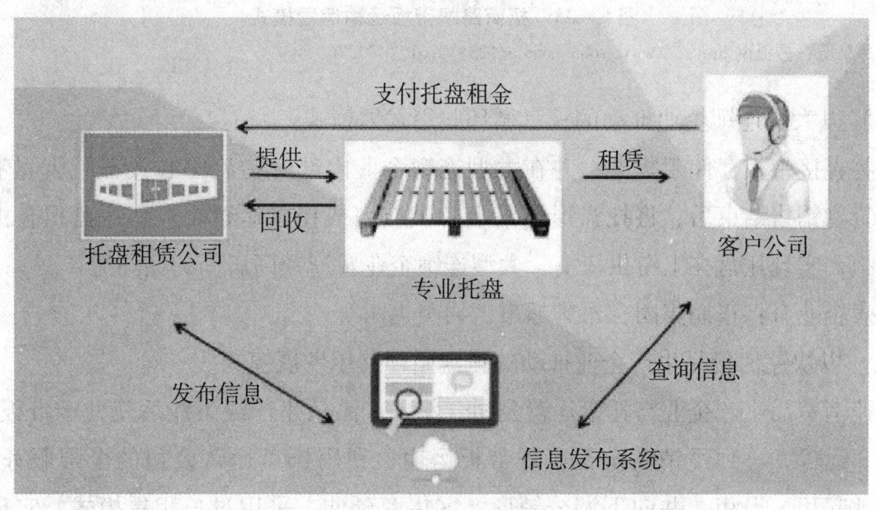

图 6－34　托盘租赁模式

2. **中国托盘循环共用系统的运营模式**

（1）以托盘运营企业推动的托盘循环共用发展模式。

托盘运营企业主要从事托盘及物流包装设备的租赁服务业务。托盘使用企业租用托盘，待托盘运输货物完成后，将空托盘就近归还托盘运营企业的网点并支付相应租金，托盘运营企业将回收托盘再租赁给其他客户公司，实现托盘在不同客户企业间的共用。

代表企业主要有：招商路凯、集保物流设备有限公司。招商路凯带板运输运营模式如图 6－35 所示。

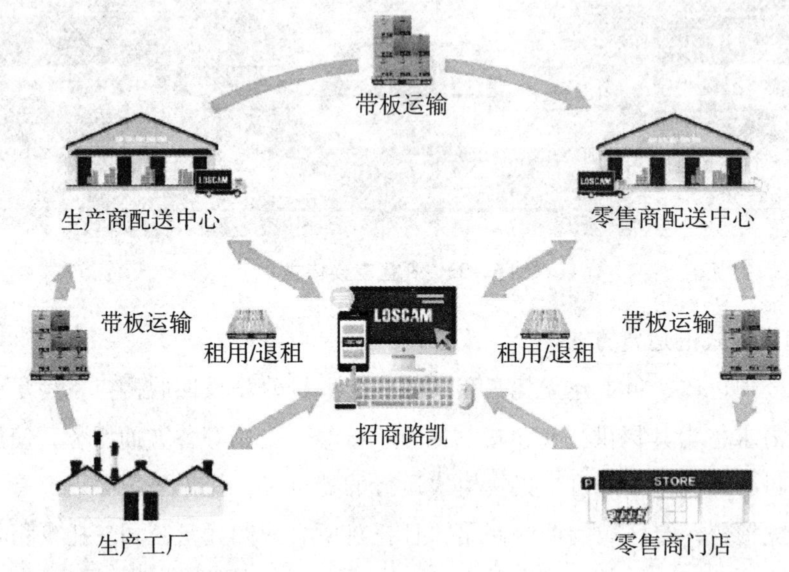

图 6－35　招商路凯带板运输运营模式

图片来源：搜狐网 http：//www. sohu. com/a/128430761_ 473276。

（2）以大型连锁企业推动的托盘循环共用发展模式。

货物直接带板存储于货架，并在大型连锁企业内部的物流中心及各门店间带板流转，待货物销售结束后，将托盘退还给上游供应商或托盘运营企业，托盘租金由各方协商分担，实现托盘在上游供应商、大型连锁企业及连锁门店间的循环流转。

代表企业有：华润集团、永辉超市、物美集团等。

（3）以快速消费品生产企业推动的托盘循环共用发展模式。

快速消费品生产企业与托盘运营公司合作，产品从生产线下线后就处于带板状态，从仓储、运输，再到经销商全程实现带板运输，利用托盘运营公司的全国服务网点，实现异地起租、退租，并向下游分销商、零售商延伸，采用过户租赁模式，实现托盘在生产企业、批发企业、销售企业间的循环流转。

代表企业有：中粮集团、杭州娃哈哈集团等。

（4）以托盘生产企业推动的托盘循环共用发展模式。

托盘生产企业在生产、销售托盘之外，还开展托盘租赁业务，以收取租金的形式向托盘用户企业提供租赁托盘，通过网点布局或与第三方物流企业合作的方式，实现托盘异地退租、废料回收、公共维修等服务。

代表企业有：山东力扬塑业有限公司、上海新通联包装股份有限公司。

（5）物流园区（第三方物流）推动的托盘循环共用发展模式。

物流园区为驻区各企业提供托盘租赁服务，统一调配、管理、维修托盘，解决不同企业间因生产销售淡旺季变化及相互流转而产生的托盘增减问题，调整谷值和峰值余缺。

代表企业有：青岛日日顺供应链有限公司、顺丰速运集团。

（6）社会化开放平台推动的托盘循环共用发展模式。

社会化开放平台是在“互联网 +”的潮流中兴起的一种创新型开放共享模式，通过“互联网 + 单元化物流包装器具”进行服务模式创新。通常是平台商搭建一个单元化物流包装器具平台，并通过平台进行供需匹配，最终实现物流包装器具循环使用。单元化物流包装器具并不是由平台商提供的，而是单元化包装器具供应商进入平台，平台商提供统一认证器具的标准。

主要平台商有：天下大白、集托网、托盘中国、无锡美捷等。

3. 制约物流单元器具共享共用的主要因素

第一，标准化程度较低是阻碍物流器具共享模式发展的最主要因素。目前，政府或者行业协会已开始主导完善单元化物流包装器具标准，引导市场对标准化物流包装器具的使用。

第二，质量系统不统一阻碍单元化包装器具的共享。现在我国物流包装器具供应商水平不等、质量参差不齐，又缺乏统一的质量标准，在循环共享体系中出现提供了高质量器具却回收低质量器具的情况，阻碍客户采用共享体系。

第三，共享观念的普及不够，信任度难以建立。

二、年度创新应用案例：开放式托盘循环共用——天下大白①

随着“互联网 +”兴起，社会化开放平台这一创新型物流包装器具共享模式备受

① 2017 全球物流技术大会：开放式托盘循环共用——共享物流发展的新引擎。

关注，下面以昆山天下大白农业网络科技发展有限公司（以下简称“天下大白”）为例介绍该模式的主要运作方式。

创立于2016年的天下大白通过建设一个开放式智能单元化物流包装循环共用系统，以及线下全国性的开放式托盘和周转箱循环共用实体网络，来打造农业全产业链的物联网服务平台。其主要运作方式如下。

（一）开放式智能单元化包装循环共用系统

开发“互联网+”模式的智能物流包装循环共用线上平台和APP，集聚托盘和物流包装生产企业共同参与平台建设和发展。使用托盘银行的模式，采用存取款的概念，主要有交换、卖出回购和租赁三种运作模式，如图6-36所示。

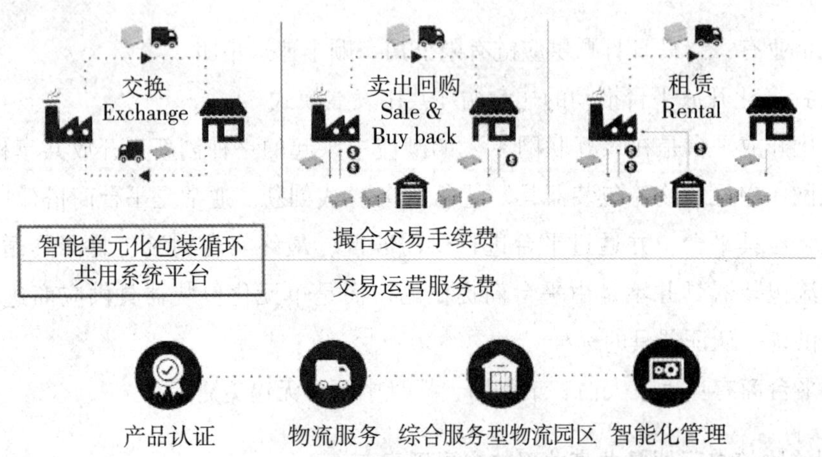

图6-36　天下大白运营模式

交换模式：要求参与方要有一定数量的托盘存入平台托盘池内，天下大白会对其进行登记、认定新旧程度等。这些托盘就在所有参与方之间流通交换，这种模式存在托盘新旧程度上的差异，会出现必然的损失。因此这种模式的参与方在加入之前必须签订协议，明确托盘新旧交换带来一定程度损失的解决办法。

卖出回购模式：因为中国地域广阔，要从偏远地区回收托盘的难度很大。所以针对国内大量的一次性托盘需求方，可以让其向平台购买稍高于市场价格的托盘，在使用之后按照低于市场价格的回收价格卖给平台上偏远地区的网点，这样相比企业自购一次性托盘成本有所下降。

租赁模式：与现有的托盘租赁模式几乎一样，供应链上企业（需求方）有租赁需求的，可以寻找加入平台的托盘租赁公司，只要其报价符合需求方的要求，就能被撮合线上交易。

（二）寻求多方协作

在天下大白开放式托盘循环模式下，企业能够如存取款般存取托盘。但要运转起一个规模巨大的开放式托盘循环共用系统，单靠天下大白一家的力量是远远不够的。因此，天下大白寻求了多类厂商作为“支行”来与平台合作，以保证平台上有足够多的托盘可供随时随地存取。天下大白则提供一个社会化的共享经济平台，整合社会资源，并进行优化重组，将参与其中的提供周转托盘的厂商、第三方物流企业、物流园区等用物联网技术连接起来，如图 6－37 所示，最终保障整个系统的顺利运转。

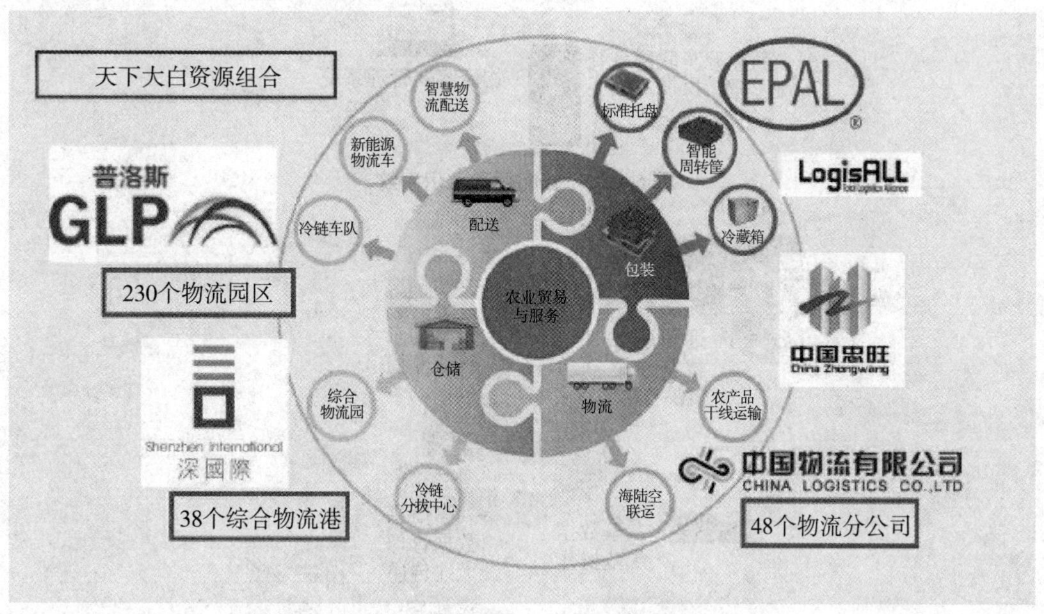

图 6－37 天下大白——资源共享

与该平台合作的“支行”主要包括以下几种：一是遍布全国的物流园区、综合物流港等，方便托盘的存放，目前已经有普洛斯（230 个物流园区）、深国际（38 个综合物流港）等资源参与进来；二是第三方物流合作方，除了基本的托盘收发功能，还会提供运输等增值服务；三是托盘生产企业、维修厂商。

（三）运输综合监控

天下大白运用 RFID、二维码等自动识别系统，采用物联网技术，从产地到销地，对生鲜产品进行物流全程的震动情况与温度监控，以便及时提供最新的物流线路和温度报告，同时还可以实现全链条可追溯管理，利用大数据为应用企业提供各项增值服务。同时，运用物联网手段解决信息不对称的问题，优化供应链，提升产业链的整体利益。天下大白的智能循环共用系统和运输综合监控情形如图 6 – 38 和图 6 – 39 所示。

图 6 – 38　智能循环共用系统

图 6 – 39　运输综合监控情形

（四）价值体现

以天下大白完成的广西香蕉运输项目为例，香蕉采用标准化塑料周转箱装载，有效降低了产品损耗，提高了产品质量；提高了装卸效率，加快了物流周转；通过传感器的配置和物流数据的采集，使食品安全可追溯，产品责任也可追究。

（昆山天下大白农业网络科技发展有限公司）

第七章　信息技术

第一节　大数据技术

大数据是目前较为热门的信息技术之一，近年来得益于政策支持，企业不断推动相关技术发展，大数据技术广泛应用于物流的各个领域，为物流的进一步智能化发展提供更多技术支持。

一、大数据技术发展政策环境

信息技术与经济社会的交汇融合引发了数据的迅猛增长，数据已成为国家基础性战略资源。近年来，国家相继出台了一系列促进我国大数据发展的政策，并且设立了两批国家级综合试验区，各行业也陆续推出有关推动落实大数据应用方面的方案政策，从而使我国大数据发展的政策环境得到显著改善。

宏观政策方面，2015 年 9 月，国务院印发《促进大数据发展行动纲要》，系统部署了大数据发展工作，成为推动中国大数据发展的重要顶层设计和战略部署；2016 年 3 月，《中华人民共和国国民经济和社会发展第十三个五年规划纲要》明确提出将大数据作为国家的基础性战略资源；2017 年 1 月 17 日，工信部编制印发了《大数据产业发展规划（2016—2020 年）》，提出要推进大数据技术产品创新发展，提升制造业大数据行业应用能力，繁荣大数据产业生态，健全大数据产业支撑体系，夯实完善大数据保障体系等。

在推动试验区建设方面，2015 年 9 月，贵州省启动全国首个大数据综合试验区建设工作。2016 年 10 月，第二批获批建设国家级大数据综合试验区的省份名单发布。国家大数据综合试验区的设立，将在大数据制度创新、公共数据开放共享、大数据创新应用、大数据产业聚集等方面进行试验探索，推动我国大数据创新发展。

这些政策在人才培养、资金支持、制度建设、产业融合等方面积极推动我国大数据创新发展，并为我国的大数据产业发展提供了制度保障，为其健康发展创造了良好的政策环境。

二、大数据技术概述

（一）大数据技术定义

对于大数据技术的概念目前行业暂无统一的定义，一般认为从大量形式多样的数据（包括结构化、半结构化和非结构化数据）中快速获取到有价值的信息，就是大数据技术。大数据技术的一个核心目标就是从体量巨大、结构繁多的数据中挖掘出其背后的规律（数据分析），发挥数据的最大价值，并且由计算机代替人去挖掘信息从而获取知识。

（二）大数据技术的关键技术[129]

大数据的通用技术主要是数据管理相关技术，按照数据从获取到处理的各个流程，包括数据采集、数据预处理、数据储存和数据分析技术。

1. 数据采集技术

数据采集技术是通过传感器或其他待检设备、社交网络或移动互联网等方式自动获取数据的技术。

目前数据采集大体可分为三类，一是内部数据采集，多采用系统日志采集方法，即采用分布式结构的数据采集工具进行数据采集；二是外部数据采集，以互联网数据为主，多采用网络数据采集方法即通过网络爬虫实现，网络爬虫的原理如图 7－1 所示，或网站公开应用程序编程接口（API）等方式从网站上获取数据信息；还有一些特殊的数据（企业生产经营数据或学科研究数据等保密性要求较高的数据）采集，可以通过与企业或研究机构合作，使用特定系统接口等相关方式采集数据。

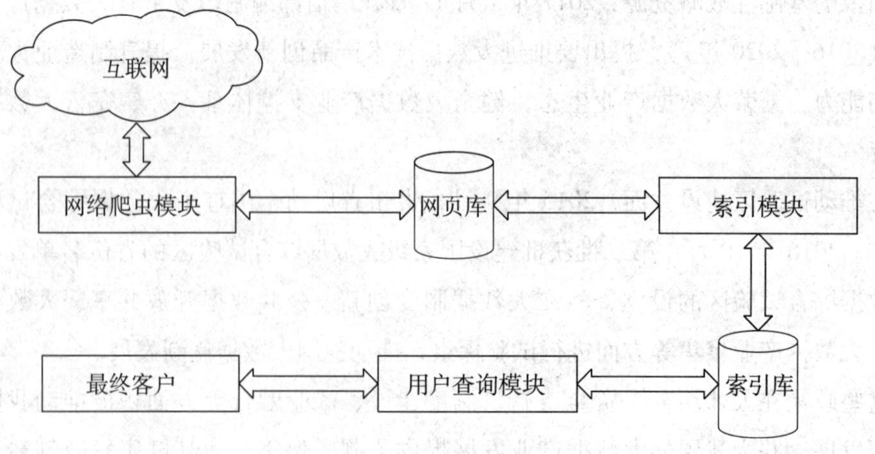

图 7－1　网络爬虫的原理

图片来源：博客园网 http：//www. cnblogs. com/mafeng/p/5651323. html。

2. 数据预处理技术

大数据预处理实现技术主要包括数据清理技术、数据集成技术、数据变换技术与数据规约技术。

数据清理技术主要包括遗漏值处理、噪声数据处理（数据中存在着错误或者偏离期望值的数据）、不一致数据处理；数据集成技术是指将多个数据源中的数据整合并存储到一个数据库中来解决数据的模式匹配、数据冗余、数据值冲突监测与处理等问题；数据变换技术可以更好地对数据源中数据进行挖掘，一般包括数据平滑、数据聚集、数据泛化、数据规范化和数据属性构造等；数据规约技术可实现数据集的规约标识，使得数据集变小但仍接近于原数据的完整性。

3. 数据储存技术

大数据存储与管理是用存储器把采集到的数据存储起来，建立相应的数据库，以便管理和调用。典型的大数据存储技术有三种，分别是海量并行处理结构（MPP）架构的新型数据库集群、基于海杜普（Hadoop）架构的技术扩展和封装、大数据一体机。

4. 数据分析技术

数据的分析与挖掘主要目的是把隐藏在一大批看来杂乱无章的数据中的信息集中起来，进行萃取、提炼，以找出潜在有用的信息和所研究对象的内在规律的过程。大数据的分析和挖掘是一种决策支持过程，它主要基于人工智能、机器学习、模式识别、数据挖掘、统计学、数据库等技术，能够高度自动化地分析大数据，做出归纳性的推理，从中挖掘出潜在的模式，从而在大数据中提取有用信息。

（三）大数据技术应用特点

通过运用大数据技术对大数据进行复杂而又广泛的分析处理，能够挖掘出一些富有价值的信息，其核心价值就是优化资源配置。目前，大数据技术在物流领域主要是解决一些预测类或者优化类问题，运用大数据技术能够使所得结果更加准确，进而提高作业效率和企业效益，同时降低成本。

三、大数据技术应用及展望

（一）大数据技术在物流领域的应用

目前，大数据技术在物流领域的应用主要集中在库位优化、配送路线优化、市场预测、仓库选址、车货匹配等方面。

1. 库位优化

合理安排仓库里的商品储存位置对于提高仓库利用率和装卸搬运、拣货效率等具有重要意义，对于电商企业商品种类较多的快进快出型仓库，库位优化意味着工作效率和工作效益的提高。

对于货物储存时间的长短、放在一起可以提高分拣率的货物种类等都可以通过大数据的关联模式分析出来，通过分析商品销售/存储数据间的相互关系来合理安排仓库位置，进而提高拣货效率，减少人工成本，提高企业效益。

比如，京东的天狼系统应用大数据分析技术，预测近期商品的冷热销程度，对于热销商品，就存放在距离出库工作区近一些的区域，进而提升出库效率；还针对大量历史订单进行数据分析，进行商品之间的相关度分析，通过应用机器学习算法和遗传算法等优化算法，计算出最优的商品位置组合（例如，京东通过算法得出馒头粉和鸡蛋容易被客户一同购买，于是相邻放置在仓库中，如图7－2所示），从而使整个仓库内部货架整体聚度最高，进而优化拣货路径。

图7－2 京东的库位优化

图片来源：百家号 https：//baijiahao. baidu. com/s？id＝1562459965216183&wfr＝spider&for＝pc。

2. 配送路线优化

配送路线是影响物流企业的配送效率和配送成本的关键因素，其优化过程是典型的非线性规划问题，也一直是物流领域的研究热点。

物流企业目前可以运用大数据来分析商品的特征和规格、客户的不同需求（时间和金钱）、所走路段的交通状况及事故发生概率等因素，制订出最合理的配送路线，提高配送效率，降低配送成本，使物流的配送管理更加智能化，提高物流企业的信息化水平。

比如，凯立德货车专用地图收录了大量的基础数据，包括地址数据、货车专属数据、货车路网数据、道路限制信息、超限检查站、道路安全告警、道路收费信息、维修服务点、配货站等，辅助驾驶员解决在出行过程中遇到的各种问题，从而提升货车的运营效率。其可以根据货车的车辆参数，智能回避限行线路、规划宜行路线、避免罚单，进而节约时间、提升运营效率。凯立德地图的功能界面如图 7－3、图 7－4 和图 7－5 所示。实践表明，利用专用地图平均一个订单可以节省 19.1% 左右的里程，进而降低企业的油耗与运营成本。

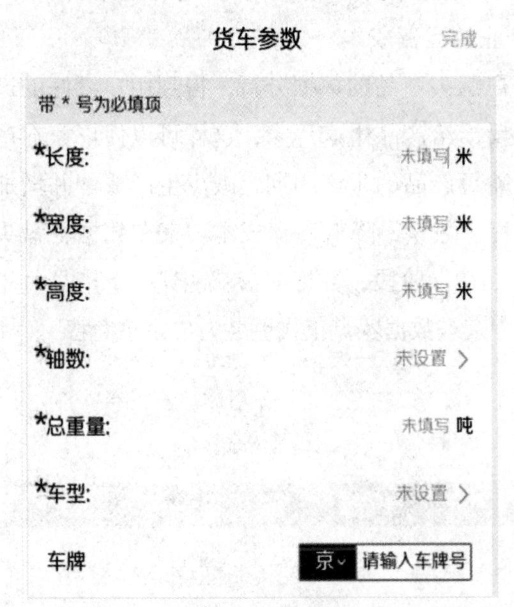

图 7－3 凯立德货车地图型号输入页面

图 7－4 凯立德货车地图导航开始页面

图 7－5 凯立德货车地图限行列表页面

3. **市场预测**

商品的销量往往会随着时间的推移、消费者行为和需求的变化而变化，之前常常是通过一些原始方法，应用较为简单的数据分析方法来做有关市场需求的预测，所考虑因素比较少，采用数据较为单一，所得到的结果往往可靠性较低。

目前大数据技术的应用可以帮助企业更加准确地勾勒出客户的行为与需求信息，即通过挖掘真实有效而又广泛的数据背后的规律来反映市场需求的变化，从而优化产品设计，对产品进入市场后的各个阶段作出预测，向客户推荐个性化的商品和服务，进而更加合理地控制物流企业库存，降低企业的运营成本。

比如，京东数据罗盘可以基于对以往用户购买商品的数据分析，得到用户喜好的产品特性和市场需求的总体特征，将这些数据反馈给产品生产厂家，这样可以使厂家在产品的设计和创新上更加贴合市场需求，进而缩短产品的生产周期，减少生产成本并增加销量，还可以使京东更合理地安排库房里的货物数量，降低库存成本。京东数据罗盘买家分析页面如图 7－6 所示。相关数据显示，在初期阶段，数据罗盘就能让一个产品每年给京东带来超过千万元的收入，2017 年 4 月，京东数据罗盘正式更名为“京东商智”。

图 7－6　京东数据罗盘买家分析页面示意

图片来源：知识库网 http：//www. useit. com. cn/forum. php？ mod = viewthread&tid = 8347&page = 1。

4. **仓库选址**

物流企业可以运用大数据技术对自身的经营特点、消费者特点和交通状况等数据进行分析处理，从而综合考虑各种因素，得出企业最优的仓库选址。

5. 车货匹配

在车货匹配领域，大数据分析技术已经成为企业优化自身服务并且进行业务拓展的基础技术。运用大数据技术可以将全国的物流网络的数据联合起来，及时了解各个路线的货物运输需求，从而降低返程空载，降低运输成本，提高物流行业运输效率。

物流平台企业还可以通过对自身数十万用户数据的采集、存储、分析、挖掘，对其关键节点的数据进行分析解读，进而精准刻画用户画像，研发出更多增值服务项目。

同时大数据技术在国家“一带一路”倡议中也发挥着重要的作用，企业及政府可以通过对大数据进行相关操作，搭建一个无国界、基于公路物流全产业链的生态体系，进行更广范围的车货匹配，助力“一带一路”沿线国家和地区的协调发展。

比如，货车帮运用大数据样本评价和扩样技术来获取能反映我国运能分布、货车需求量分布真实特性的全样本库，并以此作为数据基础，运用精准实时货源需求和运力分布预测技术来获取车辆和货物的相关数据（包括车主的历史信息），运用车货匹配和货运线路优化技术来实现基于车主偏好的最优化车货匹配以及配送效率的最大化，货车帮基于车主偏好的车货推荐功能基本原理如图 7 – 7 所示。

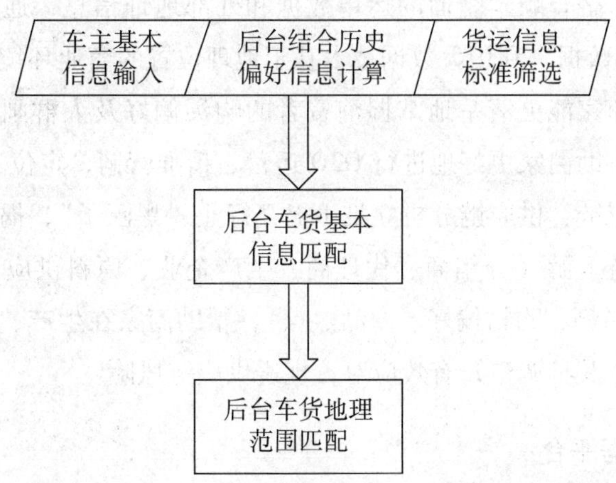

图 7 – 7　货车帮基于车主偏好的车货推荐功能基本原理

（二）综合应用案例[130]

1. 顺丰数据灯塔

顺丰数据灯塔，运用大数据计算与分析技术，为客户提供物流仓储、市场开发、精准营销、电商运营管理等方面的决策支持，帮助客户优化物流和拓展生意。该产品融合了顺丰内外部的大量数据（30 万个以上收派员、5 亿个以上个人用户、150 万个以上企业客户、300 万条以上楼盘/社区信息、10 亿条以上电商数据以及 10 亿条以上社交网络等大量数据、覆盖全国 3000 个城市和地区），主要功能有实时快递监控、个性化预警、智慧云仓、了解同行、了解消费者、了解供应链等。目前已经覆盖 3C、服装、鞋靴、母婴、美妆、生鲜、家电等多个行业。

（1）智慧物流。

①个性化预警：支持不同地域的自定义设置快递服务质量、件量下滑预警，用户关注的问题系统提前预警，方便客户基于自身情况定制。

②件量预测：结合内外部影响因素，利用数据挖掘方法，批量化精准预测商品 SKU 的未来订单走势，助力商家提前备货。

③分仓模拟：模拟分仓运作场景，提供基于时效和成本的最优解决方案，指导商家合理分仓，提升时效、降低成本，实现“单未下，货先行”。

（2）智慧商业。

①了解同行：实时掌握市场行情，关注同行动态，从而有准备地应对件量高峰和低谷；了解哪些属性商品畅销，关注竞争对手品牌销售动态及用户口碑情况，帮助商家优化产品运营，调整营销策略。

②了解消费者：融合顺丰全面的运单数据和外部地址信息，通过挖掘顺丰大量的“最后一公里”地址数据，利用大数据技术基于地理位置的商业环境进行分析，结合小区的属性特征，让商家能更清楚地掌握消费者的购买偏好及人群画像信息，提供完整的商业落地方案，协助商家更好地进行 O2O 运营、精准营销，定位目标客户。

③实时管理供应链：供应链分析立足于揭开行业“黑匣子”，揭露行业内部交流密度，实时了解供应链上游（分销商、代理商、生产企业、原料供应商）活跃程度与下游市场动态（流行趋势、购物偏好、商品热点），帮助商家在生产、采购、销售活动中及时把握市场潮流，及早调整，有效应对，规避供应链风险。

2. 菜鸟物流数据平台

菜鸟网络的物流数据平台，汇集了商家、物流公司以及来自于第三方的数据资源，收集了阿里巴巴平台上大量的商品、交易和用户等信息，以及社会物流网络信息，并且运用大数据技术对其进行深度挖掘，实现物流过程的数字化、可视化。菜鸟物流数据平台对全国各大物流公司进行“中转站—线路—网点”整个包裹流转链路的运输预测和运输预警，让物流公司实时掌握整张物流网络每个环节的“未来包裹量预测”和“繁忙度实况预警”；同时也能够让商家了解物流公司的状况，选择合适的物流公司进行商品配送，实现智选物流的目标。菜鸟网络大数据物流协同平台的功能示意如图 7－8 所示。

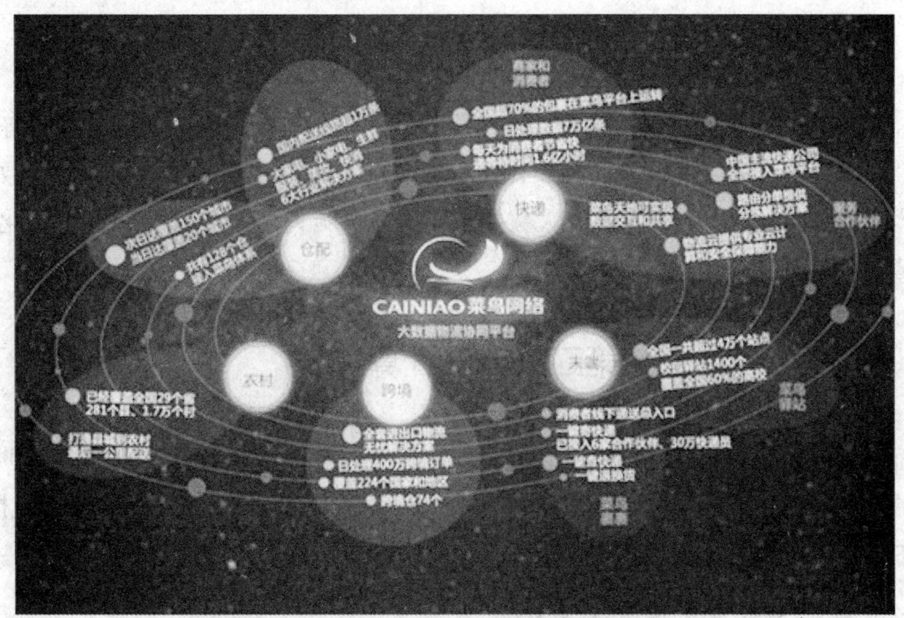

图 7－8　菜鸟网络大数据物流协同平台的功能示意

图片来源：数字化企业网 http：//articles. e－works. net. cn/bigdata/article132043. htm。

菜鸟物流数据平台，汇集的数据源除了阿里巴巴自身体系之外，还引入了包括消费者、商家、物流公司以及其他社会机构相关数据等，具体包括：

（1）消费者的物流数据。

消费者收货地址、服务选择、对物流公司的评价数据等。

（2）商家的物流数据。

商家发货地（通过物流公司揽收网点解析）、商家的发货速度、商家总体以及每个合作伙伴的时效/评分/投诉等、商家对物流公司的选择偏好等。

（3）物流公司数据。

全国主要物流公司都向菜鸟实时推送包裹跟踪数据，菜鸟通过对“包裹跟踪数据”进行分析挖掘，解析出物流公司的“路由网络”。

（4）其他相关数据。

通过和国家气象局的合作，采集了全国的天气预测和实况的数据；通过和高德地图的合作，采集了全国交通实况的数据。

目前，菜鸟网络已基于大量大数据系统和阿里云系统，以菜鸟电子面单为载体，推出了大数据智能分单项目，通过大数据分单来替代人工分单，不但路线可以达到最优化，还减少了错误操作。中通、圆通、申通、韵达等国内大型快递企业陆续使用，使得包裹在分拨中心流转的效率有所提升。

（三）发展趋势

经过多年来的高速发展，与大数据相关的数据采集、存储、分析、可视化等多个基础性技术领域已经取得较大的突破，形成了实用、稳定性高的技术能力，大数据整体技术体系已初步构建完成，未来大数据技术的发展方向将主要集中在非结构化数据的价值提取方面[131]。

第二节　云计算技术

近年来云计算技术得到了快速发展，现阶段云计算在为各类互联网业务提供有力支撑的同时，已经向制造、物流、政务、金融、医疗、教育等企业级市场延伸拓展，成为推进制造强国、网络强国战略的重要驱动力量。[132]

一、云计算技术发展政策环境

2015 年 1 月国务院发布《国务院关于促进云计算创新发展培育信息产业新业态的意见》，提出大力发展计算、存储资源租用和应用软件开发部署平台服务，着力突破云计算平台大规模资源管理与调度、运行监控与安全保障、艾字节级数据存储与处理、大数据挖掘分析等关键技术，加快网络基础设施建设升级，重视安全保障，支持采用可再生能源和节能减排技术建设绿色云计算中心等。

2015 年 5 月中央网信办发布《关于加强党政部门云计算服务网络安全管理的意见》，2015 年 7 月国务院发布《国务院关于积极推进“互联网 +”行动的指导意见》，提出完善云计算的基础设施，鼓励制造业利用云计算等技术整合产品全生命周期的护具、拓展产品价值空间等；2017 年 4 月，工信部出台了《云计算发展三年行动计划（2017—2019 年）》，提出引导软件企业开发各类软件即服务（SaaS）应用，持续提升关键核心技术能力，加快完善云计算标准体系，推动云计算网络安全技术发展，完善云计算市场监管措施，以进一步优化发展环境，推动云计算健康快速发展。

云计算技术作为我国重点发展的新一代信息技术产业之一，其产业发展、行业推广、应用基础、安全管理等重要环节的宏观政策环境已经基本形成。[133]

二、云计算技术概述

（一）云计算技术定义

对于云计算的定义有多种说法，现阶段广为接受的是美国国家标准与技术研究院（NIST）的定义：云计算是一种按使用量付费的模式，这种模式提供可用的、便捷的、按需的网络访问，进入可配置的计算资源共享池（资源包括网络、服务器、存储、应用软件、服务），这些资源能够被快速提供，而只需投入很少的管理工作，或与服务供应商进行很少的交互。而实现云计算这种模式所使用的技术就是云计算技术。

（二）云计算技术的关键技术[134]

云计算包括五大关键技术，分别为虚拟化技术、分布式大量数据存储、大量数据管理技术、分布式编程模式与云计算平台管理技术。

1. 虚拟化技术

虚拟化技术是指计算元件在虚拟的基础上而不是真实的基础上运行，它可以扩大硬件的容量，简化软件的重新配置过程，减少软件虚拟机相关开销和支持更广泛的操作系统。虚拟化技术根据对象可分成存储虚拟化、计算虚拟化、网络虚拟化等。

2. 分布式大量数据存储

云计算系统由大量服务器组成，同时为大量用户服务，因此云计算系统采用分布式存储的方式存储数据，用冗余存储的方式（集群计算、数据冗余和分布式存储）保证数据的可靠性。

3. 大量数据管理技术

云计算需要对分布的、大量的数据进行处理、分析，因此，数据管理技术需要能够高效地管理大量的数据。云计算系统中的数据管理技术主要是 Google 的数据管理技术和 Hadoop 团队开发的开源数据管理模块 HBase。

4. 分布式编程模式

云计算提供了分布式的计算模式，客观上要求其具有分布式的编程模式，通用的分布式并行编程模型有 MapReduce 模型、Dryad 模型等。

5. 云计算平台管理技术

云计算系统的平台管理技术能够使大量的服务器协同工作，方便进行业务部署和开通，快速发现和恢复系统故障，通过自动化、智能化的手段实现大规模系统的可靠运行。

（三）云计算主要服务方式

云计算的服务方式多种多样，根据美国国家标准与技术研究院（NIST）定义，云计算的主要服务方式有三种，分别是软件即服务（SaaS）、平台即服务（PaaS）与基础设施即服务（IaaS）。

1. 软件即服务（SaaS）

SaaS 服务提供商将应用软件统一部署在自己的服务器上，用户根据需求通过互联网向厂商订购应用软件服务，服务提供商根据客户所定软件的数量、时间的长短等因素收费，并且通过浏览器向客户提供软件的模式[135]。

其有代表性的产品有：Salesforce Sales Cloud、Google Apps、Zimbra、Zoho 和 IBM Lotus Live 等。

2. 平台即服务（PaaS）

PaaS 即把开发环境作为一种服务来提供，是一种分布式平台服务，厂商提供开发环境、服务器平台、硬件资源等服务给客户，用户在其平台基础上定制开发自己的应用程序并通过其服务器和互联网传递给其他客户。

其有代表性的产品有：Google App Engine（技术架构如图 7－9 所示）、Salesforce 的 force. com 平台、八百客的 800App 等。

3. 基础设施即服务（IaaS）

IaaS 即把厂商的由多台服务器组成的“云端”基础设施，作为计量服务提供给客户。它将内存、I/O 设备、存储和计算能力整合成一个虚拟的资源池来为整个业界提供所需要的存储资源和虚拟化服务器等服务。这是一种托管型硬件方式，用户付费使用厂商的硬件设施。

其代表性的产品有：Amazon Web 服务（AWS，其整体架构如图 7－10 所示），IBM 的 BlueCloud、阿里云、腾讯云等。

（四）云计算技术应用特点

云计算技术的应用具有快速部署资源或获得服务、按需扩展和使用、按使用量付费等特征，能够节省用户成本，提高效率。“云”即提供资源的网络，是云计算技术的

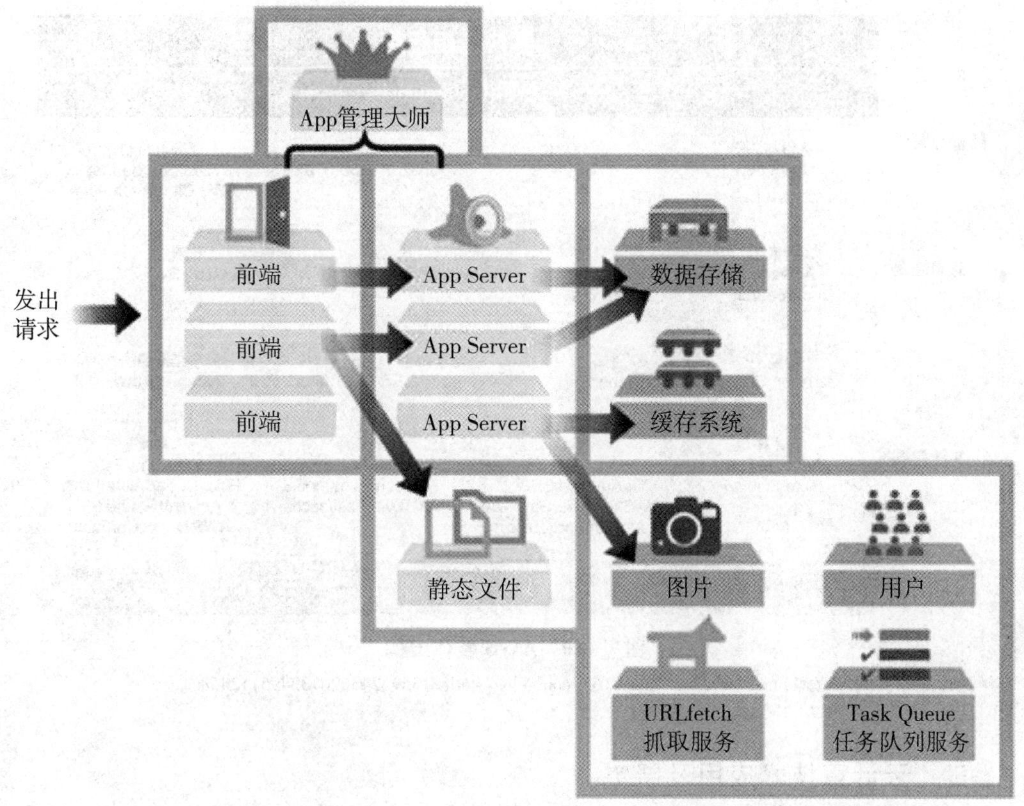

图 7-9　Google App Engine 技术架构

图片来源：51CTO 网 http：//developer. 51cto. com/art/201109/291429_ 2. htm。

一个应用载体。

1. 快速部署资源或获得服务

专业的云服务提供商利用云计算技术搭建计算机存储、运算中心，用户通过互联网借助浏览器或者软件就能很方便地访问自己所需的资源。

2. 按需扩展和使用

在各类“云”上面的资源都可以按照客户的需求进行扩展。

3. 按使用量付费

用户在使用“云”的时候，按需获取资源，并且只需为自己所用部分的资源付费。

云计算技术在物流领域主要解决企业部门间数据交换、货物实时跟踪、信息发布等方面的问题。

图 7－10　AWS 整体架构

图片来源：网易博客 http：//ansorc. blog. 163. com/blog/static/135932436201334951 12458/。

三、云计算技术应用及展望

（一）云计算技术在物流领域的应用

云计算产业泛指与云计算相关联的各种活动的集合，其产业链主要分为四个层面，即基础设施层、平台与软件层、运行支撑层和应用服务层，其产业链如图 7－11 所示。

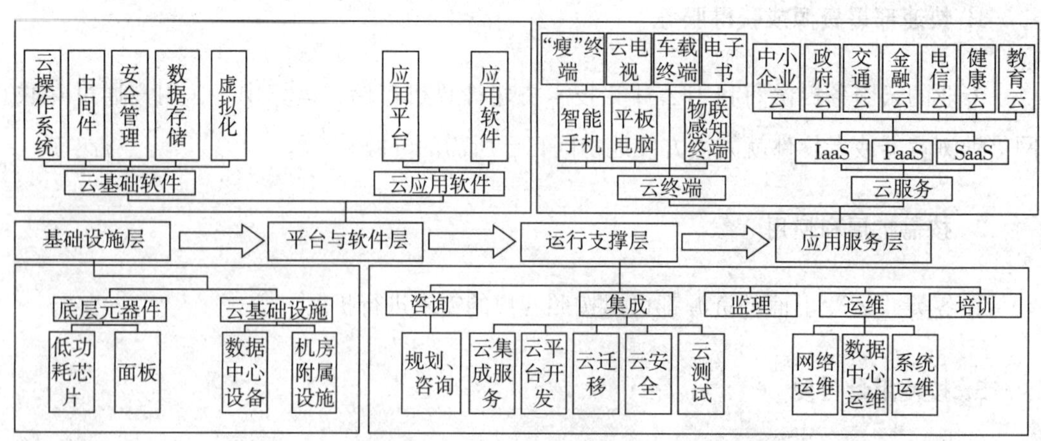

图 7－11　云计算产业链示意

图片来源：百度文库 https：//wenku. baidu. com/view/c354965452ea551810a687a0. html。

基础设施层以底层元器件、云基础设施等硬件设备资源为主；平台与软件层以云基础软件、云应用软件等云平台与云软件资源为主；运行支撑层主要包括咨询、集成、监理、运维、培训等；应用服务层主要包括云终端和云服务[136]。

云计算技术在智能物流和供应链领域有着广泛的应用，基于运输云计算，实现制造企业、第三方物流和客户三方的信息共享，提高车辆往返的载货率，实现对冷链物流的全程监控，还可以构建供应链协同平台，使主机厂和供应商、经销商通过电子数据交换（EDI）实现供应链协同。

（二）综合应用案例

1. AWS[137]

云计算的广阔市场前景吸引了众多的软硬件厂商、平台服务商推出各自的云计算产品和服务平台。其中，亚马逊从2006年开始推出AWS（Amazon Web Services）云服务以来，在全球市场上迅速扩张，已经成为领先的公有云服务平台，具有吸引用户的突出优势。截至2016年年底，亚马逊AWS的季度收入达到28.9亿美元，同比增长58%，运营利润7.18亿美元，同比增长136%，客户总数超过100多万个，分布在190个国家和地区。和其他对手相比，亚马逊AWS在云服务市场占比高达31%，远超微软、IBM、谷歌三家合计的23%，已经占据绝对领先优势。

（1）AWS基础设施架构。

AWS在全球的基础设施采取区域（Region）、可用区（Availability Zone，AZ）两级分层架构。

①区域。“区域”是在特定地理位置完全独立的AWS资源集合。“区域”之间完全相互独立，其需满足当地的隐私和合规性需求。目前AWS在全球共有15个“区域”：美国西部（俄勒冈、加利福尼亚北部）、AWS GovCloud①、美国东部（弗吉尼亚北部、俄亥俄）、南美洲（圣保罗）、欧盟（爱尔兰、伦敦、法兰克福）、亚太（新加坡、悉尼、东京、首尔、孟买、北京）。

②可用区。1个区域包含多个可用区，目前有40多个可用区，根据在全球业务的进展逐渐增加。可用区之间物理隔离，提供到多家传输提供商的冗余连接。每个可用区设计为一个独立的故障域，可用区连接到低延时私有链路，每个“区域”至少包含2个可用区以实现冗余。

（2）AWS业务组件构成。

在业务产品和服务方面，AWS已推出600多项新的服务和功能，涉及了企业云计

---

① AWS GovCloud，一种服务云端。

算服务的方方面面。AWS 主要提供的产品和服务可分为云基础设施服务、平台服务、企业 IT 应用程序三大类。

①云基础设施服务。云基础设施服务提供基础的网络、计算和存储资源等服务。

②平台服务。平台服务包括大数据分析、应用程序服务、部署与管理、移动应用及设备等应用平台服务。

③企业 IT 应用程序。包括企业所需的虚拟桌面、邮件服务等。

2. 邮政易通——基于阿里云技术实现跨境包裹处理平台

（1）项目背景。

随着经济全球化和信息技术的不断发展，跨境物流已成为国际间商业贸易的一种重要实现方式和必要手段，我国作为世界进出口贸易大国，跨境物流方面的相关研究就显得很有必要。尤其是在加入 WTO 之后，我国面对巨大的国际市场，为了充分利用现有资源确定跨境业务的发展战略和方向，优化产品结构、提高产品质量，需要企业在业务流程、管理办法、信息系统等方面进行全面的优化。

（2）跨境包裹处理平台简要介绍。

在高压力下（例如“双十一”期间），系统性能能否扩展以处理不断增加的负荷至关重要。阿里云技术相比原有的单应用模式更容易扩展，将原模式“单应用”中的热点服务单独抽离，可以很容易地增加或关闭服务群中的服务，灵活地根据压力调整扩展服务，系统性能得以提升。

跨境包裹处理平台是面向跨境电子商务领域，以 B2C 电商物流模式为主体，建设的一个集订单接入、订单管理、上门揽收、国内集货、内部收寄、封发等生产作业为一体的开放性好、扩展性强、智能化程度高的跨境包裹处理平台。其优化了现有作业流程，扩充订单、揽收、集货等现有信息化空白点，实现与上下游系统无缝集成及数据共享，提升电商主动服务能力，改善用户体验，为客户提供跨境电子商务仓配一体化解决方案。

基于阿里云技术实现跨境包裹处理平台解决了单应用、单服务、硬负载的问题，采用“薄应用厚平台”的理念，横向扩展服务及存储规模，提高了系统在高并发、多用户情况下的处理能力。

（3）技术创新。

①引入阿里云技术实现平台的横向扩容。基于阿里云技术的跨境包裹处理平台利用了阿里巴巴的 HSF 框架、MQ 消息队列、KVstore 等多达 11 项先进技术，解决了原有架构处理能力不足的问题，满足了跨境包裹业务的发展需求。该平台基于阿里 EDAS 分布式服务框架的核心技术，进行基础组件服务化改造，支撑生产环境所有系统的服务

化调用；同时 EDAS 分布式服务框架作为以“应用”为中心的 PaaS 平台，支撑国际小包收寄系统从应用的创建到应用的部署与扩容，实现对大规模互联网应用在发布和运行过程中的全面管理，同时根据机器的负载及应用的业务指标，实现了自动弹性伸缩功能。

②打通海关验关安检通道，实现处理扁平化。通过与海关协作，有效打通邮件安检通道，改变验关、抽检、安检扫描周期长、过程烦琐的现状，使整个业务处理过程包括收寄、报关抽检、安检扫描、邮件封发等能够高效率、快节奏完成。

（4）效果。

①技术层面。将阿里云技术引入到物流行业，通过跨境包裹处理平台技术的引领，带动跨境包裹业务发展。

使用阿里 HSF 框架技术后，使得跨境包裹处理平台纵向扩展，通过中心化划分，使得各中心实现松耦合，从平台的规划、使用、可靠性进行分类，实现平台规划架构层级切分合理，组件间低耦合，组件拼装方式灵活。同时保证了平台的可靠性。在“双十一”中，国际小包收寄系统峰值 TPS 达到 930 的情况下，平台各应用服务运行情况良好，运行情况稳定、可靠。

②业务层面。该跨境包裹处理平台的建立解决了对接海关监管系统的问题，大大提升了海关安检、分拣的时效，为海关人员提供了出境邮件的申请审批、布控、分拣、查验以及电子清单管理、电子订单放行等功能，可以替代海关的“电子口岸”系统对邮件进行出关检验，并与海关的分拣机进行了数据对接，实现了一整套的邮件出口信息链。通过对邮政申报的邮件信息进行系统分拣和人工布控，实现针对性高的查验，并保证信息流与实物流对应，在有效监管的同时提高监管效率，并实现相关数据统计分析。

具体数据：阿里云技术的跨境包裹处理平台带动了业务的发展，使得跨境包裹业务在 2016 年实现了跨越性发展，全年业务量及收入增长了 150%。

（黑龙江邮政易通信息网络有限责任公司）

（三）发展趋势

云计算技术将由数据中心向整合化和绿色节能方向发展，虚拟化技术向软硬协同方向发展，大规模分布式存储技术将进入创新高峰期，分布式计算技术将不断完善和提升，安全与隐私将获得更多关注[138]。

第三节　物联网技术

“十二五”以来，以物联网为代表的信息产业，成为我国大力扶持发展的七大战略性行业之一。物联网的不断发展，使人类迈入一个更加智能的时代，目前物联网作为互联网发展的新成果已被广泛运用到各行各业，提高了行业作业效率与可视化水平。

一、物联网技术发展政策环境

2011 年 3 月，国务院发布《中华人民共和国国民经济和社会发展第十二个五年规划纲要》，将物联网作为战略性新兴产业；2012 年 2 月，工信部发布《物联网“十二五”发展规划》，规划了物联网未来五年的发展；2013 年 2 月，国务院办公厅在中央政府门户网站上发布《国务院关于推进物联网有序健康发展的指导意见》，提出加强物联网发展的安全保障，推动物联网健康发展；2017 年 1 月，工信部发布的《物联网“十三五”规划》明确了物联网产业“十三五”的发展目标与具体任务；2017 年 6 月，工信部办公厅下发了《关于全面推进移动物联网（NB－IoT）建设发展》的通知，提到全面推进广覆盖、大连接、低功耗移动物联网（NB－IoT）建设。

近年来，国家和地方相关部门相继出台了一系列有关物联网的政策和激励措施来更好地推进我国物联网的发展。随着政策的不断出台，我国物联网领域在技术标准研究、应用示范和推进、产业培育和发展等各方面都取得了长足的进步，为物联网的健康发展提供了一系列保障支持。

二、物联网技术概述

（一）物联网技术定义

目前，行业对物联网尚无统一的定义，国际电信联盟（ITU）发布的 ITU 互联网报告，对物联网做了如下定义：物联网是通过二维码识读设备、射频识别（RFID）装置、红外感应器、全球定位系统和激光扫描器等信息传感设备，按约定的协议，把任何物品与互联网相连接，进行信息交换和通信，以实现智能化识别、定位、跟踪、监控和管理的一种网络。实现上述功能所采用的一系列技术被称为物联网技术。

（二）物联网技术的关键技术

物联网在逻辑上可以分为感知层、网络层和应用层，其体系框架如图 7－12 所示。

1. 感知层

感知层，即遍布周边的各类传感器、条码、摄像头等组成的传感器网络。所用技术包括编码技术、无线射频识别技术、传感器技术、条码技术（二维码，如图 7－13 所示，扫描二维码为条码分类内容）、定位技术（包括 GPS、蜂窝基站定位技术、无线

- 应用层
  - 物联网应用：环境监测、智能电力、智能交通、智能家居、工业监控
  - 物联网应用支撑子层：公共中间件、信息开发平台、云计算平台、服务支撑平台
- 网络层
  - 移动通信网、互联网和其他专网：易购网融合、资源和存储管理、专用网络、远程控制、下一代承载网、M2M无线接入、移动通信网、互联网
- 传输层与感知层互通
- 感知层
  - 传感器网络组网和协同信息处理：低速和中高速短距离传输技术、自组织组网技术、协同信息处理技术、传感器中间件技术
  - 数据采集：传感器、二维条码、RFID、多媒体信息
- 公共技术：标识解析、安全技术、标识解析、QoS管理

图 7－12　物联网技术体系框架

图片来源：数字化企业网 http：//articles. e－works. net. cn/iot/article120675. htm。

室内定位技术等）等技术。

图 7－13　二维码示意

其中 RFID 技术的基本工作原理，如图 7－14 所示：标签进入磁场后，接收识读器发出的射频信号，凭借感应电流所获得的能量发送出存储在芯片中的产品信息（无源标签或被动标签），或者由标签主动发送某一频率的信号（有源标签或主动标签），识读器读取信息并解码后，送至中央信息系统（计算机系统）进行有关数据处理[139]。

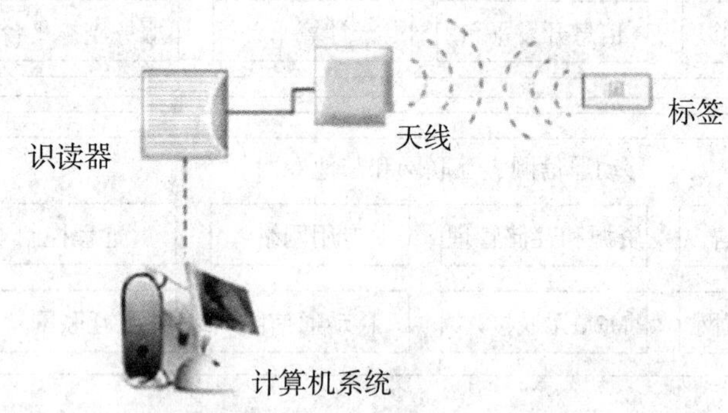

图 7－14　RFID 识别的工作原理

图片来源：中为资讯网 http：//www. zwzyzx. com/show－334－204692－1. html。

2. **网络层**

网络层，即由各种有线及无线节点、固定及移动网关等组成的通信网络与互联网的融合体，通过融合将物体信息实时准确传递出去。所用技术包括互联网、无线宽带网络、无线低速网络（蓝牙、红外通信等技术）、移动通信技术（全球移动通信系统 GSM、码分多址 CDMA、3G/4G 通信技术、移动互联网技术）等技术。

3. **应用层**

应用层，即物联网技术与各类行业应用相结合，将从感知层获取的大量数据进行分析处理，实现智能化识别、定位、跟踪、监控管理等。通过"物物互联"实现智能化应用，在物流方面体现为智能物流、智能交通等。所用技术包括安全技术、信息处理技术、中间件技术等。

（三）物联网技术应用特点

物联网的出现打破了之前只能人与人互联或者人与机器/实物相联的模式，物联网技术使物与物之间也能够通过互联网来彼此交换信息、协同合作。这样，不同种类、不同型号的设备利用无线通信模块和标准通信协议，形成自组织网络，实现信息的共享和融合，从而创造出自动化程度更高、功能更强大、对环境适应性更好的应用系统[140]。物联网技术在物流领域主要解决物流过程中的可视化、物流过程的智能化问题。

三、物联网技术应用

（一）物联网技术在物流领域的应用

1. 物联网技术在运输环节的应用

物联网技术已经在危险货物运输、集装箱运输、医药品运输、冷藏货物运输等领域得到了广泛应用。典型的应用有以下几个方面：第一，运用GPS技术、RFID技术、传感技术等，建立运输过程的可视化智能管理网络系统；第二，运用RFID、声、光、机、电等多项技术，建立自动化的物流配送中心，实现“四流”全面协同；第三，基于物联网的运输服务信息平台，一个典型应用是建立智能货运与配货信息化平台，在线提供实时的货物信息、返程配货信息、导航监测服务等；另一个典型应用是运用物联网技术，建立一个集装箱多式联运智能信息化管理平台[141]。

例如，唯智公司的准时达物流信息系统对原有的运输管理系统（TMS）进行了全面重构，设计形成了准时达iDEAS智慧物流管理系统，确保系统架构能够满足准时达现有的运输和结算业务需求。由于业务的多样性，导致参与者也变得多元化：客户、运输承运商、终端客户、仓储承运商、报关承运商等，每个角色的关注点都各不相同，这样一来对执行的每一个环节的监控、预警就显得尤为重要。准时达iDEAS智慧物流管理系统，能够兼顾各方的关注点，在运作的各个环节根据不同参与者的不同的关注点，以邮件、短信、微信等方式发送最新物流信息，实现订单执行情况的全程跟踪和监控。

2. 物联网技术在仓储环节的应用

利用射频识别技术，辅以图像感知技术，可以使用智能手持拣选终端进行拣货，从而使拣选的速度和效率得到有效提升；射频识别技术还可以用于货物追踪、托盘等装载设备的跟踪管理，从而更好地完成货物搬运、识别等自动化工作；传感器技术和射频技术的结合可以实现对仓储货物的监控；智能搬运车可以和物流系统中的物联网实现联网操作，进行智能工作。

3. 物联网技术在物流信息环节的应用[142]

（1）RFID等技术对物流进行多源信息采集和追溯。

基于RFID技术的物流信息监管系统可实现对物品的多源信息采集和追溯，可提高信息采集效率，同时RFID技术的自动读取信息功能在提高数据准确性的基础上降低了物流企业的人工成本。其中，RFID技术的追踪功能可实现商品从源头到末端的全程信息交互。

（2）实现对动态目标的实时监控。

以对物流配送车辆的监控为例，首先需要对配送车辆进行 GPS 定位，其次进行数据通信，接着利用电子地图和数据库技术，便可对物流配送车辆所处位置和动态目标所处状态进行全程有效的实时监管。

（二）综合应用案例——中国电信云服务平台

中国电信作为我国三大电信运营商之一，拥有光纤接入、3G/4G 移动网络、卫星和数据微波等多手段、全方位、大容量、高速率、安全可靠的立体通信网络，具备天地一体化的通信保障与服务能力。无线接入技术的发展、3G/4G 的不断推广，以及 NB－iot、Lte 技术的日益成熟，为中国电信打造综合信息支撑网提供了技术支持。新技术的应用，移动通信和互联网的相互渗透将带动以信息服务为主流的电信新业务的发展。

2016 年 10 月，中国电信提出将构建翼物流专用云服务平台，该平台利用中国电信天翼云 3.0 作为底层承载，基于中国电信现有的物流信息化产品和天翼云资源、光纤宽带、通信支付、移动终端等资源作为基础，通过打造全国一点订购、按需付费的物流云商城，使其具有通信能力、短信能力、视频能力、获取仓储/身份信息等核心能力，在自己原有的应用基础上同时引入行业合作伙伴的优势产品应用，如物流管家、货运添翼等，形成业务生态化的物流专用云计算平台，构建起中国电信全新的“物流＋云生态”服务系统，并细分市场，针对不同的需求制定适合自身的一体化解决方案。中国电信翼物流专用云服务平台的产品方案总体视图如图 7－15 所示。

图 7－15　中国电信翼物流云服务平台的方案总体视图

现代物流要求物流企业实现物流、信息流和资金流的三流合一，要求在顺畅的信息流的基础上实现货物和运输工具的精确、及时、高效的流动，从而削减物流成本，物流行业中蕴藏着对通信技术的巨大需求。中国电信作为通信及互联网基础设施的提供者，推动着相关新兴信息技术的应用，其可以利用翼物流专用云服务平台在解决方案和云平台建设方面对物流企业提供支持，如提供基于物联网的智能仓储解决方案、云计算基础设施等。

（中国电信集团公司）

第四节　人工智能技术

在2017年举办的“国际消费类电子产品展览会”（CES）上，运用人工智能（AI）的各种机器人、电动牙刷等产品层出不穷，人工智能受到各界人士的关注。习近平总书记也曾说“以互联网为核心的新一轮科技和产业革命蓄势待发，人工智能、虚拟现实等新技术日新月异，虚拟经济与实体经济的结合，将给人们的生产方式和生活方式带来革命性变化”。以人工智能为代表的全新的产品和技术将会在未来扮演越来越重要的角色。

一、人工智能技术发展政策环境

近年来，国家与地方陆续出台有关促进人工智能发展的政策，积极推动人工智能在各细分领域的渗透。

2015年5月，国务院印发《中国制造2025》，全面部署推进实时制造强国战略，其中“智能制造”被定位为中国制造的主攻方向；2015年7月，国务院印发的《“互联网+”行动指导意见》中明确提出第十一个重点发展领域为人工智能领域，提出依托互联网平台提供人工智能公共创新服务，加快人工智能核心技术突破，促进人工智能在智能家居、智能终端、智能汽车、机器人等领域的推广应用，推动互联网技术以及智能感知、模式识别、智能分析、智能控制等智能技术在机器人领域的深入应用；2016年5月，国家发改委、科技部、工信部和网信办联合印发《“互联网+”人工智能三年行动实施方案》，提出中国将建设面向社会开放的文献、语音、图像、视频、地图及行业应用数据等多类型人工智能海量训练资源库和标准测试数据集，还将建设满足深度学习等智能计算需求的基础资源服务平台，包括新型计算集群共享平台、云端智能分析处理服务平台、算法与技术开放平台等。

2016年7月，国务院印发《“十三五”国家科技创新规划》，提出重点发展大数据驱动的类人智能技术方法，突破以人为中心的人机物融合理论方法和关键技术，研制相关设备、工具和平台，在基于大数据分析的类人智能方向取得重要突破，实现类人视觉、类人听觉、类人语言和类人思维，支撑智能产业的发展，开展下一代机器人技术、智能机器人学习与认知、人机自然交互与协作共融等前沿技术研究，攻克核心部件关键技术，工业机器人实现产业化，服务机器人实现产品化，特种机器人实现批量化应用。

二、人工智能技术概述

（一）人工智能技术定义

人工智能的具体概念是美国斯坦福大学人工智能研究中心尼尔逊教授最初提出的。其提出，人工智能是关于知识的学科，是如何表达知识以及怎样获取知识并实际应用的科学技术，利用人工智能技术使机器具有一定人的表达[143]。

（二）人工智能技术的关键技术[144]

人工智能主要有五大核心技术，分别是计算机视觉、机器学习、自然语言处理、机器人和语音识别。

1. 计算机视觉

计算机视觉是指计算机从图像中识别出物体、场景和活动的能力。计算机视觉技术运用由图像处理操作及其他技术所组成的序列，来将图像分析任务分解为便于管理的小块任务。比如，一些技术能够从图像中检测到物体的边缘及纹理，分类技术可被用于确定识别到的特征是否能够代表系统已知的一类物体。

例如，深圳信路通智能技术有限公司设计研发的车型识别一体机，通过利用视频图像切割技术和拼接技术，实现车型特征分析和识别，即对采集的图像进行切割并且拼接成完整车辆的图像，可以通过对车辆侧面特征分析，分析出车长、车轴数量、车轴距离、车辆类型。减少了现有技术因天气、环境光线影响识别率的问题，为物流园车辆管理系统对不同车型大小的车辆进行收费提供依据。信路通车型识别一体机系统运行时的监控画面如图 7 – 16 所示。

运用车型识别一体机系统后效益有了明显提高。在技术方面，车型识别准确率可以达到 97% 以上，轮数识别准确率可以达到 99% 以上，车牌正确识别率可以达到 97% 以上；在经济方面，以某市物流园为例，安装车型识别一体机系统之前一年费用流失达 300 多万元，安装系统之后明显堵住了收费漏洞，减少了费用流失。此外降低了人工成本，原有 60 多名收费员，人均年薪 8 万元（公司实际支出达 16 万元），安装系统之后可减员至少 16 人，也就相当于 1 年至少可节省 256 万元人员开支。

图 7 – 16　信路通车型识别一体机监控画面

图片来源：信路通官网 http：//www. signaltone. com. cn/index. php/Service/show/id/7。

2. 机器学习

机器学习指的是计算机系统无须遵照显式的程序指令，而可以只依靠数据来提升自身性能的能力。其核心在于，机器学习是从数据中自动发现模式，模式一旦被发现便可用于预测。比如，给予机器学习系统一个关于交易时间、商家、地点、价格及交易是否正当等信用卡交易信息的数据库，系统就会学习到可用来预测信用卡欺诈的模式。处理的交易数据越多，其预测就会越准确。

3. 自然语言处理

自然语言处理是指计算机拥有的人类般的文本处理的能力。比如，从文本中提取意义，甚至从那些可读的、风格自然、语法正确的文本中自主解读出含义。

4. 机器人

将机器视觉、自动规划等认知技术整合到极小却高性能的传感器、制动器以及设计巧妙的硬件中，这就催生了新一代的机器人，它有能力与人类一起工作，能在各种未知环境中灵活处理不同的任务。例如，无人机、可以在车间为人类分担工作的“协作机器人（Cobots）”等。

5. 语音识别

语音识别主要是自动且准确地转录人类语音的技术。该技术在面对并处理一些与自然语言处理（例如不同口音的处理、背景噪声、区分同音异形/异义词等方面）类似问题的同时，还需要具有跟上正常语速的工作速度。语音识别系统主要使用一些与自然语言处理系统相同的技术，辅以其他技术，比如描述声音和其出现在特定序列与语言中概率的声学模型等。

（三）人工智能技术应用特点

《2017 年 AI 图谱大报告》中指出，截至 2017 年 3 月 8 日统计数据显示：人工智能公司应用技术多为机器学习、计算机视觉、自然语言处理、数据分析等，且当前人工智能产业链具有技术驱动型特征。人工智能行业中有代表性的 101 家公司可以大致分成人工智能硬件支持、人工智能技术平台、人工智能技术平台、自然语言处理/计算机视觉/生物识别、人工智能通用应用、人工智能行业应用、无人机、硬件机器人和人工智能媒体十种类别。

人工智能可以实现学习、决策和行动的快速处理，一方面，计算机处理信息、沟通信息、并行计算和线性计算的速度都快于人类；另一方面，计算机还能够进行不停迭代和优化“试验—验证—学习”的正循环；人工智能还可以更灵活地自主学习和管理知识，支持知识的“产生—存储—应用—更新”的体系化管理[145]。目前，人工智能在物流领域主要应用于智能机器人、模式识别、智能搜索/规划等方面。

三、人工智能技术应用及展望

（一）人工智能技术在物流领域的应用

1. 仓库选址

在企业仓库选址方面，人工智能技术能够使计算机根据现实环境的种种约束条件，如顾客的位置及数量、供应商和生产商的地理位置、劳动力可获得性和经济性、建筑成本、政策等因素，对选址的算法进行充分的学习与优化，从而计算得出接近最优解决方案的选址。因为人工智能是机器不断学习优化算法，所以能够减少人为因素的干预，使选址更为精准，降低企业成本，提高企业效率，提升企业利润。

2. 库存管理

人工智能能够通过分析大量的历史数据，从中不断学习总结出相应的知识，并不断学习，利用一些算法建立相应的模型，从而对以往的数据进行分析总结并且预测未来的数据。即通过分析客户的历史消费数据，动态调整企业的库存水平，在最小库存成本条件下，保持企业存货的有序流通，并且提高企业对市场的反应速度，提升消费者满意度。

3. 仓库管理

智能机器人越来越多地应用到仓库管理的各个环节，比如拣选作业、装卸搬运、包装、码垛作业等。智能机器人的更广泛应用，能够提高仓储作业的效率，减少差错率，降低企业的成本。

亚马逊的 Kiva 机器人，重约 145kg，其顶部有一个升降圆盘，可抬起重达 340kg 的物品，如图 7－17 所示。Kiva 机器人会扫描地上条码前进，能根据无线指令的订单将货物所在的货架从仓库搬运至员工处理区，这样工作人员每小时可挑拣、扫描 300 件商品，效率是之前的三倍，并且 Kiva 机器人准确率达到了 99.99%。

图 7－17　亚马逊 Kiva 机器人

图片来源：72 变网 http：//www.72byte.com/product/kiva－robot？year＝2017&month＝12。

经过数据测算，Kiva 机器人相比人工可提高近 50% 的库存处理能力，Kiva 机器人与 Robo－Stow 机械臂等组成的系统可在 30min 内卸载和接收一拖车的货物[146]。

4. 配送优化

智能机器人的分拣投递、无人机在“最后一公里”的配送实践、智能快递柜的广泛应用都是人工智能技术在配送环节优化应用的具体体现，这些应用大大提高了物流系统的效率，降低了行业对人工的依赖，从长远来看降低了企业的成本。

顺丰在 2013 年已经在广东东莞进行了无人机测试，并于 2017 年 6 月获批在空域内进行首次业务运营飞行。该空域范围覆盖了江西省赣州市南康区五个乡镇，是目前国内唯一获得正式审批且由企业、中央监管部门和地方政府共同推进的示范空域。顺丰无人机配送推出了多款机型，覆盖不同业务场景，最大有效载重 5～25kg，最大载重飞行距离 15～100km，如图 7－18 所示，其具体运行情况视天气、物品等现实条件为准。

无人机送货是快递领域公认的未来方向，不过由于噪声、天气、安全与各国政策

图 7－18　顺丰无人机

图片来源：新浪城市 http：//city. sina. com. cn/invest/t/2017－08－21/16263800. html。

等各种因素影响，无人机配送领域还需要继续深入研究。

5. 运输优化

智能算法在运输中的应用，一方面可以规划最优路线，另一方面可以通过分析大量的数据，预测事故、延误等风险，使企业能快速对其做出反应，减少损失。

例如，G7 公司①推出运用 AI 算法实现预知功能的智能化车队管理系统，图 7－19

图 7－19　系统实时异常处理功能示意

图片来源：G7 官网 http：//www. g7. com. cn/video_ g7－007. html。

---

① G7 公司，北京汇通天下物联网科技有限公司。

为系统实时异常处理功能示意。智能化车队管理系统借助物联网技术，将基础数据接入体系并搭建起来，然后通过算法、AI解析数据，实现运输过程的"预知"功能，预知在途异常，提升任务准点率，实时预知风险，降低安全事故率。在G7公司的产品灰度测试中，某物流公司车辆日均高风险事件数下降超过32.5%，通过风险预知加上人工干预管理，高风险事件明显得以控制。

G7－007系统的智能风险预警基于人、车、路3个维度，车道偏离、疲劳驾驶等14个危险场景，实时感知采集数据，借助Argus（阿格斯）智能算法判断在途车辆高、中、低风险等级，管理人员可实时关注到一切风险状态，第一时间发出干预，有效降低事故率。

G7－007系统还可以依靠Argus智能算法实时抓取异常停车、车辆缓行、晚发晚到预警等在途异常事件，预知货运途中所有延误风险，提升准点率及车队运营人员的工作效率。基于此，使结算判责具有事实依据，有效解决了运营人员取证验证耗时、上下游扯皮的低效行为[147]。

（二）综合应用案例

1. 丰巢科技[148]

丰巢科技是由顺丰、申通、中通、韵达、普洛斯领航在2015年6月6日共同投资创建，其致力于研发运营最优质的智能快递柜，如图7－20所示，破解快递最后一百米难题，服务于行业末端快件运营，打造全方位开放共享资助智能平台，并于2017年1月完成25亿元A轮融资。

图7－20 丰巢智能快递柜

图片来源：第一推网 http：//www. diyitui. com/content－1483603116. 66621496. html。

截至2016年年底，丰巢科技已完成全国74个重点城市40000多台柜机网点布局，服务用户达5000万名，现已直连顺丰、申通、中通、韵达、EMS寄件下单业务，与万科物业、中航地产等100多家物业企业达成战略合作，日均处理包裹量达300万个，其寄件流程如图7－21所示。丰巢智能快递柜的投入使用提高了末端配送效率，减少了末端配送人力成本，通过与物流企业数据互通，可以使所有在丰巢的收件、寄件业务全程数据共享、可监控，提高了物流最后一公里的可视化水平。

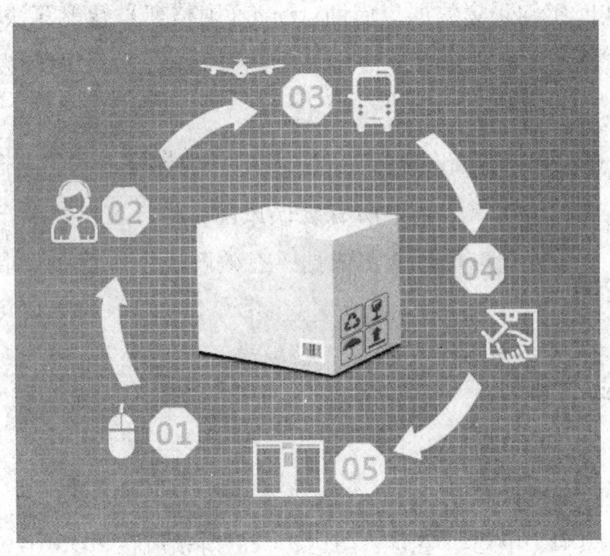

图7－21　丰巢的寄件流程

图片来源：丰巢官网 http：//www. fcbox. com/index. html。

其末端服务能力主要体现在三方面：

（1）链接能力。

丰巢作为开放平台链接物流企业、物业、快递员、消费者，串联上下游，构建信息平台，丰巢智能快递柜作为实物载体，进行“最后一公里”的配送。通过与物流企业的数据互通，使所有在丰巢的收件、寄件业务全程数据在消费者、物流企业、丰巢内共享，并可监控，实现了末端物流服务的全时段覆盖。

（2）信息集成。

丰巢科技借助自身物流起家的经验，快速打通与主流物流企业的系统对接，实现快递路由信息互通，支持多家快递公司在先下单的基地服务并规范电子运单统一管理，且具备完善的业务结算系统，从而确保多方合作的有效开展。

（3）行业赋能。

丰巢利用自身物流优势，在寄递方面开放快递柜自助收寄件端口，通过信息化对接提升指挥设备的利用率。作为末端智能网点，丰巢首创“微仓”模式，并形成标准化服务系统，为其他有“微仓”服务需求的企业提供能力。

据丰巢实际测算，快递员上门派件，每成功派发一单平均耗时 7 分钟，如果使用丰巢快递柜自助派件，每成功派发一单平均耗时 3 分钟，粗略估算快递员的效率能平均提高一倍。智能快递柜相比于传统快递员人工配送，时间上有更高的灵活性，还可以提高末端快递员派送与收件的服务效率。

2. 阿里云的人工智能

人工智能早在十多年前已经被提出概念，开始提出之时技术的各方面都不太成熟，之后随着图像处理、深度学习在人工智能领域发挥越来越重要的作用，现在已经逐渐成熟，能够更好地解决更多实际问题。

（1）阿里云的人工智能在交通行业的应用。

①路况预测。阿里云的路况预测系统在很多城市都有应用，比如浙江省的高速公路、武汉市的交警等，杭州交通预测界面示意如图 7－22 所示。

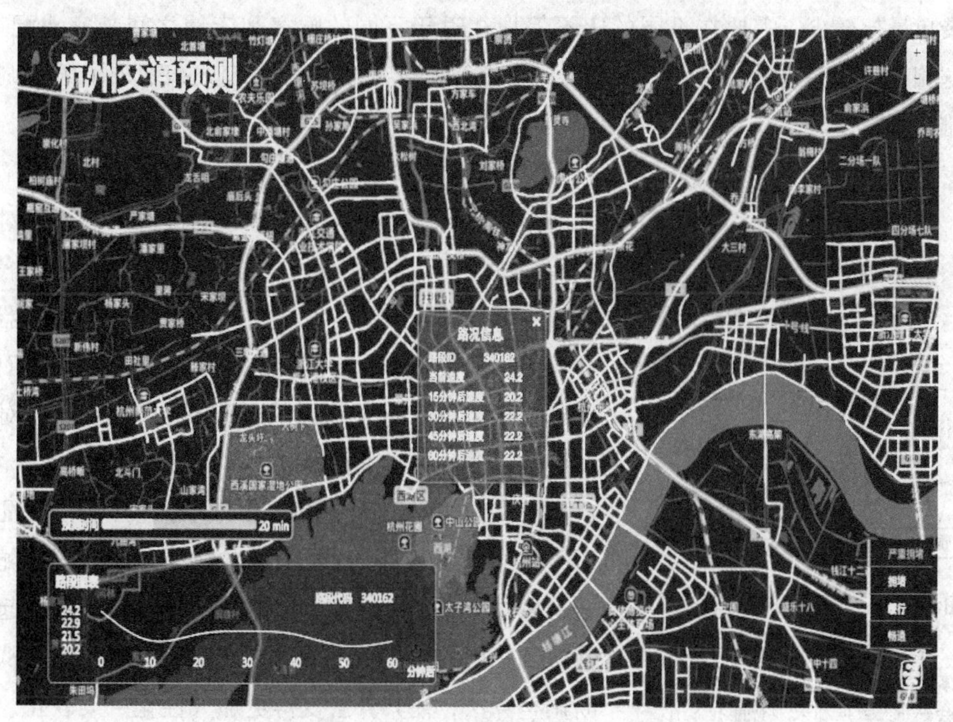

图 7－22　杭州交通预测界面示意

路况预测算法的核心是：由于道路中车流的存在，道路中不同节点之间的速度会有影响，通过一些数据挖掘分析出这些节点之间的数据关联即关联系数，进而预测未来 15 分钟、30 分钟、60 分钟甚至几天的路况。

②其他。阿里云在路况预测基础之上制订了一些大交通解决方案，比如物流配送，

其中包括对时间要求非常高的外卖送餐；红绿灯控制，改变了之前红绿灯的定时控制模式，通过摄像头和采集的交通数据来智能控制红绿灯，打造全城智慧交通；旅游，利用交通数据指导旅行出行等。

（2）基于人机协作的应用。

人工智能是研究、开发用于模拟、延伸和扩展人的智能的理论、方法、技术及应用系统的一门新的技术科学。人工智能发挥其作用，其中重要的一点就是人机协作，即运用一些算法来让机器学习优化算法，进而做到人机协作来做物流调度及装箱规划等。人机协作目前主要是通过物联网设备采集人的行为特征，利用算法将这些行为进行标准化，然后通过数据挖掘进行大数据分析，再由机器来模拟操作，进而不断调整算法。阿里云关于人工协作的典型应用案例主要是送餐平台调度问题。

某快递送餐公司是国内大型的送餐平台，该快递送餐公司需要构建一个配送系统，来解决指挥全国300多个站点几十万到上百万名骑手送餐问题。送餐问题和快递配送问题十分类似，其主要区别：一是其对时间窗的要求非常高；二是其送餐的时候往往所装单量比较少，需要在不同的店不停地往返于不同的顾客和店铺之间来完成配送，而这相比于快递送货的在一个站点取完货送到很多顾客手中的模式，增加了配送调度的难度。

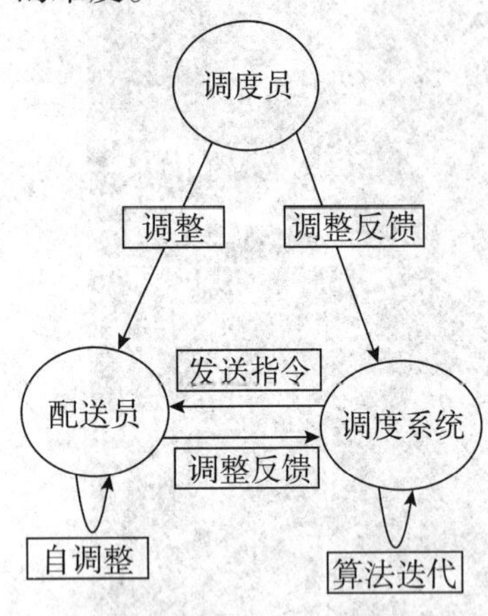

图7－23　基于人机协作配送系统的总体思路

图片来源：2017全球物流技术大会——大数据和人工智能技术在物流行业的应用。

解决方案：阿里云先采集配送员的历史数据，调查其之前操作的情况，之后对这些数据进行挖掘，并对其中一些关键性因素进行提取，将这些关键影响因素嵌入到算法中，算法会自动计算出结果传给配送员。机器此时计算得出的是基于历史路径的一个最优值结果，而未考虑到配送员自身的因素，因此可能会出现配送员对某些调度结果产生抵触的情况。

基于人工协作的智能算法在此基础上开始挖掘配送员所关注的方面，即配送员的需求特征，比如可能配送员会希望在某个餐厅里等待其他订单与原有订单一起一次性送到不同的顾客手中，来提高单次送餐效率。从而不断调整算法，使其算法变得更加人性化、柔软化，进而得到一个实用性比较强的配送系统，目前这个系统已经上线被送餐平台所使用，系统的整体思路如图7－23所示。

（阿里云大数据孵化器团队）

（三）人工智能发展存在的问题

1. 识别功能的困惑

虽然使用计算机进行模式识别的研究与开发已取得大量成果，部分研究成果已转化为产品投入实际应用，但是它的理论和方法与人的感官识别机制是全然不同的。当前模式识别主要集中在图形识别和语音识别。图形识别方面例如识别各种印刷体和某些手写体文字、识别指纹图形等，但是缺点是当前只能进行的小规模的测试，无法让机器识别全部图形，加上有一些东西的特征不明显或者相似度太高，会导致识别错误。语音识别主要研究各种语音信号的分类，语音识别技术近年来发展很快，但是缺点是识别易受干扰，普通话不标准、方言等也会影响识别。

2. 监管体系不完善

目前，还没有国家有一套完善的监管体系监控人工智能的发展和使用，人工智能技术本身存在一定的伦理问题，它的这项特质就决定其在不断发展过程中必须受到严格地监控，这些监控主体可以是政府部门，可以是相关协会组织，还可以是公众监督群体等。如果人工智能技术在其发展过程中缺乏有力的监管，很可能会出现人工技术应用产品漏洞增多、人工智能技术滥用逐渐增多等现象，需要后续不断完善，创造一个更加利于健康发展的社会环境。

（四）发展趋势

随着深度学习技术的成熟，人工智能正在逐步从尖端技术慢慢变得普及。人工智能的发展前景十分广阔，根据目前人工智能的发展流派以及研究现状可以基本得出其将来的发展方向：人工智能技术未来应该是向人类神经网络与机器结合、模式识别研究、企业运营等领域发展[149]。

第五节　章后小结

本章主要就目前信息技术中比较热门的大数据技术、云计算技术、物联网技术和人工智能技术进行简要介绍，梳理其发展政策环境，重点介绍了这几项技术在物流领域的应用。从现阶段来看，技术融合发展的趋势日益明显，而不是应用单一的某一项技术来解决问题，技术之间的交叉也越来越多，大数据、云计算、人工智能等技术往往是相辅相成，相互促进。

正是得益于大数据和云计算的支持，互联网正在向物联网扩展，并进一步升级至体验更佳、效率更高的人工智能时代。新一代信息技术正处于融合集成式创新与颠覆式创新的大时代，信息技术与其他领域的融合发展，带来了生态链的重构、新业态的产生，为其他行业创造价值和新的空间；而信息技术的相互融合发展，像大数据、云计算、物联网和人工智能这些信息技术都为信息技术产业带来了前所未有的新的机遇。正因如此，越来越多的信息解决方案融合了多种信息技术，结合不同信息技术的长处，进而得到一个最优的解决方案。

第八章 特色物流技术

第一节 区块链技术

一、区块链技术概述

区块链技术的思想及其应用潜力已经受到各行业广泛关注。国内物流行业目前处于蓬勃发展阶段，正不断加快对新技术的吸收应用，以实现行业的降本增效，提高物流服务质量，促进行业健康发展。区块链技术从2016年初入物流行业人士的视野，如今已迅速成为关注和讨论的热点话题，可以预见区块链技术在物流行业的研究和应用将进入快车道。

（一）区块链技术的概念

目前，国内对于区块链技术的研究讨论刚刚起步，对其定义仍未得出统一结论。相对而言，美国关于区块链技术的研究更为系统成熟，美联储已成立相关技术研究工作组，多个州已经出台监督管理法规[150]，来针对相关应用区块链技术的产品，且相关学术研究也较为丰富。美国学者梅兰妮·斯万在其著作《区块链：新经济蓝图及导读》中给出了区块链定义，指出区块链是一种公开透明的、去中心化的数据库。公开透明体现在该数据库是由所有的网络节点所共享的，并且由数据库的运营者进行更新，同时也受到全民的监管；去中心化则体现在该数据库可以看作一张巨大的可交互电子表格，所有参与者都可以进行访问和更新，并确认其中的数据是真实可靠的[151]。可以认为，区块链技术是使得区块链这样一种数据库实现公开透明化、去中心化的技术。

在区块链技术的保障下，区块链中所有参与者都可以对数据进行访问、更新以及监管，区块链实质上是一种分布式数据库。在分布式数据库中，数据的存储和记录由系统参与者来集体维护[152]。区块链能实现数据由系统参与者集体记录，而非由一个中心化的机构集中记录；可以存储在所有参与记录数据的节点中，而非集中存储于中心化的机构节点中。若将区块链视为由众多节点组成的网络，整个网络中信用的产生并不依靠网络中单个节点的行为（如第三方机构的担保），而是通过技术的手段使所有参与者能够对数据进行记录、存储与监管，以形成可信任的数据库。

（二）区块链技术发展过程

区块链技术这一概念的产生最早可以追溯到2008年年底，随着比特币的出现及其创立者中本聪所撰论文《比特币：一个P2P电子现金系统》（P2P指不同网络节点间的小额借贷交易）的发表，区块链技术作为一种去中心化的数据库技术进入大众视野。

人们对比特币等数字货币投资热情的增长，使支撑比特币发展的底层技术开始得到越来越广泛的关注。人们发现比特币的产生与交易完全不依赖第三方机构的信用担保，而是通过网络与程序等技术手段在一个去中心化的网络中实现其正常运作，而且至今未发生过交易失误。不同行业对于这一技术的关注和研究不断增多，其中金融行业最早对其进行了应用。2015年以来，美国纳斯达克证券交易所推出了基于区块链技术的数字总账技术，用于股票交易与发行记录；花旗集团、日本三菱日联金融集团、瑞士联合银行和德意志银行等全球大型金融机构也先后宣布应用区块链技术，来打造快捷、便利、成本低廉的交易作业系统。在金融领域之外，区块链技术也开始被应用于物权保护、公证、在线游戏等有信息透明公开并永久记录需求的领域[153]。区块链技术已经不仅限于比特币或与比特币关联较大的金融行业，开始向更多领域拓展，展现出其作为一种具有通用特性的底层技术的应用潜力。

梅兰妮·斯万针对区块链应用范围的扩张，提出了从区块链1.0、2.0到3.0的进化阶段[151]。区块链1.0的主要功能是数字货币，它构建了去中心化的数字支付系统，实现了快捷的货币交易、跨国支付等多样化的金融服务；在2.0时代，区块链的应用范围扩展到智能合约，使用算法来代替传统合同，这将会对其他领域的社会契约造成极大的影响；而3.0时代的区块链，将所有人和机器都连接到全球性的网络中。区块链以去中心化的方式配置全球资源，我们将生活在基于区块链的共享经济社会中。目前，我国区块链技术的发展已经超越了区块链1.0阶段的范围，向着更广阔的应用领域探索。

（三）区块链技术基本原理

区块链的本质是一个以去中心化、去信任的方式，由所有参与者集体维护的分布式数据库，“分布式”既体现在数据的分布式存储，又体现在数据的分布式记录。

在传统方式下，加密数据的共享往往通过某个信任中心完成，而在区块链中，数据传递是以点对点的去中心化方式实现的。区块链分布式记账流程的主要步骤如图8-1所示：第一步，A创建了一个面向B的信息，使用私钥签名加密这个信息；第二步，A将所创建的信息在P2P网络上进行全网广播；第三步，区块链网络上所有的节点都会收到广播，并且进行验证；第四步，也是最后一步，各个节点将通过共识验证的交易信息写入自己的账本（数据记录）中，未通过验证的数据将被拒绝。

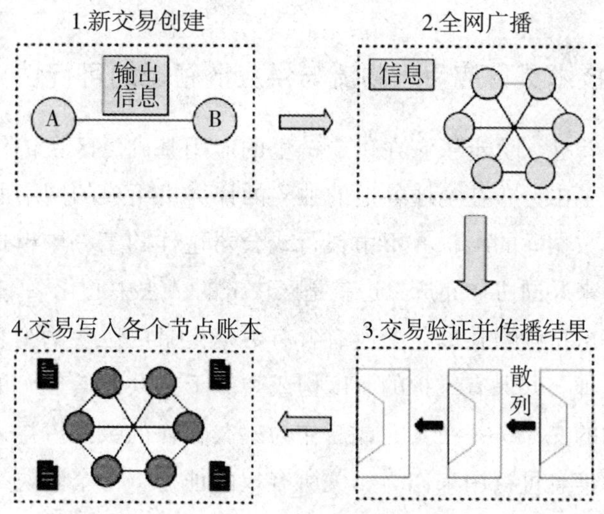

图 8－1　区块链分布式记账流程[154]

（四）区块链技术特点

1. 开放性与共识性

在区块链网络中，任何人都可以参与区块链网络的运作，每一台设备都能作为一个节点，每个节点都允许获得一份完整的数据库拷贝。节点间基于一套共识机制，通过竞争计算共同维护整个区块链。任何一个节点失效，其余节点仍能正常工作。

2. 去中心化，去信任化

区块链由众多节点共同组成一个端到端的网络，不存在中心化的设备和管理机构。节点之间数据交换通过数字签名技术进行验证，无须互相信任，只要按照系统既定的规则进行，节点之间不能（也无法）欺骗其他节点。

3. 交易透明化，双方匿名化

区块链的运行规则是公开透明的，所有的数据信息也是公开的，因此每一笔交易都对所有节点可见。由于节点与节点之间是去信任的，因此节点之间无须公开身份，每个参与的节点都是匿名的。

4. 不可篡改性，可追溯性

单个甚至多个节点对数据库的修改无法影响其他节点的数据库，除非能控制整个网络中超过51%的节点同时修改，但这几乎是不可能发生的情形。区块链中的每一笔交易都通过密码学方法与相邻两个区块串联，因此可以追溯到任何一笔交易的记录[154]。

二、区块链技术具备应用于物流与供应链领域的可行性

区块链的本质特性，奠定了它在供应链里的应用基础。区块链作为比特币的底层技术，其本质是一个由分布在全球各地的独立的计算机组成的网络所运行的巨大的数据库。首先，这一数据库的维护并不由银行或公司这样的某一中枢机构执行，而是由众多的分布式成员来共同协作完成，这就是区块链的“去中心化”；其次，这一分布式数据库网络作为一份持续增长的包括所有含有数据记录的区块的列表，由所有的相关方保有并维护，这种公共保有维护的制度构成类似于“共识信任”的机制。每个区块可以记录所有近期的交易，并在其完成后作为永久存在的数据库导入区块链。通过这种方式永久留存的信息可以用来作为相关所有权的证据。每个区块都含有前一代码的碎片信息或唯一印记，最终构建成一个唯一而不断延续的“链”，并消除了篡改交易记录的可能。

供应链与区块链在结构上具备匹配基础。供应链是由核心生产企业、供应商、供应商的供应商、客户和客户的客户组成的多主体的链条，任何一个供应链上的主体，都不愿意完全分享其所拥有的信息，也就没有可能性获得上下游所有主体的信息，从而使得供应链在事实上具有信息的多中心性。另外，供应链合作伙伴之间，存在着多重、复杂的交易，这些交易需要有一个信任机制，来记录和验证交易的真实性。用制度经济学的术语来说，就是要建立一个“制度”，来降低或者消除各主体之间因缺乏信任度而带来的交易成本。区块链技术的出现，有效地解决了多主体信息共享和多主体复杂交易的交易成本问题。

目前，供应链中各参与者大都是串联的，各节点与临近节点沟通较多，难以形成任一点对点之间的信息交流，有时点对点的交流需要多次交易和执行才能实现。如果引入区块链，主体之间的关系就转变成了并联的关系，解决了多次交易程序繁杂的问题，所有主体共同维护一个公开的账本，使供应链的交易透明化，形成一种维持公开和信任的体系。所以区块链技术去中心化的特性，使区块链技术在供应链流程中的完整运用成为一种可能。

三、区块链技术未来物流应用场景分析

（一）降低外贸物流信息处理成本

外贸物流涉及的参与方较多，一次交易至少涉及供应商、贸易公司、银行、外汇

管理局、国税局、商检局、海关、货运代理企业、运输企业等众多主体，因为外贸具有一定流程；且各组织都有各自的数据库，外贸的信息处理需要围绕每个节点组织依次展开，频繁的信息沟通和处理带来了较高的信息传递和处理成本。如果将区块链技术应用到外贸物流，将外贸信息集中到公开公共的数据库中，各组织单位之间可以实现点对点的自由信息传输，且信息的变化会由程序自动记录存储到公共数据库中，信息的传递和处理成本将有效降低。

例如，一批冷冻货物从东非运输至欧洲，中间要经过30个组织超过200次的交流，其中文本传输带来的成本占到了总成本的20%。如果是从东非运输到中国，距离更长，各组织间交流带来的信息处理成本更大。如果将区块链技术运用到运输交易过程中，将链条上所有组织的交易及其产生的信息全部纳入公开透明的账本中进行管理，交易信息实时记录到区块链当中，各成员可以实时的分享，在区块链中真正实现“点对点”的信息沟通，外贸物流信息传递成本也将随之降低。

（二）解决危化品物流安全监管问题

随着我国危化品物流市场不断增长，危化品物流安全问题愈来愈受到人们的关注。我国化工产业的布局决定了我国具有规模巨大的危化品物流市场。以石油、天然气等为基础原料的化工产业集群大都分布在西部，而其输出产品的销售地和下游深加工企业又多集中在东部沿海地带，目前，我国5000余种化工原料产销分布不均，95%以上需要异地运输[155]，“产销分离”决定了危化品物流的“紧俏”。由于一些仓储和运输设施设备的不达标，以及全流程监控能力的缺乏，目前对于危化品物流的监管主要是事后监管，减少危化品物流安全问题的环境条件有待改善。

区块链技术是解决这一问题的可行手段。如果把危化品物流各环节参与者物流与交易信息写入区块链中，对新的信息变更可以实时更新、查询和监督，对危化品所处的位置、状态可以进行同步了解，实现有效的事前监管。同时信息会永远保存且不能篡改，方便发生安全事故后进行事后追责，真正实现危化品物流全流程的透明运作，形成安全作业的良好环境。

（三）解决中小企业融资难问题

区块链技术还可以帮助解决物流供应链上的中小企业的融资难问题。近年来，我国物流供应链行业处于持续、快速的发展阶段，一批具备较强供应链管理能力的物流企业迅速崛起。然而，物流供应链上的企业大多是中小企业，企业的信用等级评级普遍较低，很多中小企业没有得到信用评级，难以获得银行或金融机构的融资贷款服务。

而区块链技术在物流行业的应用，使得物流商品具备了资产化的特征，有助于解决上述问题。区块链技术可以将信息化的商品价值化、资产化，主要是因为区块链技术的所记载的资产不可更改、不可伪造。而固定了商品的唯一所有权，可以使得所有物流链条中的商品可追溯、可证伪、不可篡改，实现物流商品的资产化。利用区块链基础平台，可使资金有效、快速地接入到物流行业，从而改善中小企业的营商环境。

（四）改善食品安全问题

随着人们生活水平的提高，老百姓对于健康的食品安全问题越发关注。食品安全的保证既需要从源头控制产品质量，又需要从生产方到消费者全流程的有效监管。相对于较为完善的食品安全标准体系，目前对于食品产品流通过程的监督手段仍较为缺乏。人们对于食品的生产和流通信息往往无从知晓，关于食品质量安全的诚信体系有待完善。应用区块链技术可能是解决食品安全问题的一个有效突破口。将食品生产商、分销商、零售商、物流企业以及消费者等参与者的信息都录入区块链当中，所有参与者都可以方便地对食品的来源和流通过程进行查询和监督，网络中表现更优的参与者将获得更多利益，缺乏诚信或服务质量不高的参与者将得到相应的惩罚，食品安全信用体系将更快建立起来，企业以安全高质量的食品为逐利的基础，老百姓也能吃上放心食品。

四、总结与展望

区块链技术本身具有的去中心化、去信用等特点，使它获得了无须中介参与、过程高效透明且成本低、数据高度安全等优势。物流业具有应用区块链技术的基础条件，具有较为丰富的应用场景。但区块链技术要在物流行业实现大规模应用还有一些重要问题需要克服，如性能不足问题（随着数据信息数量的不断增加，节点存储数据信息的难度也会逐渐增大，从而导致区块链系统存储数据信息逐渐变得困难）、行业相关的标准仍为空白、传统的物流流程和新型技术还有待融合等。目前，区块链技术大规模应用到物流领域仍有一段距离，但可以预见，随着物流业的飞速发展以及对新技术研究应用的不断加快，区块链技术的性能有望不断提升，相关政策、标准终将落地，传统物流作业流程借助区块链技术改变优化，区块链技术将成为促进物流行业发展的重要技术。

第二节　供应链金融技术

进入2017年，我国经济发展仍处于“降速换挡”的新常态，为实现国内经济持续转型升级，国家坚持推进供给侧结构性改革。在从制造大国向制造强国迈进、“产融结合、脱虚向实”的背景下，继续加强金融业对实体经济的支持和服务作用是供给侧结构性改革一项重要内容。同时，随着供应链管理思想的普及和中小企业融资难等问题的出现，供应链金融为满足产业发展需求应运而生，并成为物流领域发展热点之一。关注供应链金融技术的发展，充分研究并发挥技术在促进供应链金融高效健康发展方面的作用具有重要意义。

一、供应链金融发展的基本情况

供应链金融的发展是其技术研究应用的基础环境，分析供应链金融发展的阶段形势和特点，有利于了解供应链金融新应用技术的产生背景和应用意义。

（一）供应链金融的概念

供应链金融是指以核心客户为依托，以真实贸易背景为前提，运用自偿贸易融资的方式，通过应收账款质押登记、第三方监管等专业手段封闭资金流或控制物权，对供应链上下游企业提供的综合性金融产品和服务[156]。供应链金融不仅仅是一种融资服务，同时有利于促进供应链运营效率的提升、供应链整体竞争力的提升、生态圈的建立和繁荣，有利于金融资本与实体经济有效融合局面的形成。

（二）供应链金融发展现状简述

我国供应链金融处于蓬勃发展期，目前国内供应链金融市场规模超过10万亿元，而且正处于高速增长状态，到2020年我国供应链金融市场规模可达到15万亿元左右[157]，市场前景大好。2017年8月，国务院办公厅发布《关于进一步推进物流降本增效促进实体经济发展的意见》，提出“鼓励银行业金融机构开发支持物流业发展的供应链金融产品和融资服务方案”，为进一步促进供应链金融发展提供了政策环境。

面对供应链金融未来巨大的发展潜力，众多行业企业和组织机构纷纷加入供应链金融活动之中，形成了丰富的参与主体，如图8－2所示。主要包括原材料供应商、半

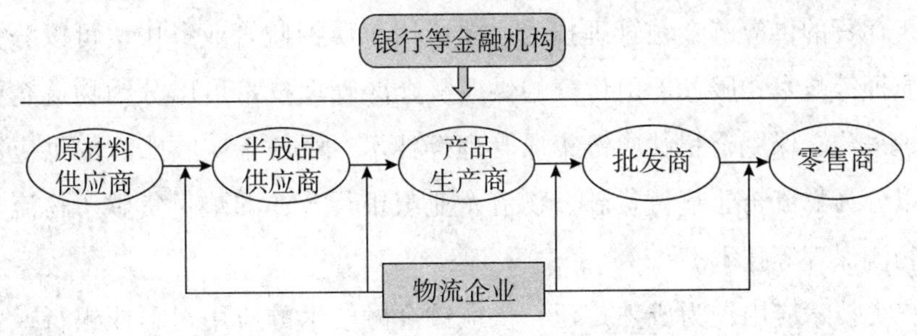

图8－2　供应链金融相关参与主体

成品供应商、产品生产商、批发商、零售商等。物流伴随着商流产生，物流企业作为衔接供应商、生产商、分销商的运作主体，也是供应链金融服务中重要的参与单位。供应链金融服务促进了资金流的有效流动，银行等金融机构或出资方也在供应链金融中扮演重要角色。丰富多样的参与主体进一步激发了供应链金融的发展活力，促进了供应链金融的健康发展。

2017 年供应链金融产业市场规模健康增长、宏观环境利好、产业生态稳健繁荣，除了传统的商业银行，行业龙头、B2B（企业到企业的电子商务模式）平台、供应链公司、外贸综合服务平台、物流公司、金融信息服务平台、金融科技、信息化服务商等都纷纷参与到供应链金融活动当中[158]，形成“千帆竞发、百舸争流”的良好局面。

总体来看，供应链金融已经成为物流领域一大关注热点。国家政策的积极支持与引导、越来越多新参与者的加入，反映出供应链金融发展的活跃。尤其值得注意的是互联网平台等全新角色的加入对供应链金融发展的影响，这类以科技和技术见长的企业有力促进了新技术在供应链金融领域的应用。

二、供应链金融技术发展情况

供应链金融技术源自相关参与主体开发供应链金融服务产品、提供供应链金融服务、控制供应链金融风险等一系列生产管理活动中。供应链金融需求的不断增长、有利的政策环境、众多参与主体的积极探索等有利因素推动了供应链金融技术的创新应用与推广。

（一）供应链金融技术发展现状简述

经过多年的发展成熟，供应链金融逐步形成具有自身特色的基本模式，可以分为存货相关服务、预付款相关服务、应付账款相关服务三类[159]。主要的供应链金融技术可以对应分为三类，即服务于存货的供应链金融管理技术、服务于预付款的供应链金融管理技术以及服务于应收账款的供应链金融管理技术。

服务于存货的供应链金融管理技术主要应用于质押监管业务中，可以分为仓单质押、提单质押等技术；服务于预付款的供应链金融管理技术可以分为物流企业利用自有资金代理采购、保兑仓和供应链集成管理等技术；服务于应收账款的供应链金融管理技术可以分为物流企业垫付货款、物流企业与银行合作的垫付货款、物流企业代收货款以及物流保理等技术。

以上三类技术应用较为成熟广泛，供应链金融技术的应用对形成银行、企业和供应链和谐发展关系，加快金融资本与实体经济有效融合发挥了重要作用。

（二）供应链金融技术年度创新发展情况

随着供应链金融市场规模的不断扩大和成熟，技术的创新应用成为提升供应链金融服务竞争力、提高管理水平的重要因素。《关于进一步推进物流降本增效促进实体经济发展的意见》中提出，在鼓励供应链金融发展的过程中，要“通过完善供应链信息系统研发，实现对供应链上下游客户的内外部信用评级、综合金融服务、系统性风险管理。支持银行依法探索扩大与物流公司的电子化系统合作”。体现出积极应用现代技术对促进供应链金融发展的重要意义。同时，互联网企业等科技企业的纷纷加入，有效带动了新技术在供应链金融领域的研究应用。在国家和各行业、企业的重视下，新技术在供应链金融领域的应用有了新的突破。

1. 互联网技术应用

近年来随着新常态下的大宗价格走低，传统金融机构沿用多年的仓单质押、互联互保等融资业务模式受到了前所未有的挑战。虽然目前经济增速下行，但中小企业仍有着真实的旺盛融资需求。帮助供应链中的中小企业融资是供应链金融的一项重要作用，但由于中小企业的生产经营以及诚信方面的数据相对缺乏完整性和透明性，影响了供应链中核心企业参与主导供应链金融活动的积极性，从而影响了供应链金融的深入发展。随着“互联网＋”政策的深入推进，供应链金融遇到的这一发展障碍得到了有效的解决。一方面，“互联网＋”的发展以及国家政策对于中小企业融资的支持，为供应链核心企业参与供应链金融提供了更好的技术支持和政策环境，有利于激励核心企业参与到供应链金融中，成为其中的主导者；另一方面，中小企业各类信息的可记录、可追溯、可评估使供应链金融充分实现了透明化，供应链金融可以朝着信息流、物流、资金流三流合一的方向纵深发展。

供应链金融的良好发展前景吸引了互联网平台进入供应链金融领域，利用互联网技术解决供应链金融存在的问题，加快了互联网技术和供应链金融融合，形成互联网供应链金融模式。互联网平台充分利用互联网技术解决商品价值评估、规避信用风险等问题。在商品价值评估方面，互联网平台能通过数据和模型化的方式自动评估商品价值，为融资提供合理的依据。另外，互联网平台可以与有“互联网＋”特点的仓配企业结合，采用“全程可追溯”的思路。面对业内常见的“电商刷单”问题，通过互联网技术自动配对检验销售数据和仓库数据，只有当两者数据统一，才被视为真实销售，从而有效规避信用风险和诈骗风险。

2. 大数据技术的应用

数据是金融机构了解企业经营状况、评估风险、参与供应链金融活动的重要基础，供应链金融领域在加强数据积累的同时，正不断加快对大数据技术的应用。

大数据技术的应用给供应链金融带来的变革主要体现在信息的收集与分析方面[160]。大数据的应用拓宽了供应链金融的服务内涵，通过运用大数据分析技术，供应链金融服务者可以分析和掌握平台会员的交易历史和交易习惯等信息，并对交易背后的物流信息进行跟踪分析，全面掌控平台和平台会员的交易行为，并通过掌握的信息主动给平台会员以融资支持。大数据的应用降低了供应链金融的业务成本和贷后管理成本。大数据能够帮助金融机构从源头开始跟踪押品信息，因此更容易辨别押品的权属，降低实地核查、单据交接等高昂的操作成本；通过对原产地标志的追溯，帮助金融机构掌握押品的品质，减少频繁的抽检工作。大数据通过引入客户行为数据，将客户行为数据和银行资金信息数据、物流数据相结合，得到"商流+物流+资金流+信息流"的全景视图，从而提高了金融机构客户筛选和精准营销的能力。

3. 区块链技术应用

信用体系不够健全是阻碍供应链金融发展的阻碍之一，在供应链金融领域主要体现为以下三点[161]：第一，授信企业数量有限。供应链金融主要面向供应链中核心企业周边的中小企业，而不在核心企业两端的中小企业仍然无法得到有效融资，并且银行的授信也是只针对核心企业的一级经销商和供应商，二级供应商和经销商则无法获得融资需求。第二，信息真实性无法辨别。核心企业的信息系统无法完全整合上下游企业的所有的交易信息，也只是掌握了跟自身有关的交易信息，银行获取的信息有限，更多的信息也无法得到，更无法辨别真伪，是否存在核心企业与上下游企业合谋造假、虚构交易诈取贷款，银行等金融机构也不好鉴别。第三，交易过程不透明。固然供应链金融整合了物流、商流、信息流，但是整个交易过程很难做到及时公开，银行对交易信息的获取都是事后才得到的，不能及时查看整个交易过程，这就会产生滞后效应，这同样也会制约供应链金融的发展。

区块链技术能够很好地从技术层面解决供应链金融面临的信用不足问题。区块链具有去中心化、去信用化的特点，所有中小企业都能成为区块链中的节点，且信息自动更新、不能篡改，解决了供应链链上交易数据信息的真实性问题。区块链中的数据受全体成员监督，数据信息的安全性得到保证。同时，银行在管理存货融资和预付款融资时，必须配备一定人数的人员来核实抵押品是否减损、是否增值等工作，这就增加了银行操作成本，进而增加了中小企业融资成本。如果银行利用区块链技术来管理供应链上所有的交易押品，将交易押品的实时变化信息在区块链中更新，并由区块链中所有参与者共同监督。这一方案不但能降低成本，也可以提高效率，降低风险[161]。

4. 客户风险评估技术优化升级

供应链金融的业务风险主要包括两个部分，一是供应链核心企业和上下游企业带来的信用风险，即供应链核心企业可能不履行其担保责任或上下游企业未能按时足额向投资人进行清偿的风险。二是市场风险，主要包括两个方面[162]，一方面，市场因素对核心企业、上下游企业的经营状况造成的影响。核心企业与上下游企业通常处于同一行业中，如果因为商品价格、汇率、股市等市场因素出现行业性风险，导致核心企业及上下游企业的经营状况恶化，进而则会影响上下游企业的还款能力以及核心企业的担保能力。另一方面，抵质押物价值下降导致的风险，在动产质押模式下，当融资方无法按照约定清偿其融资款项时，质押物通常是融资方的最后还款保障，如果质押物价值受市场因素影响下降，可能导致投资人不能足额收回投资。

供应链金融的市场风险要求开展供应链金融活动的参与者建立供应链金融风控体系。成熟的供应链金融风控体系包含三个层次：数据层、实践层、技术层，如图 8－3 所示。其中数据层包括风险主数据的获取、风险数据的拓展、数据的维护；实践层包括高效的在线审批、精准及时的事中风控；技术层是指利用先进的模型科学地处理和分析数据，帮助预测和决策。

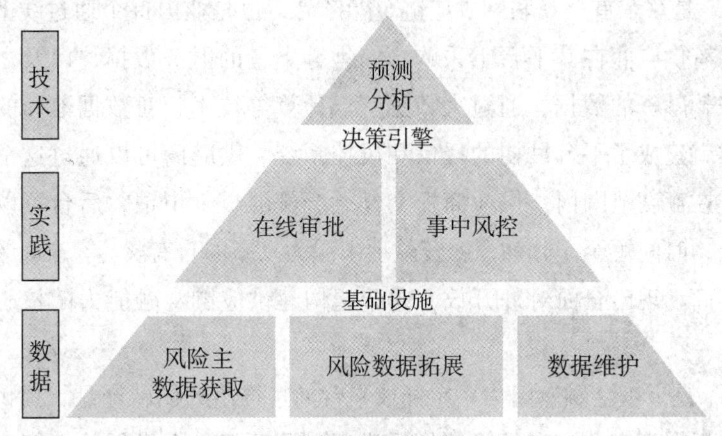

图 8－3　供应链金融风控体系结构

图片来源：亿邦动力网 http：//www. ebrun. com/20170724/239176. shtml？ from = singlemessage。

金融机构等参与者积极运用新技术，完善风控体系，提高自身风险控制能力。如利用数据库管理技术与大数据技术，完成对发现数据的积累与沉淀，对数据进行分析，为未来的风险建模打下基础；利用互联网技术能够实现生产与销售数据的匹配，防止数据作假；基于IT系统的审批流程能够进一步减少人为因素影响，提升审批效率；基于大数据分析的量化风险模型可以帮助企业充分利用数据资产，预测风险。通过运用其他技术，保障风险数据的可靠性，并建立更加先进的风险模型，供应链金融客户风险评估技术得到进一步提升，提高了企业经营决策能力。

三、年度创新案例：京东金融——技术带来供应链金融发展新方向

供应链融资服务是物流企业最需要的金融需求之一。但传统的供应链融资不可避免地会出现一些问题，比如说产品功能比较单一，流程比较复杂，审批、申请难，还款方式、融资金额比较固定等。随着一些互联网企业开始进入供应链金融市场，供应链融资出现了新的方案，解决了传统供应链融资的一些弊端。

京东金融是京东集团旗下子集团，于2013年10月开始独立运营，定位为一家金融科技公司。其供应链金融业务依托京东商城积累的交易大数据，以及自建的物流体系，在供应链金融领域已经开始飞速发展。2012年，京东与中国银行北京分行签订了战略合作协议，合作为京东供应商提供金融服务，用信用及应收账款为抵押，帮助供应商从银行获得贷款，从而试水进入供应链金融领域。2013年，京东开始独立利用自有平台，推出了“京保贝”互联网保理产品，在随后的两年又相继推出“京小贷”和“动产融资”两个核心产品，流程更加简单、便捷，解决供应商融资难的问题，提高整个供应链的流动性[163]。

“京保贝”是京东首个互联网供应链金融产品，也是业内首个通过线上完成风控的产品。京东拥有供应商在其平台上采购、销售等大量的财务数据，以及之前与银行合作开展应收账款融资的数据，通过大数据、云计算等技术，对数据池内的数据进行整合分析，这样就建成了平台最初的授信和风控系统。供应商可以通过这个系统获得一个授信额度，在额度范围内，供应商提交任意金额的贷款申请，后台可以进行自动化的审批和放款，时间短至3分钟，融资款项来源为京东的自有资金。“京保贝”已服务近两千家供应商，现已全面对外开放，向希望构建供应链金融能力的核心企业提供解决方案。

“京小贷”是京东金融专门为京东开放平台商家推出的创新产品，提供无须抵押的信用贷款。它根据商家在京东的经营情况进行信用评级，提供授信额度，并有多个数据模型控制贷款流程及贷后监控，具有贷款便捷、全线上操作、有竞争力的贷款利率、个性化还款方案等特点，最长借款周期1年，最高额度200万元，有效解决商家流动资金紧张的问题。目前，“京小贷”实现了对京东体系内供应商和商家的全覆盖，累计为超过5万个店铺开通了贷款资格。

动产融资是京东客户以拥有的动产为抵押/质押，向京东申请融资的一项服务。传

统的动产融资由于中小企业动产价值难以评估以及抵押/质押后银行监管流动性下降的难题，导致大量企业无法获得动产融资服务。京东推出的动产融资服务可以通过京东数据库中积累的大量产品历史及当前价格数据和模型化的方式自动评估商品价值，同时与仓储公司合作，全面整合了抵押/质押商品从生产、运输、存储到销售的全链条数据交叉验证，并对抵押/质押物实时监测和调整抵押/质押物数量，提高了抵押/质押商品的流动性，实现动态抵押/质押。京东的动产融资产品有效地填补了银行在消费品抵押/质押领域的空缺市场，盘活了中小企业库存。

京东金融供应链金融业务目前主要面向京东平台内的商家为主，今后逐渐向全社会中小企业开放。其供应链金融三大产品体现出京东金融对基础数据和技术的重视，通过技术手段保障产品体验和控制风险。此外，京东金融积极运用云计算、区块链技术等，保障数据在金融环节当中的安全性和保密性。京东金融通过技术手段提升了线上供应链金融服务水平，为中小企业提供了便利的融资方案，其对数据的重视和对技术的积极应用为供应链金融带来了新的发展思路与方向。

（京东金融集团）

四、总结与展望

伴随供应链金融的蓬勃发展，相关技术也在不断完善和创新应用。目前供应链金融技术以服务于存货的供应链金融管理技术、服务于应收账款的供应链金融管理技术以及服务于预付款的供应链金融管理技术等技术为主，为供应链金融服务提供了有力的支撑。同时，互联网技术、大数据技术、区块链技术、客户风险评估技术在供应链金融领域的应用有所突破，供应链金融领域积极应用新技术提高运作水平，也反映出该领域蓬勃发展的活力。

在供应链金融技术的发展过程中，依然面临一些问题。首先，国家政策的引导还需进一步加强。《关于进一步推进物流降本增效促进实体经济发展的意见》虽然已经指出供应链金融领域技术应用的总体方向，具体如何操作还需制定配套政策以落实和保障；其次，有关供应链金融技术的标准相对缺乏，如金融机构与供应链企业信息系统数据接口的统一缺乏标准等；最后，供应链金融领域先进技术的使用率有待进一步提高，如部分银行供应链金融业务的开展多为线下操作，信息化程度较低[164]。

相对于传统金融模式，我国供应链金融起步时间不长，但其以中小企业融资难、融资贵为切入点，具有巨大的市场需求，发展速度迅猛。同时，以技术见长的互联网企业等参与者积极进入供应链金融领域，将加快现代技术在这一领域的应用与创新，未来的供应链金融将在创新与技术驱动下向前加速发展。

第三节　冷链物流技术

一、冷链物流技术发展的基本情况

得益于悠久的农耕历史与庞大的人口基数，我国是农业生产和农产品消费大国，冷链物流市场前景广阔。随着人民生活水平的提高，中国冷链物流在需求驱动下得到了持续的发展，基础设施投资力度不断加大，冷库容量、冷藏车数量等基础设施量保持高增速。截至 2016 年年底，我国果蔬、肉类、水产品冷链流通率分别达到 5%、15%、23%[165]，冷藏运输率分别达到 15%、30%、40%[166]，冷链物流的规模快速增长。然而由于行业基础薄弱和行业环境不规范等因素，我国冷链物流与发达国家相比服务能力与质量差距明显，行业发展尚不成熟，具体表现在“断链”情况频发，设施设备水平有待提高，行业集中度较低三方面，其根本在于冷链物流技术的发展水平仍不能满足日益增长的市场需求。

2017 年，冷链物流相关政策相继出台，为我国冷链物流技术向适应市场需求发展提供重要支持。2017 年中央一号文件《关于深入推进农业供给侧结构性改革加快培育农业农村发展新动能的若干意见》中，加强农产品冷链物流建设再次成为促进我国农业发展的重点。为推动冷链物流行业健康规范发展，保障生鲜农产品和食品消费安全，2017 年 8 月 9 日，交通运输部发布了《关于加快发展冷链物流保障食品安全促进消费升级的实施意见》[167]，提出加快完善冷链物流设施设备，提升冷链物流装备专业化水平，加强冷链物流基础设施建设；鼓励冷链物流企业创新发展，引导传统冷链物流企业转型升级，创新企业运营组织模式，鼓励企业联盟发展；提升冷链物流信息化水平，构建冷链物流温度监控系统，促进冷链物流信息互联共享等若干意见，为冷链物流技术发展指明方向，并明确到 2020 年形成布局合理、覆盖广泛、衔接顺畅的冷链基础设施网络，提升信息化、标准化水平，提高服务品质，有效保障食品流通安全等任务目标，指明了冷链物流发展的方向。

2017 年，政策驱动的冷链物流标准化、平台化、透明化逐渐凸显，信息技术与冷链技术联合驱动的冷链行业软硬件产品加速创新发展。冷链物流技术的年度发展特点在于标准化进程不断加深、信息化水平不断提高、智能化高度不断攀升。

二、冷链物流技术年度创新发展情况

（一）储运技术创新发展情况

1. 冷藏车辆

作为冷链运输的重要载体，冷藏车制造等相关技术正在随着政策导向、市场需求

的变化不断革新，其制造模式、车型、制冷技术均在革新变化。

（1）制造模式变更。

从制造层面来看，传统冷藏车生产制造并非一次成型，车辆的底盘和上装冷厢是分开进行制造的，主机厂负责车辆底盘的制造，改装厂负责生产厢体、匹配冷机，各自分工互不交叉。由于这种制造模式，加之我国冷藏车公告管理不严，导致冷藏车改装市场竞争混乱，冷藏车品质良莠不齐，直接影响冷链物流质量。

为顺应冷链设施设备标准化的趋势、规范冷藏车市场发展，提升冷藏车制造的行业水平，中国物流与采购联合会冷链物流专业委员会成立车辆认证中心，开展冷藏车认证工作，加速行业优质资源聚集与使用。

目前，主机厂在为冷链物流改良车型的同时，积极开拓冷厢业务，如重汽集团开发的 HOWO 系列冷藏轻卡，如图 8－4 所示。而改装厂在以往的生产厢体、匹配冷机业务受到压缩时，转变经营思路，转向申请逐步得到市场认可的半挂冷藏车生产资质，以满足市场需求[168]。

图 8－4　重汽集团开发的 HOWO 系列冷藏轻卡

图片来源：商车网 http：//www.cn357.com/a27215_19700101_1_1。

（2）车型车种变化。

GB 1589 的出台对于我国货运车辆的规范化起到了显著的作用，同时对冷藏车辆的车型车种也产生了较大的影响。在点到点的中长途冷链运输中，以 9.6m 冷藏厢车为主，车型以双转向轴四轴载货汽车（以下简称“8×4”）、单转向轴三轴载货汽车（以下简称“6×2”）、二轴厢式载货汽车（以下简称“4×2”）三种为主。在 2016 年“9·21”治超新规发布之前，我国公路冷链物流多以 8×4 为主，随着治超限重的不断严格，用户车型选用已经发生了变化。

8×4 在新标准下限重为 31t，较老国标减少了 9t，且车价高；对比目前市场认可度较高的 6×2，在目前的规定下限重 25t，比 8×4 少 6t，但考虑车体自重，6×2 比 8×4 少一根轴，因此一般实际中 6×2 比 8×4 仅少装运 4t 货物，而车辆价格却低很多，大客户普遍采用此类车型；而 4×2 型限重 18t，载重能力偏弱，但是在高附加值轻泡货物运输市场中比较占优，受到了市场的欢迎。

目前，我国轻卡冷藏车约占量 60%，占据市场主导地位；重型冷藏车约在 18%，厢式货车（VAN）型冷藏车约 10%，其余的在 12% 左右。而冷链运输属于物流行业里的高端市场，相比于传统物流行业批量更小批次更大，特别是医药等冷链产品批量小配送频繁，因此对小型车辆需求更为旺盛。

VAN 型冷藏车具有乘用车的驾驶舒适度，且进入市区方便，有利于城市交通管理，如图 8－5 所示。一些高附加值而批量较小的货物采用轻卡配送，对于其装载空间利用率不足，造成运力资源浪费，这时使用 VAN 型冷藏车就能达到节约资源的目的，且 VAN 型车在城市交通中停车更为方便，有利于提升末端配送的效率。随着医药物流和其他高附加值的短途配送需求量的增大，不仅对 VAN 类型的冷藏车的需求量增多，而且在其制造工艺方面有着更高的需求。

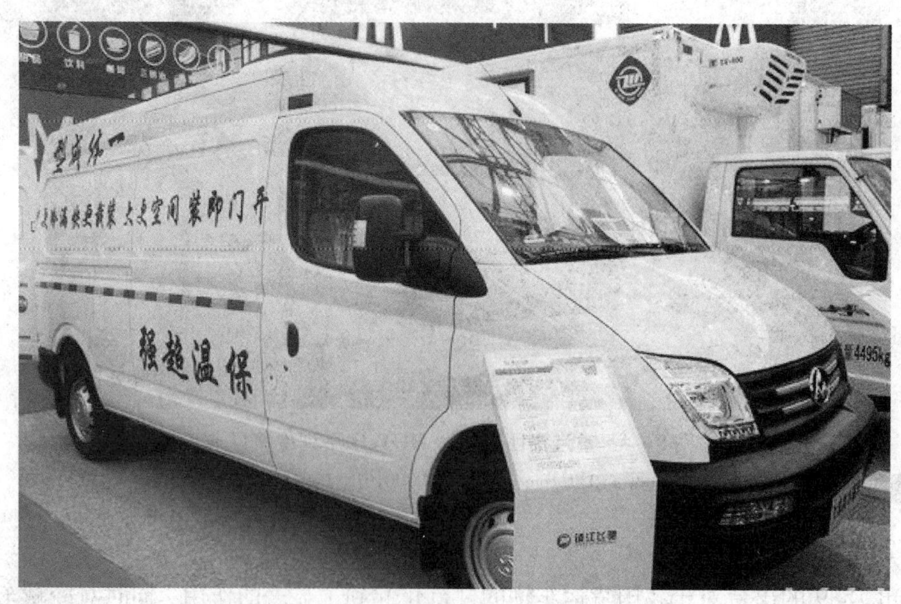

图 8－5　VAN 型冷藏车

图片来源：卡车之家 http：//www. 360che. com/news/170519/79865. html。

（3）冷藏挂车。

按照结构来划分的话，冷藏牵引车主要有厢式冷藏半挂车和冷藏集装箱半挂车。

冷藏集装箱半挂车，是集装箱平板或者骨架车上面放一个冷藏集装箱，冷藏集装箱一般都带有独立的制冷设备，是目前最为常见的冷藏半挂车。和厢式冷藏半挂车相比，这种冷藏半挂车价格更具有优势，同时冷藏集装箱可拆卸，具有很高的机动灵活性。但是这种由于有独立车架，其整车自重利用系数不如前者，厢式冷藏半挂车如图 8 -6 所示。

图 8 -6 厢式冷藏半挂车

图片来源：中集车辆（山东）有限公司。

厢式冷藏半挂车和冷藏集装箱半挂车相比较，主要区别就在于这种冷藏车没有车架，整车重量更轻，同时整车还采用诸如铝合金结构，气囊悬挂、单胎等一系列轻量化措施，使得整车更轻更节油，整车自重利用系数高。但是其价格也较为昂贵。

面对专业标准冷藏半挂车的高成本，部分冷链物流从业者选择使用二手海运冷藏集装箱（以下简称“二手海柜”）组装冷藏半挂车以降低固定成本投入，虽然改装二手海柜拉低了冷链运输的成本，但具有一定积极意义。但二手海柜自重较大，且使用年限久，由于其改装工艺通常采用切割焊接两个二手海柜，因此密闭性较差进而导致保温效果较差，货物安全风险高，无法承接高附加值高运输要求的冷链运输，并非发展的主流。随着交通运输部等相关部委对冷链物流设备设施准入规则的建立，中物联冷链委等行业协会的规范性引导，这部分设备将逐步退出市场。二手海运冷藏集装箱改装挂车现场如图 8 -7 所示。

（4）冷藏车制冷机组。

冷机是冷藏的心脏，是车辆制冷的核心部件，一般分为独立式制冷机组和非独立式制冷机组。前者自带提供制冷所需能源的装置，后者则不能独立完成制冷工作。目前，冷机正在朝着专业化、精细化的方向发展，为适应不同的应用场景，冷机制造企

图8-7　二手海运冷藏集装箱改装挂车现场

图片来源：卡车之家 http：//www. 360che. com/news/170824/82705_ all. html#t2。

业开发出适用于长途运输的轻质冷机产品，为适应频繁开门而开发多功能、优化总使用成本的冷机产品，以及为适应高附加值冷链货物需求而开发具有精确温控功能的冷机产品[169]，对高端冷链物流市场适应性逐步提高。

（5）冷藏车氮气制冷系统。

目前，国外已经研发出稳定的氮气制冷系统并应用于冷链运输。氮气制冷原理即通过管道将液态氮接入货箱，一旦液氮接触货箱内相对温暖的空气，即刻变冷，达到制冷的效果。然而，封闭空间内的含氧量会降低，因此货箱内将安装较复杂的传感系统，以保证司机或冷藏车上其他人员不会因缺氧危及生命安全。

相较于传统压缩机制冷系统，这套氮气制冷系统具备如下几个优势。

① 温度控制精确，制冷效果更佳。使用者可利用玻瑞阿斯氮气制冷系统，在同一货箱内设置两种不同温度，同时改变隔板位置，调整温度区域的大小。除此之外，温度控制更为精确，避免了传统制冷系统造成的货箱前后温度不一致的缺点。

② 经济性高，维护成本低。玻瑞阿斯氮气制冷系统，在加州经过两年的实地应用证明，较传统的制冷系统，这套系统可以大幅节约运营成本，节省燃油消耗量20%，日常维护成本15%～24%。

③ 碳排放为零，运行平稳无声。根据研发人员介绍，这套制冷系统工作时的碳排放量为零，运行安静，不会产生噪声，可以给驾驶员营造良好的驾驶环境。

2. 冷链专用叉车

由于冷库环境与普通仓库截然不同，因此普通叉车无法胜任冷库作业，需要有专业的冷库叉车进行冷库作业，由于不同的适用条件，冷库叉车相对于一般叉车产生了不同的硬件要求，如轮胎、燃料、机油应能在低温下工作，金属部件应做防锈处理，电气系统应密封或加热等。

近年来，随着冷链物流基础设施布局的不断推进，冷库叉车技术也在不断进步，在叉车工艺细节方面做出了大量改进调整。例如，林德[170]针对冷库作业工况，增加电动叉车的照明灯具和后视镜的防护装置，减少意外滑落的货物对操作者及叉车的砸落伤害，全封闭加热仪表及无接触式的霍尔效应手柄，保证了叉车在进出冷库的高温差高湿度环境中的正常作业；为了应对地面结冰情况，引入全轮制动功能，在叉车的驱动轮与两个承载轮都增加了制动功能，减少制动距离，匹配特质的防滑型轮胎，能够做到在湿滑的地面上快速稳定停车，避免事故发生。

3. **运输技术**

（1）活鱼运输技术。

传统鲜活货物运输中，存在诸多问题，其中重要的一点在于死亡率与货损率，例如活鱼运输，一些不法商贩通过添加违禁物质如孔雀石等来降低死亡率，对食品安全造成了极大的隐患。保证运输中鱼的鲜活是活鱼运输中最大的难点，为了解决这一问题，可以采取控制温度与氧气浓度使得运输途中鱼在低温条件下进入“半休眠”状态，减缓鱼的新陈代谢，也减少发生相互挤压碰撞的情况，从而保证存活率。

其中供氧技术的改进则是保证鱼的存活率的关键，传统供氧技术使用氧石供氧的方式，存在气泡大、氧气利用率低的问题。为解决这一问题，一些从事活鱼运送的企业研发出纳米供氧管，供氧管表面密布纳米级孔径，出气细腻，从而提高氧气利用率，为鱼群提供富氧环境，进一步延长了鱼的存活时间，取得了良好的效益[171]。

（2）精细化冷链操作标准。

提高冷链物流服务品质的有效途径有两条，一是提升技术装备水平，二是提高运营管理水平。除了使用现代物流技术保障食品安全、供应链安全外，规范专业的流程管理也是冷链物流企业的核心竞争力之一，通过精细化操作标准，结合物流信息化技术做到环环监控，确保做到货品不变质、可追溯、时效可掌控、安全有保障。

安得智联科技股份有限公司[172]依托其信息化技术支撑，对各个环节的作业标准进行了精细化定制，在运力分配阶段，订单信息确认后，网点开始进行作业能力评估，出现运力缺口时，通过智能调度中心进行内部匹配或外部调用，满足客户订单需要；车辆检查阶段，根据规范专业的车辆检查标准，从证件、司机、卫生、车况、随车设备等多个方面对车辆逐步排查，保证到车合规，通过连接鲲鹏系统（业务深度解析透视系统），设置异常保障机制，对不合规的情况做出迅速反应，保障客户服务；产品装载环节，装载现场将根据产品属性和特殊要求对装载流程进行严格把控，严格监装，确保装载合规；货物交付环节，严格执行商品质量、签封、单据检查流程，时间流程环环可控，保证客户利益。得益于其精细化管理，安得智联以其常态化的高品质服务，实现客户数量和口碑的双重增长。

（二）制冷技术创新发展情况

1. 食品级冷链蓄冷液技术

在食品安全领域中，要保证食品的品质，最重要的就是保冷，通过控制温度可以大幅提升食品在物流过程中的新鲜程度，保冷袋、保冷箱是实现蓄冷的重要手段。而蓄冷液则是保冷袋与保冷箱实现保温的关键技术之一。蓄冷液是一种绿色制冷技术，主要利用材料的物理变相或化学热反应实现制冷[173]，对于降低冷链物流的能耗有着重要意义，在能源与环境问题日趋严重的时代背景下，发展前景广阔。

天津冰利蓄冷科技有限公司[174]为了满足食品冷链安全的需求，研发出了一种全食品级原材料蓄冷液，该蓄冷液具有无毒、无害、无污染的特点，杜绝了食品在冷链环节中受到的威胁。为保证产品品质达到食品级要求，新型智能化食品冷链蓄冷液量产工厂的设备均由优质不锈钢等高档材料制造，采用先进的人机界面（Human Machine Interface，HMI）自动化生产线，利用工业互联网、物联网及大数据、云计算等信息技术，实现了生产、经营、管理和决策的智能优化。同时，利用食品级原材料的相关物理相变原理，根据不同的使用习惯，使用食品冷链蓄冷液以及食品级灌装材料，制成了可自由灌装型冰利膜，预灌装型组合蓄冷冰利板及冰利包等各冷链软包材，保证了食品冷链运输安全，如图 8－8 所示。

2. 非用电冷藏储存箱

对于医药类产品，如疫苗、血液制品、生物制品等对冷链物流的要求高于一般食品，部分药品需要在特殊额定温度下才能发挥效力。为保证供电不稳定的偏远贫困区域以及野外作业人员对药品的需求，研发不需要电即可储存疫苗的移动制冷设备，满足高端冷链物流需求。

盖茨基金会和澳柯玛公司合作研发了一款名为 Arktek 的非用电冷藏储存箱，采用绝缘技术，使用冰排保冷，同时在箱体上植入 GPS 定位技术、温度精确采集技术、温度记录仪系统、手机数据采集无线传输等技术，可以建立智能数据监控管理系统，通过智能化监控平台即可进行数据统计分析处理，对 Arktek 内部温度、布放位置、运行状态、电池电量、机器故障等进行实时监控分析及管理，在最新一代该产品顶盖上装有电子温度显示器，内部温度超标时就会报警，采用太阳能电池供电[175]。在埃博拉疫

图 8－8 天津冰利蓄冷科技有限公司生产的冷链软包材

图片来源：中国经济网 http：//www. sohu. com/a/154395073_ 120702。

情中，Arktek 解决了西非缺乏电力供应地区埃博拉疫苗的长时间保存问题，挽救了众多受埃博拉病毒威胁的人们的生命[176]，如图 8－9 所示。

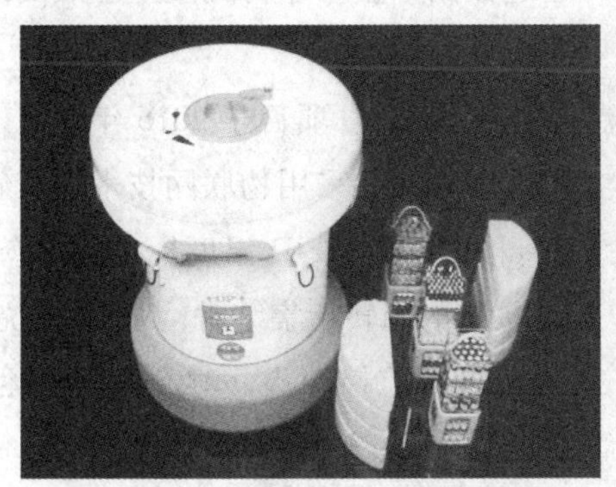

图 8－9 Arktek 在埃博拉疫情中的应用

图片来源：中国质量新闻网 http：//www. cqn. com. cn/news/xcj/gongsi/1040816. html。

（三）监控技术创新发展情况

1. 基于 RFID 实时温度监控系统

温度作为冷链物流的核心指标，是保障货物品质、安全的首要控制因素。传统的冷链物流检测技术手段相对滞后，表现为人工测量和纸面记录，无统一数据系统支持，存在实时性差、监管脱节、取证困难、无法确定责任、无法进行预警等突出问题。然而一些高附加值的冷链商品对温度敏感性较高，而变质所带来的后果严重，例如医药品，为保证其质量安全，需要对其状态温度进行实时监控。

RFID 技术，又称无线射频识别技术，是一种通信技术，可通过无线电信号识别特定目标并读写相关数据，而无须与目标之间建立机械或光学接触，其非接触性与冷链物流的密闭性高度契合，因而成为冷链物流监控的常用技术手段。为了实现对温度的监控，RFID 电子标签还需要整合搭载无线温度传感器，为适应冷链运输环境，应符合一定防水、防静电、防振动等工业设计条件；此外，数据的读取需要有传感器数据采集终端作为支撑，所采集的数据应有数据库进行储存，并应配有相应的系统实现数据的维护、管理和分析等功能。

济南摩拜尔软件有限公司所开发的摩拜尔 RFID 冷链运输温度监控系统[177]，广泛应用于各行业的冷链物流运输中的实时温度监控业务。从源头起，通过植入货物包装的传感器实时感知存储温度并记录，当温度达到上/下限时报警并记录温度超限的具体时间、持续时长等数据，当货物抵达检查点时上传数据。该系统的特点在于提供了对温度异常状况的实时报警，一旦警报发出，相关人员立刻采取相应措施，以减少货物变质、货损发生等情况。当出现货物变质情况时，即可判定变质货物将其检出处理，从而避免问题商品流入下游市场。同时通过数据实时监控界定问题发生的环节，以便认定事故责任方和追究法律、经济责任，此外通过数据挖掘可以得到发生事故的地点、车辆，以及操作人员经常出现问题的频率。

北京医药股份有限公司 RFID 冷链全程温度监控系统[178]项目于 2016 年 8 月 10 日正式启动，针对目前冷链对温湿度的监控存在弊端和盲区，采用物联网技术加以解决。RFID 冷链温度监控系统将在配送冷藏药品的周转箱内贴上 RFID 温度标签，在仓库的门内安装一个 RFID 读写天线，当贴有 RFID 温度标签的周转箱集结时，WMS 系统自动记录冷藏药品的实时温度。冷藏药品运输车辆中将设置监控探头，对冷藏药品运输途中的车内环境进行全程的监控和记录，以确保冷藏药品运输途中的温度要求。此外，在冷藏药品运输车内，周转箱内的 RFID 温度标签还在记录着药品温度的变化，并通过 GPRS 网络将这些温度数据实时传送到温度监控系统。一旦温度出现异常自动报警，司机可在第一时间采取措施，从而避免因人为疏忽导致的冷链风险。冷藏箱送到客户手里时，送货司机立即使用手持设备查询冷藏箱内温度，无须打开冷藏箱，方便客户接受冷藏药品。

2. 综合监控系统

温度是决定冷链物流质量安全的决定因素，成本是制约冷链物流发展的重要因素，是冷链物流高准入门槛的直接体现，而能耗则是决定冷链物流成本的关键要素。所承运物品的性质决定了不能通过放宽质量标准以达到降低成本的目的，因此多维度优化成为了降低冷链物流的最佳方案。

对温度与能耗同时进行监控，通过采集实时温度与能耗数据，形成大数据，并通过数据挖掘的方式找到平衡质量与成本的最佳方式。能耗包括载运工具的油耗、制冷装置的电耗等，通过集成不同类型的传感器形成数据采集系统，可对一个冷链系统内的能耗数据进行感知。更进一步的加入更多智能化模块，可以通过对能耗数据分析，得到优化调整系统的方案，并反馈由智能化模块动态调整冷链物流系统，从而实现能耗降低、成本优化。

机器对机器（Machine - To - Machine，M2M）及物联网解决方案提供商 ORBCOMM 成功研发新一代冷链监控系统 PT6000[179]，其传感器如图 8 - 10 所示。该系统可为冷链运输资产提供燃料和温度管理，维护及合规性监督。作为 ORBCOMM 远程信息处理解决方案的一部分，PT6000 可以提供冷链运输的可视化及控制，以帮助确保整个供应链范围的温度控制完整性。该系统满足了美国食品药品监督管理局（FDA）食品安全现代化法案法规的温度监控及记录要求。

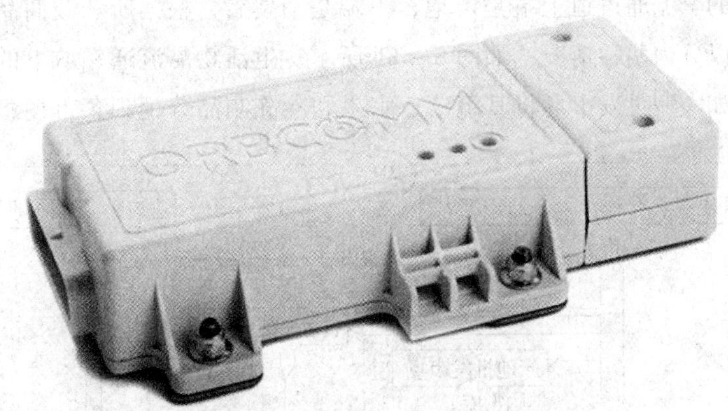

图 8 - 10　ORBCOMM 传感器

图片来源：RFID 世界网 http：//news. rfidworld. com. cn/2017_ 08/00e5360118f2d513. html。

该系统可以远程设置冷藏温度，更改冷藏室状态，通过连接的机械装置启动除霜任务等。该系统还可接收到实时报警，例如主动冷冻机被关闭，货物区域温度偏离设定点，或不符合订单规定的值，资产进出地理围栏，或燃油快速损失等。

该系统在设计时充分考虑到了可拓展性，其接口可与多种类型的冷藏单元兼容。它可以安装在冷藏拖车的墙壁上或冷藏柜内。该系统最多支持三个温度传感器，以实现多区域监控。同时，该系统还内置可充电电池，在无外部电源的情况下可工作 10 天。此外，该系统还可将第三方调度和车载软件提供商产品进行集成。

三、冷库管理平台创新应用示例

冷库即温度控制的仓库，本质与常温库无异，但其中集成了一批智能保温的技术。链库平台由中国物流与采购联合会冷链物流专业委员会研究院（以下简称“研究院”）参与开发，其中一个核心功能为“冷库360”，现已上线一年时间，取得了良好的成绩，其成功经验可供业内人士借鉴学习。

（一）数字化冷库管理的必要性

冷链物流主要包括冷库与冷藏车辆两大重要组成部分，由于冷库的造价比普通仓库高一倍，冷库在冷链物流投资当中占比很高；制冷系统工作需要电能支撑，所以在冷库运营中电费占整个成本30%～50%。据研究院统计，每年全国冷库电费总和保守估计达60多亿元，是冷库运营成本中的主要部分。为优化冷库运营成本，研究院开发了一套集冷库的监控、数据分析、维护管理等功能于一体的在线管理系统，通过大数据对温度、热量、运行等进行分析、优化、反馈、改善、维护等措施达到冷库安全运行、降低能耗的效果。

冷链物流的全流通渠道上端是产地，下端是消费者，根据所承载商品的流通渠道不同，大致可以分为两种情况，如图8－11所示。生活物品流通领域下的冷库是相对不标准的，例如大型批发市场将其蔬菜、水果和冷冻制品分销到菜市场最终流入消费

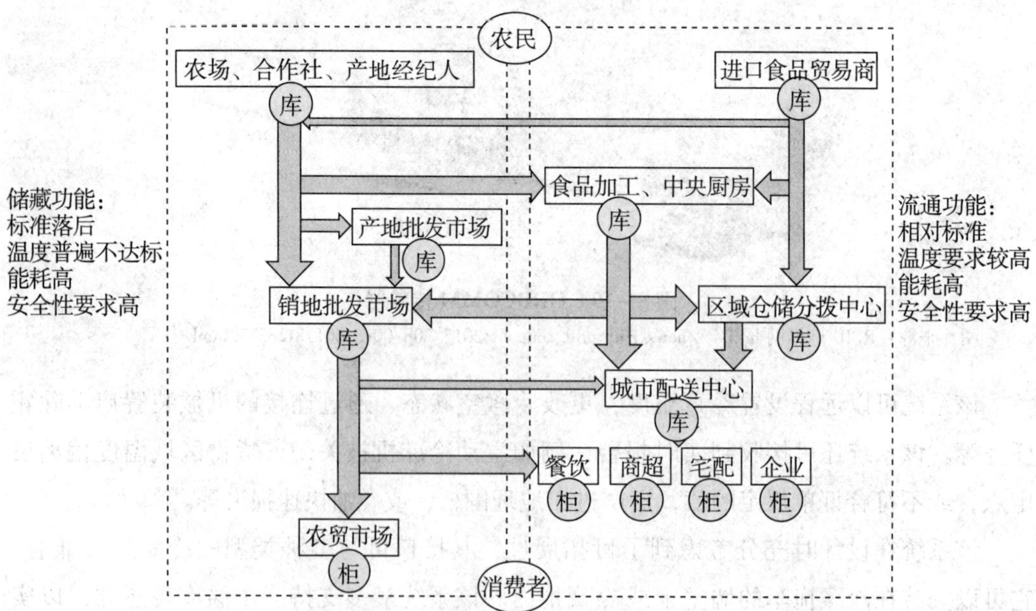

图8－11　不同流通渠道冷链商品的流动情况示意

图片来源：2017全球物流技术大会——冷库运营透明化 能耗管理数字化。

者过程中所涉及的冷库，其上游为农场、合作社、地产经纪人，从上游到批发市场、菜市场再到消费者手中，这个过程中所涉及的冷库多为储藏功能，其标准相对落后，温度不仅不达标，且能耗高；进口食品贸易是目前冷链物流发展最快的领域，所涉及的冷库一般是相对标准的，其上游为进口食品贸易商，产品已经在源头进行了标准化的加工、包装，经过标准化的冷链物流渠道实现区域分拨、城市配送，进入商超、便利店、餐饮企业等，冷库主要承担流通功能，标准化程度相对较高，但同时也伴随着高能耗。

（二）冷库运营的核心三要素

冷库运营当中有三个主要要素，也是冷库的业主、冷链物流企业非常关心的三个要素。第一要素是温度，冷链物流的核心在于温度控制，要保证冷库的安全运行、低能耗、高效率，其前提一定是温度符合要求；第二要素是安全，安全是为了保障温度不变化，温度不变化商品质量才可能得到保证，在这两个前提下，才能考虑节能，即第三要素。“冷库 360”在线系统中有温度监控以及多维度监控，通过传感采集到各环节数据，并在平台上实现可视化。基于上述数据进行大数据分析，实现智能化管理。

（三）“冷库 360”的功能介绍

1. 温度与能耗监控

温度是冷库管理的核心要素，除了实时监控温度，还要对温度数据进行挖掘分析。冷库的温度并不一定保持在一个非常限定的数值下，短暂的温度改变不会影响到食品的品质。因此在温度管理时会设定上限和下限时间。此外，平台已经实现冷库的水耗、电耗等数据的可视化实时在线监控。多维度监控实现了包括冷库门、叉车、充电桩在内的设施设备实时能耗情况。在常温库当中，仓库门的作用主要是安全保护，工作人员下班以后将其锁闭，或作为商品之间的隔断；而冷库门更多的作用在于节能，阻止外界热量进入冷库，冷库内温度较低，冷藏温度为 2°C，冷冻温度为 –18°C，与外界温差非常大，因此冷库门的开启非常容易影响冷库能耗。所以对冷库门的开启进行监控，获取包括开启的时刻、长短、频次，并基于这些数据进行分析优化。

2. 入库商品温度监控

平台对商品的进货温度、进货量数据进行采集。冷库制冷机理与家用空调相似，冷库制冷系统包括室内机和室外机，通过压缩机做功把库内的热量搬运到库外，产生电能消耗的主要影响因素是冷库内外温差。商品在入库时温度与库内温度并不一致，因此监控冷库能耗就需要考虑将商品的进货温度。入库商品的温度取决于运输过程，而由于制冷技术条件限制运输中一般不能做到温度绝对达标，因此一般情况下商品入库温度高于冷库的温度，这个热量差需要用压缩机做功以抵消，同时产生电能消耗，所以平台对商品的进货量和进货温度数据采集。

3. 制冷系统监控

平台对整个制冷系统都有监控，包括室内的机器、压缩机、压力等，并将采集的数据进行上传并分析。例如，平台对某库的温度数据进行分析，将每个月的温度相关指标进行统计分析，得到超温时间、次数，以便用户做温度管理；对冷库的运行、运管数据进行分析，掌握货物入库温度、冷库门的开关频次、库内热量分布情况以及货物流通因素等，协助用户管理决策；进行制冷系统分析，对制冷系统的运行状况进行分析，预判未来状态，是平台重点推进的工作。制冷系统做功的本质在于冷库内热量发生变化，即前端发生变化，平台通过前端的物流操作、热量变化大数据进行分析，通过数据挖掘指导冷库作业，从而优化冷库运行，以到达降低能耗的结果。云系统可以调取两年以上的在线数据。

4. 事前报警系统

基于数据分析，平台开发了一套先进的报警系统。原来的报警是故障指示，设施设备发生故障后进行报警，然后通知维修工来进行维修。现在的报警可以做到预报警，最少可以在故障发生前 3 天 ~1 周进行，更安全，更有利于维修、止损。例如，冷库中的制冷系统大多采用氟利昂或氨制冷剂，使用一段时间后管路或者阀门会发生缓慢泄漏，平台对于制冷剂的储存量进行在线实时监控，平时为 100%，慢泄漏时候百分比会缓慢降低，传统的报警方式是泄漏到 40% 就开始报警，制冷剂不足影响到冷库温度，此时冷库业主就会联系维修工来进行检查，然后根据实际需求购买维修材料，维修周期较长。且在此期间压缩机无法正常工作，业主就需要购买大量干冰以保障冷库制冷，然而这一做法安全隐患极高。现在系统可以通过数据挖掘进行预判做到提前预警，从而杜绝此类安全隐患。同时报警系统链接了一个专业维修平台，实现用户在线报修，维修人员在线接单，由系统自动派单。维修完成后通过在线评价采集客户对维修质量、服务的评价。

5. 一键生成分析报告

平台可以为冷库业主提供月度分析报告，可以一键生成包括温度、运行、制冷系统运营管理在内的 SaaS 专业级诊断报告改进方案，为冷库企业与业主提供管理参考。

目前“冷库360”已经于2016年11月上线，在一年当中研究院进行了大量的测试调整工作，目前在线共计30多个冷库，通过改善运行管理，为冷库业主节省20%以上的电费。

（中国物流与采购联合会冷链物流专业委员会）

第四节　危化品物流技术

由于危化品物流事故发生危害较大，因此危化品安全事故的防护受到人们的普遍关注，而危化品物流技术的应用是防控危化品事故的重要手段，尤其是在天津“8·12”爆炸事件后，危化品物流的监管力度加大，危化品物流的安全防护及监控预警技术得到了快速的发展。

一、危化品物流技术发展概况

（一）政策环境

危化品物流的安全始终牵动着社会的“神经”，国家高度重视危化品物流的安全监管工作。

2016年11月29日，国务院办公厅印发了《危险化学品安全综合治理方案》，提出要加强化工园区和涉及危险化学品重大风险功能区及危险化学品罐区的风险管控，加强危险化学品运输安全管控。上海、河南、黑龙江等各省市也陆续展开了相关治理工作。2017年2月13日，交通运输部印发了《2017年交通运输安全生产工作要点》，文件中明确指出要推广危险货物运输电子运单，启动省级危险货物道路运输安全监管系统建设。2017年7月18日，公安部和中央综治办、国家铁路局、中国民航局等9部门召开电视电话会议，部署从会议召开起至2017年年底在全国范围内集中开展易制爆危险化学品和寄递物流专项整治行动，会议要求要不断深化科技应用，注重新技术新手段强化治理、破解难题、防控风险，加强管理信息系统建设应用，并提出要利用大数据技术提升预测预警防范能力。

从国家发布的政策文件中可以看出，物流技术应用是危化品物流监管中的重要措施之一。随着大数据、云计算等智能化技术的不断应用，国家大力提倡这些技术在危化品物流领域的应用，危化品物流的信息化水平也不断提高，危化品物流技术迎来了良好的发展环境。

（二）需求环境

我国危化品的分布产销分离，导致危化品运输路径较长，而危化品道路运输事故频繁发生，危害极大，对于运输的安全技术有着强烈的市场需求。另外从仓储环节来看，目前我国主要化工园区数量达到500多个，近三年间化工园区建设增长近3倍，化工物流进入了快速发展阶段。但在化工园区化的发展过程中却缺乏相应的专业物流设施和安全管控能力，基础物流配套设施和危化品物流技术应用缺口较大，危化品物流技术有着广阔的市场应用空间。

（三）发展趋势

危化品物流对安全运行的要求越来越高，迫切需要通过智能化的技术的革新来提高危化品物流的运行水平，同时在资源环境的约束下，绿色环保也成为行业共识，因此未来危化品物流技术将向智能化、绿色化、安全化方向发展。

智能化是物流技术发展的大趋势，危化品物流也不例外。通过大数据、物联网、云计算等技术的应用，实现物流过程的信息化和数字化，提高对危化品物流过程的监管，实现数据互联共享。信息化技术在危化品领域的应用层出不穷，如与交管部门联网的超速超载报警系统、离道碾压交通标线的报警系统、微波雷达技术（应对团雾天气）、全景无盲区环视监控系统、双目闭合分析疲劳驾驶警示系统、多传感信息融合的控制系统等，已成为危化品物流行业内研发应用的重点。

绿色化是面对资源和环境双重压力的必然选择，绿色的技术装备将在危化品物流领域得到广泛应用，如发动机的燃油技术、车辆轻量化、推广使用液化天然气（LNG）等。

安全是危化品物流技术的核心，通过采用更先进的设施设备，智能化的监管技术能够实现危化品物流的全程监管，从而对危险能够预警感知，提高危化品物流运行安全系数。

二、危化品物流技术年度创新应用

（一）危化品物流装备技术

1. 运输车辆技术

（1）铝合金车辆。

目前我国的危化品运输大部分通过公路运输，2017年在公路危化品运输车辆技术中，铝合金罐车技术发展尤为明显。

铝合金罐车技术起源于欧美，于20世纪20年代发起，已有90余年历史，在我国铝合金罐车的发展速度迅速，2016年我国铝合金罐车的市场上牌量较2013年增长了2.7倍，较2015年增长了4.2倍，实现了井喷式的增长。

铝合金罐车相对于其他罐车在抗腐蚀和阻燃等化学性能等方面具有较大的优势，此外，铝合金在重量方面优势也较为明显，能够显著降低轮胎损耗和油耗，具有安全、环保、轻量化、导静电性能好、油品运输洁净度高、碰撞补齐火花等优点。因此，铝合金罐车在近年来得到了市场的认可。不同材质的罐车性能比较如表8－1所示。

表8－1　不同材质的罐车性能比较

	铝合金罐车	碳钢罐车	增值	举例说明
轻量化	低至6600kg	10000kg或以上	增加3～4t运能，规避超载罚款	以三轴半挂车为例
轮胎损耗	高达75万km	不超过30万km	降低轮胎损耗高达60%以上	以米其林轮胎为例
油耗	28～36L	35～50L	降低油耗15%或以上	以综合半公里油耗为例

但是铝合金较其他材质有一个缺点，铝合金的强度包括破损、变形、疲劳等较低，所以对于铝合金罐车防碰撞的安全性能的研发就成为了行业的重点内容。目前行业对于铝合金罐车的研发重点体现在两个方面，一是车身的重量，二是安全问题。

在车身重量的研究方面，目前我国已经研发出低于6t的铝合金罐车，河北昌骅专用汽车有限公司的铝合金罐车如图8－12所示，重量低于6t，质量更轻，并且安全环保。

图8－12　河北昌骅专用汽车有限公司“GB 1589—2016”系列铝合金罐车

图片来源：昌骅专用汽车有限公司官网 http：//www.hhchanghua.com/index.html。

在安全防护方面，采用全骨架承载技术、吸收膨胀动量的罐体设计等措施提高铝合金罐车的碰撞强度，永强汽车的铝合金罐车如图8－13所示，该车型就采用了包括车体全骨架承载技术、吸收碰撞动量的罐体设计、支持多仓混装等技术，安全性能好。

图 8－13　永强汽车铝合金罐车

图片来源：永强汽车铝合金罐车官网 http：//www. yqqc. com/ch/OtherView. asp？ID＝18。

另外，目前车辆的硬件设备和软件信息监测方面也有了较大的提高，例如燃油罐车在装卸时采用密闭的装卸系统，将油气回收后复原为燃油，如图 8－14 所示；在保障安全性方面，采用安全稳定系统对车辆的行驶状况进行实时监控，当系统检测到车辆将要失控，它就会向特定的车轮施加制动力，帮助车辆安全地行驶在正确的轨迹上，防止车辆失控或侧翻；在运行中，采用运行监测系统，可监测装车、运输、卸油的整个过程，关于人孔、晋级切断阀门、API 装卸油接头、装卸油管路及底阀的所有即时状态信息可被实时监控并被记录下来。

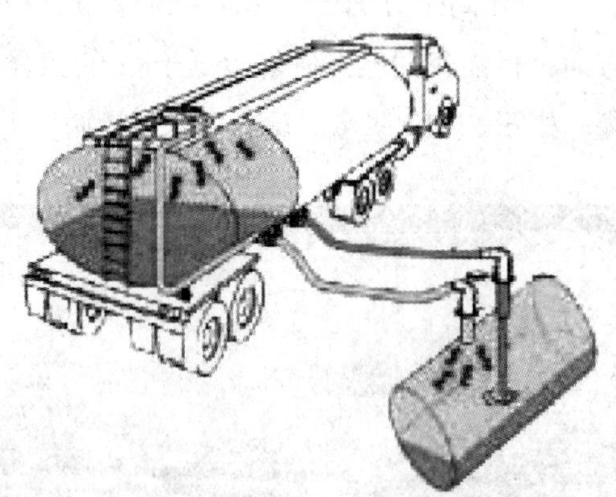

图 8－14　燃油装卸密闭系统

图片来源：永强汽车官网 http：//www. yqqc. com/ch/OtherView. asp？ID＝18。

（2）防火车胎。

轮胎是危化品车辆的重要零部件，我国 80％左右的危化品通过公路运输，长距离运输会加重轮胎的负担，一旦危化品发生泄漏，将导致轮胎被腐蚀，易诱发打滑、漏气、爆胎甚至翻车等事故。另外轮胎在长期使用过程中会产生大量的热能，存在燃烧风险，对于危化品运输来说是致命的安全隐患。

应对危化品运输的安全隐患，在轮胎上的改进就显得尤为重要，目前一般采用对轮胎材料的改进来增强轮胎的防火安全性能，例如 KINBLI（劲倍力）公司开发的安全防火胎[180]就采用了耐腐蚀的配方，添加了氯丁橡胶等耐腐蚀材料，耐油、耐热、耐燃、耐化学试剂等性能得以提高，并且延长了轮胎寿命。该轮胎设计除了采用阻燃配方，将轮胎性能提高到难燃级别之外，还采取了高导热率、提高机械强度的材料，并且加强了结构设计，以提高轮胎的安全防护和防火性能。

2. 防爆技术

危险化学品具有不稳定的特性，当散发出的易燃易爆气体或粉尘与空气混合后，达到一定浓度遇到火源就会发生爆炸或严重的火灾事故，所以在危化品的物流过程中，特别是仓储环节中，防爆是重中之重。

在危险品仓库中，由于电气设备操作产生的电气火花是主要的危险源之一，所以在电气设备中防爆是主要的内容，电气防爆的主要原理和措施如表 8 – 2 所示。

表 8 – 2　　电气防爆的主要原理和措施

防爆形式	防爆原理
隔爆型	将设备在正常运行时能产生火花电弧的部件置于隔爆外壳内，隔爆外壳能承受内部的爆炸压力而不致损坏，并能保证内部的火焰气体通过间隙传播时降低能量，不足以引爆壳外的气体
增安型	在正常运行时不会产生电弧、火花和危险高温，在结构上再进一步采取保护措施，提高设备的安全性和可靠性
正压型	保持内部保护气体的压力高于周围以免爆炸性混合物进入外壳或足量的保护气体通过外壳，使内部的爆炸性混合物的浓度降至爆炸下限以下
本安型	设备内部的电路在规定的条件下，正常工作或规定的故障状态下产生的电火花和热效应均不能点燃爆炸性混合物
浇封型	防止点燃爆炸性混合物的电弧产生，火花或高温的部分浇封，使它不能点燃周围的爆炸性混合物

叉车是危险品仓库中的常用设备，目前对于防爆叉车的研发也进入到了智能化的阶段，采用智能控制系统提高叉车的使用和防爆性能。浙江佳力防爆专用车辆技术有限公司运用隔爆型原理生产的电动防爆叉车如图 8 – 15 所示，采用热保护系统、绝缘监视系统、过载保护系统等智能控制系统，并且具有能量回收功能，较好地提高了叉车的防爆及使用性能。

图 8－15　浙江佳力电动防爆叉车

图片来源：浙江佳力防爆专用车辆技术有限公司官网 http：//www. jialiforklift. com/html/products/22. html。

3. 传感技术

在危化品物流中，对环境的实时监测是危化品危险防护的重要措施，其中必不可少的技术设备就是传感器。传感器包括温湿度传感器、距离传感器、流量传感器、倾角传感器、液体高度传感器等各种类型，使用于不同的用途和环境。

传感器作为一个基础部件，可以融入多个复杂系统中，起着“眼睛”和“鼻子”的作用。张建文团队研发的危化品事故溯源机器人[181]如图 8－16 所示，借助车上搭载的传感器模块，无线通信模块、嵌入式计算系统等组装而成的“大脑”，能让它在很短的时间里锁定危化品泄漏的源头，在危化品仓库安全事故的救援中有着较为广阔的应用前景。

图 8－16　危化品事故溯源机器人

图片来源：传感器网 http：//sensor. ofweek. com/2017－01/ART－81009－8110－30098823. html。

（二）危化品物流安全监控预警技术

危化品安全监控预警技术是利用物联网、大数据、云计算等技术，通过对数据的采集、记录和分析，实现对仓储、装卸搬运、运输等物流过程的实时监控，并对危险操作提出预警，及时规避风险。随着我国危化品物流业对安全监管的加强，人工智能、大数据等智慧物流技术的发展，危化品物流安全监控预警技术得到了广泛的应用。

危化品交通事故所造成的危害要远大于普通货物运输的交通事故。而在造成交通事故的原因中，90%的因素和驾驶员相关，因此提高驾驶员的驾驶能力，防止疲劳驾驶是有效提高危化品交通运输安全性的手段。

目前主动性安全预警技术发展较快，主动性安全预警技术是利用车联网、云计算、大数据等技术，配合主动安全设备的使用，对驾驶员的不良驾驶行为提出预警的技术。其中关键技术有高级驾驶辅助系统（Advanced Driver Assistant System，ADAS）、信息平台技术等。

1. ADAS 技术

ADAS 技术是利用安装于车上的各式各样的传感器，在第一时间收集车内外的环境数据，进行静、动态物体的辨识、侦测与追踪等技术上的处理，从而能够让驾驶者在最快的时间察觉可能发生的危险，以引起注意和提高安全性的主动安全技术。ADAS 应用的技术装备有基础型的后视摄像头、前视摄像头和 ADAS 的传感器。

后视摄像头可对司机行为进行监测，径卫公司开发的驾驶员主动安全设备如图 8－17 所示。该设备能够进行非接触式的检测，有千万级规模样本图库，精准图像采集能力，数据通过 4G 传输到阿里云，并且能够全天候工作，可以适合白天、黑夜、配戴眼镜及墨镜。驾驶员主动安全技术系统原理如图 8－18 所示，通过该项技术可对驾驶员进行疲劳提醒，打电话报警，抽烟报警，换人提醒等。

图 8－17　驾驶员主动安全设备

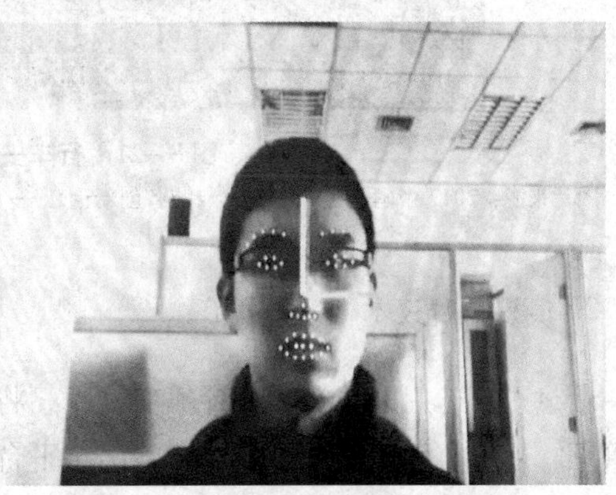

图 8－18　驾驶员主动安全技术系统原理

前视摄像头用于对路况的侦测，径卫公司开发的前向 ADAS 安全设备如图 8 – 19 所示，通过视觉分析技术，将预警响应提高到毫秒级，并且能够存储高清行车视频，同时采用 110°宽视角设计，能够实现前向碰撞预警，车道偏离预警，车距检测与警告，高速过弯报警等功能。前向安全预警系统原理如图 8 – 20 所示。

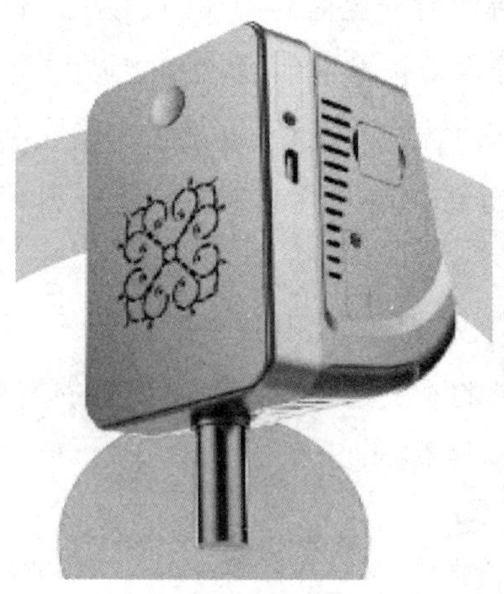

图 8 – 19　前向 ADAS 安全设备

图 8 – 20　前向安全预警系统原理

G7 公司的行车安全预警原理如图 8 – 21 所示，通过前向视觉识别技术，可以提前 2. 7 秒预警，碰撞事故率降低 90% 。

图 8 – 21　行车安全预警原理

图片来源：2017 中国化工物流技术与装备创新论坛——G7 危化品运输安全驾驶行为 VS 大数据。

2. 信息平台技术

信息平台运用大数据、云计算等技术，将传回平台的数据进行统计分析，实现云端管理，远程监管。安全预警技术的信息平台架构示意如图 8 – 22 所示，信息平台要与其他安全监控系统连接才能发挥作用，通过安全监测系统辅助 GPS 和无线通信将车辆数据实时传输到信息平台，信息平台通过大数据、云计算等技术对数据进行分析处理，达到对车辆进行监测的目的，并且通过网络将信息再反馈给车辆用户，实现对车辆的实时安全预警和监测。

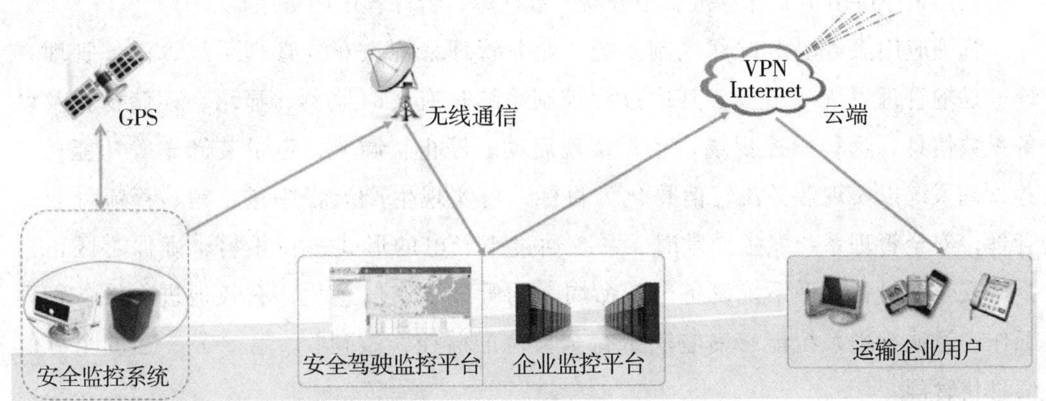

图 8－22　信息平台架构示意

图片来源：2017 中国化工物流技术装备与创新论坛——径卫主动安全，助力重汽成就“智能大器”。

（三）危化品物流智能管理系统

危化品物流智能管理系统是一项综合性的物流技术，综合运用自动化控制技术、传感器技术、通信与云计算技术，集过程控制、设备管理、业务管理、安全管理、运输管理等功能于一体的系统集成性的物流技术。

1. 智能罐区管理系统

定华传感智能罐区管理系统 i－Tank 如图 8－23 所示[182]，i－Tank 智能罐区管理系统主要由三部分组成：现场传感器信息采集层、数据集中层、管理应用服务层。

图 8－23　智能罐区管理系统示意

现场传感器信息采集层由液位计、流量计、压力变送器、温度变送器、可燃气体报警器、可编程控制器、巡检记录仪、接近传感器、门禁感应器、TALOS① 无线网络监控器、RFID 电子标签、电子锁等诸多自动化仪表及传感器等组成。

数据集中层由工业计算机、服务器、数据库、云计算中心等组成。

管理应用服务层由过程控制系统、业务管理系统、安全管理系统、设备管理系统、运输管理系统等组成。其中过程控制系统具有实时监测、显示、存储物料及设备参数信息，远程操控现场设备，实现启动、停止、调节、定量装卸车等功能；业务管理系统以实现业务流转信息化为目标，可实现生产流程中进、销、存流程业务管理；安全管理系统发生异常时，系统通过声光电的形式进行报警，确保罐区正常生产安全；设备管理系统设备全生命周期的管理工作信息化，有效地进行设备管理工作；运输管理系统能够对物料进行全方位的监控，做到收、存、发、运的全方位信息化管理。

2. 智能运输管理系统

智能运输管理系统是针对危化品运输管理过程中的实时监控、危险救援、危险预警等难题而开发的综合运输管理系统。该项技术以物联网技术为基础，综合运用传感器技术、Zigbee 传感器网络技术、移动通信技术、GPS 全球定位系统技术和云存储、云计算技术。车辆不仅能够连接自身的信息系统，还能够连接其他信息平台，实现信息共享，例如定华传感开发的 i－Trasen 危险化学品运输安全物联网系统就可以实现危化品装卸机运输全过程的实时监测、预警，远程与本地报警，并可以与紧急事件应急处理机制配套，无缝接入全国范围内的云计算平台，实现各相关部门、运输企业及货主对运输车辆及货物相关信息共享、交换和互联，由此不仅可以有效提高危化品运输企业的信息化管理水平和安全等级，也可以强化政府部门对于危化品运输的监管能力，使得危化品运输更加智能、安全、环保。

定华传感的 i－Trasen 危险化学品智能运输安全物联网系统[182] 如图 8－24 所示，该系统由三部分组成：车载系统、装卸管理系统和应用软件服务。

车载系统由车载传感器和无线传感终端 TALOS 组成。车载传感器包括液位传感器、压力传感器、温度传感器、GPS 等。无线传感终端的功能包括传感器数据采集、黑匣子数字管理、行驶记录、电子档案信息管理、Zigbee 无线组网通信等。

装卸管理系统由 Zigbee 通信网关、装卸管理软件、装卸自动控制器、手持终端组成。Zigbee 通信网关用无线方式将车载传感器数据接入工厂分布式控制系统（DCS）等

① TALOS，定华集团研制的无线网络监控器。

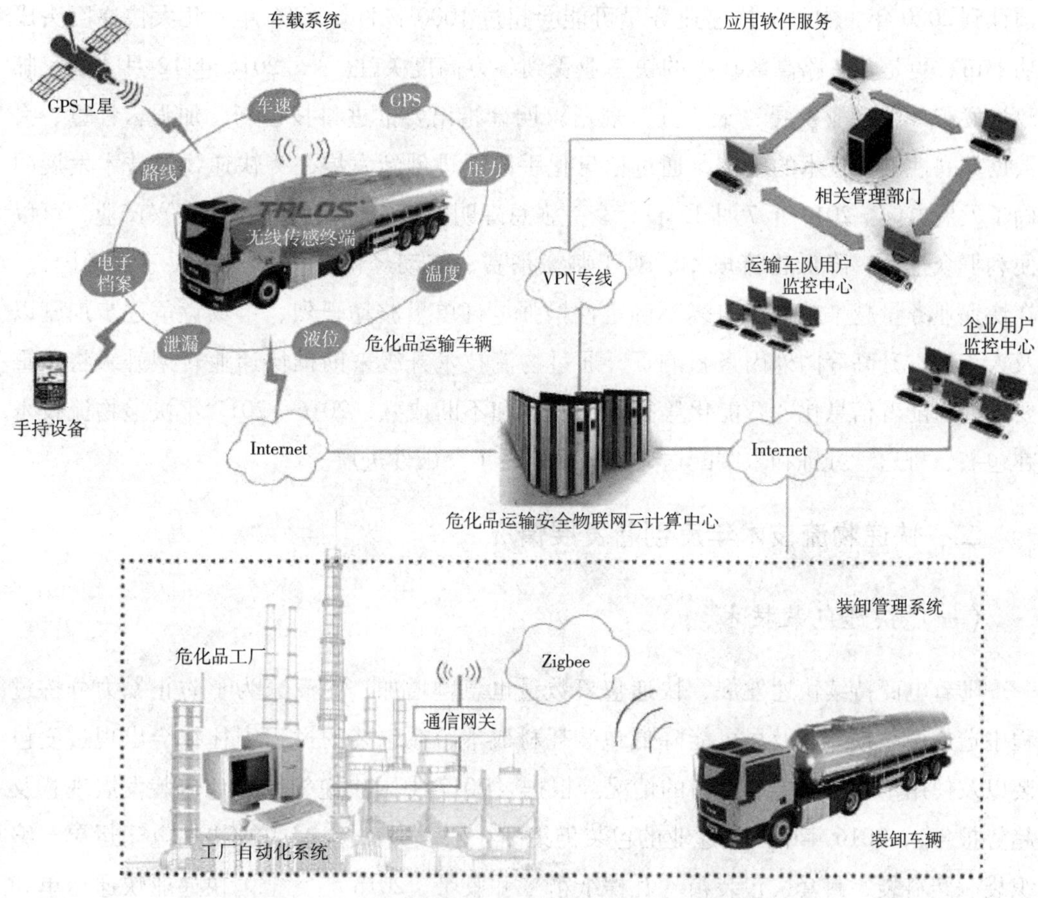

图 8－24 智能运输安全物联网系统示意

自动化系统；装卸管理软件可以进行装卸信息管理，收发料管理，装卸过程管理；装卸自动控制器可以对装卸过程进行自动化控制、上下限报警及联锁；手持终端可以读取信息，现场执法、事故处理。

应用软件服务采用 B/S 和 C/S 架构，分布式运输中心，各用户可通过互联网实时监控传感数据及运输数据，可以进行异常报警监管、应急事故管理、各类信息汇总管理。

第五节 快递物流技术

一、快递业由粗放式扩张向技术性升级转变

近年来，我国快递业得到突飞猛进的发展，2016 年，快递业务量从十年前的 10.6 亿件飙升至 312.8 亿件，继续保持全球第一市场地位，占到全球市场总量的近一半。

预计到2020年，中国的快递业务量可能会超过1000亿件。2016年，几大快递巨头成功上市，更是让一路高歌猛进的快递业受到各方高度关注[183]。2016年12月，国家邮政局发布《快递业发展“十三五”规划》明确指出要推进科技创新，加强云计算、大数据等共性关键技术的应用，通过信息化手段促进创新发展，为快递物流技术发展明确了发展方向。2017年7月12日，李克强总理明确指出，快递业作为新兴产业，可以便利群众生活，降低物流成本，对于刺激消费、带动经济发展具有重要意义。因此，在快递业务量越来越大、包裹不确定性增强、订单量波动强烈、市场竞争逐步加剧以及人工成本升高等内外因素影响下，通过物流技术升级来助推快递业转型升级将是重要方向。随着信息化、智能化等技术的发展和不断成熟，2016—2017年快递物流技术在包装、寄送、分拣和末端配送方面分别取得了突破性进展。

二、快递物流技术年度创新发展情况

（一）快递包装技术

随着电商持续快速发展，快递包裹数量也急剧增加，而商家为了防止暴力分拣过程中造成商品损坏以及尽可能降低包装耗材成本，在包装的过程中往往会出现过度包装以及使用不环保的包装材料的情况。根据《2017中国快递领域绿色包装发展现状及趋势报告》，2016年中国快递业的包装仍集中在六大类：快递运单/快递电子运单、编织袋、塑料袋、封套、包装箱（瓦楞纸箱）和胶带。2016年，全国快递业快递运单和快递电子运单总使用量312.8亿个。其中快递运单103.2亿张，占比33%，快递电子运单209.6亿个，占比67%。快递业编织袋总使用量约32亿条、塑料袋总使用量约68亿个、封套总使用量约34亿个、包装箱总使用量约86亿个、胶带总使用量约为3.3亿卷。2016年我国产生逾300亿个快递包裹，据国家邮政局预测，到2018年将达500亿个。快递行业每年使用大量不可自然降解的塑料袋、胶带，排放的二氧化碳每年2000万~3000万吨。因此优化包装流程，采用新型环保包装材料以及探索包装循环共用新技术成为快递包装的发展方向。

1. 智能打包算法技术

针对快递包装浪费的现状，菜鸟网络的算法专家，通过大数据和大规模优化技术，推出了一套“智能打包算法技术”，通过算法优化，帮助仓库用更小的箱子装下所有的货品。通常人工打包大多纯靠肉眼和经验判断，很难对商品的体积和重量精准估算。而通过菜鸟的“智能打包算法”技术，在消费者下单后，系统会立刻对商品的属性、数量、重量、体积，甚至摆放的位置都进行综合计算，可迅速地与箱子的长宽高和承重量进行匹配，并且计算出需要几个箱子，商品在箱子里面如何摆放最节省包装。整个计算过程不足1秒。

目前，该技术正在菜鸟的一个仓库内测试运行，从运行的实际结果来看，“智能打包算法技术”的成本、效率都要大大优于人工判断包装。首先从成本上，由于每个箱子装得更满，空间利用更合理，且系统计算非常快速，每个订单的配送成本可节省0.12元，耗材费用可节省0.16元。以一个日均10万单的仓库来说，一年至少节省1000万元。更大的意义在于对环境的保护，利用优化和人工智能算法，仓库较过去减少5%以上的包装材料。以2015年天猫“双十一”当天产生的约4.67亿件包裹数来算，如果用上这项技术，一天能节省2300万个箱子，可以少砍伐8万棵树木；再以2015年全国产生快递200多亿件测算，这项技术一年可以节省约10亿个包装箱，保护324万棵树木。

目前菜鸟所做的只是利用算法，更好地将订单与仓库现有包装进行匹配，以减少箱子的使用。下一步，菜鸟将致力于实现包装的定制化，根据仓库内商品特性，结合消费者购买组合习惯，定制最适合仓库使用的包装，快递包装耗材有望进一步降低15%以上，这将使整个行业的成本大大降低[184]。

2. 绿色包装技术

2016年国家邮政局发布首份“快递绿色报告”——《中国快递领域绿色包装发展现状及趋势报告》，呼吁推广绿色包装、发展绿色快递。所谓绿色包装，主要是指对生态环境和人类健康无害，能重复使用和再生，符合可持续发展的包装。方案公布后，已有不少快递公司参与到快递绿色包装的改进中，主要体现在研发和应用可降解快递袋和循环共用快递包装方面。

（1）可降解快递袋。

传统的聚乙烯塑料包装袋多数是用化工材料、生活垃圾等加工而成，最主要原料是旧塑料，主要成分是聚乙烯（PE），成本低，但容易残留大量塑化剂、阻燃剂等有害物质。而且在运输过程中更容易吸附有害物质，废弃之后并不能得到有效的降解，而是进一步污染环境，在自然环境中完全降解需要180年。

山东快递业推行“可降解包装袋”，采用了一种叫作“氧化生物双降解”的技术，通过向塑料制品添加氧化生物双降解添加剂，可以将传统塑料转变为可生物降解的环境友好材料，不超24个月完全降解。经过氧化生物双降解添加剂处理后的塑料袋，在废弃后，首先通过光热作用，从大分子量聚乙烯氧化降解为小分子量聚乙烯，然后通过自然环境中微生物的作用，再降解为对环境无害的二氧化碳、水和腐殖质[185]。菜鸟及其合作伙伴研发定制的可降解的快递袋使用合成聚酯材料生产，可以在自然环境下完全降解，或可以丢入厨余垃圾中，在被填埋后完全降解，此外，该快递袋还具有优良的生物降解性，是目前生物降解塑料研究中非常活跃和市场应用最好的降解材料之一，正常在自然环境下几个月之内就会完全分解被土壤吸收。菜鸟研发的可降解快递袋如图 8－25 所示。

图 8－25　菜鸟研发的可降解快递袋

图片来源：电商在线 http：//www. imaijia. com/wljr/8a04289956c12b88015722eee8d30d92. shtml。

（2）拉链式快递纸箱。

传统快递包装时需要使用大量胶带来保证封装的安全性，这不仅为顾客打开包装增加了难度，更造成了巨大的资源浪费。为此菜鸟网络与“一撕得”公司共同研发了免胶带纸箱——拉链式快递纸箱，纸箱通体没有胶带，只有顶部有一条类似于拉链的封口，一撕即开，免除消费者收到包裹后寻找利器开箱和手撕胶带的烦恼，节约了胶带的使用。除便利外，拉链式快递纸箱还可以循环使用。该纸箱在投用前经历了高空坠落、西瓜远程运输等测试，箱体均可保证全程无损。目前，菜鸟绿色联盟已经在部分校园驿站启动了纸箱回收计划，未来还将推广至全国[186]。拉链式快递纸箱如图 8－26 所示。

图 8－26　拉链式快递纸箱

图片来源：闽南网 http：//www. mnw. cn/keji/internet/1260325. html。

拉链式快递纸箱是以瓦楞纸板为材料，通过专业的包装机械设备生产出来的瓦楞纸箱，它的特征是外形美观、环保、安全防盗、可降低物流成本、可提高物流发货效率。一般情况下，纸箱正面带有拉链，使用时只需按照箱子上的指示拉链轻轻一拉，纸箱就立即开启，可杜绝繁复的开箱过程，方便客户拿取货物。拉链式快递纸箱主要有自锁底式拉链纸箱、飞机盒式拉链纸箱、全叠式拉链纸箱和普通天地盖式拉链纸箱四类。在纸箱的制作过程中要注意四点，第一，拉链纸箱的高度不能小于宽度的一半，否则易折断；第二，拉链纸箱的拉链宽度最小是18mm；第三，自锁底式拉链纸箱的展开尺寸不能大于1100mm；第四，由于5层太厚，不易于拉开，因此拉链只做3层，不做5层[187]。

3. 包装循环共用技术

快递包装回收和重复利用一直是一大难题，寄到家的快递外包装纸盒上缠绕着好几圈胶带，里面塞满了各种泡沫填充物、旧报纸等。而这些废品现在很少有人回收，理由是纸箱上缠着太多的胶带，无法再利用，大量的废弃包装盒造成资源浪费和环境污染。

针对快递包装的回收问题，江苏南京六合经济开发区投产了一款可折叠、充气，能循环使用的新型快递包装箱。其外壳由环保的聚丙烯塑料制成，内置由热塑性聚氨酯弹性体橡胶（TPU）材料制成的充气缓冲气囊。该气囊在定压充吸气设备的辅助下实现定压充气，使气囊能够和商品充分贴合，达到最佳的缓冲效果，更好地保护商品在运输过程中不被损坏。这种新型的快递包装箱形状类似收纳箱，未打开时，就像一块长方形的塑料板，打开后只要将气囊平铺在快递箱内，将需要快递的物品放入，再用定压充气设备对气囊进行充气，使气囊和物品充分贴合，盖上盖子，快递物品即可包装完成。该可循环充气式快递缓冲包装箱可以循环使用5~8年，并且可有效解决纸箱、泡沫填充物、气泡垫、胶带及快递袋等传统快递包装循环率低、污染严重的问题，具有良好的节能减排效益[188]。南京投产的循环快递包装箱，如图8-27所示。

除此之外，菜鸟网络、EMS、苏宁等电商也在大力推广可回收环保快递包装箱，如图8-28所示。菜鸟网络推广一种塑料环保周转箱，已在上海等部分发达城市试行。2016年7月起，北京邮政EMS使用可回收再利用的“绿色包装”，并使用可重复使用的环保封装容器，用于中转快件。在“最后一公里”，北京EMS还将使用新能源电动汽车进行运输。2017年4月中旬，苏宁宣布上线“漂流箱计划”，用可循环的塑料箱代替普通纸箱。

图 8－27　南京投产的循环快递包装箱示意

图片来源：搜狐网 http：//www. sohu. com/a/155455385_ 167159。

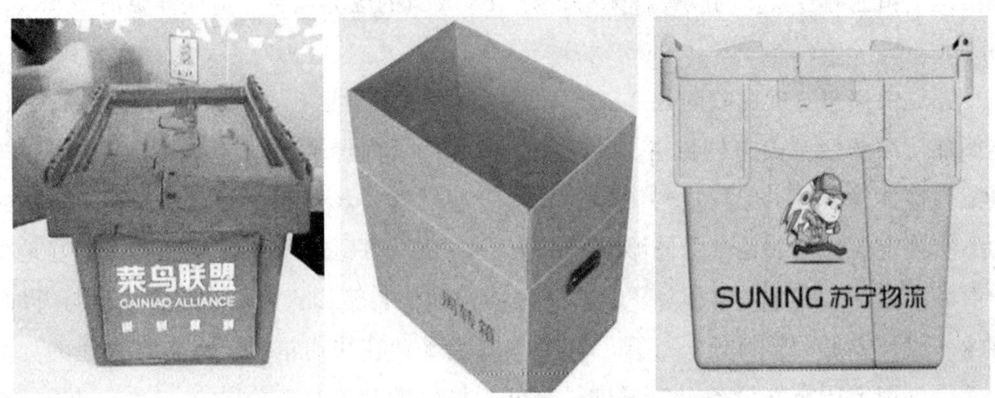

图 8－28　菜鸟、EMS 和苏宁的可循环快递包装箱

图片来源：搜狐网 http：//www. sohu. com/a/155455385_ 167159。北京联盟网 http：//www. 010lm. com/roll/2017/0331/5268186. html。

（二）快递寄送技术

1. 隐形面单

为更好地保护消费者信息，2017 年圆通速递推出“隐形面单”，很多快递公司也纷纷试水。目前，“隐形面单”主要有三大隐藏功能，可实现对用户的手机号、姓名和地址信息做加密处理。在以往收取快递的具体情境中，消费者总担心快递包裹信息被利用，导致个人信息遭到泄露，并且这种担心还在快递包裹日渐增加的趋势中被放大。

许多人收发快递的习惯也不够仔细，导致个人隐私处于一种“完全曝光”的状态，虽有一些“小窍门”教消费者怎样抹掉面单信息，但对于制作面单的快递公司来说，显然更需要这种“小窍门”的隐私保护意识。

目前“隐形面单”仅针对电子面单来试用，客户可根据需求自由选择是否使用该项服务。该功能服务是完全免费的，不会再额外收取费用。对于个人客户，在寄递快件时同样可选择该项服务，如果使用的是电子面单，快递员后期通过技术操作可实现使用“隐形面单”功能。圆通隐形面单如图 8－29 所示。

图 8－29　圆通隐形面单示意

图片来源：开淘网 http：//www. kaitao. cn/article/20170109111645. htm。

2. 二维码暨手持终端

二维码具有成本低、赋码及扫码简易、数据读取抗干扰能力较强、存储信息量大、保密性高等优势，目前已成为全球应用最为广泛的感知技术之一。2013 年，二维码媒介展示覆盖率超过 200% 的增长，用于商品包装的增长率超过 500%。二维码应用于快递电子面单当中，用户的个人信息都集中在一个二维码图标中，只有快递员用手持终端等相关设备，才能扫出用户具体信息。通过多重加密的二维码技术，为每个包裹赋予一个全球唯一的 ID 代码，实现真正意义上的“一物一码”，并实现信息集成。通过专业扫描设备或手机，在快递的收取、运输、分拣与配送等环节，就能实现物流及客户信息的采集及监控。二维码暨手持终端示意如图 8 – 30 所示。

图 8 – 30　二维码暨手持终端示意

3. RFID 暨手持终端

RFID 具有与生俱来的防伪和溯源特性，它有一段被称为用户识别（User Identification，UID）的码，这个码只可读不可写，它赋予了物品一个不可改写、终身有效的 DNA，让每一个物品都有独特的身份证。在包裹分拣时，将 RFID 标签贴在每一个包裹上面，再配一个专门的读写器，就可实现包裹的信息查询，不仅提高了效率，也降低了失误率，而且还可实现物流过程中对包裹位置的实时查询。RFID 暨手持终端示意如图 8 – 31 所示。

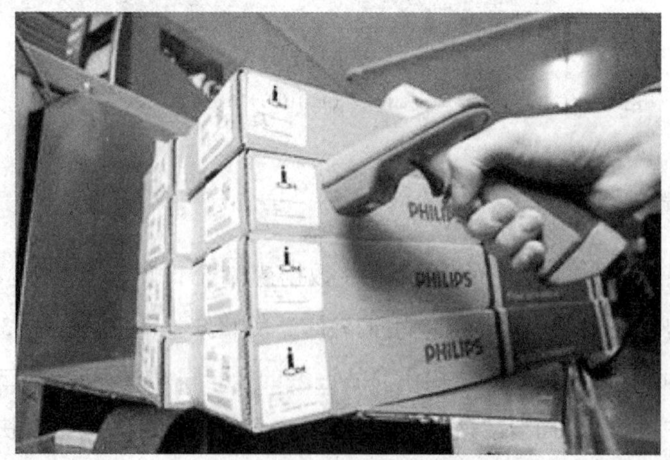

图 8 – 31　RFID 暨手持终端示意

图片来源：人民日报。

（三）快递分拣技术

在上一版技术发展报告中详细介绍了自动分拣系统的分类以及各自的特点，在此不再赘述。随着信息化和智能化的普及和在物流业中的创新发展，2016—2017 年产生了许多新型的、更加智能化的快递分拣技术，在此重点介绍智能分拣机器人和 AR 分拣技术。

1. 智能分拣机器人

随着人口红利的降低，快递分拣行业的人力成本逐渐增加，但人力分拣效率却始终处于较低水平，为此众多快递企业开始尝试实验并使用智能分拣机器人。智能分拣机器人顶部装备有托盘用于盛放快递包裹，机器人采用相机与二维码精确定位，红外、超声波避障，具有急停按钮和碰撞海绵。读码准确率在 99.99% 以上，读码速度少于 1s。没电后还能像扫地机器人一样自动充电，最多 1.5h 充满，可连续工作 8h[189]。快递由干线运输车辆运送至分拣中心后，由人工将快递包裹码放至 AGV 上，AGV 通过识别包裹上的条码信息将包裹运送至指定分拣口并自动卸货，按快递区域分拣完成后的快递包裹再由运输车辆直接发运。

2016 年 11 月，临沂申通 $2000m^2$ 的仓库分拣区投入了 300 台智能分拣机器人，针对长度不超过 60cm、宽度不超过 50cm、重量在 5 千克以下的小件包裹，智能分拣机器人能够快速实现面单信息读取，并根据机器人调度系统的指挥，基于二维码和惯性导航，以最优路径投递包裹，运行速度可达每秒 3m，每小时可以完成 18000 件分拣[190]，减少日常仓内作业人员 70%。申通智能分拣机器人及业务流程如图 8－32 所示。

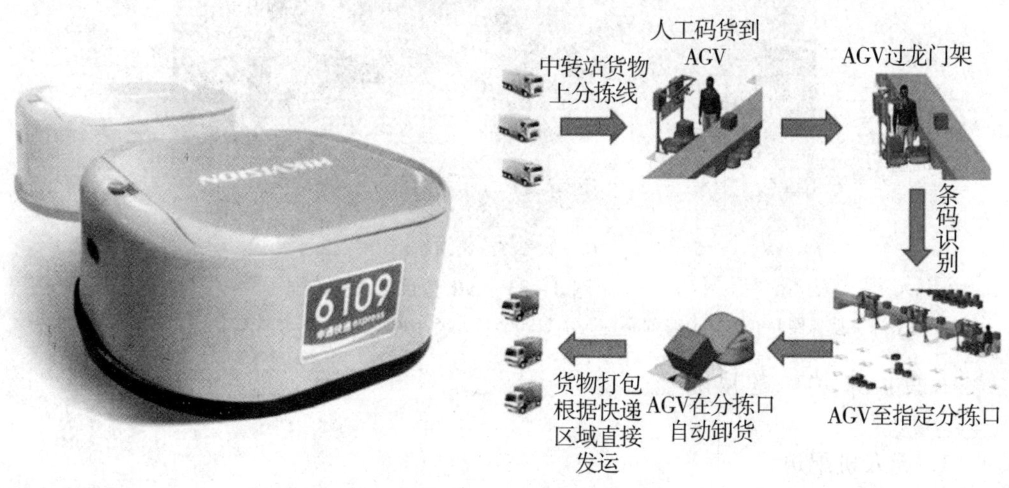

图 8－32　申通智能分拣机器人及业务流程

图片来源：PC6 资讯站 http：//www.pc6.com/infoview/Article_ 112260.html。

2. AR 分拣技术

增强现实技术（Augmented Reality，AR）是一种将真实世界信息和虚拟世界信息“无缝”集成的新技术，是把原本在现实世界的一定时间空间范围内很难体验到的实体信息（视觉信息、声音、味道、触觉等），通过电脑等科学技术，模拟仿真后再叠加，将虚拟的信息应用到真实世界，被人类感官所感知，从而达到超越现实的感官体验。真实的环境和虚拟的物体实时地叠加到了同一个画面或空间同时存在。

在仓库作业中，最难的点在于拣货和复核，因此在拣货作业中有很多新兴技术的应用，拣货的技术包括按纸质拣货单拣货（Pick by Paper）、用无线射频枪拣货（Pick by RF）、电子标签拣货（Pick to Light）、声音拣货（Pick to Voice），AR 技术的使用使目光拣货（Pick by Vision）成为了可能。目前 Knapp、SAP 以及 Ubimax 等厂商都在开发 Pick by Vision 的应用。UPS 以及 DHL 等物流公司，也都在测试 Pick by Vision 的应用场景，AR 技术在物流行业的应用前景广阔[191]。

DHL 旗下的“DHL Supply Chain”正在展开增强现实技术实验“Vision Picking”（影像撷取）计划的下一阶段，目前在荷兰的实验取得了成功，在这个实验开始以来，DHL 已经与谷歌、Vuzix 和 Ubimax 优化了这个视觉分拣解决方案，DHL 也会将这个项目扩大到全球范围内各个不同的行业部门中。在具体操作时，分拣人员会配备先进的智能眼镜，系统会显示出哪一件物品需要放在分拣车上。“Vision Picking”可以快速地进行分拣，减少错误率[192]。AR 分拣如图 8 -33 所示。

图 8 -33　AR 分拣

图片来源：搜狐网 http：//www. sohu. com/a/119065463_ 526461。

（四）末端配送技术

1. 无人机配送

无人机种类众多，每一种无人机都有其各自的优势。例如，旋翼无人机善于悬停；

而固定翼无人机比较适用于远距离飞行。一般情况下，大多数通过电池供电的旋翼无人机只能在空中悬停 20 分钟。近几年，物流公司 Amazon、DHL、Domino's、Google 和 Walmart 等都在开发无人机快递运输业务。人们只需通过智能手机即可进行订购，然后由无人机完成送货任务。随着无人机在快递领域逐渐掀起热潮，国内顺丰、京东、邮政也纷纷试水，逐步进行无人机配送实验，并通过签署战略合作协议逐步使无人机合法化。国内顺丰、京东和邮政以及美国亚马逊的无人机快递发展情况对比，如表 8 – 3 所示。

2. **无人配送车**

无人配送车是一款自动驾驶的运输车，与无人驾驶汽车不同，无人配送车是一个只能在人行道和自行车道上行驶的“三轮运输箱”，通常有几个隔间用于存放快递，载重量可达到数十千克，每次出门执行任务时可同时为 5 ~ 6 名用户运送物品。

继京东无人配送车在 2016 年进行道路测试后，2017 年 6 月 18 日，京东无人配送车在中国人民大学顺利完成了首单配送任务，这也意味着无人配送车正式投入运营。京东无人配送车并非一种，其中的两种无人配送车体积相差较大，如图 8 – 34 所示，其中图左为小型无人配送车，图右为大型无人配送车。

图 8 – 34　京东无人配送车

图片来源：界面网 http：//www. jiemian. com/article/1407309. html。

小型无人车有五个格子，可以放 5 件快递，每天能配送 10 ~ 20 单，一次充电，续航 20km；大型无人车一次性能送 6 件快递，一次充电续航 80km。无人车在现场 20min 左右完成了第一单配送，不过无人车第一次只完成了一单的配送，实际投入使用之后，无人车一次性可能会投放多个快递，因此完成一次完整的配送时间可能会更长。当工

表 8 - 3　　顺丰、京东和邮政以及亚马逊无人机快递发展情况对比

快递企业	顺丰	京东	邮政	亚马逊
研究进展	2012 年 王卫提出物流无人机设想 2013 年 9 月 顺丰无人机开展运营试点相关工作，在东莞市进行了无人机测试 2015 年 顺丰和上市公司炼石有色、成都中科航空发动机公司成立了朗星无人机系统有限公司，顺丰还入股了智航无人机公司 2016 年 第三代飞控导航系统研发成功，四轴、六轴多旋翼无人机产品化，倾转旋翼无人机完成首飞 2017 年 顺丰自研的 Manta Ray 垂直起降固定翼无人机问世 2017 年 6 月 21 日 首获国内合法飞行权，顺丰与江西省赣州市南康区联合申报的物流无人机示范运行区的空域申请，得到了东部战区的正式批复，成为目前国内唯一获得正式审批的，且由企业、中央和地方共同推进的示范空域 2017 年 6 月 29 日 在赣州市南康区进行了首次业务运营飞行，覆盖了江西省赣州市南康区五个乡镇	2015 年 6 月 京东在江苏宿迁开展了无人机试运营，共展示了 3 款无人机 2016 年 11 月 11 日 在陕西西安开展常态化无人机送货，在西安建立了研发中心，重点研制载重 200～2000kg，半径超过 500km 的支线级中大型无人机； 拿到了宿迁地区 120 米以下空域授权，并且与空军和空管部门报批了固定航线 2017 年 2 月 21 日 京东与陕西省政府签署关于构建智慧物流体系战略合作协议，将与陕西省政府开展无人机通航物流体系的全面战略合作 2017 年 5 月 22 日 京东与西安航天基地共同举行了京东全球物流总部、无人系统产业中心和京东云运营中心落户西安航天基地的签约仪式 2017 年“6·18”期间 京东在宿迁落成了无人机全国运营调度中心，并在西安、宿迁实现了无人机常态化配送运营。截至 2017 年 9 月，已在四个省拿到了无人机空运许可	2016 年 9 月 中国邮政首条无人机邮路在浙江安吉县启运，开始试水无人机送快递，邮政无人机首先在浙江试飞成功，截至 2017 年上半年，除浙江外，已在广东、内蒙古投入使用，重庆、成都也列入即将开通邮政无人机航路的城市名单中 2017 年 6 月 22 日 第二十届中国（重庆）国际投资暨全球采购会上，中国邮政集团公司展示了最新投用的邮政无人机	2013 公布 Prime Air 无人机计划，亚马逊创始人兼首席执行官杰夫·贝索斯首次把无人机投递的概念告诉公众 2016 年 9 月 30 日 亚马逊向美国专利与商标局申请了“空中货物运输系统”的专利 2016 年 12 月 7 日 在美国正式展开无人机送货首飞，首次运送的商品是一个 Amazon 电视盒和一包爆米花，用时 13min 2017 年 3 月 23 日 Amazon Prime Air 发布公告称已在美国地区完成了首次无人机包裹快递，成功运输 7 罐防晒霜，总计重量为 4lb（约合 1.81kg） 2017 年 6 月 22 日 亚马逊最新曝光的专利消息指出，亚马逊已经申请专利——多级蜂巢式塔，可用来部署、接收和交付无人机

续 表

快递企业	顺丰	京东	邮政	亚马逊
运作模式	不直接接触客户，而是限于各配送网点之间的配送。当无人机收发站点接到飞行任务后，快递员将装有快件的无人机放入指定位置，通过把枪扫描确认航班信息，无人机校对信息无误后自动起飞。同时，无人机停在指定位置后（误差2m内），另一名收件员用把枪扫描确认航班到达，无人机会自动返回	无人机将村民购买的商品从农村配送站送到农村推广员家里，再由推广员交给村民。每条航线都经过京东调整，避开人流密集区和高压线，尽量从农田中穿梭。无人机在每次飞行前都会和当地空管部门和公安部门报备	邮政工作人员将包裹放进无人机货舱，通过捷雁 App 设定起点和终点后，点击起飞键，无人机随即起飞，起飞 15 分钟后，无人机飞越崇山峻岭，顺利将包裹递送到七管村邮政工作人员手中。全程云端可监控	将货物通过无人机直接送到消费者手里，没有固定航线，无人机会实时更新行进路线，无人机会在卸货之后，自动返回库房。在下单后，无人机从货运中心上货后在履带上前进，随后飞向天空。整个飞行过程为自动控制，借助 GPS 完成定位，送完货自己回家，全程无须操控员介入
应用区域	主要针对山区、大型湖泊水库、偏远乡村的网点配送	解决农村和偏远地区快递难、成本高的难题，借助无人机无视地形、飞行和操控简单、成本低廉等优点，力求完善京东村镇物流系统	主要的功能是改善农村末端物流，进一步提升农村电商网络的运营配送效率	基于现时的技术发展，无人机送货最多只能服务较为偏僻的山区，要进城市还需要很长一段时间
核心技术厂家	无人机和定位系统由顺丰自主研发	京东 X 事业部自主研发	迅蚁研发的捷雁无人机速运系统	
无人机结构	八旋翼、下设载物区、内置导航系统，飞行高度约 100m，载重 5～25kg，最大载重飞行距离 15～100km	载重 10～15kg 不等，续航 1h，未来目标"30km 30kg"	六旋翼，可承载的货物重量在 7kg 左右，每小时能飞 50km，且均为直线航线，速度快了近一倍，完成全长 10.5 km 的载货飞行，只需要不到 15 min，捷雁 TR5 物	八旋翼，最大载重 5lb（约合 2.27kg）（86% 的网购物品都在这个数值以下），运送范围为配送中心 16km 范围内，最快 30min 送达

续 表

快递企业	顺丰	京东	邮政	亚马逊
			流无人机为六旋翼设计，底部设有一体化货舱，可载重 5kg，最大续航里程 20km	
图片				
飞行调度系统	全天候飞行器、远程调度系统、地面收发站点和第三方（民航监管部门）管理平台，远程调度是核心	长航时、大载荷等专为农村设计	内置了迅蚁研发的智能控制系统，通过高精度传感器和机器视觉，能够实现全自动的航路飞行及精准降落	
成本	约 6 万元	约 2 万元		

作人员把快递放入无人车的存储箱后，云端就能自动识别并且在客户端显示出包裹以及拟入最后配送阶段，无人车随即给消费者手机发送短信，通知消费者订单正在配送途中。在达目的地后，无人车会再发送一条短信，告知取货密码，并提醒消费者在30分钟内取货。无人配送车会检测前方3m内的障碍物，提前反馈做好路线调整。如果障碍物突然出现在面前，自动配送车会立即停下，等待两秒钟看看情况，如果障碍物还不打算移动，无人配送车会缓缓后退一定的距离，再绕过去。正常行驶时，无人配送车的速度很慢，平均在3～4km/h，遇到减速带或者障碍，行进的速度就会更慢，正常走路的行人可以轻松超过。

在配送过程中，无人车会通过车顶的激光感应系统自动检测前方路况。这套系统里，最贵部件是顶端的激光雷达，价位在6万～7万元。无人配送车由京东×事业部独立研发生产，目前还未投入大规模生产。京东在正式投运无人车末端配送之前已经在各大高校进行了2个多月的调试，目前在中国人民大学、清华大学、浙江大学、长安大学等高校的京东派站点先行使用[193]。

3. 地下智慧物流配送技术

随着经济和技术的飞速发展，城市面临着交通拥堵、用地紧张、生存空间拥挤、境恶化等问题。自20世纪末以来，地下物流系统的研究越来越受到重视。地下物流系统是一种新兴的运输和供应系统，目前世界上的一些发达国家，包括美国、德国、荷兰、日本等在地下物流系统的可行性、网络规划、工程技术等方面展开了大量的研究和实践工作。

地下物流系统采用自动导向车和两用卡车等承载工具，通过大直径地下管道、隧道等运输通路，对固体货物实行运输及分拣配送的一种全新概念物流系统。在城市，地下物流系统与物流配送中心和大型零售企业结合在一起，实现网络相互衔接。客户在网上即可下订单，物流中心接到订单后，迅速在物流中心进行高速分拣，通过地管道物流智能运输系统和分拣配送系统进行运输或配送，也可以与城市商超结合，建立商超地下物流配送。地下物流系统末端配送可以与居民小区建筑运输管道物相连，最终发展成一个连接城市各居民楼或生活小区的地下管道物流运输网络，并达到高度智能化。当这一地下物流系统建成后，人们购买任何商品都只需点一下鼠标，所购商品就像自来水一样通过地下管道很快地“流入”家中。城市地下物流（配送）系统可分为三个模块。模块1：结合轨道交通完成从港口、火车站、高铁站、空港城到各城区的主干道输送；模块2：结合综合管廊增加物流输送功能，一次开挖，共享复用，完成从区集散点经次干道至各小区各建筑物的输送；模块3：与园区地产结合，通过楼宇自动化完成到户到家的终极目标[194]。以上三个层次的板块，也可以反向运行。地下物流配送系统运作流程如图 8－35 所示。

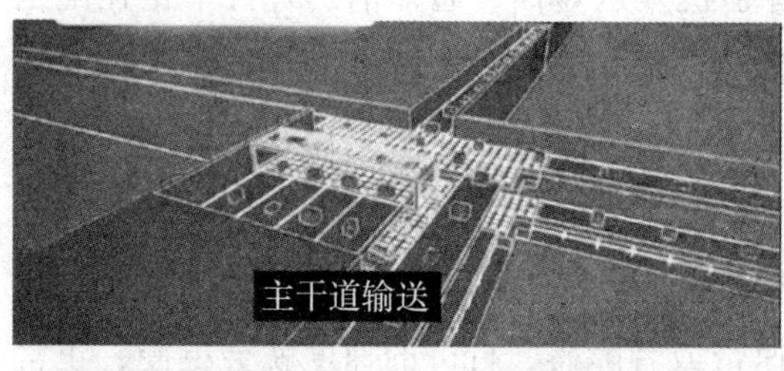

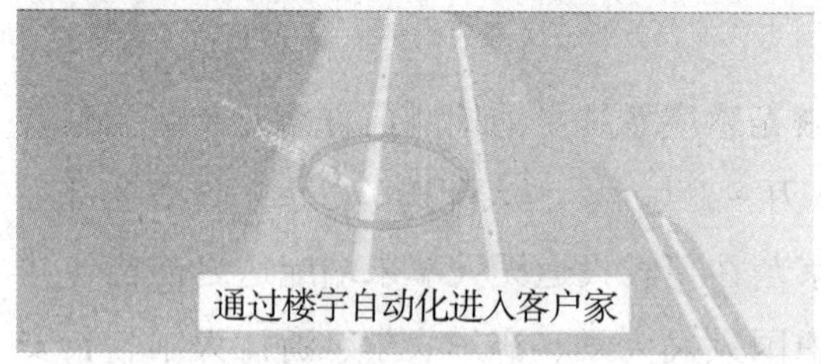

图 8－35　地下物流配送系统运作流程示意

图片来源：微信公众号物流技术与应用 http：//mp. weixin. qq. com/s/WudCZdCj9IQZXQbg－nXxLQ，2017－08－22。

与早期的地下物流系统相比，现代地下物流系统通过自动导航的 AGV 搬运机器人系统来控制和管理各种设备和设施，具有极高的自动化水平和精确性，实现了绿色节能，运输能力大，更能满足现代大运量的货运要求，这是地下物流系统的主要发展趋势。近年来，我国许多城市也越来越将地下物流作为破解城市物流配送困局、推进城市建设的举措之一。2016 年 11 月，上海发布了《上海市城乡建设和管理“十三五”规划》，指出至 2020 年上海将建设 100km 新型地下综合管廊，并将预留地下物流、能源输送等功能通道，以实现地下空间的集约化使用和可持续发展。2017 年 6 月 29 日，中国第一个地下物流专业委员会（中国岩石力学与工程学会地下物流专业委员会）正式成立。来自国内外城市交通、物流、地下工程、装备制造等各领域专家学者，以及政府管理部门、规划设计院、高等院校代表参加了成立大会，共同探讨和研究地下物流的未来发展。

三、快递物流技术发展趋势

（一）包装节约、绿色化

未来智能打包算法技术将会得到优化改进并在各电商企业以及快递企业得到普及应用，随着运输车辆标准化、托盘标准化的发展，快递包装箱也将逐步适应新标准，并进一步优化打包算法，节约包装材料。同时，未来包装材料将会更加环保和廉价，快递企业不需要再为环保材料的成本发愁，废弃的包装在自然条件下更加容易降解。

（二）寄送便利、安全化

未来寄快递将不需要专门跑到快递门店，顾客只需要在家使用手机填写快递信息即可自动完成寄送信息采集，并可预约快递员上门，寄送信息自动生成快递运单或二维码，无须二次填写快递运单。同时，未来快递面单将会在隐形面单的基础上做到更加安全化，电子面单将不再使用，转而用二维码或 RFID 来替代储存原有电子面单上的客户及地址等信息，快递员进行配送时将无法看到客户手机号，只需用手持终端扫码便可自动向客户发送快递信息，防止客户信息泄露。

（三）分拣迅速、无人化

快递分拣将会随着分拣技术装备信息化和智能化水平的提高更加准确、更加迅速，智能化分拣技术将会逐渐走出实验室在各个分拣中心普及。未来快递分拣系统可以不受气候、时间、人力等因素限制，进行连续作业，并逐步实现无人化。

（四）配送高效、人性化

随着人们个性化需求的增加，对快递配送不仅仅要求时效性高，对配送时间的灵活性要求也逐渐增加。未来快递配送将充分利用信息技术进行配送网点布局、配送路径优化，无人机将普及应用，同时采用更加先进的配送设备，大幅度减少快递配送的时间，提高快递配送效率。在客户需要定时送货时，可以自主选择配送时间，并可以根据自身需求选择提货地点，快递将会准时配送到规定地点。

参考文献

[1] 刘大成．工业 4.0 把制造变成了物流［N］. 经济参考报，2016 - 10 - 18（006）.

[2] 徐勇．如何依托物流升级推动我国快递业转型升级［J］. 物流技术与应用，2017，22（8）：92 - 95.［2017 - 09 - 24］.

[3] 中国物流信息中心．2017 年 1—7 月物流运行总体平稳［EB/OL］.（2017 - 08 - 22）［2017 - 09 - 24］. http：//www. clic. org. cn/wltjwlyx/287186. jhtml.

[4] 中国物流与采购网．中国智慧物流 2025 应用展望［EB/OL］.（2017 - 05 - 19）［2017 - 09 - 24］. http：//www. chinawuliu. com. cn/lhhkx/201705/19/321453. shtml.

[5] 王欣悦．我国智慧物流发展问题及对策研究［J/OL］. 铁道运输与经济，2017，39（4）：37 - 41.（2017 - 04 - 18）［2017 - 09 - 24］. http：//kns. cnki. net/kcms/detail/11. 1949. F. 20170418. 1446. 007. htmlDOI：10. 16668/j. cnki. issn. 1003 - 1421. 2017. 04. 07.

[6] 物流与采购联合会官网．第二届“智慧物流品牌日”致辞［EB/OL］.（2017 - 05 - 06）［2017 - 09 - 20］. http：//www. chinawuliu. com. cn/office/36/303/pagc. shtml.

[7] 日本国土交通省．综合物流施策大纲（1997—2001）［EB/OL］.［2017 - 09 - 10］. http：//www. mlit. go. jp/seisakutokatsu/freight/seisakutokatsu _ freight _ tk1 _ 000033. html.

[8] 日本国土交通省．综合物流施策大纲（2001—2005）［EB/OL］.［2017 - 09 - 10］. http：//www. mlit. go. jp/seisakutokatsu/freight/seisakutokatsu _ freight _ tk1 _ 000034. html.

[9] 日本国土交通省．综合物流施策大纲（2005—2009）［EB/OL］.［2017 - 09 - 10］. http：//www. mlit. go. jp/seisakutokatsu/freight/seisakutokatsu _ freight _ tk1 _ 000035. html.

[10] 日本国土交通省．综合物流施策大纲（2009—2013）［EB/OL］.［2017 - 09 - 10］. http：//www. mlit. go. jp/seisakutokatsu/freight/seisakutokatsu _ freight _ tk1 _

000032. html.

［11］日本国土交通省．综合物流施策大纲（2013—2017）［EB/OL］.［2017－09－10］. http：//www. mlit. go. jp/seisakutokatsu/freight/seisakutokatsu_ freight_ tk1_ 000036. html.

［12］日本国土交通省．综合物流施策大纲（2017—2020）［EB/OL］.［2017－09－10］. http：//www. mlit. go. jp/seisakutokatsu/freight/seisakutokatsu_ freight_ tk1_ 000128. html.

［13］高泉．日本绿色物流政策与立法及其借鉴［J］. 商业经济研究，2016，（17）：119－120.［2017－09－10］.

［14］王群智，张锴，朱江洪，等．"日本物流业发展启示录"系列连载③ 中日物流技术装备的发展与变迁（上）——日本物流技术装备的发展与变迁［J］. 物流技术与应用，2011，16（4）：108－109.［2017－09－24］.

［15］中华人民共和国商务部．日本计划应用 AI 在 2030 年之前实现物流无人化［EB/OL］.（2017－03－06）［2017－09－21］. http：//www. mofcom. gov. cn/article/i/dxfw/cj/201703/20170302527877. shtml.

［16］日本共同配送的发展经验［J］. 物流技术与应用，2013，18（4）：92－94.［2017－09－10］.

［17］王宇霆，邹继庭．物流企业精益物流管理理论与方法［J/OL］. 经营与管理，2017（3）：65－67.（2017－02－27）［2017－09－21］. http：//kns. cnki. net/kcms/detail/12. 1034. F. 20170227. 1634. 042. htmlDOI：10. 16517/j. cnki. cn12－1034/f. 2017. 03.

［18］王伟婧．丰田公司管理下的物流管理运作模式［J］. 经济研究导刊，2014，（9）：245－246.［2017－09－21］.

［19］未来网科技．科技新名词 VR、AR、MR 是什么意思？［EB/OL］.（2016－03－29）［2017－09－17］. http：//news. k618. cn/tech/201603/t20160328_ 7019833. html.

［20］欧洲汽车尾气排放标准：从欧Ⅰ到欧Ⅵ［J］. 标准生活，2014（1）：47.

［21］东方汽车网．实现低碳高效的卡车技术超级卡车项目［EB/OL］.（2016－12－29）［2017－09－24］. http：//www. oauto. com/article/sycyfdj/2016122921510. html.

［22］易车网．电子稳定控制系统 ESC［EB/OL］. http：//baike. bitauto. com/newtechnique/20121008/1405866317. html.

［23］卡车之家．AEBS 百科［EB/OL］. http：//baike. 360che. com/view439_ 440/1193. html.

［24］搜狐汽车．黑科技：又进一步，米其林推出最新款永不爆胎的轮胎，将用在

汽车上［EB/OL］.（2017 - 08 - 22）［2017 - 09 - 17］. http：//www. sohu. com/a/166482948_ 648387.

［25］物流搜索.［前沿］比利时高效包装智造设备 Slimbox 横空出世！［EB/OL］.（2016 - 12 - 16）［2017 - 09 - 17］. http：//news. soo56. com/news/20161216/78433m1_0. html.

［26］张以颖，吴青. 自动化码头建设对我国港口的影响分析——以厦门远海自动化码头为例［J］. 航海，2016（2）：65 - 68.

［27］杨宇华，张氢，聂飞龙. 集装箱自动化码头发展趋势分析［J］. 中国工程机械学报，2015，13（6）：571 - 576.［2017 - 09 - 22］. DOI：10. 15999/j. cnki. 311926. 2015. 06. 018.

［28］彭传圣. 汉堡港的自动化集装箱码头［J］. 集装箱化，2005（2）：21 - 23.［2017 - 09 - 22］.

［29］中国港口网. 振华重工："智"造自动化码头［EB/OL］.（2015 - 11 - 27）［2015 - 11 - 27］. http：//www. port. org. cn/info/201511/190348. htm.

［30］搜狐网. 全球最大自动化码头：上海洋山深水港四期年底开港［EB/OL］.（2017 - 7 - 27）［2017 - 7 - 27］. http：//www. sohu. com/a/160324829_ 227576.

［31］何钢，张耀周，李锋. 集装箱自动化码头关键技术［J］. 港口科技，2017（2）：6 - 13，18.

［32］周春华. 自动化码头发展趋势探究［J］. 科技创新与应用，2017（16）：64 - 65.

［33］金祺，罗勋杰，韩保爽. 自动化集装箱码头水平运输设备选型［J］. 水运工程，2016（9）：87 - 90.

［34］大众网. 探访亚洲首个全自动化码头："无人"码头作业忙［EB/OL］.（2017 - 08 - 25）［2017 - 08 - 25］. http：//qingdao. dzwww. com/xinwen/qingdaonews/201708/t20170825_ 16144764. htm.

［35］搜狐网. 青岛港全自动化码头投入运营，你想知道的都在这！［EB/OL］.（2017 - 05 - 11）［2017 - 05 - 11］. http：//www. sohu. com/a/139811659_ 397917.

［36］中国青年报 中国科技网. 厉害了！中国版 GPS 要来了 北斗卫星今年开始全球组网［EB/OL］.（2017 - 05 - 31）［2017 - 9 - 12］. http：//www. stdaily. com/cxzg80/redian/redian82. shtml.

［37］《中国北斗卫星导航系统》白皮书［J］. 卫星应用，2016（7）：72 - 77.［2017 - 09 - 17］.

［38］中国电子网. 北斗卫星导航短报文通信：连 GPS 都做不到［EB/OL］.

(2012 - 11 - 15) [2017 - 09 - 15]. http://www.21ic.com/news/rf/201211/152063.htm.

[39] 国务院新闻办公室网站. 北斗系统免费提供连续稳定可靠的公开服务 [EB/OL]. (2016 - 06 - 16) [2017 - 09 - 24]. http://www.scio.gov.cn/ztk/dtzt/34102/34674/34687/Document/1480487/1480487.htm.

[40] 国新网. 北斗系统可用性指标和定位精度稳中有升 [EB/OL]. (2016 - 06 - 16) [2017 - 09 - 21]. http://www.scio.gov.cn/xwfbh/xwbfbh/wqfbh/33978/34658/zy34662/Document/1480483/1480483.htm.

[41] 中国军网. 北斗系统用户数量目前已超过 1500 万 [EB/OL]. (2016 - 06 - 03) [2017 - 09 - 16]. http://www.81.cn/jwgz/2016 - 06/03/content_ 7085586.htm.

[42] 北京日报. 北斗系统民用用户已达千万级 [EB/OL]. (2017 - 06 - 19) [2017 - 09 - 16]. http://www.sohu.com/a/150029900_ 163278.

[43] 飞象网. 北斗导航：一代的有源定位变为二代的无源定位 [EB/OL]. (2014 - 06 - 05) [2017 - 09 - 15]. http://www.cctime.com/html/2014 - 6 - 5/2014658551 56860_ 2.htm.

[44] 沈华飞. 北斗卫星一代短报文通信技术及应用 [J]. 电子制作, 2014 (23): 106. [2017 - 09 - 17]. DOI: 10.16589/j.cnki.cn11 - 3571/tn.2014.23.191.

[45] 中国卫星导航定位应用管理中心. 南通移动联合北斗打造远洋便民通信服务 [EB/OL]. (2017 - 07 - 11) [2017 - 09 - 17]. http://www.chinabeidou.gov.cn/chanpin/1402.html.

[46] 易科学资讯. 北斗系统最大特色——短报文服务深度解析 [EB/OL]. (2016 - 11 - 01) [2017 - 09 - 15]. http://news.yikexue.com/archives/20573.

[47] 与非网. 硬触角丨北斗正面迎击 GPS, 试问哪里来的勇气? [EB/OL]. (2016 - 07 - 29) [2017 - 09 - 15]. http://www.eefocus.com/communication/366393/r0.

[48] 中国卫星导航定位应用管理中心. 基于北斗二号和 GPRS 的物资运输监控系统 [EB/OL]. (2017 - 08 - 01) [2017 - 09 - 18]. http://www.chinabeidou.gov.cn/anli/1473.html.

[49] 物联云仓. 京东北斗导航系统与自建物流大数据结合 实时监控提升购物体验 [EB/OL]. (2017 - 07 - 06) [2017 - 09 - 18]. https://www.50yc.com/information/hangye - cangchu/9406.

[50] DONEWS. 京东大件订单轨迹功能正式上线 全面提升用户体验 [EB/OL]. (2015 - 09 - 10) [2017 - 09 - 18]. http://www.donews.com/net/201509/2902486.shtm.

[51] 邹维荣, 张文科. 北斗为服务"一带一路"沿线国家做了哪些准备? [EB/

OL］.（2017-05-23）［2017-09-16］. http：//www.81.cn/jmywyl/2017-05/23/content_ 7614569.htm.

［52］中国网. 巴基斯坦有了北斗系统［EB/OL］.（2017-05-13）［2017-09-21］. https：//news.baidu.com/news#/detail/3907626129146737672？_ k=scn84k.

［53］财经网. 海联会成立“海北斗”——基于北斗技术的全球导航［EB/OL］.（2016-05-06）［2017-09-17］. http：//finance.591hx.com/article/2016-05-06/0000586515s.shtml.

［54］马璨，吕迎春，李泓. 锂离子电池基础科学问题（VII）——正极材料［J］. 储能科学与技术，2014，3（1）：53-65.

［55］交通运输部官网. 国务院关于印发“十三五”现代综合交通运输体系发展规划的通知（国发〔2017〕11 号）［EB/OL］.（2017-02-03）［2017-09-21］. http：//zizhan.mot.gov.cn/zfxxgk/bnssj/zhghs/201703/t20170301_ 2170481.html.

［56］鲁植雄. 载运工具原理及应用［M］. 南京：东南大学出版社，2015.

［57］物流时代周刊.《“十三五”铁路集装箱多式联运发展规划》系列解读之一：利用好战略机遇期 大力促进铁路集装箱多式联运发展［EB/OL］.（2017-06-01）［2017-09-20］. http：//www.weixinso.com/document/VAZgQa.html.

［58］中国道路运输协会. 货车轻量化［EB/OL］.（2016-04-19）［2017-09-20］. http：//www.crta.org.cn/article-2270.html.

［59］宾十动力. 德国曼天然气发电机组产品描述［EB/OL］.［2017-09-22］. http：//www.ranqijizu.com/man.html.

［60］卡车之家. MAN 技术最诱惑 中国重汽 SITRAK 车型解读［EB/OL］.（2013-01-24）［2017-09-20］. http：//www.360che.com/tech/130124/24719.html.

［61］汪慧，胡胜均. 我国高速铁路冷链零担运输市场与技术前景研究［J］. 现代商贸工业，2017（6）：33-34.

［62］吴荣坤，李华，于跃斌，等. 我国发展驮背运输技术的思考［J］. 铁道车辆，2016，54（11）：9-12.

［63］汤海燕. 浅谈船舶电气自动化系统的可靠性保障技术［J］. 城市建设理论研究（电子版），2016，6（8）.

［64］中国交通新闻网首批多式联运示范工程效益初显［EB/OL］.（2017-03-20）［2017-09-23］. http：//www.zgjtb.com/2017-03/20/content_ 109746.htm.

［65］叶犇宇. 无人驾驶汽车未来展望［J］. 电子技术与软件工程，2017（3）：252-253.

［66］杨华军. 无人驾驶将是一场全球性的技术革命［N］. 上海证券报，2017-

08-16（12）.

［67］百度百科．无人驾驶汽车［EB/OL］．https：//baike. baidu. com/item/无人驾驶汽车/77997.

［68］百度百科．智能汽车［EB/OL］．https：//baike. baidu. com/item/%E6%99%BA%E8%83%BD%E6%B1%BD%E8%BD%A6/4771107？fr=aladdin.

［69］TONYSTARK. 无人驾驶的 5 个 level concept［EB/OL］.（2017-04-14）［2017-09-23］．http：//blog. csdn. net/h1yupyp/article/details/70164342.

［70］虎嗅网．就这么五个级别：一张图看懂“无人驾驶”技术［EB/OL］.（2015-04-14）［2017-09-23］．https：//www. huxiu. com/article/112664/1. html?odby=dateline.

［71］马佃波．无人驾驶汽车环境感知技术综述［J］．汽车与驾驶维修（维修版），2017（5）：122-123.［2017-09-11］.

［72］王世峰，戴祥，徐宁，等．无人驾驶汽车环境感知技术综述［J］．长春理工大学学报（自然科学版），2017（1）：1-6.

［73］王俊．无人驾驶车辆环境感知系统关键技术研究［D］．北京：中国科学技术大学，2016.

［74］陈龙．城市环境下无人驾驶智能车感知系统若干关键技术研究［D］．武汉：武汉大学，2013.

［75］KLEIN，STEIN. 高级驾驶辅助系统（ADAS）进展如何？BMW 运用如何？［EB/OL］.（2015-08-07）［2017-09-23］．https：//www. zhihu. com/question/21404224#answer-24380059.

［76］搜狐汽车．无人驾驶连接技术解析［EB/OL］.（2017-08-22）［2017-09-23］．http：//www. sohu. com/a/166364697_526255.

［77］顾彦．四重难题让无人驾驶汽车技术深陷信任危机［J］．中国战略新兴产业，2017（25）：45-47.［2017-09-09］．DOI：10. 19474/j. cnki. 10-1156/f. 001510.

［78］长江证券．无人驾驶行业跟踪：美国出台指导意见书，无人驾驶进入快车道［EB/OL］.（2016-09-22）［2017-09-23］．http：//finance. qq. com/a/20160922/024421. htm.

［79］崔丽媛．无人驾驶技术成熟 法律空白待填补［J］．交通建设与管理，2017（6）：34-35.［2017-09-09］.

［80］尼卡．无人驾驶会对物流行业产生怎样的影响？［EB/OL］.（2016-04-10）［2017-09-23］．http：//www. pmcaff. com/discuss/index/1000000000170462.

［81］高宗江，张英俊，孙培廷，等．无人驾驶船舶研究综述［J］．大连海事大学学

报，2017，43（2）：1－7.［2017－09－10］. DOI：10.16411/j.cnki.issn1006－7736.2017.02.001.

［82］搜狐科技．环保海运驾到！零碳排放无人驾驶货船 YARA Birkeland［EB/OL］.（2017－07－09）［2017－09－23］. http：//www.sohu.com/a/155655186_151241.

［83］凤凰资讯．全球首艘无人驾驶船舶明年下水 造价 2500 万美元［EB/OL］.（2017－07－23）［2017－09－23］. http：//news.ifeng.com/a/20170723/51479284_0.shtml.

［84］中国产业信息网．2017 年中国车联网行业市场规模、用户规模及渗透率分析预测［EB/OL］.（2017－02－23）［2017－09－17］. http：//www.chyxx.com/industry/201702/497577.html.

［85］盖世汽车资讯．尺寸小＋耐热好 LG Innotek 研发第二代 V2X 模块［EB/OL］.（2017－09－04）［2017－09－17］. http：//auto.gasgoo.com/News/2017/09/0412390639670022260C601.shtml.

［86］C114 中国通信网．Qualcomm 发布突破性 C－V2X 车联网解决方案 支持汽车道路安全为未来自动驾驶铺平道路［EB/OL］.（2017－09－04）［2017－09－17］. http：//www.c114.net/news/1761/a1023338.html.

［87］C114 中国通信网．专访 IEEE 数字感知计划主席袁昱：5G 助推车联网商业模式升级［EB/OL］.（2017－09－05）［2017－09－17］. http：//www.c114.net/news/41/a1023497.html.

［88］车云网．可商用的货车组队行驶方案问世——最高可降低油耗 10%［EB/OL］.（2017－02－20）［2017－09－17］. http：//www.cheyun.com/content/14851.

［89］中商情报网．无人驾驶技术必备之 V2X 应用分析［EB/OL］.（2016－07－26）［2017－09－17］. http：//www.askci.com/news/dxf/20160726/14413846744.shtml.

［90］卡车之家．自动驾驶技术加速发展 戴姆勒车队上路［EB/OL］.（2016－04－11）［2017－09－17］. http：//www.360che.com/news/160411/54351.html.

［91］罐罐科技．找罐车［EB/OL］.［2017－09－17］. http：//www.zhaoguanche.com/index.html.

［92］朱敬娜，赵倩．空气弹簧的应用现状及发展趋势［J］. 电子制作，2013（24）：76－77.

［93］张利国，张嘉钟，贾力萍，等．空气弹簧的现状及其发展［J］. 振动与冲击，2007（2）：146－151.

［94］甄亚林，李芾，霍芳霄．空气弹簧发展及其研究现状［J］. 电力机车与城轨车辆，2014，37（1）.

[95] 杨贵春．商用车空气弹簧结构分析及参数化设计 [D]．贵阳：贵州大学，2007.

[96] 董向力．乘用车用空气弹簧设计 [D]．长春：吉林大学，2016.

[97] 上海牛力机械．汽车尾板有哪三种型号可以安装？[EB/OL]．[2017 - 09 - 15] http：//www. niuli021. com/Html/news/2015 - 3 - 12/1114. html.

[98] 卡车之家．新国标实施四月 缓速器难成国内卡车首选 [EB/OL]．(2013 - 01 - 10) [2017 - 09 - 15]．http：//www. 360che. com/news/130110/24503. html.

[99] 李骏，谢小娟，戴映云．国内货车缓速器应用状况简析 [J]．汽车与安全，2013 (9)：96 - 99.

[100] 张永庆，杨悦，潘玲颖．我国汽车制造业投入服务化现状、趋势及对策分析 [J]．科技和产业，2017，17 (2)：44 - 49，137.

[101] 虹信软件．云仓——智慧的仓配新模式 [EB/OL]．(2015 - 11 - 10) [2017 - 09 - 15]．http：//rcsit. cn/news/187. html.

[102] 仓库社区．解密苏宁第五代智慧物流仓库高密度自动存储 [EB/OL]．(2016 - 10 - 23) [2017 - 09 - 15]．http：//www. iepgf. cn/forum. php？mod = viewthread & tid = 225936.

[103] 网易号．效率提升 84%，海康威视桐庐基地的智能仓库是如何运作的？[EB/OL]．(2017 - 08 - 15) [2017 - 09 - 15]．http：//dy. 163. com/v2/article/detail/CRS47O7K0511DPV1. html.

[104] 网易号．WCS 在自动仓储系统中的那些事 [EB/OL]．(2015 - 12 - 07) [2017 - 09 - 15]．http：//www. logclub. com/thread - 208197 - 1 - 1. html.

[105] 慧聪工程机械网．叉车业的发展趋势是什么？[EB/OL]．(2017 - 09 - 06) [2017 - 09 - 22]．http：//info. cm. hc360. com/2017/09/061150683552. shtml.

[106] 2017 全球物流技术大会演讲：未来已来，比亚迪叉车引领物流搬运技术的绿色革新 (一).

[107] 中国叉车网．内燃叉车不只有眼前的苟且还有诗和远方 [EB/OL]．(2016 - 12 - 09) [2017 - 09 - 22]．http：//www. chinaforklift. com/news/detail/201612/54060. html.

[108] 2017 全球物流技术大会演讲：未来已来，比亚迪叉车引领物流搬运技术的绿色革新 (二).

[109] 中国叉车网．燃料电池叉车：市场发展潜力无限 [EB/OL]．(2014 - 08 - 05) [2017 - 09 - 22]．http：//www. chinaforklift. com/news/detail/201408/40758_2. html.

［110］中国经济网．海通胜行：把叉车变成机器人［EB/OL］．（2017－07－19）［2017－09－21］．http：//www. ce. cn/cysc/newmain/pplm/qyxx/201707/19/t20170719_24297802. shtml.

［111］东方烟草网．智能叉车进仓库［EB/OL］．（2016－08－06）［2017－09－21］．http：//www. eastobacco. com/kjcx/201608/t20160808_ 407303. html.

［112］中国工程机械商贸网．林德叉车智能系统无缝对接 机器人创造新价值［EB/OL］．（2017－07－03）［2017－09－21］．http：//news. 21－sun. com/detail/2017/07/2017070308553884. shtml.

［113］赵皎云．电动叉车技术升级曙光显现［J］．物流技术与应用，2016，21（5）：60－62.［2017－09－22］.

［114］林德搬运机器人 K－MATIC［J］．物流技术与应用，2017，22（3）：112.［2017－09－22］.

［115］中国机器人网．百亿规模市场物流机器人如何把控话语权［EB/OL］．（2017－08－24）［2017－09－17］．http：//www. robot－china. com/news/201708/24/44529. html.

［116］Winter Green Research. Industrial Robots：Market Shares，Strategies，and Forecasts，Worldwide，2015 to 2021［EB/OL］．（2015－06－11）［2017－09－17］．http：//www. wintergreenresearch. com/industrial－robots.

［117］张颖川．物流机器人时代全面到来了吗？［EB/OL］．（2017－08－18）［2017－9－20］．https：//mp. weixin. qq. com/s/0KWeTuR4ZQmaO79pz－EjJg.

［118］物流麻将胡．最黑科技！存储、搬运、分拣、配送、库管等智能物流机器大盘点［EB/OL］．（2017－09－11）［2017－09－17］．微信公众号—物流沙龙.

［119］何紫玮，张磊，赵文朋．国内汽车行业首个语音拣选系统——记上汽大众首批仓库语音拣选系统成功上线［J］．中国储运，2016（7）：74.

［120］物流指闻．技术创新：史上最强拣选技术，三星和大众的仓库都被“它”救了［EB/OL］．（2016－09－21）［2017－09－17］．微信公众号—物流指闻.

［121］物流技术与应用．专题丨拣选解决方案全解析（五）以机器人技术驱动拣货解决方案升级——访北京极智嘉科技有限公司 CEO 郑勇［EB/OL］．（2016－07－08）［2017－09－17］．微信公众号—物流技术与应用.

［122］物流产品网．技术丨揭秘苏宁物流货到人拣选系统的惊艳之处［EB/OL］．（2016－10－25）［2017－09－17］．微信公众号—物流产品网.

［123］微信公众号圆康物流—汽车零部件物流配送的 6 种储运包装方式.

［124］微信公众号找托盘网—国内外托盘循环共用系统那些事儿.

［125］中国物流与采购网．苏宁物流环保出奇招，漂流箱真有那么神奇？［EB/

OL]．(2017 -04 -19) [2017 -09 -14]．http：//www. chinawuliu. com. cn/office/25/146/12459. shtml.

[126] 微信公众号中外运香港物流业务发展部—集装箱液袋物流：液袋的装卸货.

[127] 微信公众号物流技术与应用—【专题】面向智能制造的物流系统建设.

[128] 微信公众号找托盘网—国内外托盘循环共用系统那些事儿.

[129] 网络大数据网．关于大数据四大方面的十五大关键技术详解 [EB/OL]．(2016 -10 -12) [2017 -09 -15]．http：//www. raincent. com/content -85 -7551 -2. html.

[130] 亿欧网．物流和大数据的结合，这三巨头强在哪？[EB/OL]．(2016 -11 -12) [2017 -9 -15]．http：//www. iyiou. com/p/34867.

[131] 电子工程网．简要分析全球大数据发展六大趋势 [EB/OL]．(2016 -07 -11) [2017 -09 -15]．http：//ee. ofweek. com/2016 -07/ART -8320315 -8410 -30007774_ 2. html.

[132] 搜狐网．中国制造业加速拥抱云计算：产业规模达 1500 亿 [EB/OL]．(2017 -06 -15) [2017 -09 -16]．http：//www. sohu. com/a/149048659_ 362042.

[133] 易特网．华云数据举办首届云计算与大数据产业发展研讨会 [EB/OL]．(2016 -10 -26) [2017 -09 -16]．http：//www. ithard. com/info_ detail. asp？infoid =107174.

[134] 比特网．浅析云计算的五大关键技术 [EB/OL]．(2014 -12 -17) [2017 -09 -16]．http：//soft. chinabyte. com/244/13179744. shtml.

[135] 赛迪网．云计算技术的产生、概念、原理、应用和前景 [EB/OL]．(2010 -08 -09) [2017 -09 -16]．http：//www. ccidnet. com/2010/0809/2147073. shtml.

[136] 百度文库．赛迪顾问—中国云计算产业链全景图战略研究 [EB/OL]．(2014 -08 -22) [2017 -09 -18]．https：//wenku. baidu. com/view/c354965452ea551810a687a0. html.

[137] 铁兵．亚马逊 AWS 云计算服务浅析 [J]．广东通信技术，2016，36 (10)：35 -38. [2017 -09 -18].

[138] 中商情报网．2016 年云计算产业发展情况和市场规模预测分析 [EB/OL]．(2016 -06 -06) [2017 -09 -17]．http：//www. askci. com/news/hlw/20160606/15235825721_ 2. shtml.

[139] 电子产品世界．RFID 的工作原理及组成 [EB/OL]．(2008 -01 -08) [2017 -09 -17]．http：//www. eepw. com. cn/article/76580. htm.

[140] 搜狐网．物联网的主要技术和应用 [EB/OL]．(2017 -08 -02) [2017 -09 -18]．http：//www. sohu. com/a/161649077_ 99955864.

[141] 阙丽娟．物联网技术在物流运输领域的应用及对策分析［J］．现代商业，2016，(26)：14－16.［2017－09－24］．DOI：10.14097/j.cnki.5392/2016.26.004.

[142] 朱芳，孙本芝．基于物联网技术的物流实时转运研究［J］．物流技术，2015，34（8）：222－224.［2017－09－24］.

[143] 韩晔彤．人工智能技术发展及应用研究综述［J］．电子制作，2016（12）：95.［2017－09－18］．DOI：10.16589/j.cnki.cn11－3571/tn.2016.12.082.

[144] 蛋壳创新社微信公众号．人工智能的五大核心技术．（2016－09－20）［2017－09－18］.

[145] 毕友网．技术探索之人工智能：基础篇——人工智能的内涵及应用［EB/OL］．（2017－04－06）［2017－09－18］．http：//www.beeui.com/p/3439.html.

[146] 数智网．智能机器人呈现几何级增长 人工智能“从1到N”的起航［EB/OL］．（2016－04－20）［2017－09－19］．http：//www.le365.cc/84891.html.

[147] 中物联汽车物流分会微信公众号．行业资讯丨G7发布新一代车队管理系统用人工智能预知货运途中安全及延误风险．（2017－09－18）［2017－09－19］.

[148] 丰巢官网［EB/OL］．http：//www.fcbox.com/.

[149] 赵帅．关于人工智能技术的发展思考［J］．网络安全技术与应用，2017（9）：112－114.［2017－09－22］.

[150] 区块链·铅笔．稳步进展：2016美国各地区部门区块链政策全面解读［EB/OL］．（2017－01－03）［2017－09－13］．http：//chainb.com/?P＝Cont&id＝3193.

[151] MELANIE SWAN M. Blockchain：blueprint for a new economy［M］．USA：O`Reilly, 2015.

[152] 搜狐网．看懂区块链的技术原理，其实很简单［EB/OL］．（2016－08－12）［2017－09－13］．http：//www.sohu.com/a/110321495_465299.

[153] 许涛．区块链技术在教育教学中的应用与挑战［J］．现代教育技术，2017，27（1）：108－114.［2017－09－14］.

[154] 陈龙强．区块链技术：数字化时代的战略选择［J］．中国战略新兴产业，2016（6）：56－58.［2017－09－14］.

[155] 德利得物流．2016年我国危化品各运输方式需求与供给规模分析［EB/OL］．（2017－01－05）［2017－09－13］．http：//www.dld56.com/detail_18397.html.

[156] 宋华．供应链金融［M］．2版．北京：中国人民大学出版社，2016：8－13.

[157] 中商情报网．2017年中国供应链金融创新论坛［EB/OL］．（2016－07－25）［2017－09－14］．http：//www.askci.com/news/fenghui/20170725/1752073356.shtml.

[158] 亿邦动力网．2017中国供应链金融报告 垂直化趋势明显［EB/OL］．

(2017－07－24)[2017－09－14]. http://www.ebrun.com/20170724/239176.shtml?from=singlemessage.

[159] 朱曦冉. 物流企业供应链金融服务方案设计研究[D]. 北京：北京交通大学，2014.

[160] 中国贸易金融网. 大数据再造供应链金融[EB/OL]. (2017－03－09)[2017－09－14]. http://www.sinotf.com/GB/SupplyChain/1081/2017－03－09/5MMDAwMDIyMjc5Mw.html.

[161] 温远征. 基于区块链技术供应链金融发展的思考[J]. 三峡大学学报（人文社会科学版），2017，39（S1）：106－108.[2017－09－15].

[162] 汇金网. 国内"互联网＋供应链金融"业务研究报告[EB/OL]. (2017－08－14)[2017－09－14]. http://www.gold678.com/dy/A/2986155.

[163] 界面网. 京东金融、阿里巴巴供应链金融模式的分析研究报告[EB/OL]. (2017－09－08)[2017－09－15]. http://www.jiemian.com/article/1609485.html.

[164] 董振宁，罗毅颖. 广州供应链金融业务发展问题与对策[J]. 物流技术，2016，35（12）：117－119，123.[2017－09－15].

[165] 中国产业信息网. 2017年中国冷链物流行业发展概况分析[EB/OL]. (2017－09－20)[2017－08－04]. http://www.chyxx.com/industry/201708/547339.html.

[166] 中国产业信息网. 2017年中国冷链物流行业发展趋势及市场供需预测[EB/OL]. (2017－09－20)[2016－12－14]. http://www.chyxx.com/industry/201612/477287.html.

[167] 交通运输部. 交通运输部关于加快发展冷链物流保障食品安全促进消费升级的实施意见[EB/OL]. (2017－09－20)[2017－08－29]. http://www.china－nengyuan.com/news/113523.html.

[168] 卡车之家. 干冷链的你不得不关注这些车技术[EB/OL]. (2017－09－20)[2017－05－24]. http://www.360che.com/news/170519/79866.html.

[169] 中国物流与采购联合会. 2017物流技术装备推荐目录[Z]. 北京，2017.

[170] 林德（中国）叉车有限公司. 林德五大金刚，亮相中国国际冷链展[EB/OL]. (2017－09－20)[2017－05－23]. http://www.linde－china.com/news－look－830.aspx.

[171] 中国食品安全报. 广东推广冷链运输新技术保障餐桌安全[EB/OL]. (2017－09－20)[2017－04－15]. http://news.10jqka.com.cn/20170415/c597751863.shtml.

[172] 中国网. 解密安得智联冷链核心竞争力契合金砖国家峰会标准[EB/OL].

（2017－09－20）［2017－09－02］．http：//e.hbqnb.com/kuaixun/2017/0902/11915.html.

［173］百度文库．蓄冷技术研究综述［EB/OL］．（2017－09－20）［2012－04－15］．https：//wenku.baidu.com/view/c4f2e13c580216fc700afd7c.html.

［174］中国经济网．天津冰利食品级冷链蓄冷技术获食安创新技术奖［EB/OL］．（2017－09－20）［2017－07－04］．http：//www.sohu.com/a/154395073_120702.

［175］科技日报．未来冰箱长啥样？创新冷链让你想不到！［EB/OL］．（2017－09－20）［2017－08－17］．http：//www.tianjinwe.com/tech/kjsys/201708/t20170817_1190611.html.

［176］中国质量新闻网．盖茨基金会：澳柯玛 Arktek 疫苗存储箱立下汗马功劳［EB/OL］．（2017－09－20）［2015－05－27］．http：//www.cqn.com.cn/news/xcj/gongsi/1040816.html.

［177］济南摩拜尔软件有限公司．摩拜尔 RFID 冷链运输实时温度监控系统［EB/OL］．（2017－09－20）［2017－08－23］．http：//solution.rfidworld.com.cn/2017_08/404bcecbfffda521.html.

［178］创羿科技．北京医药集团采用 RFID 技术为医药冷链保驾护航［EB/OL］．（2017－09－20）［2016－10－31］．http：//success.rfidworld.com.cn/2016_10/f7cfecdbd8a638ad.html.

［179］RFID 世界网．ORBCOMM 推出冷链监控解决方案［EB/OL］．（2017－09－20）［2017－08－31］．http：//news.rfidworld.com.cn/2017_08/00e5360118f2d513.html.

［180］环球财讯．KINBLI 安全防火轮胎暨公交专用轮胎上市发布［EB/OL］．（2017－03－22）［2017－09－14］．http：//www.hqcx.net/gncx/guoneiredian/20170322/654610.html.

［181］传感器网．传感等技术助力智能机器人辅助定位危化品泄漏源［EB/OL］．（2017－01－31）［2017－09－14］．http：//sensor.ofweek.com/2017－01/ART－81009－8110－30098823.html.

［182］定华传感官网．智能罐区管理系统 i－Tank［EB/OL］．http：//www.dhe－wsn.com/product.php？id＝39.

［183］中国电子商务研究中心．【物流研究】快递企业如何依托物流技术实现发展？［EB/OL］．（2017－09－02）［2017－09－22］．http：//b2b.toocle.com/detail－－6413696.html.

［184］中国物流与采购网．菜鸟推出“智能打包算法技术”［EB/OL］．（2016－

11 - 30）［2017 - 09 - 22］. http：//www. chinawuliu. com. cn/zixun/201611/30/317340. shtml.

［185］凤凰资讯. 山东快递业推行“可降解包装袋”不超24个月完全降解［EB/OL］.（2016 - 07 - 17）［2017 - 09 - 22］. http：//news. ifeng. com/a/20160717/49368613_0. shtml.

［186］电商在线. 剪刀要下岗 以后的快递包裹“一撕即开”［EB/OL］.（2016 - 07 - 09）［2017 - 09 - 22］. http：//www. imaijia. com/qt/8a04289955c979450155cdd4520c0087. shtml.

［187］中国包装网. 拉链型瓦楞纸箱包装 安全防盗降低成本［EB/OL］.（2014 - 06 - 27）［2017 - 09 - 22］. http：//news. pack. cn/show - 225083. html.

［188］搜狐. 可循环使用5～8年的快递包装箱来了，可折叠、充气！［EB/OL］.（2017 - 07 - 08）［2017 - 09 - 22］. http：//www. sohu. com/a/155455385_ 167159.

［189］PC6资讯站. 申通快递分拣机器人是什么 申通快递机器人分拣系统有什么用［EB/OL］.（2017 - 04 - 11）［2017 - 09 - 22］. http：//www. pc6. com/infoview/Article_112260. html.

［190］网易科技. 快递分拣机器人走红 物流行业还有哪些高科技？［EB/OL］.（2017 - 04 - 17）［2017 - 09 - 22］. http：//tech. 163. com/17/0417/08/CI77P9GT00098GJ5. html.

［191］亿欧网. 当AR遇上物流，智慧的超出你想象！［EB/OL］.（2017 - 01 - 15）［2017 - 09 - 24］. http：//www. iyiou. com/p/37729.

［192］环球网. 卓有成效 国际物流 DHL 采用 AR 技术分拣物品［EB/OL］.（2016 - 09 - 01）［2017 - 09 - 22］. http：//smart. huanqiu. com/roll/2016 - 09/9386377. html.

［193］界面网. 京东推出无人车送货 但快递员还不用担心失业［EB/OL］.（2017 - 06 - 19）［2017 - 09 - 22］. http：//www. jiemian. com/article/1407309. html.

［194］物流技术与应用. 王继祥：城市地下的智慧物流配送系统技术与应用［EB/OL］. http：//mp. weixin. qq. com/s/WudCZdCj9IQZXQbg - nXxLQ，2017 - 08 - 22.